南昌统计年鉴

NANCHANG STATISTICAL YEARBOOK

2020

（总第26期）

南昌市统计局　国家统计局南昌调查队　编

中国统计出版社
China Statistics Press

图书在版编目（C I P）数据

南昌统计年鉴. 2020 = Nanchang Statistical Yearbook 2020 / 南昌市统计局，国家统计局南昌调查队编. -- 北京 : 中国统计出版社，2020.9
ISBN 978-7-5037-9237-3

Ⅰ. ①南… Ⅱ. ①南… ②国… Ⅲ. ①统计资料－南昌－2020－年鉴 Ⅳ. ①C832.561-54

中国版本图书馆 CIP 数据核字(2020)第 153577 号

南昌统计年鉴——2020

作　　者 / 南昌市统计局 国家统计局南昌调查队
责任编辑 / 钟钰
责任校对 / 胡强
出版发行 / 中国统计出版社有限公司
地　　址 / 北京市丰台区西三环南路甲 6 号
邮政编码 / 100073
电　　话 / 邮购（010)63376909 书店（010)68783171
网　　址 / http://www.zgtjcbs.com
印　　刷 / 江西昌和特种票证有限公司
经　　销 / 新华书店
开　　本 / 890mmx1240mm 1/16
字　　数 / 980 千字
印　　张 / 30.75
印　　数 / 1-400 册
版　　别 / 2020 年 9 月第 1 版
版　　次 / 2020 年 9 月第 1 次印刷
定　　价 / 400.00 元

如有印装差错，由本社发行部调换。

《南昌统计年鉴—2020》

编　者　说　明

一、《南昌统计年鉴－2020》是一部按年连续出版的大型统计资料书。真实记录了2019年南昌的经济和社会各方面的发展变化，以及历史重要年份和改革开放以来的主要统计数据。

二、全书内容分为19个篇目：1.综合；2.人口•劳动力；3.就业人员和职工工资；4.人民生活；5.物价；6.固定资产投资；7.城市公用事业；8.财政•金融；9.农业；10.工业；11.能源；12.建筑业；13.交通运输、邮电通信和规上服务业；14.国内贸易；15.外贸和旅游；16.房地产；17.科技•教育•文化；18.卫生•体育•其他；19.附录，在附录部分收集了2019年国家和江西省统计公报，全国各省（市、区）、省会城市和江西省各设区市主要经济指标。为便于读者正确使用资料，每个篇章后面附有主要统计指标解释。

三、本年鉴总量指标计算所采用的价格除注明外均为当年价格。

四、本年鉴资料主要来自年度统计报表，一部分来自抽样调查。

五、本年鉴部分数据合计数或相对数由于单位取舍不同产生的计算误差均未作机械调整。

六、本年鉴表中的符号使用说明："空格"表示该项统计数据不详或无该项数据；"#"表示其中项。

七、读者在使用历史资料时，凡与本年鉴有出入的，均以本年鉴为准。

八、《年鉴》公开出版以来，受到了广大读者的关心和支持，对此我们深表谢意。欢迎读者对年鉴内容、编排等方面提出宝贵意见，帮助我们进一步提高编辑水平，更好地为读者服务。

篇 目 索 引

篇 目

目　　录

一、综　　合

二、人口 · 劳动力

三、就业人员和职工工资

四、人民生活

五、物 价

六、固定资产投资

七、城市公用事业

八、财政 · 金融

九、农 业

十、工　业

十一、能 源

十二、建 筑 业

十三、交通运输、邮电通信和规上服务业

十四、国内贸易

十五、外贸和旅游

十六、房 地 产

十七、科技 · 教育 · 文化

十八、卫生 · 体育 · 其他

十九、附　录

一、综　　合

GENERAL SURVEY

本篇内容包括:

1. 南昌市 2019 年国民经济和社会发展统计公报
2. 《南昌市 2019 年统计公报》解读
3. 一套表新增法人单位数
4. 主要年份国民经济主要指标

地区生产总值

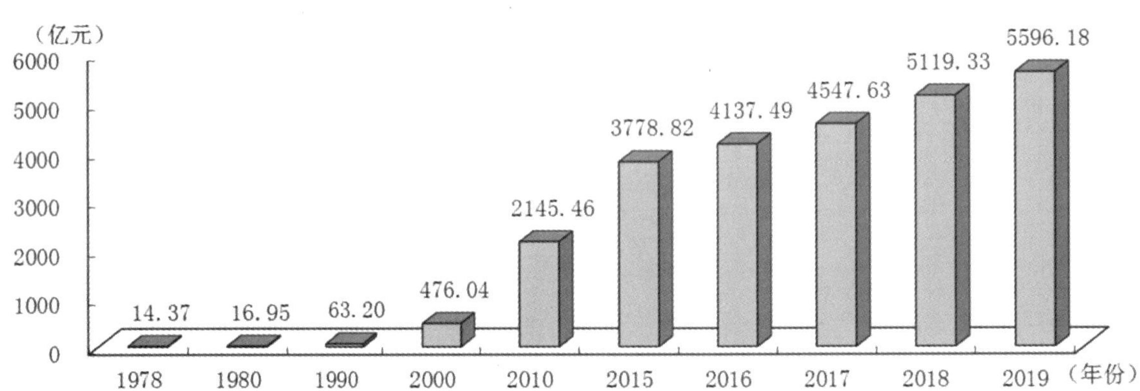

2019年地区生产总值构成

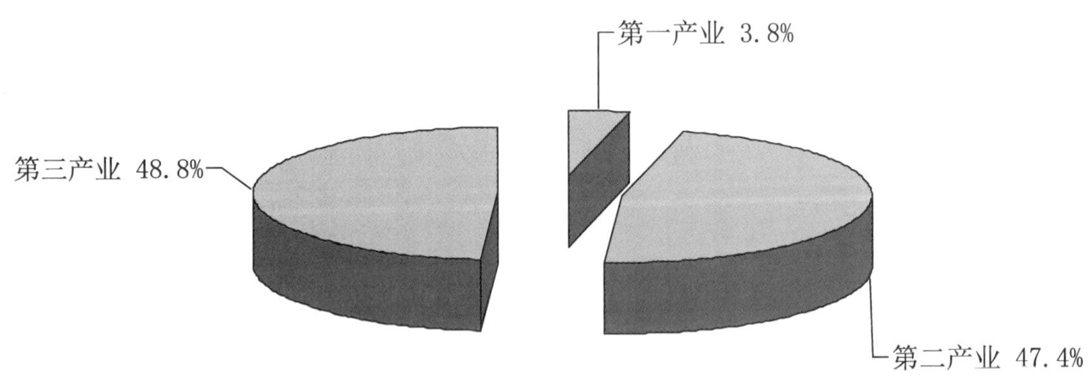

南昌市2019年国民经济和社会发展统计公报

南昌市统计局　　国家统计局南昌调查队

2019 年，在市委、市政府的正确领导下，全市上下坚持以习近平新时代中国特色社会主义思想为指导，深入学习贯彻习近平总书记视察江西重要讲话精神，始终坚持稳中求进工作总基调，全面落实新发展理念，加快推进高质量发展，全力做好"六稳"工作，全市经济运行总体平稳，质量效益稳步提升，发展后劲持续增强，做大做强做优大南昌都市圈更进一步。

一、综　合

初步核算，全年实现地区生产总值（GDP）5596.18 亿元，按可比价格计算，比上年增长 8.0%。其中，第一产业增加值 212.89 亿元，增长 2.9%；第二产业增加值 2653.82 亿元，增长 8.0%；第三产业增加值 2729.47 亿元，增长 8.4%。人均生产总值 100415 元，美元汇率折算 14556 美元，增长 6.6%。在全市地区生产总值中，非公有制经济实现增加值 3243.06 亿元，按可比价格计算，增长 9.1%。

图1:2019年三次产业增加值占地区生产总值比重

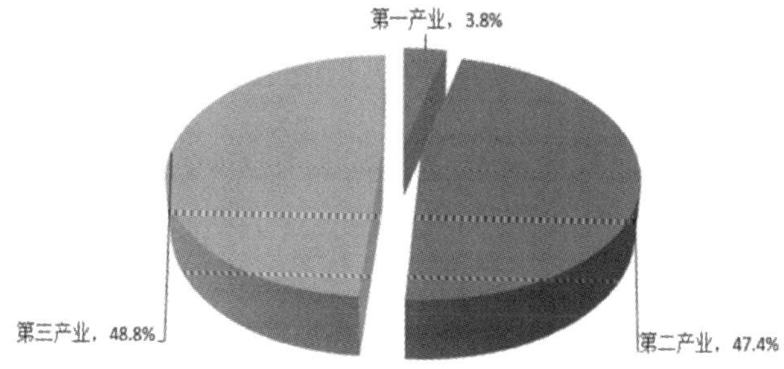

截至 10 月末，全市户籍总人口 536.00 万人。其中，城镇人口 298.91 万人，户籍人口城镇化率为 55.77%。2019 年末常住人口 560.06 万人，比上年末增加 5.50 万人。其中，城镇人口 420.93 万人，常住人口城镇化率为 75.16%；全年出生人口 6.68 万人，出生率 11.99‰；死亡人口 3.33 万人，死亡率 5.98‰；自然增长率 6.01‰，比上年下降 0.81 个千分点。

全年城镇新增就业 7.54 万人，城镇登记失业率 2.34%；安置"4050"等困难群体 0.75 万人；新增转移农村劳动力 4.47 万人。

全年实现财政总收入 902.98 亿元，比上年增长 3.9%。其中，地方一般公共预算收入 476.08 亿元，增长 3.1%。地方一般公共预算收入中，增值税 152.86 亿元，增长 10.4%；企业所得税 62.83 亿元，增长 4.2%；个人所得税 13.38 亿元，下降 37.3%。全年地方一般公共预算支出 834.11 亿元，增长 10.9%。其中，城乡社区支出 229.86 亿元，增长 64.7%；教育支出 126.43 亿元，增长 13.9%；卫生健康支出 80.18 亿元，增长 1.5%；一般公共服务支出 79.63 亿元，增长 4.9%；社会保障和就业支出 67.28 亿元，下降 25.1%；公共安全支出 50.86 亿元，增长 2.4%。

图2:2015-2019年财政总收入及其增长速度

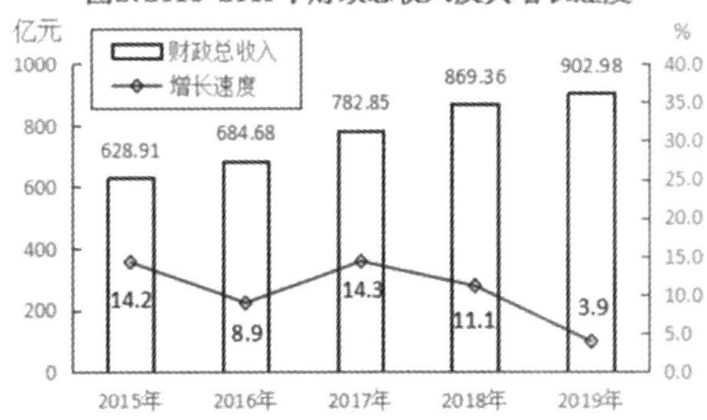

全年居民消费价格总指数（CPI）比上年上涨 2.8%。其中，消费品价格上涨 3.0%，服务价格上涨 2.4%，商品零售价格上涨 1.3%。工业生产者出厂价格指数 100.1，工业生产者购进价格指数 100.9。

表 1：2019 年居民消费价格情况

指　标	比上年上涨（%）
居民消费价格总指数	2.8
#食品烟酒	6.6
衣着	0.2
居住	2.1
生活用品及服务	-0.1
交通和通信	-2.1
教育文化和娱乐	3.3
医疗保健	1.6
其他用品和服务	3.1

二、农　业

农业生产：全年完成农林牧渔及服务业现价总产值 360.53 亿元，比上年增长 3.0%；农林牧渔及服务业现价增加值 221.11 亿元，增长 3.1%。

农牧产品产量：全年谷物种植面积 31.55 万公顷，谷物总产量 229.39 万吨；油料种植面积 6.85 万公顷，油料总产量 11.26 万吨；蔬菜及食用菌种植面积 4.12 万公顷，蔬菜及食用菌总产量130.34万吨；水果种植面积1.09万公顷，水果总产量14.04万吨。生猪出栏数220.97万头，牛出栏数4.26万头，家禽出笼5654.27万只，禽蛋总产量15.77万吨。

渔业：全年完成水产品总产量42.0万吨，比上年增长3.9%。其中特种水产品产量13.90万吨，增长6.8%。

林业：全年造林2804公顷，全市森林覆盖率达到23.0%。

表2：2019年主要农产品产量及其增长速度

产品名称	单位	产量	比上年增长(%)
谷物	万吨	229.39	-3.9
油料	万吨	11.26	-2.4
蔬菜及食用菌	万吨	130.34	0.4
水果总产量	万吨	14.04	-3.0
生猪出栏	万头	220.97	-23.8
牛出栏	万头	4.26	9.7
家禽出栏	万只	5654.27	22.0
禽蛋	万吨	15.77	32.8
水产品	万吨	42.0	3.9

生产条件：全市已建成中小型水库479座，年末农田有效灌溉面积18.99万公顷；年末农业机械总动力268.48万千瓦。年内机耕面积362720公顷，机播面积151262公顷，机械收获面积334080公顷。

三、工业和建筑业

工业生产：全年规模以上工业增加值比上年增长8.5%。分轻重工业看，轻工业增加值增长7.6%，重工业增加值增长9.0%。分经济类型看，国有企业增加值增长8.6%，集体企业增加值下降11.0%，股份制企业增加值增长8.9%，股份合作企业增加值增长50.8%，私营企业增加值增长16.5%，外商及港澳台商投资企业增加值增长5.4%。全市规模以上工业35个行业大类中，计算机、通信和其他电子设备制造业，电气机械和器材制造业，电力、热力生产和供应业等24个行业增速高于全市平均水平。高技术产业增加值增长19.2%，高于全市规上工业10.7个百分点；战略性新兴产业增加值增长7.6%；装备制造业增加值增长8.3%。

图3：2015-2019年规模以上工业增加值增长速度

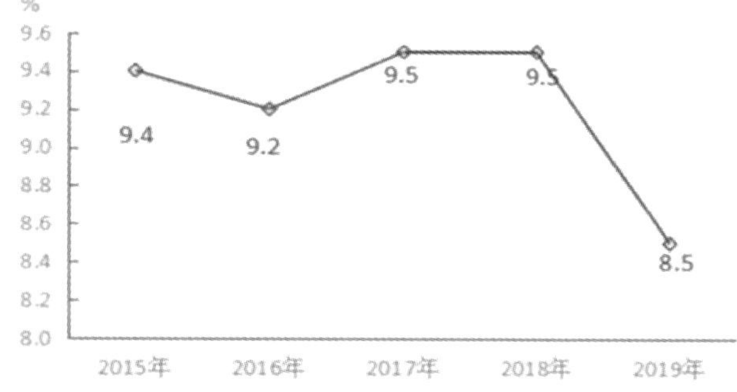

工业经济效益：全年规模以上工业产品销售率为99.2%；实现利润总额345.14亿元，比上年下降4.9%。

全年规模以上工业营业收入6997.07亿元，比上年增长6.6%，营业收入过百亿元的行业达到17个。其中，计算机、通信和其他电子设备制造业，汽车制造业，电力、热力生产和供应业，农副食品加工业突破500亿元，营业收入分别为1233.45、1218.25、799.19和722.35亿元。

表3：2019年主要工业产品产量及其增长速度

产品名称	单位	绝对量	比上年增长(%)
饲料	万吨	1153.8	-5.5
智能手机	万台	3196.9	-20.8
沥青和改性沥青防水卷材	万平方米	536.8	30.9
卷烟	亿支	637.9	0.0
光缆	万芯千米	81.3	-11.9
光电子器件	亿只(片)	242.8	11.0
钢化玻璃	万平方米	80.4	-16.4
彩色电视机	万台	21.0	-3.8
水泥	万吨	832.1	4.4
商品混凝土	万立方米	1609.0	17.2
生铁	万吨	304.2	-12.1
粗钢	万吨	366.7	-12.7
钢材	万吨	421.6	-9.2
交流电动机	万千瓦	84.0	3.2
汽车	万辆	39.9	-3.7
房间空调器	万台	541.8	10.9

工业开发区：全市七个省及省以上开发区工业企业累计主营业务收入6284.86亿元，比上年增长9.0%；实现利润总额388.48亿元，增长6.5%。南昌高新技术产业开发区工业主营业务收入突破两千亿元，成为全省首个主营业务收入过两千亿元的开发区，继续排名全省工业开发区第一。南昌经济技术开发区和小蓝经济技术开发区工业主营业务收入均超过千亿元，分别排名全省第二和第三位。

建筑业：全年完成建筑业总产值4160.18亿元，比上年增长14.2%。全市共有资质以上建筑业企业857家，比上年增加114家。全年完成竣工产值2152.39亿元，增长27.9%；施工面积18054.69万平方米，与上年持平；竣工面积5862.18万平方米，下降8.0%。

四、固定资产投资

投资总量：全市500万元及以上固定资产投资比上年增长10.2%。其中，工业投资增长15.7%，房地产开发投资增长2.5%。全年投资施工项目4676个，其中新开工项目3097个。

投资结构：全市500万元及以上固定资产投资中，第一产业投资比上年下降6.9%，第二产业投资增长14.1%，第三产业投资增长8.7%。三次产业在固定资产投资中所占比重为0.9:32.9:66.2。

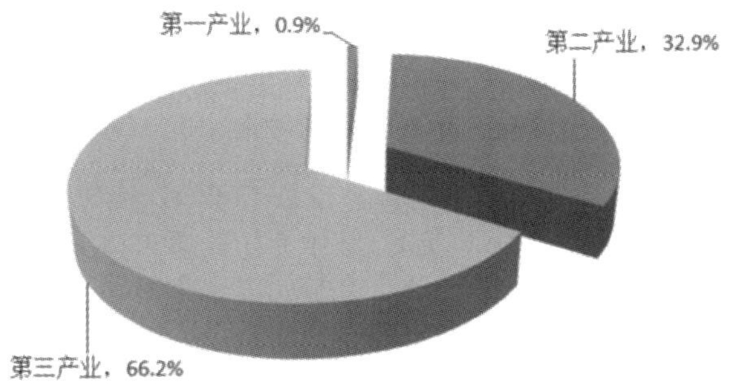

表 4：2019 年分行业固定资产投资（不含农户）增长速度

行　　业	比上年增长（%）
合　计	10.2
第一产业	-6.9
第二产业	14.1
采矿业	-6.2
制造业	16.0
#化学原料及化学制品制造业	67.1
非金属矿物制品业	79.7
黑色金属冶炼及压延加工业	-29.4
有色金属冶炼及压延加工业	69.9
电气机械及器材制造业	-9.3
计算机、通信和其他电子设备制造业	-29.6
电力、燃气及水的生产和供应业	8.0
建筑业	-72.4
第三产业	8.7
批发和零售业	77.5
交通运输、仓储和邮政业	24.3
住宿和餐饮业	19.7
信息传输、软件和信息技术服务业	54.4
金融业	-1.9
房地产业	5.2
租赁和商务服务业	-0.1
科学研究和技术服务业	19.9
水利、环境和公共设施管理业	-8.3
居民服务、修理和其他服务业	90.0
教育	41.1
卫生和社会工作	26.2
文化、体育和娱乐业	-11.5
公共管理和社会组织	-5.5

从投资主体看，全市 500 万元及以上固定资产投资中，国有经济投资增长 4.6%；非国有经济投资增长 12.0%，其中，民间投资增长 22.9%。

全市房地产开发投资比上年增长 2.5%。其中，住宅投资增长 7.1%，办公楼和商业营业用房投资下降 6.8%。商品房销售面积 1906.13 万平方米，增长 3.2%。

城市建设：城市功能显著提升，继续推进城市“三环”和“十横十纵”干线路网建设，洪都大道、昌南大道、昌九大道、昌东大道等快速路主线通车，城市一环实现闭环通行、三环基本实现闭环运行、二环正在加速推进，地铁 2 号线全线运行，地铁 3 号线全线洞通，瀛上桥拓宽、广兰大道等提升改造项目全面完成，地铁 4 号线及艾溪湖隧道、英雄大道改造、昌西大道等项目稳步推进，同时推进天香路、白玉兰路等近 80 条断头路的打通工程，城市运行日趋畅通。

五、国内贸易

消费品市场：全市实现社会消费品零售总额(法人口径)2369.33 亿元，比上年增长 11.2%。按城乡分，城镇零售额 2193.17 亿元，增长 11.1%；农村零售额 176.16 亿元，增长 11.3%。分行业看，批发和零售业零售额 2162.09 亿元，增长 11.1%；住宿和餐饮业零售额 207.24 亿元，增长 12.1%。

在限额以上批发零售业商品类别零售额中，粮油、食品、饮料、烟酒类比上年增长 24.6%；金银珠宝及化妆品类增长 20.9%；日用品类增长 20.1%；家用电器及音像器材类下降 0.1%；中西药品类增长 28.8%；家具类增长 3.5%；建筑及装潢材料类增长 18.2%；石油及制品类增长 19.3%；汽车类增长 1.7%。汽车类商品消费实现零售额 345.63 亿元，是我市规模最大的商品类别，占限额以上批零住餐零售额比重为 29.3%。

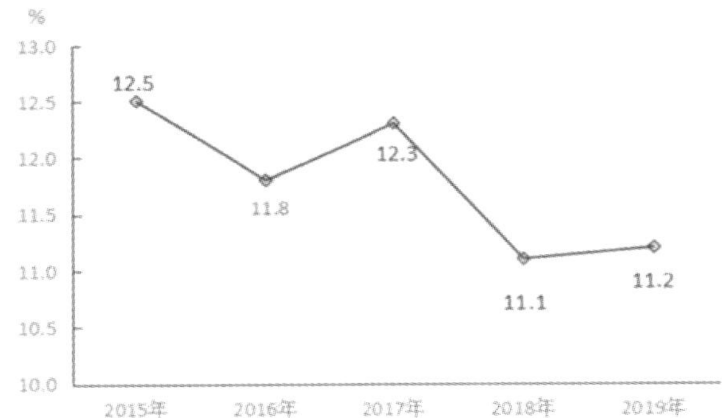

商品交易市场：全市年成交额亿元以上的商品交易市场有 27 个，成交总额 784.98 亿元，比上年增长 1.8%。其中，洪城大市场年交易额 307.98 亿元，增长 5.5%；南昌（深圳）农产品批发市场年交易额 198.44 亿元，下降 0.04%。

六、对外经济

对外贸易：据海关统计，2019 年南昌地区内企业（含中央、省属公司）实现进出口总值 1061.77 亿元，比上年增长 34.8%。其中，出口值 645.78 亿元，增长 43.0%；进口值 415.99 亿元，增长 23.8%。分贸易方式看，一般贸易出口 526.85 亿元，增长 37.4%；加工贸易出口 102.13 亿元，增长 105.5%。分重点商品看，高新技术产品出口 295.87 亿元，增长 146.7%，占全市比重 45.8%；机电产品出口 412.25 亿元，增长 76.4%。

利用外资： 全市实际利用外资37.72亿美元，比上年增长8.1%。合同外资金额14.39亿美元，增长43.8%。全年批准外商投资企业43家，其中中外合资企业占48.8%，外商独资企业占51.2%。全年实际利用内资2104.54亿元，增长24.3%。其中，利用省外资金项目进资1364.47亿元，增长20.1%。

七、交通、邮电和旅游

交通运输： 全年铁路、公路完成旅客运输量6530万人，比上年下降0.2%；铁路、公路、水路完成货物运输量16900万吨，增长8.0%。昌北机场旅客吞吐量1363.7万人次，增长0.8%；货邮吞吐量12.3万吨，增长48.3%。

表5：2019年铁路、公路、水路完成客货运输量及增长速度

指　标	单位	绝对数	比上年增长(%)
旅客运输量	万人	6530	-0.2
铁路	万人	3946	4.7
公路	万人	2584	-6.8
货物运输量	万吨	16900	8.0
铁路	万吨	318	-2.8
公路	万吨	15350	8.1
水路	万吨	1232	9.7

汽车保有量： 年末民用汽车保有量117万辆，比上年增长9.3%。年末民用轿车保有量71万辆，增长9.2%，其中私人轿车保有量65万辆，增长8.3%。

邮电通信： 全市邮电业务总量684.63亿元，比上年增长52.3%。其中，邮政业务总量81.63亿元，增长28.6%；电信业务总量603.0亿元，增长56.2%。快递业务收入41.8亿元，发送快递32735万件，其中国内同城快递4904万件、国内异地快递27560万件、国际及港澳台快递270万件。订销报刊累计数8725万份。年末全市固定电话用户87.1万户，下降3.8%；移动电话用户709.4万户，增长1.8%；互联网宽带接入用户数264.8万户，增长11.3%。

旅游： 全年旅游总人次17936.72万人次，比上年增长19.0%。旅游综合收入1869.16亿元，增长23.0%。截至2019年末，全市拥有星级宾馆（饭店）55家；拥有旅行社263家，其中出境组团社47家。

八、金融、证券和保险业

金融业： 年末全市金融机构本外币各项存款余额为12096.80亿元，比上年增长12.7%。其中，非金融企业存款5163.42亿元，增长14.6%；住户存款3659.00亿元，增长15.2%。金融机构本外币各项贷款余额为14047.32亿元，增长15.9%。其中，短期贷款3524.34亿元，增长12.9%；中长期贷款9622.10亿元，增长15.2%。全市金融机构人民币各项存款余额为11980.04亿元，增长13.0%；金融机构人民币各项贷款余额为13864.69亿元，增长16.0%。

证券业： 全市拥有证券分支机构133家，全年证券机构股民资金账户数289.63万户，比上年增长17.9%。全年客户交易结算资金94.96亿元，增长52.7%；A股交易额19823.37亿元，增长57.7%；B股交易额3.93亿元，下降13.2%。

保险业： 全市共有保险公司48家。全年实现保费收入224.90亿元，比上年增长11.6%。其中，财产保险63.88亿元，增长5.3%；人寿保险121.92亿元，增长10.0%。全年赔款支出69.75亿元，增长13.4%。其中，财产保险35.50亿元，增长10.9%；人寿保险19.41亿元，下降0.4%。

九、教育和科学技术

教育： 全市拥有各级各类学校1847所（不含技工学校），教职工12.05万人，其中专任教师9.45万人。全年招收研究生1.30万人，在校研究生3.63万人，毕业研究生0.87万人。全市共有普通高等学校51所，招生21.05万人，在校生63.05万人，毕业生16.85万人。中等专业学校26所，招生2.5万人，在校生7.05万人，毕业生2.3万人。普通高中76所，招生3.73万人，在校生10.79万人，毕业生3.53万人。普通初中218所，招生7.21万人，在校生20.73万人，毕业生6.12万人，初中阶段适龄少年入学率100%。职业高中17所，招生0.44万人，在校生1.35万人，毕业生0.38万人。小学455所，招生7.14万人，在校生42.77万人，毕业生7.24万人，小学适龄儿童入学率100%。特殊学校8所，特殊教育招生297人，在校生1141人，毕业生279人。幼儿园985所，在园幼儿18.1万人。

表6：2019年各类学校基本情况

项　目	学校数（个）	招生数（人）	在校生（人）	毕业生（人）	专职教师（人）
普通高等学校	51	210471	630485	168495	32932
中等专业学校	26	25011	70491	23035	1803
普通中学	294	109412	315168	96562	28015
职业高中	17	4378	13531	3767	620
小　学	455	71390	427747	72382	17900
特教学校	8	297	1141	279	236
幼儿园	985	73414	180996	50507	12330
成人高等学校	7	53899	136091	27812	615

科技： 全市新认定高新技术企业576家，累计拥有高新技术企业1442家。累计拥有国家级工程技术研究中心4家、重点实验室4家；累计拥有省级工程技术研究中心127家、重点实验室145家；登记省级技术成果67项。全年专利申请量21684件，专利授权量13057件。全年登记技术合同1085项，实现技术合同成交金额56.81亿元，增长17.6%。全市新增省级产业技术创新联盟3家，累计拥有省级产业技术创新联盟31家。

十、文化、卫生和体育

文化： 全市文艺创作获省级以上奖项82个，其中国家级奖项8个。年末全市拥有各类专业艺术表演团体3个，公共图书馆10个，文化馆10个，博物馆、纪念馆18个，全国重点文物保护单位10处。

卫生： 全市拥有各类医疗卫生机构2502个，其中医院138个；拥有床位3.63万张，其中医院床位3.11万张。拥有各类专业卫生技术人员4.67万人，其中执业(助理)医师1.68万人。全市婴儿死亡率为2.33‰，5

岁以下儿童死亡率为 3.81‰，每十万孕产妇死亡人数为 5.72 人。

体育： 2019 年，全市运动员参加比赛人数 0.3 万人次，共获得金牌 331 枚，银牌 232 枚，铜牌 141 枚。全年举办单项比赛 80 次，举办全民健身活动 114 次，其中千人以上的活动 15 次，参加活动的人数总计 30 余万人。全年完成全民健身工程 1 个，总投资 240 万元。全年发行体育彩票 12.31 亿元，比上年下降 23.8%。

十一、人民生活和社会保障

人民生活： 据抽样调查，城镇居民实现人均可支配收入 44136 元，比上年增长 8.1%；城镇居民人均消费性支出 28532 元，增长 9.4%；城镇居民家庭恩格尔系数为 31.8%；年末城镇居民人均住房建筑面积 38.94 平方米，比上年末增加 0.67 平方米。农村居民实现人均可支配收入 19498 元，增长 9.1%；农村居民人均生活消费支出 13088 元，增长 15.3%；农村居民家庭恩格尔系数为 38.2%。

图7：2015-2019年城乡居民收入水平

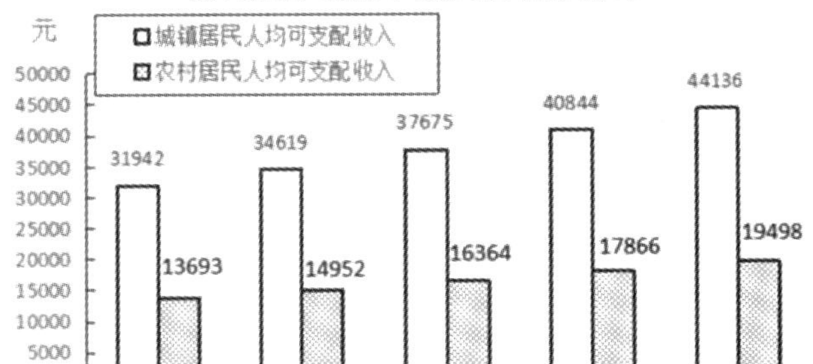

社会治安： 全年共立案各类刑事案件 2.4 万起，破获经济案件 206 起，挽回经济损失 187.52 万元。

住房公积金： 全市（市本级）归集公积金 92.97 亿元（含年度结息 3.00 亿元），比上年增长 15.8%；发放住房公积金贷款 23.91 亿元（不含当年赎回公转商贴息贷款 17.81 亿元），增长 97.3%；发放户数 6781 户（不含当年赎回公转商贴息贷款 5931 户），增长 122.8%；提取住房公积金 63.72 亿元，增长 11.7%。

社会保障： 全市城镇职工参加基本医疗保险人数 131.96 万人，比上年增加 13.29 万人。参加失业保险人数 64.43 万人，增加 1.34 万人。城镇参加基本养老保险人数为 211.76 万人，其中参保职工 148.64 万人，参保离退休人员 63.13 万人；企业养老金社会化发放率达 99.5%。2019 年发放公租房租赁补贴 24397 户，全市棚户区改造开工 27278 套，基本建成 14658 套。

社会福利： 全市拥有各类社会福利单位 112 个，床位 1.35 万张；收养各类人员 0.55 万人。城镇社区服务站（中心）799 个；城市居民最低生活保障家庭 1.92 万户，保障人数 3.41 万人；农村居民最低生活保障家庭 4.48 万户，保障人数 7.84 万人；城乡医疗救助人数 14.89 万人。

十二、资源、环境与安全生产

环境质量： 全市拥有国家级生态示范县 1 个、国家级生态区 1 个、国家级生态乡（镇）18 个，省级生态县（区）4 个、省级生态乡镇 59 个、省级生态村 83 个，“绿水青山就是金山银山”省级实践创新基地 2 个，市级生态村 818 个。自然保护区 9 个，总面积 13.63 万公顷。全年空气质量优良天数达 322 天，优良率为 88.2%，列中部六省会城市第一。赣江、抚河南昌段共 14 个监测断面，水质达标率为 100%，集中式饮用水质水量达标率为 100%。区域环境噪声昼间等效声级为 54.4 分贝，道路交通噪声等效声级路段长度加权均值 66.7 分贝。城市生活污水集中处理率达到 90.81%。

城市园林绿化： 初步核算，全市拥有园林绿地面积 14509.6 公顷，绿化覆盖面积 15229.5 公顷，公园绿地 3775 公顷，城市绿化覆盖率达到 41.25%，人均公共绿地面积达到 12.01 平方米。

节能减排： 初步核算，全年万元生产总值综合能耗下降 6.06%，全市二氧化硫总排放量 19983 吨、氮氧化物总排放量 40337 吨，化学需氧量总排放量 77905.59 吨，氨氮总排放量 8266.90 吨，较 2015 年分别下降 34.7%、12.3%、6.89%、13.83%。

安全生产： 全市共发生各类生产安全事故 191 起，死亡 152 人，与上年相比，事故多 5 起，上升 2.7%，死亡人数多 13 人，上升 9.4%。生产经营性道路交通事故 136 起，死亡 90 人。全年发生火灾事故 1236 起，同比上升 7.4%；死亡 8 人，下降 11.1%。

注：

1.本公报中统计数据均为初步统计数，正式数据以《南昌统计年鉴–2020》为准。部分数据因四舍五入的原因，存在分项与合计不等的情况。

2.规模以上工业统计范围为年主营业务收入 2000 万元及以上的法人工业企业；固定资产投资（不含农户）统计范围为计划总投资 500 万元及以上项目和房地产开发项目；限额以上企业是指年主营业务收入 2000 万元及以上的批发业企业、500 万元及以上的零售业企业、200 万元及以上的住宿和餐饮业企业。

3.地区生产总值和各产业增加值绝对数按现价计算，增长速度按不变价格计算。

4.根据《国民经济行业分类》（GB/T4754–2017），第一产业指农、林、牧、渔业（不含农、林、牧、渔专业及辅助性活动），第二产业指采矿业(不含开采专业及辅助性活动)，制造业（不含金属制品、机械和设备修理业），电力、热力、燃气及水生产和供应业，建筑业，第三产业即服务业，是指除第一产业、第二产业以外的其他行业。

5.常住人口是指实际经常居住在某地区一定时间的人口。按人口普查和抽样调查规定，主要包括：居住在本乡镇街道、户口在本乡镇街道或户口待定的人，居住在本乡镇街道、离开户口所在的乡镇街道半年以上的人，户口在本乡镇街道、外出不满半年或在境外工作学习的人。

蓄势跨越式发展　共建高品质生活

——《南昌市2019年国民经济和社会发展统计公报》解读

南昌市统计局党组书记、局长　夏小兰

2019年，是新中国成立70周年，是决胜全面建成小康社会、实现第一个百年奋斗目标的关键之年，是实施“十三五”规划的关键一年，也是做大做强做优大南昌都市圈的重要一年，这一年，国内外形势发生深刻复杂变化，世界经济增长趋缓、国内经济下行压力加大给我市经济发展带来较大挑战。全市上下在市委、市政府的坚强领导下，迎难而上、开拓进取，紧紧围绕全面建成小康社会目标任务，统筹推进稳增长、促改革、调结构、惠民生、防风险、保稳定，全市经济社会保持平稳健康，高质量跨越式发展蓄势待发，人民美好生活品质向优。新公布的《2019年南昌市国民经济和社会发展统计公报》（以下简称《公报》），正以翔实的数据、丰富的图表全景展示了这一年全市在经济发展、社会事业、城市建设、民生改善等各方面取得的新成就。

一、以提质增效为基点，推进综合实力再增强

《公报》显示，2019年，市委、市政府按照稳中求进工作总基调，全力推动全市经济提质增效，高质量发展加速升级，交出了全市人均发展水平突破十万元，新增就业目标超额完成，财政总收入突破九百亿元，改革开放走深走实，出口增速创八年新高等优异答卷，经济综合实力进一步增强。

人均GDP突破10万元。2019年，全市实现地区生产总值（GDP）5596.18亿元，按可比价格计算，同比增长8.0%，增速与全省持平，高于全国1.9个百分点，总量占全省比重达22.6%，较上年提高0.1个百分点。人均GDP作为比较经济发展水平的主要指标，首次突破10万元，达到100415元，美元汇率折算14556美元，增长6.6%。

物价可控就业支撑有力。2019年，全市居民消费价格指数（CPI）比上年上涨2.8%，全省排位第5，全年稳定在2.0%-2.8%的温和可控区间。失业率保持低位，全市新增就业7.54万人，城镇登记失业率2.34%，为自2010年以来首次降至3%以下，在经济增速放缓的情况下，就业局势总体平稳、稳中有进，有力支撑了全市经济发展基本面。

经济质量效益持续改善。2019年，全市财政总收入突破900亿元，达到902.98亿元，同比增长3.9%。其中，地方一般公共预算收入476.08亿元，增长3.1%。企业效益稳步向好，全年规模以上工业主营业务收入6997.07亿元，增长6.6%，规模以上服务业营业收入突破800亿元，达到841.05亿元，增长12.9%，高于全省5.0个百分点。总量占全省比重32.4%，较上年提升3.2个百分点。

扩大开放优化营商环境。2019年，全市持续建设“五型”政府，统筹深化“放管服”改革，优良营商环境和强大吸引力进一步彰显，市场主体活力有效激发。全市实际利用外资37.72亿美元，同比增长8.1%。全年共新增一套表单位1227户，排名全省第1。对外开放表现抢眼，实现海关进出口总值1061.77亿元，增长34.8%，高于全省23.7个百分点。其中，出口645.78亿元，增长43.0%，增速创2012年以来新高，高于全省30.7个百分点，排名全省第1。

二、以转型创新为引擎，推进内生动力再蓄能

《公报》显示，2019年，全市牢牢把握供给侧改革这条主线，全力实施“一核两重”产业发展战略，强产业、促改革、谋创新，全市经济转型升级结构趋优，增长动力逐步多元化平衡化，高质量发展模式更趋成熟稳定。

“三二一”产业格局显现。2019年，全市三次产业协调发展，三次产业结构比由上年的3.7:47.6:48.7调整为3.8:47.4:48.8。农业生产保持稳定，农林牧渔业总产值360.53亿元，按可比价计算，同比增长3.0%。工业生产增势强劲，全市规模以上工业增加值增长8.5%，与全省持平，其中，以高技术产业为代表的先进制造业快速发展，全年高技术产业增加值增长19.2%，高于规模以上工业10.7个百分点。服务业发展稳中显快，全年实现增加值2729.47亿元，增长8.4%，分别高于GDP和第二产业0.4、0.4个百分点，对经济增长贡献率为46.0%，拉动3.7个百分点，服务业已经成为拉动全市经济增长的压舱石。

科技创新激发内生动力。创新是引领发展的第一动力，2019年，全市新技术、新动能加快集聚，代表高端新产品、高附加值、高科技含量的产品快速培育，电力电缆、沥青和改性沥青防水卷材、光电子器件等产品产量分别同比增长26.2%、30.9%和11.0%。创新成果不断涌现。全市新认定高新技术企业576家，全年专

利申请量 21684 件，专利授权量 13057 件。全年登记技术合同 1085 项，技术合同成交金额增长 17.6%。全市新增省级产业技术创新联盟 3 家，累计拥有省级产业技术创新联盟 31 家。

优化结构扩大有效投资。投资既是消费的重要变量，也是供给的重要内容。扩大有效投资，资金投向更准，不仅扩大需求，还能提高供给质量，优化供给结构，促进转型升级。2019 年，全市工业投资延续快速增长态势，同比增长 15.7%，高于全省 4.8 个百分点，高于上年 0.5 个百分点。其中，工业技改投资显著高于整体投资增速，增长 56.3%，高于上年 38.8 个百分点。服务业投资中，居民服务和其他服务业，信息传输、软件和信息技术服务业，教育，科学研究和技术服务业投资增速较快，分别增长 90.0%、54.4%、41.1%和 19.9%。

消费升级引领经济增长。今年以来，全市各季度社会消费品零售总额增速稳定保持在 10%以上，持续高于地区生产总值增速，对经济增长的贡献率不断提高，对稳定经济增长的作用持续显现。其中，改善型、享受型消费发展势头良好，消费升级态势延续，2019 年，全市化妆品类、中西药品类和金银珠宝类商品零售额分别同比增长 28.9 %、28.8 %和 12.9%。全年旅游总人次 17936.72 万人次，增长 19.0%，旅游综合收入 1869.16 亿元，增长 23.0%。

三、以生态优先为导向，推进城市建管再提质

《公报》显示，全市深入践行绿色发展，大力支持生态示范平台创建，统筹构建生态文明试验区建设布局，坚持建管并重，开展好“美丽南昌•幸福家园”环境综合整治和城市功能与品质提升三年行动，进一步推动城乡融合发展，擦亮城市品牌，美丽南昌建设迈出新步伐。

节能减排成效显现。2019 年，全市万元生产总值综合能耗同比下降 6.06%，圆满实现全年下降目标。万元规模以上工业增加值能耗下降 9.77%，降幅高于全省平均水平 4.89 个百分点，能源消耗明显下降。电力生产结构向清洁高效灵活创新型方向进一步发展，全市新能源发电量 9.03 亿千瓦时，增长 26.5%。其中，太阳能发电量 1.44 亿千瓦时，占新能源发电量比重由上年的 13.8%升至 15.9%；风力发电量 5.72 亿千瓦时，增长 43.4%。

生态优势巩固提升。截至 2019 年底，全市拥有自然保护区 9 个，总面积 13.63 万公顷。生态系统保护和修复力度加大，全年造林 2804 公顷，园林绿地面积较上年增加 1020.1 公顷，绿化覆盖面积较上年增加 1074.1 公顷，城市绿化覆盖率较上年提升 0.22 个百分点，人均公共绿地面积较上年增加 0.21 平方米。深入开展“蓝天、碧水、净土”三大行动，污染防治有成效，城市生活污水集中处理率达到 90.81%，高于上年 19.2 个百分点。全市空气质量优良天数达 322 天，空气质量连续两年达到国家二级标准，是中部唯一实现空气质量二级标准的省会城市，在中部省会城市中连续 6 年排名第 1。

基础设施均衡通达。城建项目，特别是交通基建，是保证产业、科技、人才等生产要素平稳运行的动脉，动脉通则血液循环畅，才能提升城市功能品质，拓宽生态文明建设新空间。2019 年，全市交通运输设施不断完善，城市干线路网建设持续推进，快速路主线加快通车，实现城市一环闭环通行、地铁 2 号线全线运行，城市运行日趋畅通。邮政快递服务能力提升。2019 年，全市邮政行业业务总量达到 81.63 亿元，同比增长 28.6%；快递服务企业业务收入 41.8 亿元，增长 35.5%。信息通信发展步伐加快。2019 年，全市作为全国首批 5G 商用城市，率先进入 5G 商用发展的快车道，全年互联网宽带接入用户数 264.8 万户，增长 11.3%。

四、以改善民生为目标，推进幸福指数再攀升

《公报》显示，全市始终贯彻以人民为中心的发展思想，统筹推进降费减税等政策提高城乡居民收入，按照兜底线、织密网、建机制的要求，进一步完善覆盖全民、城乡统筹、权责清晰、保障适度的多层次社会保障体系，群众幸福感、获得感进一步增强。

居民收入稳步增长。2019 年，全市城镇居民人均可支配收入 44136 元，同比增长 8.1%，增速与全省持平。农村居民人均可支配收入 19498 元，增长 9.1%，高于城镇居民 1.0 个百分点。城乡居民人均收入倍差 2.26，较上年缩减 0.03。全市城镇和农村居民恩格尔系数分别为 31.8%和 38.2%。全市地方一般公共预算收入中，个人所得税 13.38 亿元，下降 37.3%，还利于民有利于提升居民家庭生活水平。

民生保障统筹改善。2019 年末，全市坚持和完善统筹民生保障制度，与上年比，全市城镇职工参加基本医疗保险人数新增 13.29 万人；参加失业保险人数新增 1.34 万人；城镇参加基本养老保险人数新增 12.08 万人，其中参保职工新增 9.28 万人；全市各类医疗卫生机构新增 257 个，其中医院数新增 16 个；床位数新增 0.28 万张；各类专业卫生技术人员新增 0.52 万人；全市各级各类学校专任教师新增 1.52 万人，在校研究生新增 0.42 万人；普通中学新增 6 所，幼儿园新增 51 所，教育、社会保障、卫生等基本公共服务体系不断健全。

生活品质持续提高。财政支出不断倾斜民生，2019 年，全市地方一般公共预算支出中民生类事业支出占比 79.4%，较上年提高 3.4 个百分点，民生领域投资增长较快，全市教育投资增长 41.1%，卫生和社会工作投资增长 26.2%。文化配套更加健全，全市新增博物馆、纪念馆 1 个，新增全国重点文物保护单位 1 处，全市文艺创作获省级以上奖项 82 个，其中国家级奖项 8 个。生活水平更加改善。年末城镇居民人均住房建筑面积 38.94 平方米，较上年末增加 0.67 平方米。年末民用汽车保有量 117 万辆，增长 9.3%。年末民用轿车保有量 71 万辆，增长 9.2%，其中私人轿车保有量 65 万辆，增长 8.3%。

综上，2019 年在宏观经济稳中有变的大环境中，南昌激流勇进、奋力攻坚，高质量发展步履铿锵。成绩的取得，离不开以习近平同志为核心的党中央坚强领导和习近平新时代中国特色社会主义思想的正确指引，离不开省委、省政府的坚强领导，离不开全市上下、广大干部群众的努力奋斗。2020 年，面对新冠肺炎疫情的不良冲击，全市要按照党中央关于统筹推进新冠肺炎疫情防控和经济社会发展工作的重大决策部署，继续紧紧围绕“奋力在大南昌都市圈建设征程中续写高质量跨越式发展新篇章”战略主线，不断做强产业、做实民生、做深改革、做活开放、做足创新、做美城市、做优生态、做好“六稳”等工作，补齐短板，扬优成势，保持经济社会持续健康高质量发展，为建设富裕美丽幸福现代化江西、描绘好新时代江西改革发展新画卷贡献省会力量，实现全面建成小康社会和“十三五”规划的圆满收官。

自然、地理、资源

位　置

南昌市位于东经115° 27′–116° 11′北纬28° 09′–29° 11′。地处江西省中部偏北，赣江、抚河下游，东北方濒临我国最大的淡水湖鄱阳湖。

地势、面积

全市以平原为主，东南地势平坦，西北丘陵起伏。全市土地面积7194.61平方公里。南北长约112.1公里，东西宽为107.6公里。

山脉、河流、湖泊

位于西北部的西山山脉，呈东北向逶迤绵延，山脉中段的梅岭为市区最高点，其主峰洗药峰海拔841.4米。

全市境内江河纵横，湖泊池塘星罗棋布。主要河流有赣江、抚河、锦江和潦河等。湖泊主要有军山湖、青岚湖、金溪湖、瑶湖等，市区有青山湖、贤士湖，市中心错落着东湖、西湖、南湖、北湖等四个人工湖。

气　候

南昌气候湿润温和，属亚热带季风区，雨量充沛，四季分明，春秋季短，冬夏季长。2019年平均气温19.1℃，极端最高气温37.5℃，极端最低气温0℃。年降水量1613.3毫米，降水日为175天，年平均相对湿度为73%。年日照时间1630小时。年平均风速1.6米/秒。年无霜期312天。冬季多偏北风，夏季多偏南风。适合植物、花卉生长，是营造“花园城市”的理想地区。

土地资源

全市土地面积7194.61平方公里，其中耕地面积27.44万公顷。在耕地面积中，有效灌溉面积18.99万公顷，占69.2%。

水力资源

全市水力资源蕴藏量为7.18万千瓦，可开发的资源3.42万千瓦，占蕴藏量的47.6%。

森林资源

全市林地面积14.03万公顷，森林覆盖率23.0%；活立木蓄积量676.19万立方米。野生动、植物资源品种繁多。

矿产资源

以非金属建矿为主，兼有燃料、矿泉水等各类矿产28余种。已发现矿点、矿化点100余处，尤其以建筑用砖、砖瓦粘土、饰面石材、石英石、石灰石和矿泉水等具有较好的开发前景。花岗石、砂卵石、砖瓦粘土储量巨大，开采历史悠久。

1-1 土地面积

单位：平方公里

地　　区	土地面积
全　　市	**7194.61**
区	
东 湖 区	57.89
西 湖 区	35.29
青云谱区	36.87
湾 里 区	247.01
青山湖区	240.64
新 建 区	2159.73
县	
南 昌 县	1810.70
安 义 县	660.14
进 贤 县	1946.34

注：1.本表数据由市自然资源局提供；

2.因自然资源部还未下发2019年度南昌市变更调查数据，故以上数据来源于自然资源部下发的2018年度南昌市土地变更调查数据。自然资源部下发的南昌市土地变更调查数据按原三县六区行政区域进行划分。

1-2 行政区划(2019年末)

单位：个

地区	街道办事处	居委会	镇	乡	村委会
全　市	**34**	**867**	**52**	**28**	**1163**
区	**33**	**658**	**25**	**6**	**491**
东湖区	9	98	1		21
西湖区	11	133	1		13
青云谱区	5	75	1		12
青山湖区	4	176	5		84
新建区	2	87	16	6	327
红谷滩区	2	89	1		34
县	**1**	**209**	**27**	**22**	**672**
南昌县	1	113	11	7	304
安义县		27	7	3	104
进贤县		69	9	12	264

注：本表数据由市民政局提供。

1-3 水文、气象

项　　　目	2018	2019
最高水位(八一桥水面，米)	19.57	23.23
最低水位(八一桥水面，米)	12.24	10.97
全年平均水位(八一桥水面，米)	14.57	15.53
全年降雨天数(天)	151	175
全年降雪天数(天)	7	1
全年降水量(毫米)	1568.7	1613.3
全年无霜期总天数(天)	296	312
全年日照时数(小时)	1859.8	1629.9
全年蒸发量(毫米)	1086.0	1081.7
全年平均气温(度)	19.2	19.1
极端最高气温(度)	37.5	37.5
极端最低气温(度)	-2.7	0.0
全年相对湿度(%)	73	73
全年平均风速(米/秒)	1.7	1.6

注：本表数据由市水文局和市气象局提供。

1-4　各县区按专业分组一套表新增法人单位数（2019年）

单位：个

地　区	合 计	工 业	建筑业	批发和零售业	住宿和餐饮业	房地产开发经营业	服务业	其他投资
全　市	**1227**	**219**	**128**	**351**	**42**	**72**	**257**	**158**
东 湖 区	71		12	21	6	4	22	6
西 湖 区	145		9	78	13	4	38	3
青云谱区	75	5	10	27		5	25	3
青山湖区	126	36	9	30	4	6	22	19
新 建 区	72	10	12	17	1	10	10	12
红谷滩区	109		20	35	9	9	32	4
南 昌 县	171	43	17	43	2	16	26	24
安 义 县	86	43	2	6	1	3	15	16
进 贤 县	86	31	12	11	1	3	3	25
经济开发区	139	23	13	50	1	2	26	24
高新开发区	116	23	7	27	3	7	31	18
湾里管理局	31	5	5	6	1	3	7	4

注：其他投资是指未纳入规模以上工业、有资质的建筑业、限额以上批发和零售业、限额以上住宿和餐饮业、房地产开发经营业、规模以上服务业，且在报告期内有计划总投资5000万元及以上在建投资项目的法人单位。

1-5 主要年份国民经济

指　　标	1978	1980	1990	2000
人口				
年末常住人口(万人)	306.82	317.23	378.39	433.17
#男性人口			196.28	226.18
女性人口			182.11	206.99
#城镇人口				211.54
乡村人口				221.62
年末户籍人口(万人)	233.97	241.50	372.59	432.55
就业				
年末社会就业人数(万人)	131.13	136.03	199.00	214.96
#职工人数	53.14	58.51	82.04	58.77
国民经济核算				
地区生产总值(亿元)	14.37	16.95	63.20	476.04
第一产业	4.21	4.54	13.85	51.29
第二产业	7.07	8.20	25.07	192.95
第三产业	3.09	4.21	24.29	231.80
人均地区生产总值(元)	474	538	1719	11027
农业				
农业总产值(亿元)(按当年价)	4.50	5.56	23.65	69.44
主要农产品产量				
粮食(万吨)	117.43	120.16	170.81	156.12
棉花(万吨)	0.22	0.29	0.11	0.33
油料(万吨)	1.16	1.43	4.04	9.78
园林水果(万吨)			0.94	0.92
蔬菜(万吨)			60.02	109.09
水产品(万吨)	0.83	1.16	5.52	22.00
肉类总产量(万吨)			10.23	20.80
生猪年末存栏(万头)	78.45	77.43	121.32	166.13
生猪当年出栏(万头)			140.98	208.18
工业				
规模以上工业增加值(亿元)				79.26
轻工业				42.76
重工业				36.50
主要工业产品产量				
纱(万吨)			2.33	2.61
布(万米)	7976	12294	9923	13285
机制纸及纸板(万吨)	3.26	4.35	6.16	8.16
发电量(亿千瓦小时)	7.54	7.91	15.46	31.13
钢材(万吨)	7.75	20.67	22.33	80.85
水泥(万吨)	6.65	8.64	20.85	33.00
效益指标				
资产总计(亿元)				
负债合计(亿元)				
营业收入(亿元)				

注：规模以上工业营业收入2018年及以前为规模以上工业主营业务收入数据。

和社会发展主要指标

2010	2015	2016	2017	2018	2019	2019年比上年增长%
504.26	530.29	537.14	546.35	554.55	560.06	1.0
263.39	274.63	277.27	281.70	285.97	288.79	1.0
240.87	255.66	259.87	264.65	268.59	271.27	1.0
331.33	379.48	388.30	400.58	411.64	420.93	2.3
172.93	150.81	148.84	145.77	142.91	139.12	-2.7
502.25	520.38	522.79	524.66	531.88	536.00	0.8
292.56	331.69	333.35	332.98	332.29	332.19	0.0
63.21	105.81	106.37	105.66	102.30	102.72	0.4
2145.46	3778.82	4137.49	4547.63	5119.33	5596.18	8.0
125.29	177.51	180.30	180.79	190.68	212.89	2.9
1206.84	1984.59	2122.70	2291.78	2432.81	2653.82	8.0
813.34	1616.72	1834.49	2075.06	2495.84	2729.47	8.4
42734	71683	77522	83943	93002	100415	6.6
204.66	296.92	298.37	310.04	321.01	360.53	3.0
220.85	221.74	221.75	217.41	243.16	233.88	-3.8
0.38	0.22	0.18	0.17	0.16	0.15	-5.8
10.80	12.81	12.06	11.11	11.54	11.26	-2.4
2.36	3.54	3.74	4.03	4.17	4.19	0.6
93.91	128.98	127.77	129.32	129.89	130.34	0.4
34.57	36.44	37.64	39.19	40.44	42.00	3.9
32.97	33.38	31.95	29.70	31.43	28.65	-8.8
195.99	184.34	171.67	144.43	145.46	73.68	-49.3
317.77	320.82	300.47	284.11	290.02	220.97	-23.8
650.92	1451.84	1611.50				8.5
329.19	718.76	749.70				7.6
321.73	733.09	861.81				9.0
3.00	4.75	3.67	4.34	6.64	12.29	1.6
12691	7384	6033	4923	2553	905	-64.6
37.09	38.08	65.92	64.39	64.41	65.26	1.3
77.81	90.01	86.99	111.65	111.50	100.08	1.3
307.13	375.76	371.29	381.93	464.29	421.55	-9.2
319.17	766.15	747.52	762.03	693.06	832.13	4.4
1961.54	4170.48	5081.86	5785.25	6106.99	6757.24	9.2
1138.93	2192.38	2615.19	3144.91	3519.59	3941.81	10.6
2768.52	5534.87	6161.52	6223.85	6395.38	6997.07	6.6

指　　标	1978	1980	1990	2000
建筑业(资级企业)				
建筑业企业人数(万人)				10.12
建筑业总产值(亿元)	3.13	3.77	9.07	38.11
施工房屋面积(万平方米)	111.62	173.28	318.00	695.00
竣工房屋面积(万平方米)	37.25	96.56	126.00	298.00
交通运输业				
公路通车里程(公里)	1286	1148	1831	1958
#等级公路				
货物运输量(万吨)			2820	3171
#民航				
铁路			221	224
公路	261	257	2298	2784
水运	150	77	301	163
旅客运输量(万人)			3289	3904
#民航				
铁路			517	906
公路	352	634	2720	2978
水运	87	96	52	20
邮电通信业				
邮电业务总量(亿元)	0.04	0.05	0.83	21.85
函件(万件)	6472	9739	4781	3016
移动电话用户(万户)				43
固定电话用户(万户)	0.58	0.65	3.15	74
城市	0.49	0.56	2.99	60
农村	0.09	0.09	0.16	14
互联网宽带用户数(万户)				
固定资产投资				
全社会固定资产投资(亿元)	1.22	2.11	10.32	79.87
#工业投资	0.53	0.49	1.46	17.29
房地产开发投资				13.20
新增固定资产(亿元)	0.71	1.31	8.62	36.72
市政建设				
道路总长度(公里)				
排水管长度(公里)				
液化气供应总量(吨)				
天然气供应总量(万立方米)				
供水总量(万立方米)				
#生活用水				
全社会用电量(亿千瓦时)	12.50	15.42	22.36	36.08
#工业用电量	5.50	7.47	15.53	23.23
营运公共汽车(辆)				

表1

2010	2015	2016	2017	2018	2019	2019年比上年增长%
22.81	59.97	64.47	72.64	71.57	65.03	-9.1
791.86	2415.00	2632.28	3183.86	3643.06	4160.18	14.2
6226.84	14867.77	15259.40	16308.60	18048.57	18054.69	0.0
2167.65	5693.29	6003.29	6343.53	6368.67	5862.89	-7.9
9707	11199	11386	11388	11258	11966	6.3
7802	9586	9698	9700	9672	10654	10.2
8327	11645	12377	13836	15656	16912	8.0
3	5	5	5	8	12	50.0
412	193	247	273	327	318	-2.8
7244	10397	11067	12436	14198	15350	8.1
668	1050	1058	1122	1123	1232	9.7
10971	6709	6913	7562	7893	7894	0.0
475	749	786	1094	1352	1364	0.9
1977	2941	3126	3515	3769	3946	4.7
8519	3019	3001	2953	2772	2584	-6.8
46.72	90.33	124.30	211.23	449.59	684.63	52.3
17971	1065	1097	1055	1384	891	-35.6
473	609	555	613	697	709	1.7
162	107	102	93	91	87	-4.4
85	68	65	61	53	75	41.5
23	13	12	11	9	9	
62	128	154	185	238	265	11.3
1939.35	4021.47	4576.73	5157.29			10.2
646.86	1552.73	1625.86	1843.99			15.7
110.22	485.37	674.60	790.69			2.5
1412.92	2692.88	2771.81	3143.84			-6.1
	1659.37	1612.50	1631.96	1550.68	1764.80	13.8
	2304.72	2816.33	3421.41	3759.06	2961.00	-21.2
	46283	49607	38869	20265	19658	-3.0
	23932.07	30734.57	44651.96	42522.85	43994.87	3.5
	39829.23	42753.35	40895.26	43678.34	45735.11	4.7
	14230.57	15284.64	15332.08	16082.98	16163.80	0.5
112.84	164.34	185.18	205.97	230.00	247.20	7.5
64.24	85.21	92.62	105.46	116.85	123.37	5.6
	3305	3423	3691	4112	3916	-4.8

指　　标	1978	1980	1990	2000
建成区绿化覆盖率(%)				
污水处理率(%)				
内外贸易和旅游				
社会消费品零售总额(亿元)	5.26	7.49	29.49	161.94
海关进出口总额(亿美元)				11.15
出口额				8.86
进口额				2.28
实际利用外资额(亿美元)				0.29
旅游总收入(亿元)				
接待入境旅游者人数(万人次)				3.70
旅游外汇收入(万美元)				2578
财政				
财政总收入(亿元)	2.51	3.33	10.00	41.54
地方一般公共预算收入(亿元)				18.30
地方一般公共预算支出(亿元)	0.90	1.14	5.51	23.77
金融业				
金融机构本外币存款余额(亿元)				700.96
#金融机构人民币存款余额	2.75	7.91	54.71	627.48
金融机构本外币贷款余额(亿元)				458.25
#金融机构人民币贷款余额	9.92	12.45	82.20	400.74
保险公司保费收入(亿元)			0.61	8.05
保险公司赔付支出(亿元)			0.27	2.15
价格指数(上年=100)				
商品零售价格指数	99.7	107.4	101.8	97.8
居民消费价格指数	99.7	106.6	103.3	102.6
工业生产者出厂价格指数				
工业生产者购进价格指数				
教育、文化、卫生				
高等学校在校学生数(人)	11989	18359	30939	78252
中等专业学校在校学生数(人)	7841	11970	20437	80622
普通中学在校学生数(万人)	15.19	12.94	20.97	26.15
小学在校学生数(万人)	32.35	33.21	37.86	40.94
图书馆藏书量(万册)	208	228	338	332
卫生机构数(个)	598	612	832	932
卫生技术人员数(人)	12275	13470	21658	22477
#医　生	5582	6693	9632	9527
医疗卫生机构病床数(张)	11749	12704	16205	15130
人民生活				
城镇非私营单位在岗职工平均工资(元)	577	732	1798	8756
城镇居民人均可支配收入(元)		339	1349	5734
农村居民人均可支配收入(元)		184	721	2390

表2

2010	2015	2016	2017	2018	2019	2019年比上年增长%
38.09	40.85	38.63	43.94	43.25	41.25	
73.23	90.96	92.53	99.80	71.60	91.00	
767.93	1671.18	1877.74	2108.36	2143.68	2382.31	11.2
53.07	113.72	93.80	98.41	119.56	153.73	28.6
36.76	85.01	57.90	62.80	68.63	93.47	36.2
16.30	28.71	35.90	35.61	50.93	60.26	18.3
14.77	26.17	28.90	31.81	34.89	37.72	8.1
100.80	537.90	816.80	1204.60	1520.00	1869.16	23.0
12.05	22.20	25.10	27.86	29.12	32.69	12.3
3069	7415	8603	9971	12681	14236	12.3
259.31	628.91	684.68	782.82	869.36	902.98	3.9
146.47	389.34	402.18	417.08	461.75	477.00	3.3
232.03	543.18	583.26	653.12	752.41	834.11	10.9
4199.08	8534.34	9627.56	10137.34	10733.08	12096.80	12.7
4167.67	8342.63	9503.00	10011.39	10605.78	11980.04	13.0
3506.30	7556.91	8707.23	10364.58	12124.64	14047.32	15.9
3461.52	7376.05	8604.57	10209.28	11950.32	13864.69	16.0
61.36	124.85	152.71	191.27	201.48	224.90	11.6
12.79	43.78	49.47	50.38	61.52	69.75	13.4
103.0	100.5	100.4	101.0	100.8	101.3	1.3
103.2	101.6	102.1	102.1	102.3	102.8	2.8
102.9	97.3	99.1	104.4	103.2	100.1	0.1
108.1	95.0	98.3	105.7	102.2	100.9	0.9
490241	587368	611819	609801	610624	630485	3.3
99202	99589	85377	76417	69282	70491	1.7
30.21	29.35	29.09	29.67	30.58	31.52	3.1
43.66	40.67	41.24	41.96	42.98	42.77	-0.5
440	523	169	213	222	224	0.8
798	2118	2099	2222	2245	2502	11.4
27980	35779	36550	39418	41532	46675	12.4
10330	12875	13139	14143	14797	16778	13.4
20025	30169	30739	32467	33517	36333	8.4
35038	57730	65812	72686	82672	88470	7.0
18276	31942	34619	37675	40844	44136	8.1
7193	13693	14952	16364	17866	19498	9.1

1-6　主要年份国民经济主要比例关系

单位：%

指　　标	1978	1980	1990	2000	2010	2015	2016	2017	2018	2019
地区生产总值										
第一产业	29.3	26.8	21.9	10.8	5.8	4.7	4.4	4.0	3.7	3.8
第二产业	49.2	48.4	39.7	40.5	56.3	52.5	51.3	50.4	47.5	47.4
工　业			37.7	30.8	42.8	39.0	38.0	37.1	34.0	33.8
建筑业			2.0	9.7	13.5	13.5	13.3	13.3	13.5	13.6
第三产业	21.5	24.8	38.4	48.7	37.9	42.8	44.3	45.6	48.8	48.8
#交通运输、仓储和邮政业			5.0	6.0	4.6	4.2	4.0	4.1	3.9	3.7
批发零售和住宿餐饮业			10.8	13.5	8.9	8.9	8.8	9.0	8.7	8.6
金融业			10.7	5.2	5.3	7.7	8.2	7.8	9.5	9.5
全市总人口										
城镇人口					65.71	71.56	72.29	73.32	74.23	75.16
乡村人口					34.29	28.44	27.71	26.68	25.77	24.84
社会就业人员										
第一产业	58.6	55.8	47.5	39.5	24.4	19.0	18.1	17.4	17.3	16.4
第二产业	26.9	29.1	30.7	26.2	25.0	37.2	38.6	39.3	38.6	37.4
第三产业	14.5	15.1	21.8	34.3	50.6	43.8	43.3	43.3	44.1	46.2
农业总产值										
农　业	85.4	84.1	55.6	41.9	37.1	38.9	42.8	43.7	44.1	41.0
林　业	0.9	0.9	1.1	1.5	1.1	1.3	1.5	1.5	1.5	1.5
畜 牧 业	11.8	12.6	31.2	35.2	39.2	34.4	30.5	28.4	27.2	32.3
渔　业	1.4	1.3	6.4	21.4	20.7	23.3	21.2	22.3	22.8	20.7
农林牧渔专业及辅助性活动	0.5	1.1	5.7		1.9	2.1	4.0	4.1	4.4	4.5
规模以上工业增加值										
轻工业				53.9	50.6	49.5	46.5	41.6	38.7	39.9
重工业				46.1	49.4	50.5	53.5	58.4	61.3	60.1
全社会固定资产投资										
第一产业	8.3	6.1	1.1	1.5	1.3	1.5	1.6	1.5	1.1	0.9
第二产业	43.1	23.1	14.2	54.2	40.8	39.8	36.2	36.4	31.8	32.9
第三产业	48.6	70.8	84.7	44.3	57.9	58.7	62.1	62.1	67.1	66.2
财政收入占地区生产总值的比例	**17.5**	**19.6**	**15.8**	**8.7**	**12.1**	**16.6**	**16.5**	**17.2**	**17.0**	**16.1**
税收收入占财政总收入比例	**76.6**	**70.6**	**97.2**	**91.9**	**91.4**	**87.1**	**86.5**	**88.4**	**89.6**	**89.1**
研究与试验经费（R&D经费）占GDP比例				**1.37**	**1.94**	**1.59**	**1.62**	**1.68**	**1.70**	**1.81**
科教文卫事业费占财政支出的比例	**29.9**	**31.2**	**24.6**	**22.8**	**26.7**	**28.6**	**28.4**	**30.4**	**29.9**	**30.0**

注：2000年之前“交通运输、仓储和邮政业”的统计口径为“交通运输仓储邮电业”。

1-7 主要年份主要指标每人年平均水平

指　标	1978	1980	1990	2000	2010	2015	2016	2017	2018	2019
地区生产总值(元)	474	538	1719	11027	42734	71683	77522	83943	93002	100415
农业总产值(元)	148	176	638	1623	4076	5633	5590	5723	5832	6469
财政总收入(元)	84	106	270	971	5165	11930	12828	14450	15793	16202
主要农产品产量(千克)										
粮食	386.96	381.37	460.80	364.84	439.89	420.64	415.48	401.31	441.75	419.67
棉花	0.73	0.92	0.30	0.77	0.76	0.42	0.34	0.31	0.29	0.27
园林水果			2.54	2.15	4.70	6.72	7.01	7.44	7.58	7.52
水产品	2.74	3.68	14.89	51.41	68.86	69.13	70.52	72.34	73.47	75.36
肉类总产量			27.60	48.61	65.67	63.33	59.87	54.83	57.10	51.41
主要工业产品产量										
纱(千克)			6.29	6.10	5.98	9.01	6.88	8.00	12.06	22.04
布(米)	26.28	39.02	26.77	31.05	25.28	14.01	11.30	9.09	4.64	1.62
发电量(千瓦小时)	248.42	251.05	417.07	727.48	1549.82	1707.47	1629.89	2060.92	2025.61	1795.77
钢材(千克)	25.53	65.60	60.23	188.94	611.74	712.81	695.66	704.99	843.48	756.41
水泥(千克)		27.42	56.25	77.12	635.72	1453.37	1400.59	1406.62	1259.07	1493.12
人民生活										
城镇非私营单位在岗职工平均工资(元)	577	732	1798	8756	35038	57730	65812	72686	82672	88470
城镇居民人均可支配收入(元)		339	1349	5734	18276	31942	34619	37675	40844	44136
农村居民人均可支配收入(元)		184	721	2390	7193	13693	14952	16364	17866	19498

1-8 主要年份平均每天主要社会经济活动

指　　标	1978	1980	1990	2000	2010	2015	2016	2017	2018	2019
地区生产总值(万元)	394	464	1732	13042	58780	103529	113356	124593	140256	153320
农业总产值(万元)	123	152	648	1897	5607	8135	8152	8494	8795	9878
财政总收入(万元)	69	91	274	1135	7104	17230	18707	21447	23818	24739
主要工业产品产量										
纱(吨)			63.84	71.31	82.19	130.14	100.27	118.77	181.82	336.58
布(万米)	21.85	33.59	27.19	36.30	34.77	20.23	16.48	13.49	6.99	2.48
发电量(万千瓦时)	207	216	424	851	2132	2466	2377	3059	3055	2742
水泥(吨)	182	236	571	902	8744	20990	20424	20878	18988	22798
社会消费品零售总额(万元)	144	205	808	4437	21039	45786	51445	57763	58731	65269
其他经济活动										
货物运输量(万吨)			7.73	8.66	22.81	31.90	33.82	37.91	42.89	46.33
旅客运输量(万人次)			9.01	10.67	30.06	18.38	18.89	20.72	21.62	21.63
函件(万件)	17.73	26.61	13.10	8.24	49.24	2.92	3.00	2.89	3.79	2.44

1-9　南昌市主要经济指标占全省的比重（2019年）

项　　目	江　　西	南　　昌	南昌所占比重(%)
土 地 面 积(平方公里)	166933.00	7194.61	4.3
年末总人口(抽样调查数，万人)	4666.13	560.06	12.0
地区生产总值(亿元)	24757.50	5596.18	22.6
农业总产值(亿元)	3481.29	360.53	10.4
主要工业产品产量			
布(万米)	103052.40	905.00	0.9
机制纸及纸板(万吨)	276.24	65.26	23.6
发电量(亿千瓦小时)	1375.90	100.08	7.3
钢材(万吨)	2795.71	421.55	15.1
水泥(万吨)	9625.05	832.13	8.6
主要农产品产量			
粮食(万吨)	2157.45	233.88	10.8
棉花(万吨)	6.57	0.15	2.3
油料(万吨)	120.78	11.26	9.3
园林水果(万吨)	474.26	4.19	0.9
蔬菜(万吨)	1581.81	130.34	8.2
水产品(万吨)	258.81	42.00	16.2
肉类总产量(万吨)	298.65	28.65	9.6
社会消费品零售总额(亿元)	10068.05	2382.31	23.7
进出口总额(亿美元)	508.90	153.73	30.2
#出口额	361.93	93.47	25.8
实际利用外资额(亿美元)	135.79	37.72	27.8
接待入境旅游者人数(万人次)	197.17	32.69	16.6
旅游收汇(万美元)	86538	14236	16.5
财政总收入(亿元)	4001.56	902.98	22.6
普通高等学校在校学生(万人)	117.96	63.05	53.5
中等专业学校在校学生(万人)	24.19	7.05	29.1
普通中学在校学生(万人)	325.60	31.52	9.7
小学在校学生(万人)	411.44	42.77	10.4
卫生技术人员(万人)	26.79	4.67	17.4
#医生	9.64	1.68	17.4
卫生机构病床数(万张)	26.72	3.63	13.6

1-10 主要年份地区生产总值

年 份	地 区 生产总值 (万元)	第一产业	第二产业	第三产业	人均地区 生产总值 (元)
1949	14278	8804	1152	4322	107
1952	21667	13045	2943	5679	154
1957	37287	18053	10601	8633	223
1962	42877	12109	15716	15052	222
1965	65435	21413	28837	15185	315
1970	93305	22785	51086	19434	389
1975	107291	34267	47251	25773	382
1978	143727	42065	70744	30918	474
1979	158303	42494	74784	41025	511
1980	169513	45361	82026	42126	538
1981	189093	53874	91014	44205	593
1982	204423	61052	97054	46317	632
1983	212229	62386	100002	49841	649
1984	257925	79281	116105	62539	781
1985	325718	78735	171408	75575	977
1986	369492	82109	185935	101448	1093
1987	435864	90367	193554	151943	1266
1988	518161	96081	231734	190346	1474
1989	591567	120079	252286	219202	1647
1990	632034	138479	250705	242850	1719
1991	728886	143295	285370	300221	1910
1992	946665	178041	395972	372652	2436
1993	1293955	225343	584546	484066	3279
1994	1818436	334901	801503	682032	4550
1995	2454072	398415	1115241	940416	6074
1996	3105911	496539	1394535	1214837	7610
1997	3752067	536822	1702856	1512389	9100
1998	3992606	440170	1853634	1698802	9584
1999	4237630	500233	1940558	1796839	10074
2000	4760425	512922	1929540	2317963	11027
2001	5242006	541131	2159890	2540985	12024
2002	5980910	582947	2615354	2782609	13591
2003	6885021	606003	3272931	3006087	15516
2004	8420214	720149	4276699	3423366	18839
2005	9796983	769624	5211578	3815781	20932
2006	11649389	841002	6466998	4341389	24566
2007	14120436	978696	7702944	5438796	29386
2008	16521905	1137402	8931235	6453268	33905
2009	17827139	1186154	9613633	7027352	36020
2010	21454633	1252851	12068367	8133415	42734
2011	26358983	1423841	14840994	10094148	51979
2012	28768982	1547358	15913544	11308080	56296
2013	32073474	1595067	17626380	12852027	62183
2014	34984514	1685837	19098100	14200577	67120
2015	37788182	1775060	19845947	16167175	71683
2016	41374868	1803042	21226968	18344858	77522
2017	45476292	1807875	22917817	20750600	83943
2018	51193279	1906820	24328060	24958399	93002
2019	55961816	2128867	26538237	27294712	100415

1-11 主要年份地区生产总值指数

(按可比价计算)

单位：%

年份	地区生产总值 (以1978年为100)	第一产业	第二产业	第三产业	地区生产总值 (以上年为100)	第一产业	第二产业	第三产业	人均地区生产总值
1978	100.0	100.0	100.0	100.0	114.2	101.3	116.4	128.3	111.8
1979	115.5	101.0	105.7	148.4	115.5	101.0	105.7	148.4	113.1
1980	121.9	100.6	117.9	149.4	105.5	99.6	111.5	100.7	103.7
1981	130.4	107.0	135.9	141.1	107.0	106.4	115.3	94.4	105.7
1982	142.2	122.6	140.8	162.1	109.1	114.5	103.6	114.9	107.6
1983	154.8	135.3	162.3	174.4	108.8	110.4	115.3	107.6	107.6
1984	185.7	147.1	196.2	222.4	120.0	108.7	120.9	127.5	118.8
1985	216.2	157.1	239.8	251.7	116.4	106.8	122.2	113.2	115.3
1986	241.5	164.5	254.4	326.5	111.7	104.7	106.1	129.7	110.2
1987	256.9	185.5	233.8	416.6	106.4	112.8	91.9	127.6	104.5
1988	288.8	186.4	264.7	493.7	112.4	100.5	113.2	118.5	110.1
1989	306.7	216.8	268.1	529.2	106.2	116.3	101.3	107.2	103.9
1990	323.9	250.0	266.5	568.4	105.6	115.3	99.4	107.4	103.2
1991	366.6	260.0	315.3	647.9	113.2	104.0	118.3	114.0	109.6
1992	425.6	268.6	379.9	773.6	116.1	103.3	120.5	119.4	114.1
1993	497.1	281.2	470.7	902.8	116.8	104.7	123.9	116.7	115.3
1994	588.1	304.0	588.0	1051.8	118.3	108.1	124.9	116.5	116.8
1995	682.8	316.1	699.1	1251.7	116.1	104.0	118.9	119.0	114.8
1996	788.0	347.4	799.7	1490.7	115.4	109.9	114.4	119.1	114.2
1997	891.2	371.1	901.3	1732.2	113.1	106.8	112.7	116.2	112.0
1998	960.7	320.6	1008.6	1929.7	107.8	86.4	111.9	111.4	106.7
1999	1046.2	353.3	1094.3	2105.3	108.9	110.2	108.5	109.1	107.8
2000	1142.4	363.9	1195.0	2336.9	109.2	103.0	109.2	111.0	107.3
2001	1280.7	378.8	1349.1	2647.7	112.1	104.1	112.9	113.3	109.6
2002	1457.4	395.1	1586.6	2978.6	113.8	104.3	117.6	112.5	113.3
2003	1683.3	412.5	1886.4	3416.5	115.5	104.4	118.9	114.7	111.7
2004	1961.0	441.8	2273.2	3908.5	116.5	107.1	120.5	114.4	114.7
2005	2290.5	463.9	2755.1	4475.2	116.8	105.0	121.2	114.5	115.3
2006	2636.4	486.6	3259.2	5043.6	115.1	104.9	118.3	112.7	113.6
2007	3042.4	515.3	3803.5	5805.1	115.4	105.9	116.7	115.1	114.6
2008	3498.7	544.2	4514.8	6461.1	115.0	105.6	118.7	111.3	113.4
2009	3957.1	586.1	5174.0	7217.1	113.1	107.7	114.6	111.7	111.4
2010	4511.0	617.7	6001.8	8097.6	114.0	105.4	116.0	112.2	112.4
2011	5097.5	644.9	6842.0	9125.9	113.0	104.4	114.0	112.7	111.9
2012	5734.7	674.5	7772.6	10211.9	112.5	104.6	113.6	111.9	111.6
2013	6348.3	695.5	8697.5	11212.7	110.7	103.1	111.9	109.8	109.7
2014	6970.4	727.4	9697.7	12087.3	109.8	104.6	111.5	107.8	108.6
2015	7639.6	755.8	10657.8	13271.8	109.6	103.9	109.9	109.8	108.4
2016	8327.1	785.3	11553.0	14625.6	109.0	103.9	108.4	110.2	107.6
2017	9076.6	816.7	12523.5	16102.8	109.0	104.0	108.4	110.1	107.4
2018	9884.4	842.8	13588.0	17729.1	108.9	103.2	108.5	110.1	107.2
2019	10675.1	867.3	14675.0	19218.4	108.0	102.9	108.0	108.4	106.6

1-12 主要年份地区生产总值构成

(以地区生产总值为100)　　单位：%

年份	第一产业	第二产业	工业	建筑业	第三产业	#交通运输仓储和邮政业	批发零售住宿餐饮业	金融保险业
1978	29.3	49.2			21.5			
1979	26.8	47.2			26.0			
1980	26.8	48.4			24.8			
1981	28.5	48.1			23.4			
1982	29.9	47.5			22.6			
1983	29.4	47.1			23.5			
1984	30.7	45.0			24.3			
1985	24.2	52.6			23.2			
1986	22.2	50.3			27.5			
1987	20.7	44.4			34.9			
1988	18.5	44.7			36.8			
1989	20.3	42.6	40.7	1.9	37.1	6.6	11.7	10.5
1990	21.9	39.7	37.7	2.0	38.4	5.0	10.8	10.7
1991	19.6	39.2	35.1	4.1	41.2	4.0	10.6	10.4
1992	18.8	41.8	37.7	4.1	39.4	3.5	10.3	10.3
1993	17.4	45.2	41.0	4.2	37.4	5.0	7.9	5.3
1994	18.4	44.1	39.8	4.3	37.5	5.0	10.3	5.1
1995	16.2	45.4	39.0	6.4	38.4	5.4	11.9	5.1
1996	16.0	44.9	37.0	7.9	39.1	5.8	11.3	5.0
1997	14.3	45.4	34.8	10.6	40.3	6.1	11.5	4.9
1998	11.0	46.4	35.7	10.7	42.6	6.6	11.9	5.0
1999	11.8	45.8	35.1	10.7	42.4	6.7	11.7	4.8
2000	10.8	40.5	30.8	9.7	48.7	6.0	13.5	5.2
2001	10.3	41.2	31.4	9.8	48.5	6.1	12.7	4.8
2002	9.8	43.7	32.7	11.0	46.5	6.0	11.5	4.6
2003	8.8	47.5	35.2	12.3	43.7	5.9	9.9	4.0
2004	8.5	50.8	36.6	14.2	40.7	5.7	9.1	4.4
2005	7.9	53.2	37.5	15.7	38.9	5.3	8.9	4.4
2006	7.2	55.5	38.7	16.8	37.3	6.7	8.0	4.1
2007	6.9	54.6	38.6	16.0	38.5	5.9	8.1	5.1
2008	6.9	54.0	39.7	14.3	39.1	5.4	8.4	5.1
2009	6.7	53.9	39.9	14.0	39.4	5.0	9.0	5.7
2010	5.8	56.3	42.8	13.5	37.9	4.6	8.9	5.3
2011	5.4	56.3	43.8	12.5	38.3	4.1	9.2	5.4
2012	5.4	55.3	42.3	13.0	39.3	4.6	9.1	5.3
2013	5.0	54.9	41.4	13.5	40.1	4.3	8.7	6.1
2014	4.8	54.6	40.7	13.9	40.6	4.2	8.7	6.7
2015	4.7	52.5	39.0	13.5	42.8	4.2	8.9	7.7
2016	4.4	51.3	38.0	13.3	44.3	4.0	8.8	8.2
2017	4.0	50.4	37.1	13.3	45.6	4.1	9.0	7.8
2018	3.7	47.5	34.0	13.5	48.8	3.9	8.7	9.5
2019	3.8	47.4	33.8	13.6	48.8	3.7	8.6	9.5

注：2000年之前"交通运输、仓储和邮政业"的统计口径为"交通运输仓储邮电业"。

1-13　地区生产总值增长

单位：万元

项　　目	2018	2019	2019年比上年增长 %
地区生产总值	**51193279**	**55961816**	**8.0**
第一产业	1906820	2128867	2.9
第二产业	24328060	26538237	8.0
工　业	17436925	18932484	8.4
建筑业	6902989	7618495	6.4
第三产业	24958399	27294712	8.4

注：工业中金属制品、机械和设备修理业属于第三产业。

1-14 县区地区生产总值

地区	地区生产总值(万元)		地区生产总值指数(%)	
	2018	2019	2018	2019
东湖区	3430275	3666911	108.1	107.5
西湖区	5913475	6145603	108.0	105.0
青云谱区	3418981	3665137	108.3	106.5
青山湖区	4943671	5301180	109.3	107.3
新建区	3382764	3751409	109.6	108.5
红谷滩区	5973014	6694572	109.8	109.5
南昌县	9399927	10277640	109.0	108.0
安义县	765399	836602	108.7	108.4
进贤县	2152618	2387285	109.1	108.1
经济开发区	4632160	5175212	109.4	109.7
高新开发区	6611179	7417756	109.4	109.9
湾里管理局	569816	642509	109.5	108.7

主要统计指标解释

地区生产总值 即GDP，是一个国家（地区）所有常住单位在一定时间内按市场价格计算的生产活动的最终成果。国内生产总值有三种表现形态，即价值形态、收入形态和产品形态。从价值形态看，它是所有常住单位在一定时间内所生产的全部货物和服务价值超过同期投入的全部非固定资产货物和服务的差额，即所有常住单位的增加值之和；从收入形态看，它是所有常住单位在一定时间内所创造并分配给常住单位和非常住单位的初次分配收入之和；从产品形态看，它是最终使用的货物和服务减去进口货物和服务。在实际核算中，生产总值的三种表现形态为三种计算方式，即生产法、收入法和支出法。三种方法分别从不同的方面反映生产总值及其构成。这项指标名称全国为国内生产总值，各省、市、县都称地区生产总值。

增加值 指各部门（单位）在一定时期内从事经济、社会活动获得最终成果的货币表现。反映生产单位和部门对国内生产总值的贡献。增加值包括固定资产折旧、劳动者报酬、生产税净额、营业盈余。

三次产业 根据社会生产活动历史发展的顺序对产业结构的划分，产品直接取自自然界的部门称为第一产业，对初级产品进行再加工的部门称为第二产业，为生产和消费提供各种服务的部门称为第三产业。

根据《国民经济行业分类》(GB/T 4754-2017)，我国的三次产业划分是:

第一产业是指农、林、牧、渔业（不含农、林、牧、渔专业及辅助性活动）。

第二产业是指采矿业（不含开采专业及辅助活动），制造业（不含金属制品、机械和设备修理业），电力、热力、燃气及水生产和供应业，建筑业。

第三产业即服务业，是指除第一产业、第二产业以外的其他行业。

当年价格 指报告期的实际价格，如工厂的出厂价格、农产品的收购价格、商业的零售价格等。按当年价格计算，是指一些以货币表现的物量指标加工农业总产值、国内生产总值等，按照当年的实际价格来计算总量。使用当年价格计算的数字，是为了使国民经济各项指标相互衔接，便于考察当年经济效益，便于对生产和流通、生产和分配、生产和消费进行经济核算的综合平衡。

按当年价格计算的价值指标，在不同年份之间进行对比时，因为包含有各年间价格变动因素，不能确切反映实物量的增减变动。必须消除价格变动因素后，才能真实反映经济发展动态。因此，在计算增长速度时都使用按可比价格计算的数字。

可比价格 指在不同时期的价值指标对比时，扣除了价格变动的因素，以确切表示物量的变化。按可比价格计算有两种方法：一种是直接按产品产量乘其不变价格计算；一种是用物价指数换算。

不变价格 指用同类产品的年平均价格作为固定价格，来计算各年产品价值。按不变价格计算的产品价值除了价格变动因素，不同时期对比可以反映生产的发展速度。新中国成立后，随着工农业产品价格水平的变化，国家统计局先后五次制定了全国统一的工业产品不变价格和农业产品不变价格。从1 949年至1957年使用1952年工（农）业产品不变价格，从1957年到1971年使用1 957年不变价格，从1971年到1981年使用1970年不变价格，从1981年到1990年使用1980年不变价格，从1990年开始使用1990年不变价格，从1995年开始使用1995年不变价格，从2000年开始使用2000年不变价格，从2005年开始使用2005年不变价格，从2010年开始使用2010年不变价格，从2015年开始使用2015年不变价格。

平均每年增长速度 在我国计算平均增长速度有两种方法，一种是习惯上经常使用的“水平法”又称几何平均法，是以间隔期最后一年的水平同基期水平对比来计算平均每年增长（或下降）速度。

另一种是“累计法”，又称代数平均法或方程法，是以间隔期内各年水平的总和同基期水平对比来计算平均每年增长（或下降）速度。

在一般情况下，两种方法计算的平均每年增长速度比较接近，但在经济发展不平衡，出现大起大落时，两种方法计算的结果差别较大。

本《年鉴》内所列的从某年到某年平均增长速度的年份，均不包括基期年在内。如改革开放以来的平均增长速度是以 1978 年为基期计算的，则写为 1979 一年平均增长速度，其余类推。

国民经济行业分类 在统计工作中为取得分行业的数据资料并统一分类和编码，正确反映国民经济各行业的结构和发展状况，便于研究国民经济的各项比例关系，而制定的国民经济行业划分标准。按现行统计制度规定，我国行业划分为 20 大类，排列顺序如下：

(1)农、林、牧、渔业(2)采矿业(3)制造业(4)电力、热力、燃气及水生产和供应业(5)建筑业(6)批发和零售业(7)交通运输、仓储和邮政业(8)住宿和餐饮业(9)信息传输、软件和信息技术服务业(10)金融业(11)房地产业(12)租赁和商务服务业(13)科学研究和技术服务业(14)水利、环境和公共设施管理业(15)居民服务、修理和其他服务业(16)教育(17)卫生和社会工作(18)文化、体育和娱乐业(19)公共管理、社会保障和社会组织(20)国际组织。

二、人口·劳动力

POPULATION AND LABOUR FORCE

本篇内容包括：

1. 主要年份户数和人口
2. 人口构成情况
3. 人口变动情况
4. 计划生育情况

33/44

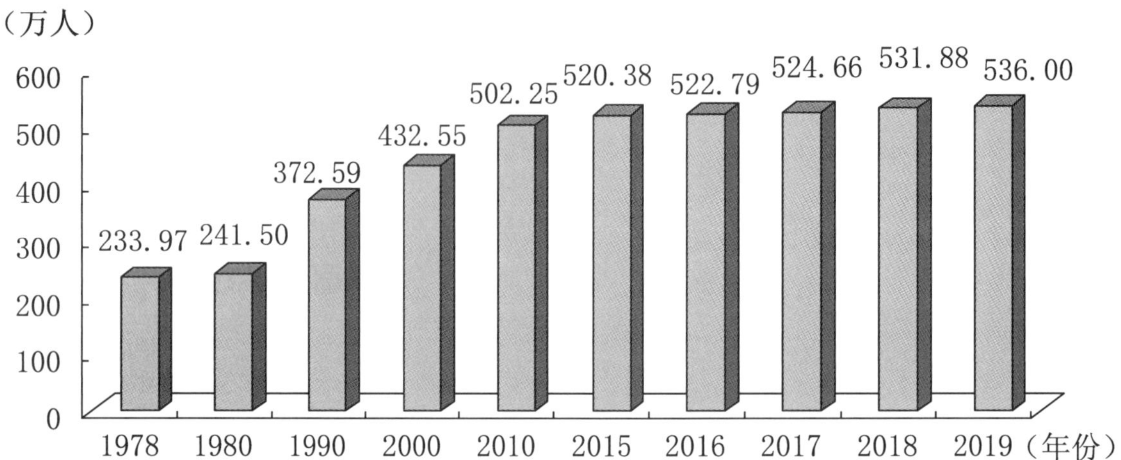
年末户籍总人口
（万人）
600
500
400
300
200
100
0
233.97
241.50
372.59
432.55
502.25
520.38
522.79
524.66
531.88
536.00
1978
1980
1990
2000
2010
2015
2016
2017
2018
2019（年份）

户籍人口自然增长率
（‰）
25
20
15
10
5
0
18.38
6.53
13.22
13.02
14.18
22.15
10.04
10.52
3.57
10.72
7.14
1978
1980
1990
2000
2010
2014
2015
2016
2017
2018
2019（年份）

2-1 主要年份户数和人口数

单位：万人

年份	总户数(万户)	总人口	按性别分	
			男	女
1980	49.42	241.50	126.32	115.18
1990	86.70	372.59	193.70	178.89
2000	111.85	432.55	225.42	207.13
2010	145.20	502.25	262.55	239.70
2011	148.86	504.95	263.30	241.65
2012	152.56	507.87	264.41	243.46
2013	156.28	510.08	265.30	244.78
2014	159.42	517.73	268.60	249.13
2015	160.42	520.38	269.98	250.40
2016	162.54	522.79	271.45	251.34
2017	166.13	524.66	271.57	253.09
2018	167.94	531.88	274.92	256.96
2019	169.89	536.00	276.94	259.06

注：2-1至2-6表均为公安户籍数据。

2-2 主要年份农业、非农业人口数和人口结构

年 份	农业、非农业人口(万人)		人 口 结 构 (%)			
	农业人口	非农业人口	男	女	农业人口	非农业人口
1980	148.13	93.37	52.3	47.7	61.3	38.7
1990	235.79	136.80	52.0	48.0	63.3	36.7
2000	256.66	175.89	52.1	47.9	59.3	40.7
2010	268.22	234.02	52.3	47.7	53.4	46.6
2011	271.23	233.72	52.1	47.9	53.7	46.3
2012	273.59	234.28	52.1	47.9	53.9	46.1
2013	274.12	235.96	52.0	48.0	53.8	46.2
2014	279.35	238.38	51.9	48.1	54.0	46.0
2015			51.9	48.1		
2016			51.9	48.1		
2017			51.8	48.2		
2018			51.7	48.3		
2019			51.7	48.3		

2-3 主要年份人口自然变动

年 份	年平均人口（万人）	人口出生率（‰）	人口死亡率（‰）	人口自然增长率（‰）	人口密度（人/平方公里）
1980	240.29	11.73	5.20	6.53	504
1990	367.78	18.24	5.02	13.22	503
2010	499.79	21.97	7.79	14.18	678
2011	503.60	12.46	3.14	9.32	680
2012	506.41	15.03	8.39	6.64	684
2013	508.97	14.42	5.41	9.01	688
2014	513.90	26.89	4.74	22.15	694
2015	519.06	13.56	3.52	10.04	701
2016	521.59	13.41	2.89	10.52	704
2017	527.73	15.67	12.10	3.57	734
2018	528.27	13.90	3.18	10.72	734
2019	533.94	11.52	4.37	7.14	742

2-4　县区户数和人口数

(2019年1月至11月)

地　区	户　数 (户)	总　人　口(人)				
		合　计	男	女	城镇人口	乡村人口
总　计	**1698949**	**5360018**	**2769411**	**2590607**	**2989123**	**2370895**
东 湖 区	144773	445111	221234	223877	415272	29839
西 湖 区	156547	458448	227482	230966	458448	
青云谱区	86731	264321	134824	129497	264321	
青山湖区	147325	441259	224473	216786	379364	61895
新 建 区	207795	709570	372815	336755	205454	504116
红谷滩区	101943	290360	145282	145078	231947	58413
南 昌 县	310913	1058294	555226	503068	330694	727600
安 义 县	101441	308038	164151	143887	95240	212798
进 贤 县	259442	849422	445945	403477	275621	573801
经济开发区	52136	151038	77932	73106	146421	4617
高新开发区	99256	303122	157263	145859	146362	156760
湾里管理局	30647	81035	42784	38251	39979	41056

2-5　各县区人口变动情况 (2019年)

地　区	年平均 人　口 (人)	机械变动(人)		自然变动(人)		人口 出生率 (‰)	人口 死亡率 (‰)	人口 自然增长率 (‰)	人口 机械增长率 (‰)
		迁　入	迁　出	出　生	死　亡				
总　计	**5339429**	**87534**	**84554**	**61497**	**23349**	**11.52**	**4.37**	**7.14**	**0.56**
东 湖 区	449149	6894	15498	3631	3102	8.08	6.91	1.18	-19.16
西 湖 区	457306	12712	11737	4177	2868	9.13	6.27	2.86	2.13
青云谱区	264812	4781	7056	2101	807	7.93	3.05	4.89	-8.59
青山湖区	440309	8540	7252	4687	2487	10.64	5.65	5.00	2.93
新 建 区	706227	6288	7109	9448	2094	13.38	2.97	10.41	-1.16
红谷滩区	280678	20137	5529	5031	509	17.92	1.81	16.11	52.05
南 昌 县	1056199	9601	11265	12072	6092	11.43	5.77	5.66	-1.58
安 义 县	307292	716	2675	3986	536	12.97	1.74	11.23	-6.38
进 贤 县	849948	1739	7841	8516	3466	10.02	4.08	5.94	-7.18
经济开发区	148965	5997	3457	2257	314	15.15	2.11	13.04	17.05
高新开发区	297761	8727	3522	4580	779	15.38	2.62	12.77	17.48
湾里管理局	80783	1402	1613	1011	295	12.52	3.65	8.86	-2.61

2-6　县辖镇户数和人口数（2019年）

地　　区	户　数 (户)	总　人　口(人)				
		合　　计	男	女	城镇人口	乡村人口
合　　计	**439236**	**1412319**	**567673**	**844646**	**741716**	**670603**
南 昌 县	**196828**	**662227**	**244358**	**417869**	**347244**	**314983**
莲 塘 镇	48380	155573	152271	3302	79834	75739
向 塘 镇	32045	97811	35679	62132	50440	47371
冈 上 镇	13676	48749	6006	42743	25758	22991
幽 兰 镇	23882	78019	8098	69921	41680	36339
武 阳 镇	16919	54959	7066	47893	29469	25490
三 江 镇	8520	32095	8950	23145	16704	15391
塘 南 镇	15434	60477	8323	52154	32312	28165
蒋 巷 镇	27011	94571	11173	83398	50191	44380
广 福 镇	10961	39973	6792	[illegible]3181	20856	19117
安 义 县	**86184**	**258159**	**94380**	**163779**	**137284**	**120875**
龙 津 镇	26744	70468	60218	10250	37024	33444
鼎 湖 镇	13345	39601	9307	30294	20981	18620
东 阳 镇	9156	27668	6735	20933	14644	13024
长 埠 镇	7214	23699	4138	19561	12629	11070
万 埠 镇	9780	31637	502[illegible]	26609	16974	14663
石 鼻 镇	14141	45780	4[illegible]8	41702	24518	21262
黄 洲 镇	5804	19306	[illegible]876	14430	10514	8792
进 贤 县	**156224**	**491933**	**228935**	**262998**	**257188**	**234745**
民 和 镇	55062	169668	117517	52151	86907	82761
梅 庄 镇	12531	39242	10739	28503	20582	18660
前 坊 镇	10463	33616	11618	21998	17666	15950
温 圳 镇	14046	4774[illegible]	27314	20434	25331	22417
李 渡 镇	14525	44[illegible]58	21712	23146	23584	21274
文 港 镇	19212	[illegible]4396	17189	37207	28884	25512
架 桥 镇	9572	31986	13138	18848	16998	14988
罗 溪 镇	10854	33615	5738	27877	17700	15915
张 公 镇	[illegible]	36804	3970	32834	19536	17268

2-7 人口和

(2018年10月—

项目	合计	东湖区	西湖区	青云谱区	青山湖区
一、期末已婚育龄妇女数	1007666	90720	81466	44294	89312
#无孩	56692	6375	7138	3259	6545
一孩	381829	55284	46882	27370	42445
二孩	450148	26222	24853	12684	35025
二、期末落实节育措施数	808578	76758	65487	27651	71847
结扎	250266	5949	4280	2077	15866
上环	264612	23869	14897	12274	26560
皮埋	130	17		4	6
药具	291104	46885	46295	13208	27738
其他	2466	38	15	88	1677
三、期内领取生育证、服务卡人数	45367	3463	4330	1937	4425
四、期内出生人数	58004	4189	4558	1852	5019
#一孩	24360	1967	2134	827	2452
二孩	25778	2026	2179	957	2138
五、国家免费孕前优生健康检查数	33021	2074	2938	1173	4480

注：本表数据由市卫健委提供。

2019年9月)　　　　单位：人

新建区	红谷滩区	南昌县	安义县	进贤县	经济开发区	高新开发区	湾里管理局
135657	48049	197092	60702	171061	24963	48858	15492
5917	2659	10412	2639	6606	1890	2623	629
39951	18989	60384	12554	50571	9059	12948	5392
59721	20127	102175	34401	93076	10397	24921	6546
110160	41083	152352	49267	141260	20538	39190	12985
47845	9120	64160	19316	54926	6338	15942	4447
39229	10753	56451	14600	50308	4405	7019	4247
15	14	4	21	16	6	2	25
22908	21131	31614	15299	35902	9765	16110	4249
163	65	123	31	108	24	117	17
5417	3415	9081	2324	5651	1488	3215	621
8850	4048	11414	3552	7849	1961	3817	895
3414	1521	4810	1295	3117	863	1618	342
3508	2047	4924	1441	3559	837	1781	381
4497	895	7256	2481	5603	308	640	676

2-8 常住人口及变动情况

指　　标	2018	2019
年末常住人口(万人)	554.55	560.06
#城区人口	370.70	375.62
#城镇人口	411.64	420.93
乡村人口	142.91	139.12
#男性	285.97	288.79
女性	268.59	271.27
年初常住人口	546.35	554.55
城镇化率(%)	74.23	75.16
出生率(‰)	12.84	11.99
死亡率(‰)	6.02	5.98
人口平均受教育年限(年)		
#6岁及以上	10.74	10.89
15岁及以上	11.06	11.27
年龄结构(%)		
0-14岁	17.53	17.43
15-64岁	71.78	71.42
65岁及以上	10.69	11.15

主要统计指标解释

人口数 指一定时点，一定地区范围内有生命的个人总和。

城镇人口和乡村人口 城镇人口是指居住在城镇范围内的全部常住人口；乡村人口是除上述人口以外的全部人口。

出生率（又称粗出生率） 指在一定时期内（通常为一年）一定地区的出生人数与同期内平均人数（或期中人数）之比， 用千分率表示。本资料中的出生率指年出生率，其计算公式为:

$$出生率=\frac{年出生人数}{年平均人数}\times 1000‰$$

式中：出生人数指活产婴儿，即胎儿脱离母体时（不管怀孕月数），有过呼吸或其他生命现象。年平均人数指年初、年底人口数的平均数，也可用年中人口数代替。

死亡率（又称粗死亡率） 指在一定时期内（通常为一年）一定地区的死亡人数与同期平均人数（或期中人数）之比，用千分率表示。本资料中的死亡率指年死亡率，其计算公式为:

$$死亡率=\frac{年死亡人数}{年平均人数}\times 1000‰$$

人口自然增长率 指在一定时期内（通常为一年）人口自然增加数（出生人数减死亡人数）与该时期内平均人数（或期中人数）之比，用千分率表示。计算公式为:

$$人口自然增长率=\frac{本年出生人数-本年死亡人数}{年平均人数}\times 1000‰$$
$$=人口出生率-人口死亡率$$

三、就业人员和职工工资

EMPLOYMENT AND WAGE

本篇内容包括:

1. 劳动力资源
2. 从业人员的社会分布状况
3. 单位从业人员劳动报酬、人数、平均工资

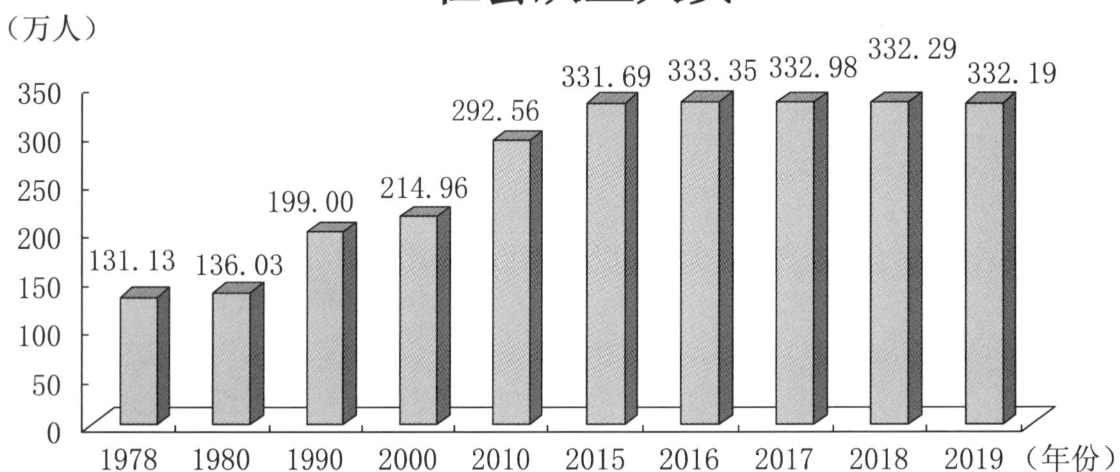
社会从业人员
（万人）
350
300
250
200
150
100
50
0
131.13
136.03
199.00
214.96
292.56
331.69
333.35
332.98
332.29
332.19
1978
1980
1990
2000
2010
2015
2016
2017
2018
2019
（年份）

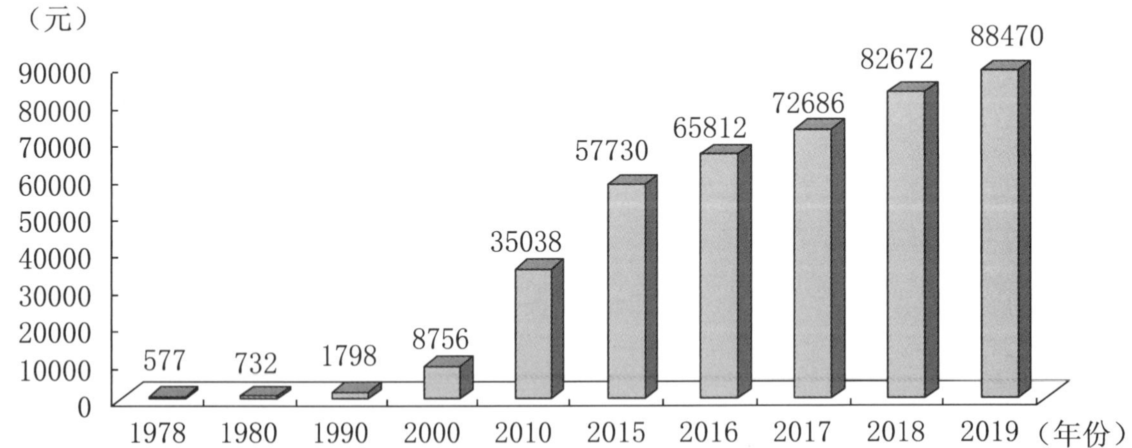
在岗职工平均工资
（元）
90000
80000
70000
60000
50000
40000
30000
20000
10000
0
577
732
1798
8756
35038
57730
65812
72686
82672
88470
1978
1980
1990
2000
2010
2015
2016
2017
2018
2019
（年份）

3-1 劳 动 力 资 源

(1978-2019)

单位：万人

年 份	劳动力资源总数	社会就业人数	#职工人数	国有经济单位	城镇集体经济单位	其他各种经济单位
1978	149.69	131.13	53.14	41.44	11.70	
1979		134.58	56.73			
1980	152.67	136.03	58.51	43.73	14.78	
1981		137.25	61.86			
1982		141.27	64.33			
1983		143.02	65.26			
1984		153.19	68.69			
1985	193.75	165.46	72.22	51.32	20.85	0.05
1986	195.01	166.54	73.92	52.88	20.96	0.08
1987	199.16	172.28	77.16	55.53	21.55	0.08
1988	211.77	182.55	81.28	58.71	22.48	0.09
1989	218.33	186.67	81.13	59.64	21.34	0.15
1990	233.57	199.00	82.04	60.52	21.35	0.18
1991	239.51	204.30	84.87	62.38	22.01	0.48
1992	241.51	205.96	86.79	64.23	21.87	0.69
1993	246.17	195.87	87.11	64.35	20.55	2.21
1994	251.42	205.28	88.03	64.51	20.59	2.93
1995	258.86	211.79	89.04	65.80	20.37	2.87
1996	261.08	210.96	81.04	61.83	16.18	3.04
1997	263.43	215.45	73.34	55.74	14.20	3.40
1998	277.94	215.39	66.88	46.52	11.30	9.06
1999	286.93	218.15	63.58	44.43	10.19	8.97
2000	296.74	214.96	58.77	40.25	9.22	9.31
2001	299.59	216.87	54.66	38.19	6.74	9.72
2002	300.42	214.54	51.27	35.60	5.72	9.94
2003	311.49	234.69	49.90	33.95	5.15	10.80
2004	319.09	239.60	51.34	33.90	4.89	12.56
2005	339.38	244.28	53.56	34.91	4.97	13.68
2006	345.22	267.78	56.06	36.71	4.57	14.77
2007	342.51	271.99	59.04	38.55	5.53	14.96
2008	352.82	277.59	58.98	38.49	4.95	15.54
2009	358.15	282.80	62.06	41.09	3.96	17.02
2010	360.49	292.56	63.21	40.89	3.93	18.38
2011	370.42	303.64	75.66	35.95	5.84	33.87
2012	379.65	315.92	86.99	39.20	2.47	45.32
2013	390.39	326.14	106.01	38.13	2.46	65.42
2014	392.24	330.12	106.16	31.61	2.03	72.52
2015	395.04	331.69	105.81	33.67	1.76	70.38
2016	397.05	333.35	106.37	33.13	1.69	71.54
2017	395.36	332.98	105.66	31.36	1.38	72.92
2018	395.29	332.29	102.30	25.61	1.50	75.20
2019	395.20	332.19	102.72	30.77	2.30	92.02

注：自1998年起，职工人数为在岗职工人数。2012年起，在岗职工人数含劳务派遣人员。

3-2 三次产业社会就业人员数（年末数）

(1978-2019)

年份 地区	合计 (万人)	#城镇就业人员数	第一产业	第二产业	第三产业	构成（以合计数为100）		
						第一产业	第二产业	第三产业
1978	131.13		76.89	35.33	18.91	58.6	26.9	14.5
1979	134.58		76.38	38.47	19.73	56.8	28.6	14.6
1980	136.03		75.84	39.60	20.59	55.8	29.1	15.1
1981	137.25		73.31	40.03	23.91	53.4	29.2	17.4
1982	141.27		73.41	40.47	27.39	52.0	28.6	19.4
1983	143.02		74.31	40.98	27.73	52.0	28.7	19.3
1984	153.19		62.27	47.12	43.80	40.6	30.8	28.6
1985	165.46		72.58	54.88	38.00	43.9	33.2	22.9
1986	166.54		72.23	56.13	38.18	43.4	33.7	22.9
1987	172.28		72.68	60.89	38.71	42.2	35.3	22.5
1988	182.55		80.65	62.38	39.52	44.2	34.2	21.6
1989	186.67		86.74	59.04	40.89	46.5	31.6	21.9
1990	199.00		94.57	60.98	43.45	47.5	30.7	21.8
1991	204.30		92.53	67.03	44.74	45.3	32.8	21.9
1992	205.96		90.08	67.45	48.43	43.7	32.8	23.5
1993	195.87		82.47	61.96	51.44	42.1	31.6	26.3
1994	205.28	97.33	86.27	63.87	55.14	42.0	31.1	26.9
1995	211.79	100.54	89.65	66.55	55.59	42.3	31.4	26.3
1996	210.96		86.24	61.77	62.95	40.9	29.3	29.8
1997	215.45		89.12	63.50	62.83	41.4	29.5	29.1
1998	215.39	101.92	88.88	59.46	67.05	41.3	27.6	31.1
1999	218.15	103.39	87.84	59.07	71.24	40.3	27.1	32.6
2000	214.96	98.67	84.84	56.34	73.78	39.5	26.2	34.3
2001	216.87	98.05	84.52	56.49	75.86	39.0	26.0	35.0
2002	214.54	94.64	84.71	57.43	72.40	39.5	26.8	33.7
2003	234.69	113.35	82.73	66.61	85.35	35.2	28.4	36.4
2004	239.60	117.86	81.49	64.43	93.68	34.0	26.9	39.1
2005	244.28	120.77	80.00	63.29	100.99	32.7	25.9	41.4
2006	267.78	143.46	80.04	56.75	130.99	29.9	21.2	48.9
2007	271.99	149.24	77.42	60.44	134.13	28.5	22.2	49.3
2008	277.59	153.36	74.72	67.31	135.56	26.9	24.3	48.8
2009	282.80		71.93	67.02	143.85	25.4	23.7	50.9
2010	292.56	161.67	71.41	73.01	148.14	24.4	25.0	50.6
2011	303.64	169.28	69.49	87.27	146.88	22.9	28.7	48.4
2012	315.92	177.95	70.40	113.57	131.95	22.3	35.9	41.8
2013	326.14	188.38	68.91	118.68	138.55	21.1	36.4	42.5
2014	330.12	194.45	68.08	122.67	139.37	20.6	37.2	42.2
2015	331.69	200.14	63.15	123.41	145.13	19.0	37.2	43.8
2016	333.35	207.53	60.20	128.72	144.43	18.1	38.6	43.3
2017	332.98	215.44	58.10	130.72	144.16	17.4	39.3	43.3
2018	332.29	224.33	57.49	128.23	146.56	17.3	38.6	44.1
2019	332.19	233.08	54.53	124.19	153.47	16.4	37.4	46.2

注：就业人员总计是根据人口变动抽样调查资料推算，因此，分地区、分经济类型、分行业资料相加不等于总计，下表同。

3-3 社会就业人员数（年末数）

单位：万人

类　　别	2018	2019
总　　计	**332.29**	**332.19**
农、林、牧、渔业	57.49	54.53
采矿业	0.14	0.19
制造业	56.79	55.59
电力、热力、燃气及水生产和供应业	1.19	1.26
建筑业	70.11	67.15
批发和零售业	49.77	47.44
交通运输、仓储和邮政业	11.23	10.96
住宿和餐饮业	13.96	13.45
信息传输、软件和信息技术服务业	8.16	8.06
金融业	4.07	7.02
房地产业	8.10	8.00
租赁和商务服务业	10.98	11.13
科学研究和技术服务业	5.01	5.65
水利、环境和公共设施管理业	2.26	2.86
居民服务、修理和其他服务业	7.14	7.37
教育	9.62	12.24
卫生和社会工作	4.56	5.94
文化、体育和娱乐业	2.20	2.54
公共管理、社会保障和社会组织	9.52	10.80

3-4 城镇非私营单位就业人员年末人数、工资（2019年）

类　　别	就业人员人　数（人）	就业人员平均工资（元）
总　计	**1250904**	**84196**
按经济类型分		
国有单位	307659	112192
城镇集体单位	22999	56383
其他单位	920246	75347
#股份合作	4908	94751
联营		
有限责任公司	642213	73749
股份有限公司	142173	87798
其他	22035	67015
港澳台商投资	77805	68463
外商投资	31112	72539
按国民经济行业分		
农、林、牧、渔业	1752	46351
采矿业	53	134688
制造业	234116	75653
电力、热力、燃气及水生产和供应业	10537	90801
建筑业	408339	66709
批发和零售业	71630	68404
交通运输、仓储和邮政业	45975	91880
住宿和餐饮业	11400	51029
信息传输、软件和信息技术服务业	26945	78854
金融业	64981	110225
房地产业	40579	73375
租赁和商务服务业	30045	68603
科学研究和技术服务业	32762	114517
水利、环境和公共设施管理业	6627	75882
居民服务、修理和其他服务业	3554	49019
教育	105537	109928
卫生和社会工作	49910	152333
文化、体育和娱乐业	11138	110573
公共管理、社会保障和社会组织	95024	107371

3-5 城镇非私营单位在岗职工年末人数、工资（2019年）

类　　别	在岗职工人数（人）	在岗职工平均工资（元）
总　计	**1027192**	**88470**
按经济类型分		
国有单位	271498	121751
城镇集体单位	17292	55817
其他单位	738402	76949
#股份合作	4782	96453
联营		
有限责任公司	488244	74096
股份有限公司	118233	95974
其他	21164	67851
港澳台商投资	76900	68344
外商投资	29079	75139
按国民经济行业分		
农、林、牧、渔业	1121	57418
采矿业	49	144636
制造业	226271	76789
电力、热力、燃气及水生产和供应业	9889	90971
建筑业	257856	62562
批发和零售业	68545	70066
交通运输、仓储和邮政业	43886	95324
住宿和餐饮业	11224	51144
信息传输、软件和信息技术服务业	24813	80764
金融业	37827	160997
房地产业	38460	75287
租赁和商务服务业	27875	71377
科学研究和技术服务业	30925	117497
水利、环境和公共设施管理业	4980	86639
居民服务、修理和其他服务业	3419	49852
教育	98990	113682
卫生和社会工作	46211	160301
文化、体育和娱乐业	10686	112905
公共管理、社会保障和社会组织	84165	116382

3-6 城镇非私营单位各种分组的就业人员人数（2019年）

单位：人

类　　别	合　计	国有单位	城镇集体单位	其他单位
总　　计	**1250904**	**307659**	**22999**	**920246**
按国民经济行业分				
农、林、牧、渔业	1752	1574	37	141
采矿业	53			53
制造业	234116	2253	756	231107
电力、热力、燃气及水生产和供应业	10537	10		10527
建筑业	408339	24925	17412	366002
批发和零售业	71630	1899	271	69460
交通运输、仓储和邮政业	45975	7430	149	38396
住宿和餐饮业	11400	1673	69	9658
信息传输、软件和信息技术服务业	26945	884	361	25700
金融业	64981	8685		56296
房地产业	40579	1470	350	38759
租赁和商务服务业	30045	11279	326	18440
科学研究和技术服务业	32762	15108	72	17582
水利、环境和公共设施管理业	6627	3756	31	2840
居民服务、修理和其他服务业	3554	155	16	3383
教育	105537	84411	1811	19315
卫生和社会工作	49910	42736	1096	6078
文化、体育和娱乐业	11138	6778	57	4303
公共管理、社会保障和社会组织	95024	92633	185	2206

3-7 城镇非私营单位各种分组的在岗职工人数（2019年）

单位：人

类　　别	合　计	国有单位	城镇集体单位	其他单位
总　　计	**1027192**	**271498**	**17292**	**738402**
按国民经济行业分				
农、林、牧、渔业	1121	969	36	116
采矿业	49			49
制造业	226271	2189	735	223347
电力、热力、燃气及水生产和供应业	9889	10		9879
建筑业	257856	12305	12029	233522
批发和零售业	68545	1877	258	66410
交通运输、仓储和邮政业	43886	7162	141	36583
住宿和餐饮业	11224	1635	69	9520
信息传输、软件和信息技术服务业	24813	848	361	23604
金融业	37827	8397		29430
房地产业	38460	1175	262	37023
租赁和商务服务业	27875	10904	319	16652
科学研究和技术服务业	30925	14388	66	16471
水利、环境和公共设施管理业	4980	3080	31	1869
居民服务、修理和其他服务业	3419	149	16	3254
教育	98990	78288	1810	18892
卫生和社会工作	46211	39440	987	5784
文化、体育和娱乐业	10686	6525	36	4125
公共管理、社会保障和社会组织	84165	82157	136	1872

3-8 城镇非私营单位各种分组的就业人员工资总额（2019年）

单位：万元

类别	工资总额	国有单位	城镇集体单位	其他单位
总计	**10344837**	**3443148**	**129389**	**6772301**
按国民经济行业分				
农、林、牧、渔业	7787	7009	142	637
采矿业	647			647
制造业	1777525	17747	3154	1756624
电力、热力、燃气及水生产和供应业	94950	122		94828
建筑业	2600701	108936	97612	2394153
批发和零售业	491055	23001	1180	466874
交通运输、仓储和邮政业	421784	79645	637	341502
住宿和餐饮业	57565	7969	303	49294
信息传输、软件和信息技术服务业	214153	8378	2437	203339
金融业	709891	105469		604422
房地产业	293595	10079	1543	281974
租赁和商务服务业	200341	74392	2011	123939
科学研究和技术服务业	373188	183725	411	189052
水利、环境和公共设施管理业	50036	33626	134	16277
居民服务、修理和其他服务业	17441	1249	97	16096
教育	1146433	1008748	11097	126588
卫生和社会工作	749556	697353	7207	44997
文化、体育和娱乐业	122482	77269	173	45040
公共管理、社会保障和社会组织	1015706	998433	1254	16020

3-9 主要年份城镇非私营单位在岗职工工资总额

单位：万元

年份	合计	国有单位	城镇集体单位	其他单位
1980	42024	33304	8720	
1990	145581	117900	27319	362
2000	511784	375482	45363	90939
2010	2205641	1553694	71540	580407
2011	2962726	1570047	141242	1251437
2012	3693667	1905581	88492	1699594
2013	4876812	2213845	93016	2569951
2014	5408797	1791237	93011	3524549
2015	6132271	2219316	77517	3835438
2016	6940303	2710331	78269	4151703
2017	7416789	3011664	62929	4342196
2018	8267766	2935952	77851	5253963
2019	9021284	3292052	96731	5632501

3-10 城镇非私营单位各种分组的在岗职工工资总额（2019年）

单位：万元

类　　别	工资总额	国有单位	城镇集体单位	其他单位
总　计	**9021284**	**3292052**	**96731**	**5632501**
按国民经济行业分				
农、林、牧、渔业	6379	5712	140	527
采矿业	636			636
制造业	1744564	17606	3116	1723842
电力、热力、燃气及水生产和供应业	89306	122		89184
建筑业	1597408	62243	65816	1469349
批发和零售业	481733	22665	1159	457909
交通运输、仓储和邮政业	408921	78826	621	329475
住宿和餐饮业	56765	7826	303	48636
信息传输、软件和信息技术服务业	194940	8126	2437	184378
金融业	602774	103545		499229
房地产业	285277	9001	1371	274905
租赁和商务服务业	191918	72344	1997	117577
科学研究和技术服务业	361457	179201	394	181861
水利、环境和公共设施管理业	43120	30540	134	12447
居民服务、修理和其他服务业	16994	1206	97	15692
教育	1113109	977801	11084	124224
卫生和社会工作	729513	678884	6782	43847
文化、体育和娱乐业	120210	76220	165	43824
公共管理、社会保障和社会组织	976258	960184	1116	14958

3-11 主要年份城镇非私营单位在岗职工平均工资

单位：元

年份	合计	国有单位	城镇集体单位	其他单位
1980	732	779	597	
1990	1798	1972	1300	2122
2000	8756	9335	5123	9708
2010	35038	37938	18422	32042
2011	39816	43606	24262	38406
2012	43771	49987	38255	38670
2013	46744	58166	40548	40171
2014	51851	57322	46540	49594
2015	57730	67039	48768	53620
2016	65812	84069	49629	57952
2017	72686	96839	46432	62404
2018	82672	114526	52347	72087
2019	88470	121751	55817	76949

3-12　城镇非私营单位各种分组的就业人员平均工资（2019年）

单位：元

类　　别	平均工资	国有单位	城镇集体单位	其他单位
总　计	**84196**	**112192**	**56383**	**75347**
按国民经济行业分				
农、林、牧、渔业	46351	46633	38270	45464
采矿业	134688			134688
制造业	75653	78980	42561	75726
电力、热力、燃气及水生产和供应业	90801	122300		90771
建筑业	66709	42655	56047	69015
批发和零售业	68404	119301	44350	67085
交通运输、仓储和邮政业	91880	108140	42172	88956
住宿和餐饮业	51029	46630	42648	51882
信息传输、软件和信息技术服务业	78854	93291	65505	78546
金融业	110225	122141		108380
房地产业	73375	68422	43946	73837
租赁和商务服务业	68603	64801	61122	71254
科学研究和技术服务业	114517	120444	56288	109526
水利、环境和公共设施管理业	75882	90319	43097	57313
居民服务、修理和其他服务业	49019	80548	60688	47521
教育	109928	120567	62377	67180
卫生和社会工作	152333	164874	66117	77327
文化、体育和娱乐业	110573	113682	43125	106227
公共管理、社会保障和社会组织	107371	108266	67800	73048

3-13　城镇非私营单位各种分组的在岗职工平均工资（2019年）

单位：元

类　　别	平均工资	国有单位	城镇集体单位	其他单位
总　计	**88470**	**121751**	**55817**	**76949**
按国民经济行业分				
农、林、牧、渔业	57418	59496	39000	45835
采矿业	144636			144636
制造业	76789	80689	43094	76860
电力、热力、燃气及水生产和供应业	90971	122300		90939
建筑业	62562	51073	54384	63596
批发和零售业	70066	118913	45810	68760
交通运输、仓储和邮政业	95324	111132	43399	92388
住宿和餐饮业	51144	46832	42648	51978
信息传输、软件和信息技术服务业	80764	94269	65505	80504
金融业	160997	123150		171958
房地产业	75287	76412	52129	75418
租赁和商务服务业	71377	65583	62028	75685
科学研究和技术服务业	117497	123162	58851	112635
水利、环境和公共设施管理业	86639	99283	43097	66561
居民服务、修理和其他服务业	49852	80919	60688	48371
教育	113682	125833	62409	67396
卫生和社会工作	160301	174122	69059	79176
文化、体育和娱乐业	112905	116580	44676	107623
公共管理、社会保障和社会组织	116382	117244	82022	80769

3-14 城镇私营单位就业人员年末人数、工资（2019年）

类　　别	就业人员人　数（人）	就业人员平均工资（元）
总　计	**764033**	**51910**
按国民经济行业分		
农、林、牧、渔业	4497	38103
采矿业	225	38567
制造业	189860	49199
电力、热力、燃气及水生产和供应业	1147	59774
建筑业	256643	52573
批发和零售业	93005	51566
交通运输、仓储和邮政业	24175	48594
住宿和餐饮业	15103	44104
信息传输、软件和信息技术服务业	26170	58348
金融业	868	62726
房地产业	26166	61802
租赁和商务服务业	67880	52223
科学研究和技术服务业	19800	57850
水利、环境和公共设施管理业	1915	55002
居民服务、修理和其他服务业	11938	48727
教育	11629	54697
卫生和社会工作	4780	68230
文化、体育和娱乐业	8232	49130
公共管理、社会保障和社会组织		

注：本表根据城镇私营抽样调查资料整理。

主要统计指标解释

劳动力 指在 16 周岁及以上，有劳动能力，参加或要求参加社会经济活动的人口。包括就业人员和失业人员。

就业人员 指在一定年龄以上，有劳动能力，为取得劳动报酬或经营收入而从事一定社会劳动的人员。具体指年满 16 周岁，为取得报酬或经营利润，在调查周内从事了 1 小时（含 1 小时）以上劳动的人员；或由于学习、休假等原因在调查周内暂时处于未工作状态，但有工作单位或场所的人员；或由于临时停工放假、单位不景气放假等原因在调查周内暂时处于未工作状态，但不满三个月的人员。

单位就业人员 指报告期末最后一日在本单位工作，并取得工资或其他形式劳动报酬的人员数。该指标为时点指标，不包括最后一日当天及以前已经与单位解除劳动合同关系的人员，是在岗职工、劳务派遣人员及其他就业人员之和。就业人员不包括:

(1)离开本单位仍保留劳动关系，并定期领取生活费的人员;

(2)在本单位实习的各类在校学生;

(3)本单位以劳务外包形式使用的人员，如：建筑业整建制使用的人员。

城镇私营和个体就业人员 城镇私营就业人员指在工商管理部门注册登记，其经营地址设在县城关镇(含县城关镇)以上的私营企业就业人员，包括私营企业投资者和雇工。城镇个体就业人员指在工商管理部门注册登记，并持有城镇户口或在城镇长期居住，经批准从事个体工商经营的就业人员，包括个体经营者和在个体工商户劳动的家庭帮工和雇工。

在岗职工 指在本单位工作且与本单位签订劳动合同，并由单位支付各项工资和社会保险、住房公积金的人员，以及上述人员中由于学习、病伤、产假等原因暂未工作仍由单位支付工资的人员。在岗职工还包括:

(1)应订立劳动合同而未订立劳动合同人员(如使用的农村户籍人员);

(2)处于试用期人员;

(3)编制外招用的人员，如临时人员;

(4)派往外单位工作，但工资仍由本单位发放的人员(如挂职锻炼、外派工作等情况)。

工资总额 指根据《关于工资总额组成的规定》(1990 年 1 月 1 日国家统计局发布的一号令)进行修订，本单位在报告期内（季度或年度）直接支付给本单位全部从业人员的劳动报酬总额。包括计时工资、计件工资、奖金、津贴和补贴、加班加点工资、特殊情况下支付的工资，是在岗职工工资总额、劳务派遣人员工资总额和其他从业人员工资总额之和。不论是计入成本的还是不计入成本的，不论是以货币形式支付的还是以实物形式支付的，均应列入工资总额的计算范围。

工资总额是税前工资，包括单位从个人工资中直接为其代扣或代缴的个人所得税、社会保险基金和住房公积金等个人缴纳部分，以及房费、水电费等。工资总额应包含:

1.基本工资，也可称为标准工资、合同工资、谈判工资。指本单位在报告期内（年度）支付给本单位从业人员的按照法定工作时间提供正常工作的劳动报酬。各单位给个人确定的底薪可作为基本工资。包括工龄工资。基本工资不含定时、定额发放的各种奖金、各种津贴和补贴、加班工资，也不包括补发的上一年度的基本工资。

2.绩效工资，也可称为效益工资、业绩工资。指根据本单位利润增长和工作业绩定期支付给本单位从业人员的奖金；支付给本单位从业人员的超额劳动报酬和增收节支的劳动报酬。具体包括：值加班工资、绩效奖金、全勤奖、生产奖、节约奖、劳动竞赛奖和其他名目的奖金；以及某工作事项完成后的提成工资、年底双薪等。但不包括入股分红、股权激励兑现的收益和各种资本性收益。

3.工资性津贴和补贴，指本单位制定的员工相关工资政策中，为补偿本单位从业人员特殊或额外的劳动消耗和因其他特殊原因支付的津贴，以及为保证其工资水平不受物价影响而支付的物价补贴。具体包括：补偿特殊或额外劳动消耗的津贴及岗位性津贴、保健性津贴、技术性津贴、地区津贴和其他津贴。如：过节费、通讯补贴、交通补贴、公车改革补贴、不休假补贴、无食堂补贴、单位发的可自行支配的住房补贴以及为员工缴纳的各种商业性保险等。上述各种项目包括货币性质和实物性质的津补贴以及各种形式的充值卡、购物卡（券）等。

4.其他工资，指上述基本工资、绩效工资、工资性津贴和补贴三类工资均不能包括的发放给从业人员的工资，如补发上一年度的工资等。

平均工资　指单位就业人员在一定时期内平均每人所得的工资额。它表明一定时期工资收入的高低程度，是反映就业人员工资水平的主要指标。计算公式为：

$$平均工资=\frac{报告期就业人员工资总额}{报告期就业人员平均人数}$$

四、人民生活

PEOPLE'S LIVELIHOOD

本篇内容包括:

1. 居民家庭基本情况
2. 居民生活收入情况
3. 居民拥有耐用消费品数量

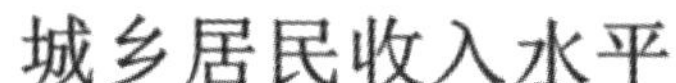

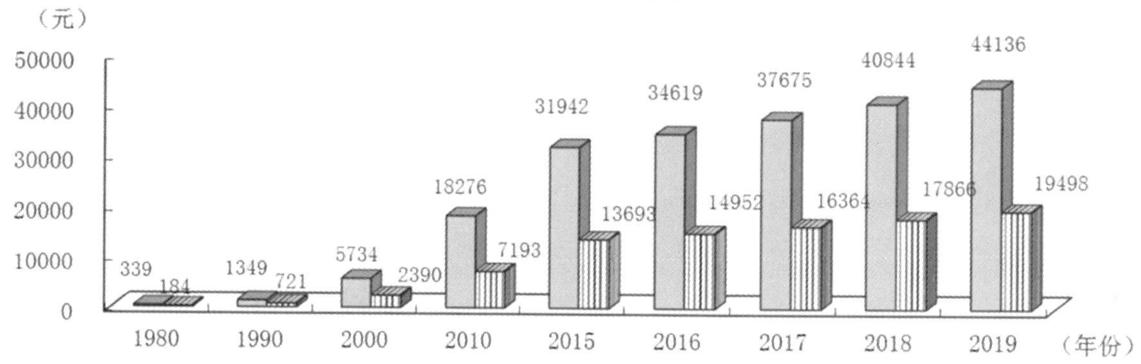

2019年平均每百户家庭耐用消费品拥有量

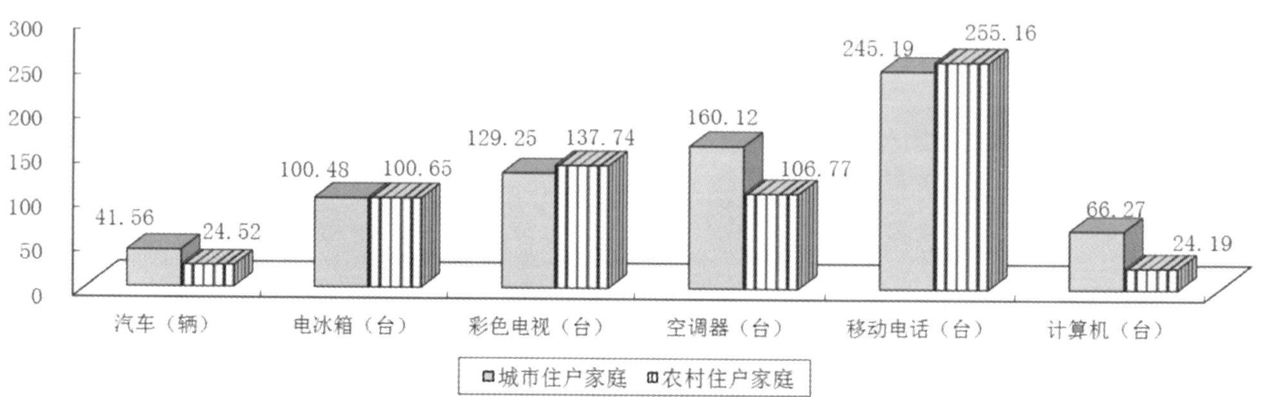

4-1　全市居民家庭生活基本情况

指　　　　标	1980	1990	2000	2010	2013	2014	2015	2016	2017	2018	2019
就　　业（人）											
城镇居民每一劳动力负担人口	1.98	1.77	1.92	1.82	1.80	1.71	1.87	1.93	1.91	1.48	1.43
农村居民每一劳动力负担人口		1.78	1.45	1.40	1.46	1.42	1.43	1.43	1.43	1.64	1.65
收　　入（元）											
城镇居民人均可支配收入		1349	5734	18276	26446	29091	31942	34619	37675	40844	44136
农村居民人均可支配收入		721	2390	7193	11184	12414	13693	14952	16364	17866	19498
消　　费（元）											
城镇居民人均消费性支出		1086	3925	13899	17925	19628	21396	22536	24275	26081	28532
农村居民人均消费性支出		588	1613	3992	7153	7896	8788	9460	10240	11352	13088
居　　住（平方米）											
城镇居民人均建筑面积		29.37	33.42	28.20	30.50	32.11	35.08	35.42	35.53	38.27	38.97
农村居民人均建筑面积			26.10	46.64	52.22	54.70	58.38	58.18	58.23	68.14	68.40
交通、通讯（辆/部）											
城镇居民每百户汽车拥有量				5.06	16.20	17.31	15.22	22.56	23.45	46.45	41.56
城镇居民每百户摩托车拥有量				8.71	11.80	17.95	13.34	11.52	11.30	9.39	9.82
城镇居民每百户拥有移动电话				16.70	208.41	215.87	204.03	204.09	211.51	237.32	245.19
农村居民每百户汽车拥有量					12.42	12.64	15.82	19.53	20.81	27.74	8.95
农村居民每百户摩托车拥有量			14.00	48.00	56.06	64.98	62.29	63.30	61.74	46.78	15.09
农村居民每百户拥有移动电话				148.00	204.24	222.70	227.27	235.44	244.30	250.32	80.75
文　　化（台/套）											
城镇居民每百户拥有彩色电视机		45.00	113.00	148.60	142.68	141.88	137.92	133.81	134.81	128.77	129.30
城镇居民每百户拥有照相机		18.00	35.70	48.31	44.55	39.53	30.93	23.94	24.52	16.49	15.79
城镇居民每百户拥有计算机				71.35	85.05	87.16	76.22	76.49	75.96	66.67	66.27
农村居民每百户拥有彩色电视机		6.00	48.75	121.00	129.09	140.40	140.07	145.12	149.33	139.03	137.70
农村居民每百户拥有照相机		1.00	3.50	7.00	4.42	3.25	0.01	0.60	0.67	2.58	2.60
农村居民每百户拥有计算机				8.00	21.82	16.25	21.89	19.19	20.47	22.26	24.20

注：2013年之前农村居民人均可支配收入为人均纯收入指标，2013年之后所有调查指标为新口径调查数据，统一为可支配收入指标，后同。

4-2 1980-2019年城市住户基本情况

年　份	调　查 户　数 (户)	平均每户 家庭人口 (人)	平均每户 就业人口 (人)	平均每个 就业者负担 人口(人)	平均每人 每月家庭 总收入(元)	平均每人 每月可支配 收入(元)	平均每人 每月消费 支出(元)
1980	120	4.28	2.16	1.98		28	
1981	120	4.21	2.15	1.96	34	34	31
1982	120	4.21	2.17	1.94	36	36	31
1983	120	4.23	2.19	1.93	37	36	32
1984	120	4.09	2.18	1.88	44	43	39
1985	150	3.64	2.06	1.77	54	53	47
1986	150	3.66	2.05	1.79	64	64	53
1987	150	3.64	2.01	1.81	71	70	63
1988	200	3.54	1.94	1.82	84	83	76
1989	200	3.48	1.98	1.76	96	110	84
1990	200	3.34	1.88	1.77	113	112	90
1991	200	3.41	1.85	1.85	114	113	94
1992	200	3.35	1.81	1.85	129	128	111
1993	200	3.16	1.74	1.81	173	172	154
1994	200	3.11	1.74	1.79	256	255	216
1995	200	3.07	1.76	1.75	300	299	248
1996	200	3.03	1.67	1.82	334	334	268
1997	200	3.03	1.68	1.81	376	375	312
1998	200	3.09	1.76	1.75	408	406	320
1999	334	3.05	1.68	1.82	515	441	340
2000	300	3.21	1.67	1.92	482	478	327
2001	300	3.12	1.62	1.93	525	517	358
2002	300	2.99	1.55	1.93	603	585	399
2003	300	2.93	1.48	1.98	674	649	423
2004	300	2.78	1.53	1.82	762	729	489
2005	300	2.59	1.37	1.89	908	858	589
2006	300	2.61	1.43	1.83	992	937	629
2007	300	2.66	1.62	1.64	1144	1090	839
2008	300	2.81	1.63	1.72	1326	1259	963
2009	300	2.81	1.62	1.73	1475	1328	1034
2010	300	2.77	1.52	1.82	1652	1523	1158
2011	300	2.79	1.50	1.86	1857	1728	1270
2012	300	2.83	1.58	1.79	2096	1967	1371
2013	321	3.03	1.68	1.80	-	2204	1494
2014	468	3.14	1.84	1.71	2672	2424	1636
2015	465	2.95	1.58	1.87	2844	2662	1783
2016	471	2.92	1.51	1.93	3070	2885	1878
2017	469	2.87	1.49	1.91	3328	3140	2023
2018	570	3.29	1.66	1.98	3692	3404	2173
2019	570	3.11	1.69	1.84	4077	3678	2378

4-3 城市居民家庭生活基本情况

项　　目	2018	2019
调查户数(户)	570	570
家庭人口(人)	1873	1889
就业人口(人)	948	964
平均每户家庭人口(人)	3.29	3.11
平均每户就业人口(人)	1.66	1.69
平均每户就业面(%)	50.46	54.30
平均每一就业者负担人数(含就业者本人)(人)	1.98	1.84
平均每人家庭总收入(元)	44304	48924
平均每人可支配收入(元)	40844	44136
平均每人消费支出(元)	26081	28532
家庭常住人口(人)	1779	1775
建筑面积(平方米)	68086	69137
平均每人建筑面积(平方米)	38.27	38.95
平均每户建筑面积(平方米)	119.45	121.29

4-4 城市住户基本情况（2019年）

（按收入分组）

项　　目	总平均	低收入户	中低收入户	中等收入户	中高收入户	高收入户
调查户数(户)	114	114	114	114	114	114
家庭人口(人)	369	487	397	339	321	301
家庭常住人口(人)	357	468	390	334	309	286
就业人口(人)	257	286	274	243	254	230
平均每户家庭人口(人)	3.24	4.27	3.48	2.97	2.81	2.64
平均每户家庭常住人口(人)	3.14	4.11	3.42	2.93	2.71	2.51
平均每户就业人口(人)	2.26	2.51	2.40	2.13	2.23	2.02
平均每户就业面(%)	71.03	58.70	68.92	71.79	79.19	76.54
就业者负担人口(人)	1.42	1.70	1.45	1.39	1.26	1.31
人均可支配收入(元)	44136	19116	30433	39891	50304	102670
人均消费性支出(元)	28532	15081	23130	28820	31959	54172
离退休人数(人)	59	39	66	67	85	39

4-5　城市住户平均每百户主要消费品年末拥有量

品　　名	2018	2019
摩 托 车(辆)	9.39	9.82
助 力 车(辆)	86.62	90.16
家用汽车(辆)	46.49	41.56
洗 衣 机(台)	96.84	97.15
电 冰 箱(台)	100.53	100.48
彩色电视(台)	128.77	129.25
热 水 器(台)	102.28	103.13
照 相 机(架)	16.49	15.79
空 调 器(台)	157.54	160.12
微 波 炉(台)	69.82	70.15
电　　话(台)	24.60	20.35
移动电话(台)	237.37	245.19
计 算 机(台)	66.67	66.27

4-6 城市居民平均每人每年收支

单位：元

项　　目	2018	2019
可支配收入	**40844**	**44136**
工资性收入	25547	25996
经营净收入	4488	4553
财产净收入	4749	6253
转移净收入	6061	7334
#赡养收入	270	359
养老金或离退休金	6538	7412
经常性捐赠收入		2
非收入所得	**754**	**1692**
出售资产所得	40	603
记帐补贴	246	341
借贷性所得	**426**	**171**
提取储蓄存款	147	48
借入款	202	69
家庭总支出	**32908**	**38877**
赡养支出	73	52
一次性捐赠支出	617	847
借贷性支出	**939**	**1456**
存入储蓄款	40	56
归还借款	13	15
借出款		5

4-7 城市居民平均每人每年收支（2019年）

（按收入分组） 单位:元

项　　目	总平均	低收入户	中低收入户	中等收入户	中高收入户	高收入户
可支配收入	**44136**	**19116**	**30433**	**39891**	**50304**	**102670**
工资性收入	25996	13394	18063	25200	29037	55375
经营净收入	4553	919	1144	2880	1146	20946
财产净收入	6253	1747	3479	4693	7359	18153
转移净收入	7334	3056	7747	7118	12762	8196
#赡养收入	359	362	404	379	266	373
养老金或离退休金	7412	2681	8167	7621	12836	8060
经常性捐赠收入	2	6				
非收入所得	**1692**	**564**	**829**	**1117**	**1143**	**6021**
出售资产所得	603	9	26	153	250	3292
记帐补贴	341	267	344	361	377	396
借贷性所得	**171**	**72**	**128**	**162**	**372**	**186**
提取储蓄存款	48	16	100	59	61	
借入款	69	56			311	
家庭总支出	**38877**	**17516**	**34304**	**34135**	**37422**	**87813**
赡养支出	52	26	79		85	84
一次性捐赠支出	847	352	633	964	906	1758
借贷性支出	**1456**	**554**	**1817**	**999**	**1119**	**3369**
存入储蓄款	56	30	64	64	88	47
归还借款	5	1		30	49	2
借出款	15			21		6

4-8 城市住户平均每人每年消费支出及构成

项目	金额(元)		构成(%)	
	2018	2019	2018	2019
消费支出	**26081**	**28532**	**100**	**100**
食品烟酒	**7182**	**9019**	**27.5**	**31.6**
#粮　　食	714	725	2.7	2.5
油　　脂	245	239	0.9	0.8
肉禽蛋水产品类	2094	2757	8.0	9.7
#蛋　　类	131	150	0.5	0.5
水　产　类	395	657	1.5	2.3
蔬菜和食用菌	786	929	3.0	3.3
烟　　类	473	638	1.8	2.2
酒和饮料	270	310	1.0	1.1
干鲜瓜果	499	653	1.9	2.3
糖果糕点及奶类	570	192	2.2	0.7
衣　　着	**1788**	**1789**	**6.9**	**6.3**
#衣　　类	1413	1473	5.4	5.2
鞋　　类	375	316	1.4	1.1
生活用品及服务	**1481**	**1616**	**5.7**	**5.7**
#耐用消费品	263		1.0	
医疗保健	**1264**	**1161**	**4.8**	**4.1**
交通和通信	**3916**	**3399**	**15.0**	**11.9**
教育文化娱乐	**2536**	**2781**	**9.7**	**9.7**
#文化娱乐用品	254	359	1.0	1.3
教　　育	1366	1621	5.2	5.7
文化娱乐服务	916	800	3.5	2.8
居　　住	**6914**	**7657**	**26.5**	**26.8**
其它商品与服务	**642**	**695**	**2.5**	**2.4**

4-9 城市住户平均每人每年购买消费品数量

品　　　名	2018	2019
粮食(千克)	122.50	101.00
食用植物油(千克)	16.23	16.70
蔬菜及菜制品(千克)	117.12	122.20
猪肉(千克)	30.16	31.10
牛羊肉(千克)	5.12	5.79
家禽(千克)	11.61	14.25
鲜蛋(千克)	10.34	9.95
鱼(不包括虾)(千克)	15.11	18.08
白酒(千克)	1.46	2.72
啤酒(千克)	4.89	4.75
鲜瓜果(千克)	49.05	56.46
糕点(千克)	3.97	4.84
鲜奶(千克)	16.52	19.11
服装(元)	1212.27	1232.83
鞋(双)	2.37	2.26
罐装液化石油气(千克)	17.82	12.71
管道天然气(立方米)	31.52	33.37

4-10 城市居民居住情况

单位:户

类　　别	2018	2019
调查户数	**570**	**570**
按住宅建筑式样		
单栋住宅	117	132
四居室	11	9
三居室	191	197
二居室	198	194
一居室	34	31
普通楼房		
平房及其他	7	7
按房屋产权		
租赁公房	4	5
租赁私房	8	7
原有私房		
自建住房	113	111
房改私房	83	84
商品房	280	281
拆迁安置房	62	62
继承或获赠住房	3	4
借用房	3	2
其他	7	6
住户厕所类型		
水冲式卫生厕所	537	549
水冲式非卫生厕所	13	14
卫生旱厕	3	3
普通旱厕	12	
无厕所	5	
住户厕所使用情况		
本住户独用	555	556
几户合用	7	6
公用厕所	8	
住户洗澡设施情况		
统一供热水	7	10
家庭自装热水器	553	550
其他		
无洗澡设施	10	10

4-11 农村居民家庭基本情况

年份	调查县区(个)	调查数(户)	平均每户家庭人口(人)	平均每户整半劳动力(人)	平均每个劳动力负担人口(人)	平均每人可支配收入(元/人)	平均每人住房面积(平方米/人)
1985	6	380	5.64	3.04	1.85	412	15.98
1986	6	380	5.61	3.02	1.86	452	16.77
1987	6	390	5.41	2.82	1.91	501	18.36
1988	6	410	5.41	2.96	1.83	586	19.52
1989	6	410	5.36	3.52	1.52	660	20.69
1990	6	410	5.25	2.95	1.78	721	19.50
1991	6	410	5.02	2.79	1.80	768	19.78
1992	6	410	4.99	2.81	1.76	855	21.30
1993	6	410	4.91	2.86	1.72	969	19.69
1994	6	410	4.79	2.89	1.66	1311	22.53
1995	6	410	4.75	2.91	1.63	1626	23.71
1996	6	410	4.67	2.91	1.61	2031	23.44
1997	6	410	4.55	2.84	1.60	2359	25.12
1998	6	400	4.46	2.80	1.59	2164	26.26
1999	6	400	4.30	2.89	1.49	2307	26.77
2000	6	400	4.29	2.96	1.45	2390	26.10
2001	6	400	4.28	2.93	1.46	2517	27.92
2002	6	400	4.21	2.93	1.44	2664	28.21
2003	6	400	4.16	2.92	1.42	2808	29.46
2004	6	400	4.13	2.90	1.42	3414	35.48
2005	7	400	4.14	2.92	1.42	3879	38.66
2006	7	400	4.12	2.92	1.41	4392	41.03
2007	7	400	4.10	2.92	1.40	5034	42.32
2008	7	400	4.08	2.90	1.40	5774	44.14
2009	7	400	4.04	2.89	1.40	6296	45.04
2010	7	400	3.98	2.85	1.40	7193	46.64
2011	6	400	4.10	2.96	1.39	8484	49.21
2012	6	400	4.07	2.91	1.40	9730	48.86
2013	6	330	3.98	2.72	1.46	11184	52.22
2014	6	277	3.63	2.56	1.42	12414	54.70
2015	6	297	3.54	2.47	1.43	13693	58.38
2016	6	297	3.52	2.46	1.43	14952	57.95
2017	6	298	3.52	2.46	1.43	16364	58.23
2018	6	310	3.84	2.35	1.64	17866	68.14
2019	6	310	3.9	2.33	1.43	19498	71.63

注：2013年之后平均每户家庭人口为常住人口。

4-12 农村居民家庭基本情况（2019年）

（分县区）

地 区	调查数（户）	平均每户家庭人口（人）	平均每户整半劳动力（人）	6周岁及以上在校学生（人）	人均经营耕地（亩）	人均经营林地、园地、牧草地、养殖水面(亩)	平均每人年末住房(平方米)	人均可支配收入(元)
南昌市	**310**	**3.90**	**2.33**	**229**	**1.69**	**0.08**	**71.44**	**19498**
青山湖区	20	3.83	2.95	15	0.25		78.05	22113
新建区	50	4.31	2.20	50	2.39	0.13	53.98	19577
南昌县	60	4.12	2.33	50	0.95	0.07	76.05	21504
安义县	50	4.00	2.06	41	1.55		56.44	17437
进贤县	50	3.64	2.26	24	3.58		82.02	20077
湾里管理局	20	4.03	1.95	10			84.71	15016

4-13 农村家庭房屋使用情况

项　　目	2018	2019	2019年比上年增长%
新建房户数(户)	5	4	-20.0
平均每户年内新建房屋面积(平方米)	91.6	87.2	-4.8
新建房屋总费用(元)	600000	348000	-42.0
平均每户年末使用房屋面积(平方米)	231.1	227.6	-1.5
#生活用房面积	227.75	236.74	3.9
#砖木结构(户)	29	30	3.4
钢筋混凝土结构(户)	153.75	156	1.5
平均每人年末使用房屋面积(平方米)	60.15	68.38	13.7

4-14 农村居民家庭总收入和构成

项　　目	平均每人(元)		构成(%)	
	2018	2019	2018	2019
总 收 入	**21081**	**22948**	**100.0**	**100.0**
工资性收入	10382	10679	49.2	46.5
工资	9838	10662	46.7	46.5
实物福利	13	11	0.1	0.0
其他	531	7	2.5	0.0
家庭经营收入	7657	7145	36.3	31.1
农业收入	2544	1805	12.1	7.9
林业收入	76	128	0.4	0.6
牧业收入	321	193	1.5	0.8
渔业收入	151	29	0.7	0.1
采矿业				
制造业收入	741	313	3.5	1.4
电力、热力、燃气及水生产和供应业				
建筑业收入	270	701	1.3	3.1
交通、运输和邮电业收入	482	553	2.3	2.4
批发和零售贸易、餐饮业收入	1530	1527	7.3	6.7
住宿和餐饮业	957	1494	4.5	6.5
租赁和商务服务业				
居民服务、修理和其他服务业	579	400	2.7	1.7
其他				
农林牧渔服务业	6		0.0	
财产性收入	217	2213	1.0	9.6
转移性收入	2824	2910	13.4	12.7
#家庭非常住人口寄回收入	921	1113	4.4	4.9

4-15 农村居民家庭总支出和构成

项目	平均每人(元)		构成(%)	
	2018	2019	2018	2019
总支出	**16546**	**19523**	**100.0**	**100.0**
生产经营费用支出	2732	2985	16.5	15.3
农业	970	765	5.9	3.9
林业	17	12	0.1	0.1
牧业	179	90	1.1	0.5
渔业	8	13	0.0	0.1
采矿业		0		0.0
制造业	243	85	1.5	0.4
电力、热力、燃气及水生产和供应业				
建筑业	94	328	0.6	1.7
交通、运输和邮电业	191	168	1.2	0.9
批发和零售贸易	668	546	4.0	2.8
住宿和餐饮业	246	869	1.5	4.5
租赁和商务服务业				
居民服务、修理和其他服务业	72	92	0.4	0.5
其他	1	0	0.0	0.0
农林牧渔服务业	43	16	0.3	0.1
购置资产及非经常性转移支出	992	1686	6.0	8.6
#购置生产性固定资产支出	14	273	0.1	1.4
部分商业保险支出	1	1	0.0	0.0
生活消费支出	11352	13088	68.6	67.0
#文化娱乐用品及服务	242	298	1.5	1.5
财产性支出	55	67	0.3	0.3
转移性支出	480	578	2.9	3.0
借贷性支出	932	1117	5.6	5.7

4-16 主要年份农村居民家庭可支配收入

(按人口平均) 单位：元

项　　目	1990	2000	2010	2011	2012	2013	2014	2015	2016	2017	2018	2019
人均可支配收入	**731**	**2390**	**7193**	**8484**	**9730**	**11184**	**12414**	**13693**	**14952**	**16364**	**17866**	**19498**
按可支配收入来源分												
工资性收入	50	1013	2687	4056	4581	4646	5229	5668	6645	7810	10382	10679
家庭经营净收入	632	1283	3624	3975	4617	4475	4935	5665	5948	6183	4946	4284
第 一 产 业	527	1077	2979	3472	3930	3284	3614	3736	3630	3131	1964	1329
第 二 产 业	24	96	179	113	84	101	114	323	313	681	682	601
第 三 产 业	81	110	466	390	604	1090	1207	1606	2005	2371	2299	2354
转移净收入	41	63	489	240	277	1979	2143	2253	2275	2256	2375	2382
财产净收入	8	31	393	212	255	84	107	107	85	114	164	2152
按可支配收入性质分												
生产性净收入	660	2275	6257	7965	9129	8031	8957	9727	10588	11622	13029	15192
农 业 生 产	527	1077	2979	3472	3930	3284	3614	3736	3630	3131	1964	1329
非农业生产	133	1198	3278	4493	5200	4747	5343	5991	6958	8491	11065	13863
非生产性净收入	61	115	936	519	601	3154	3457	3966	4364	4742	4837	4306

4-17 农村住户平均每人可支配收入（2019年）

（分县区）

单位：元

地 区	可支配收入	生产性可支配收入			非生产性可支配收入
			农业生产	非农业生产	
南 昌 市	**19498**	**4284**	**1329**	**2955**	**15214**
青山湖区	22113	69	-3	72	22044
新 建 区	19577	4227	1996	2231	15350
南 昌 县	21504	2125	673	1452	19379
安 义县	17437	1467	606	861	15970
进 贤 县	20077	8517	2681	5836	11560
湾里管理局	15016	2767	109	2658	12249

4-18 农村住户生活消费支出

项目	平均每人(元)		构成(%)		商品性比重(%)	
	2018	2019	2018	2019	2018	2019
生活消费支出	**11352**	**13088**	**100.0**	**100.0**	**62.3**	**57.9**
食品烟酒	4011	5004	35.3	38.2	93.2	91.7
#主 食	390	402	3.4	3.1	100.0	100.0
副 食	3621	4602	31.9	35.2	100.0	100.0
衣 着	565	637	5.0	4.9	100.0	100.0
居 住	3336	3221	29.4	24.6	22.6	23.8
生活用品及服务	571	563	5.0	4.3	96.9	97.5
医疗保健	738	908	6.5	6.9	32.2	26.9
交通通信	1051	1572	9.3	12.0	50.7	64.8
教育文化娱乐	976	1011	8.6	7.7	12.2	14.6
#文化娱乐用品	119	148	1.0	1.1	100.0	100.0
文化娱乐服务	123	149	1.1	1.1		
其他商品和服务	104	171	0.9	1.3	71.9	72.5

注：商品性比重是指生活消费品中商品性支出所占比重，不包括自产自用部分和文化及生活服务支出。

4-19　农村居民家庭现金收入和构成

项　　目	平均每人(元)		构成(%)	
	2018	2019	2018	2019
现金收入	**20168**	**22634**	**100.00**	**100.00**
工资性收入	10370	10669	51.42	47.14
工资	9838	10662	48.78	47.11
其他工资性收入	531	7	2.63	0.03
现金经营性收入	6830	6936	33.86	30.64
农业	1748	1621	8.67	7.16
林业	65	119	0.32	0.53
牧业	302	178	1.50	0.79
渔业	150	28	0.74	0.12
采矿业				
制造业	741	313	3.67	1.38
电力、热力、燃气及水生产和供应业				
建筑业	270	701	1.34	3.10
批发和零售业	1530	1527	7.58	6.75
交通运输、仓储和邮政业	482	553	2.39	2.44
住宿和餐饮业	957	1494	4.75	6.60
房地产业				
租赁和商务服务业				
居民服务、修理和其他服务业	579	400	2.87	1.77
其他行业		0		0.00
农林牧渔服务业	6	0	0.03	0.00
现金财产性收入	217	2213	1.07	9.78
现金转移性收入	2752	2817	13.65	12.44

4-20 农村居民家庭现金支出和构成

项　　目	平均每人(元)		构成(%)	
	2018	2019	2018	2019
现金支出	**13693**	**16798**	**100.00**	**100.00**
生产经营现金费用支出	2708	2950	19.78	17.56
农业	969	763	7.07	4.54
林业	17	12	0.12	0.07
牧业	157	57	1.15	0.34
渔业	8	13	0.06	0.08
采矿业		0		0.00
制造业	243	85	1.78	0.50
电力、热力、燃气及水生产和供应业				
建筑业	94	328	0.69	1.95
交通、运输和邮电业	191	168	1.40	1.00
批发和零售贸易	668	546	4.88	3.25
住宿和餐饮业	246	869	1.80	5.18
租赁和商务服务业				
居民服务、修理和其他服务业	72	92	0.53	0.55
农林牧渔服务业	43	16	0.31	0.10
其他	0	0	0.00	0.00
购置资产及非经常性转移支出	992	1686	7.25	10.04
#购置生产性固定资产支出	14	273	0.10	1.63
部分商业保险支出	1	1	0.01	0.01
现金财产性支出	57	67	0.41	0.40
现金转移性支出	480	578	3.51	3.44
现金生活消费支出	8522	10399	62.24	61.91
借贷性支出	932	1117	6.81	6.65

4-21 农村住户储蓄借贷

项　　目	平均每人(元)		2019年比上年	
	2018	2019	增减额(元)	增长率(%)
借贷性所得	236.9	71.3	-165.64	-69.92
#从银行信用社得到的贷款	6.4	4.0	-2.35	-37.01
借 入 款	89.8		-89.80	-100.00
收回借出款		2.0	1.99	
提取储蓄存款	140.8	65.3	-75.45	-53.60
收回储蓄性保险本金				
借贷性支出	932.2	1117.1	184.87	19.83
#归还银行信用社贷款	480.4	633.1	152.67	31.78
借 出 款	5.3	4.7	-0.64	-12.07
归 还 借 款	307.7	146.6	-161.04	-52.34
存入储蓄款	138.8	320.6	181.82	131.01
支出投资款				
年末手存现金				
年末存款余款				

4-22 主要年份农村住户平均每人每年主要食品消费量

单位：千克

品名	1990	2000	2010	2011	2012	2013	2014	2015	2016	2017	2018	2019
粮食	351.35	295.10	215.88	169.4	156.19	191.06	185.16	183.11	165.49	173.4	147.18	158.88
蔬菜	172.72	97.82	86.68	83.69	82.73	97.35	92.54	106.05	103.81	91.15	86.95	114.72
植物油	6.66	8.30	9.02	9.55	10.24	12.1	15.58	14.33	12.89	14.58	16.12	15.58
动物油	1.64	1.55	0.26	0.49	0.49	0.66	0.11	0.04	0.10	0.06	0.09	0.26
猪肉	10.18	10.76	11.46	11.98	12.02	15.39	14.67	14.26	14.62	14.82	23.89	29.90
牛羊肉	0.33	0.35	0.39	1.13	0.93	1.35	1.26	1.45	1.63	2.05	3.55	4.62
奶和奶制品	0.21	0.44	4.06	5.71	5.55	5.55	5.7	5.54	6.36	6.63	7.41	9.15
家禽	1.49	2.48	3.7	4.13	4.23	5.6	6.25	4.83	4.72	4.55	6.98	14.12
蛋类	2.96	4.57	6.36	5.82	5.96	6.50	7.29	8.28	5.22	6.18	7.03	9.89
水产品	3.07	5.11	7.26	7.35	8.12	9.41	9.14	9.93	9.76	9.82	16.41	24.46
食糖	1.36	1.05	0.4	0.4	0.37	0.41	2.05	0.53	0.42	0.39	0.49	0.76
酒	3.52	6.97	13.19	12.52	13.43	17.31	19.71	18.62	18.80	18.92	16.99	20.09
茶叶	0.07		0.07	0.05	0.02	0.02	0.03	0.04	0.03	0.05	0.08	0.08
糖果、糕点	1.52	1.87				2.58	2.73	2.83	2.29	2.40	2.53	3.84
水果	3.13	25.56	10.41	10.72	12.53	14.51	16.42	20.09	25.63	26.43	26.51	49.54

注：2013年(含)后数据为新口径数据。

4-23 主要年份农村住户耐用物品拥有量

(按每百户年末平均拥有量计算)

品名	1990	2000	2010	2011	2012	2013	2014	2015	2016	2017	2018	2019
自行车(辆)	129.00	146.50	108.00	88.00	92.00	85.45						
电风扇(台)	84.00	180.25										
洗衣机(台)	1.00	9.25	30.00	42.00	45.00	46.55	43.32	46.13	52.19	57.05	72.98	75.16
电冰箱(台)	3.00	19.50	67.00	82.00	87.00	79.39	81.95	84.18	86.53	87.92	101.13	100.65
摩托车(辆)		14.00	48.00	46.00	48.00	56.06	64.98	62.29	63.30	61.74	46.69	35.16
黑白电视机(台)	56.00	74.00	8.00	4.00	4.00							
彩色电视机(台)	6.00	48.75	121.00	127.00	130.00	129.09	140.40	140.07	145.12	149.33	139.03	137.74
收录机(台)	18.00	26.25										
照相机(架)	1.00	3.50	7.00	4.00	4.00	4.42	3.25	0.01	0.60	0.67	2.58	2.58
空调机(台)			36.00	54.00	56.00	60.61	62.09	66.67	74.75	82.89	101.77	106.77
电话机(部)			58.00	37.00	35.00	37.88	49.10	48.15	42.42	45.64	11.85	7.74
移动电话(部)			148.00	187.00	200.00	204.24	222.70	227.27	235.44	244.30	250.40	255.16
影碟机(台)			32.00	23.00	24.00							
微波炉(台)			13.00	14.00	20.00	15.15	12.10	15.15	17.17	20.13	35.97	39.03
热水器(台)			36.00	49.00	55.00	49.70	56.68	56.23	66.33	70.81	86.29	89.35
家用计算机(台)			8.00	12.00	15.00	21.82	16.25	21.89	19.19	20.47	22.26	24.19
家用汽车(生活用)(台)			4.00	7.00	7.00	12.42	12.64	15.82	19.53	20.81	27.66	24.52

注：自行车、电风扇、黑白电视机、收录机、影碟机已无汇总数据。

4-24 农村住户劳动力文化程度（2019年）

单位：百劳率(%)

地　区	文盲或半文盲	小学程度	初中程度	高中程度	中专程度	大专以上程度
南 昌 市	**3.23**	**33.23**	**55.48**	**5.81**	**1.61**	**0.65**
青山湖区	10.00	50.00	40.00			
南 昌 县	5.00	40.00	45.00	5.00	3.33	1.67
新 建 县		30.00	52.00	14.00	2.00	2.00
安 义 县	4.00	22.00	66.00	6.00	2.00	
进 贤 县		52.00	46.00	2.00		
湾里管理局	10.00	10.00	75.00		5.00	

主要统计指标解释

可支配收入 指调查户在调查期内获得的、可用于最终消费支出和储蓄的总和，即调查户可以用来自由支配的收入。可支配收入既包括现金，也包括实物收入。按照收入的来源，可支配收入包含四项，分别为：工资性收入、经营净收入、财产净收入和转移净收入。计算公式为:

可支配收入=工资性收入+经营净收入+财产净收入+转移净收入

其中：经营净收入=经营收入-经营费用-生产性固定资产折旧-生产税

财产净收入=财产性收入-财产性支出

转移净收入=转移性收入-转移性支出

工资性收入 指就业人员通过各种途径得到的全部劳动报酬和各种福利，包括受雇于单位或个人、从事各种自由职业、兼职和零星劳动得到的全部劳动报酬和福利。

经营净收入 指住户或住户成员从事生产经营活动所获得的净收入，是全部经营收入中扣除经营费用、生产性固定资产折旧和生产税之后得到的净收入。计算公式具体为:

经营净收入=经营收入-经营费用-生产性固定资产折旧-生产税

财产净收入 指住户或住户成员将其所拥有的金融资产、住房等非金融资产和自然资源交由其他机构单位、住户或个人支配而获得的回报并扣除相关的费用之后得到的净收入。财产净收入包括利息净收入、红利收入、储蓄性保险净收益、转让承包土地经营权租金净收入、出租房屋净收入、出租其他资产净收入和自有住房折算净租金等。

转移性收入 指国家、单位、社会团体对住户的各种经常性转移支付和住户之间的经常性收入转移。包括养老金或退休金、社会救济和补助、政策性生产补贴、政策性生活补贴、经常性捐赠和赔偿以及报销医疗费等；住户之间的赡养收入以及本住户非常住成员寄回带回的收入等转移性收入不包括住户之间的实物馈赠。

转移净收入计算公式为：转移净收入=转移性收入-转移性支出

消费支出 指住户用于满足家庭日常生活消费需要的全部支出，包括用于消费品的支出和用于服务性消费的支出。根据用途不同，消费支出可划分为食品烟酒、衣着、居住、生活用品及服务、交通通信、教育文化娱乐、医疗保健、其他用品及服务八大类。根据来源不同，消费支出可划分为现金消费支出、实物消费支出（含自产自用、来自单位、来自政府和其他社会组织）。

五、物　　价

PRICE

本篇内容包括：

1. 居民消费价格指数
2. 商品零售价格指数
3. 工业生产者出厂价格指数
4. 工业生产者购进价格指数

居民消费价格指数

（以上年价格为100）

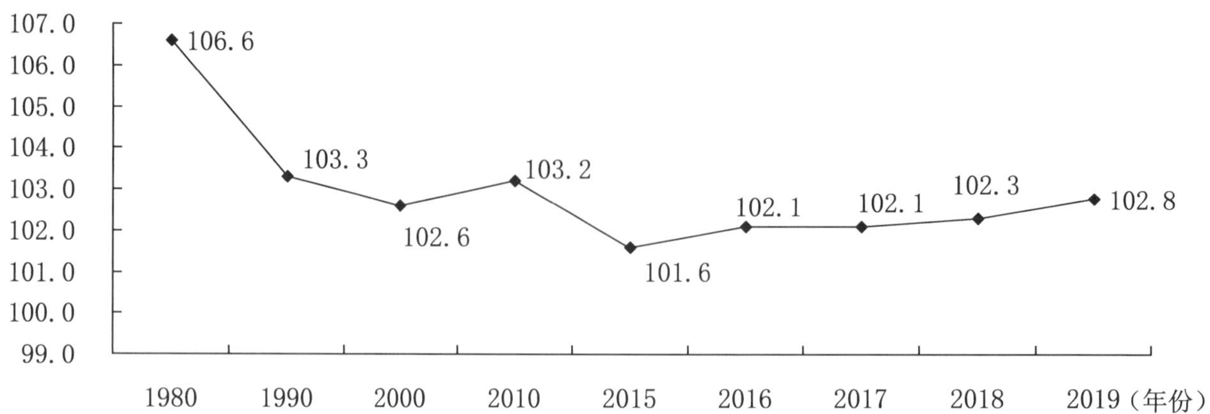

服务项目价格指数

（以上年价格为100）

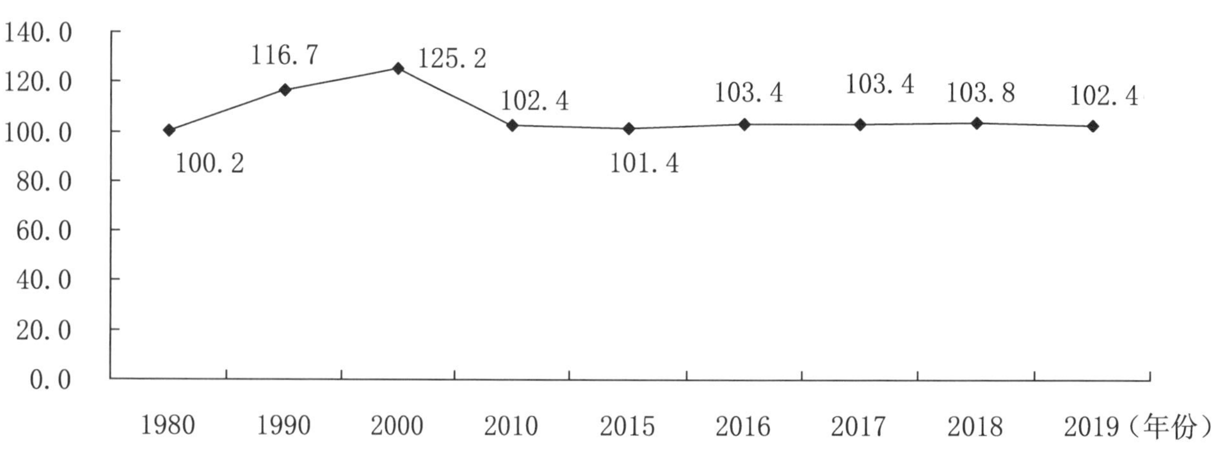

商品零售价格指数

（以上年价格为100）

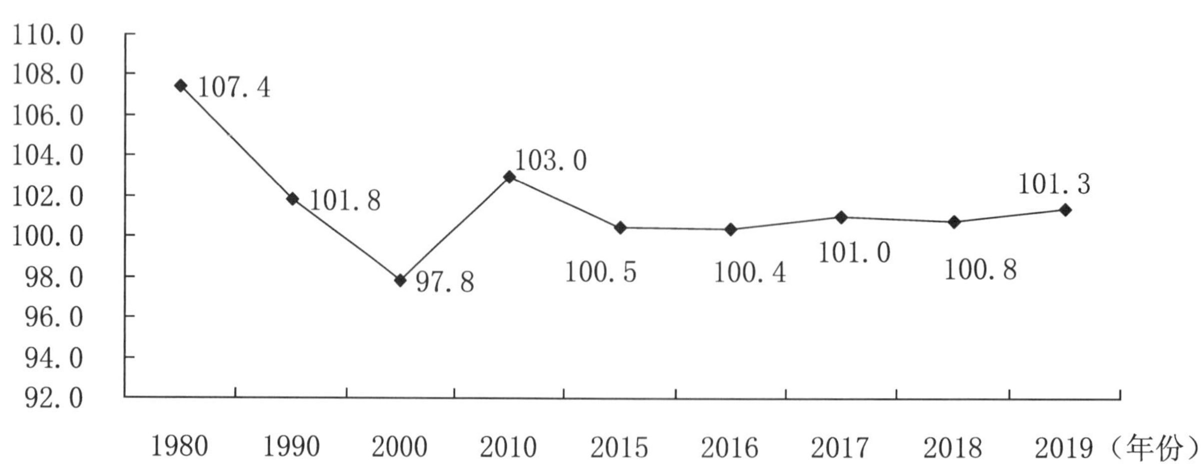

5-1 历年物价总指数

(以上年价格为100)

年份	居民消费价格指数	#服务项目价格指数	商品零售价格指数	工业生产者出厂价格指数	工业生产者购进价格指数
1980	106.57	100.20	107.44		
1990	103.30	116.70	101.80		
2000	102.60	125.20	97.80		
2010	103.20	102.40	103.00	102.88	108.12
2011	105.00	102.80	105.20	104.88	111.02
2012	102.90	101.80	102.40	98.88	97.82
2013	102.30	102.60	101.30	99.46	99.60
2014	102.50	103.40	101.10	99.08	95.90
2015	101.60	101.40	100.50	97.29	94.96
2016	102.10	103.40	100.40	99.07	98.29
2017	102.10	103.40	101.00	104.37	105.73
2018	102.30	103.80	100.80	103.21	102.22
2019	102.76	102.42	101.34	100.10	100.91

5-2 价格指数(2019年)

(以主要年份为基期)

指标	居民消费价格指数	商品零售价格指数	服务项目价格指数
以1980年价格为100	754.4	497.1	2251.2
以1990年价格为100	360.8	238.0	1106.0
以2000年价格为100	145.6	124.8	157.3
以2010年价格为100	123.2	113.8	123.3
以2011年价格为100	117.5	108.2	119.8
以2012年价格为100	114.1	105.7	117.9
以2013年价格为100	111.6	104.4	114.8
以2014年价格为100	108.8	103.3	111.0
以2015年价格为100	107.2	102.8	109.6
以2016年价格为100	104.9	102.4	105.9
以2017年价格为100	105.1	102.2	106.3
以2018年价格为100	102.8	101.3	102.4

5-3 居民消费价格指数（2019年）

（以上年价格为100）

项　　目	2019	项　　目	2019	项　　目	2019
居民消费价格总指数	**102.8**	鞋	100.4	通 信 工 具	97.7
食品烟酒	**106.6**	鞋类加工服务	100.0	通 信 服 务	100.0
食　　品	109.1	**居住**	**102.1**	邮 递 服 务	100.0
粮　　食	100.6	租赁房房租	102.3	**教育文化和娱乐**	**103.3**
薯　　类	100.5	住房装潢材料	99.0	教　　育	103.9
豆　　类	104.0	物业管理费	100.0	教 育 用 品	100.7
食 用 油	97.1	住房装潢维修	104.4	教 育 服 务	104.0
菜	109.6	水 电 燃 料	102.1	文娱耐用消费品	97.3
畜 肉 类	122.8	自 有 住 房	102.2	其他文娱用品	99.6
禽 肉 类	104.4	**生活用品及服务**	**99.9**	文化娱乐服务	100.2
水 产 品	99.8	家　　具	99.8	旅　　游	106.7
蛋	108.6	室内装饰品	102.2	**医疗保健**	**101.6**
奶　　类	103.4	大型家用器具	98.3	药品及医疗器具	100.7
干 鲜 瓜 果	118.2	小家电	97.8	中　　药	103.8
糖 果 糕 点	100.5	家用纺织品	100.0	西　　药	102.0
调 味 品	99.0	家庭日用杂品	100.5	医 疗 服 务	102.1
其 他 食 品	101.4	个人护理用品	100.3	**其他用品和服务**	**103.1**
茶 及 饮 料	99.9	家庭服务	101.9	首 饰 手 表	107.6
烟　　酒	99.9	**交通和通信**	**97.9**	旅 馆 住 宿	100.0
在 外 餐 饮	102.7	交　　通	96.9	美容美发洗浴	101.0
衣着	**100.2**	交 通 工 具	96.5	养 老 服 务	104.5
服　　装	99.9	交通工具用燃料	94.1	金 融 保 险	100.1
服 装 材 料	106.1	交通工具使用和维修	101.6	其 他 服 务	100.0
其他衣着及配件	102.5	交通费	99.8		
衣着加工服务费	101.0	通信	99.7		

5-4 商品零售价格指数（2019年）

（以上年价格为100）

项　目	2019	项　目	2019
商品零售价格总指数	**101.3**	床 上 用 品	99.3
食　　品	**108.0**	**家用电器及音像器材**	**97.1**
粮　　食	100.6	家庭设备	98.2
薯　　类	100.5	文娱用耐用消费品	95.7
豆　　类	104.0	专业音像器材	94.6
食 用 油	97.1	**文化办公用品**	**100.1**
菜	109.6	**日　用　品**	**100.6**
畜 肉 类	122.8	日用百货	99.2
禽 肉 类	104.1	厨具餐具茶具	102.2
水 产 品	99.8	清洗用品	102.3
蛋	108.6	其他日用品	100.3
奶　　类	103.4	**体育娱乐用品**	**99.8**
干鲜瓜果	118.2	体育户外用品	99.5
糖果糕点	100.5	娱 乐 用 品	100.0
调 味 品	99.0	**交通、通信用品**	**98.6**
其他食品	101.4	**家　　具**	**99.8**
在外餐饮	102.7	**化 妆 品**	**100.7**
饮料、烟酒	**99.9**	**金银饰品**	**108.3**
茶及饮料	99.9	**中西药品及医疗保健用品**	**101.2**
烟　　草	99.9	医疗卫生器具	100.4
酒　　类	100.0	中　　药	103.8
服装、鞋帽	**100.3**	西　　药	101.9
服　　装	100.1	保健器具及用品	95.8
鞋 帽 袜	101.0	**书报杂志及电子出版物**	**100.2**
其他衣着配件	100.4	**燃　　料**	**96.4**
纺 织 品	**100.6**	**建筑材料及五金电料**	**99.7**
服 装 材 料	106.1		

类　　别	1月	2月	3月	一季度平　均	4月	5月	6月	二季度平　均
居民消费价格总指数	**101.8**	**102.1**	**103.0**	**102.3**	**102.8**	**102.6**	**102.2**	**102.6**
食品烟酒	**103.4**	**103.8**	**105.7**	**104.3**	**105.9**	**105.9**	**104.9**	**105.6**
食　　品	103.3	104.4	107.4	105.0	108.0	108.5	107.1	107.9
粮　　食	101.4	101.6	101.4	101.5	101.1	100.6	100.8	100.8
薯　　类	101.5	98.8	97.3	99.2	98.3	98.5	95.3	97.3
豆　　类	105.4	105.6	105.4	105.5	106.1	107.1	105.8	106.3
食 用 油	96.7	98.6	95.0	96.8	94.3	96.4	96.3	95.6
菜	105.0	114.1	132.6	116.8	128.8	126.0	107.0	120.7
畜 肉 类	97.2	97.3	100.1	98.2	104.2	105.0	104.6	104.6
禽 肉 类	109.2	105.5	100.3	104.9	100.0	98.7	97.6	98.8
水 产 品	98.2	96.8	96.3	97.1	97.1	98.6	98.4	98.0
蛋	112.9	109.5	108.9	110.4	112.1	112.4	109.2	111.2
奶　　类	108.5	109.0	109.4	108.9	99.0	99.4	99.9	99.4
干鲜瓜果	112.8	111.5	114.7	113.0	122.7	128.0	141.9	131.2
糖果糕点	103.0	101.7	101.0	101.9	99.3	100.8	103.3	101.1
调 味 品	101.9	101.9	101.6	101.8	100.9	99.5	99.2	99.9
其他食品	100.4	100.9	102.1	101.1	100.0	98.7	99.4	99.4
茶及饮料	104.0	101.7	102.0	102.6	99.7	99.9	97.1	98.9
烟　　酒	100.3	100.4	100.2	100.3	99.8	99.7	100.0	99.8
在外餐饮	104.4	103.7	103.5	103.9	102.9	101.8	101.6	102.1
衣着	**101.1**	**100.2**	**100.3**	**100.5**	**99.2**	**99.1**	**100.5**	**99.6**
服　　装	100.5	100.0	100.0	100.1	99.5	99.6	100.6	99.9
服装材料	105.9	105.9	105.9	105.9	105.9	104.3	102.7	104.3
其他衣着及配件	108.4	108.3	106.8	107.8	102.5	102.1	101.2	101.9
衣着加工服务费	103.1	103.1	103.1	103.1	103.1	100.0	100.0	101.0
鞋　　类	101.6	98.9	100.0	100.1	96.6	96.4	100.2	97.7
居住	**102.8**	**103.2**	**103.7**	**103.2**	**103.9**	**103.2**	**102.7**	**103.2**
租赁房房租	102.9	103.1	103.3	103.1	103.1	103.0	102.9	103.0
住房保养维修及管理	100.7	100.8	102.0	101.2	102.4	102.1	102.0	102.2
水电燃料	102.2	103.3	104.3	103.3	105.0	103.9	104.0	104.3
自有住房	103.6	103.8	103.9	103.8	103.8	103.0	102.1	103.0
生活用品及服务	**100.2**	**100.2**	**99.8**	**100.1**	**99.9**	**100.0**	**99.4**	**99.8**
家具及室内装饰品	100.2	100.3	100.2	100.2	99.9	100.1	100.1	100.0
家用器具	97.6	98.5	98.6	98.2	98.8	98.6	98.2	98.5
家用纺织品	101.0	100.7	99.6	100.4	99.9	100.1	99.1	99.7
家庭日用杂品	101.3	102.4	99.8	101.2	100.6	101.4	99.9	100.6
个人护理用品	100.7	99.1	101.1	100.3	99.5	99.8	100.3	99.9
家庭服务	103.3	100.9	100.9	101.7	101.6	100.8	99.6	100.7
交通和通信	**98.5**	**99.1**	**100.0**	**99.2**	**99.1**	**98.6**	**97.4**	**98.4**
交　　通	97.5	98.5	99.7	98.6	98.6	97.9	96.2	97.6
通　　信	100.1	100.2	100.6	100.3	100.1	99.9	99.5	99.8
教育文化和娱乐	**102.5**	**102.8**	**102.8**	**102.7**	**102.3**	**102.2**	**102.5**	**102.3**
教　　育	102.5	102.4	102.6	102.5	102.5	103.1	103.1	102.9
文化娱乐	102.6	103.4	103.1	103.0	102.1	101.2	101.7	101.7
医疗保健	**100.4**	**100.4**	**102.0**	**100.9**	**102.0**	**102.0**	**102.0**	**102.0**
药品及医疗器具	100.4	100.4	101.1	100.6	101.1	101.1	101.1	101.1
医 疗 服 务	100.3	100.3	102.5	101.0	102.5	102.5	102.5	102.5
其他用品和服务	**100.6**	**101.0**	**101.7**	**101.1**	**101.7**	**101.0**	**102.0**	**101.5**

分月指数（2019年）

（以上年同月价格为100）

上半年平　均	7月	8月	9月	三季度平　均	1-9月平均	10月	11月	12月	四季度平　均	全 年
102.4	**102.4**	**102.8**	**102.8**	**102.7**	**102.5**	**102.9**	**103.7**	**103.9**	**103.5**	**102.8**
104.9	**106.0**	**108.0**	**106.9**	**107.0**	**105.6**	**107.7**	**111.0**	**109.7**	**109.5**	**106.6**
106.4	108.6	111.8	110.1	110.2	107.7	111.0	115.6	113.7	113.4	109.1
101.1	99.9	100.4	100.7	100.3	100.9	100.3	98.6	100.6	99.8	100.6
98.2	96.9	102.6	98.5	99.3	98.6	103.0	111.8	106.7	107.0	100.5
105.9	105.3	103.6	101.6	103.5	105.1	101.1	100.5	101.2	100.9	104.0
96.2	99.7	97.9	97.7	98.5	97.0	96.7	98.5	97.4	97.5	97.1
118.7	108.3	107.1	91.8	101.8	113.1	89.2	107.1	106.2	100.1	109.6
101.4	107.3	125.6	142.4	125.3	109.4	158.7	168.0	162.9	163.2	122.8
101.8	100.1	103.7	107.5	103.7	102.5	108.3	114.0	109.1	110.4	104.4
97.5	98.3	104.1	103.8	102.1	99.1	102.4	103.0	101.2	102.2	99.8
110.8	109.9	109.2	110.3	109.8	110.5	106.7	104.1	100.3	103.7	108.6
104.2	102.8	103.7	103.1	103.2	103.9	102.9	102.7	102.0	102.5	103.4
122.1	149.1	138.7	116.8	134.7	126.3	100.4	90.2	91.1	93.8	118.2
101.5	99.7	99.3	99.4	99.5	100.8	99.5	99.6	99.4	99.5	100.5
100.8	97.5	96.9	96.9	97.1	99.6	97.7	96.5	97.8	97.3	99.0
100.3	102.1	102.9	101.7	102.2	100.9	102.4	102.2	103.6	102.7	101.4
100.7	100.6	97.8	98.0	98.8	100.1	98.2	100.4	99.9	99.5	99.9
100.1	99.7	99.7	99.7	99.7	100.0	100.0	99.7	100.1	99.9	99.9
103.0	101.7	101.6	101.4	101.6	102.5	102.4	103.7	103.4	103.2	102.7
100.1	**100.2**	**100.1**	**101.8**	**100.7**	**100.3**	**100.4**	**99.1**	**100.1**	**99.9**	**100.2**
100.0	100.4	100.5	101.5	100.8	100.3	99.8	97.9	98.6	98.7	99.9
105.1	107.6	107.6	107.6	107.6	105.9	107.6	107.6	104.8	106.6	106.1
104.9	100.8	100.9	100.9	100.9	103.5	101.0	99.0	98.9	99.6	102.5
102.0	100.0	100.0	100.0	100.0	101.4	100.0	100.0	100.0	100.0	101.0
98.9	99.0	97.8	103.0	99.9	99.2	102.2	103.7	106.2	104.0	100.4
103.2	**102.1**	**101.1**	**100.7**	**101.3**	**102.6**	**101.0**	**100.2**	**100.7**	**100.6**	**102.1**
103.0	103.0	102.2	101.5	102.2	102.8	101.3	101.0	100.4	100.9	102.3
101.7	101.7	101.7	100.8	101.4	101.6	101.8	101.7	101.6	101.7	101.6
103.8	101.7	99.7	100.0	100.5	102.7	100.7	99.2	101.5	100.5	102.1
103.4	102.2	101.5	100.9	101.5	102.8	100.8	100.2	100.1	100.4	102.2
99.9	**99.5**	**99.7**	**100.2**	**99.8**	**99.9**	**100.1**	**99.9**	**99.5**	**99.8**	**99.9**
100.1	100.2	100.3	100.2	100.2	100.2	100.1	100.1	100.2	100.1	100.2
98.4	97.7	98.9	98.8	98.5	98.4	98.3	96.9	97.3	97.5	98.2
100.1	99.1	99.4	99.9	99.5	99.9	99.2	101.7	100.7	100.5	100.0
100.9	101.3	99.9	100.1	100.4	100.7	100.4	100.0	98.7	99.7	100.5
100.1	98.9	99.5	101.9	100.1	100.1	100.6	101.2	100.7	100.8	100.3
101.2	101.1	101.1	101.5	101.2	101.2	104.6	104.1	103.8	104.1	101.9
98.8	**97.1**	**96.9**	**96.6**	**96.8**	**98.1**	**95.9**	**96.6**	**98.9**	**97.1**	**97.9**
98.1	95.9	95.4	94.6	95.3	97.1	93.7	95.1	99.5	96.1	96.9
100.1	99.1	99.4	100.1	99.5	99.9	99.9	99.2	97.7	99.0	99.7
102.5	**102.9**	**102.7**	**104.7**	**103.4**	**102.8**	**104.6**	**104.7**	**105.0**	**104.8**	**103.3**
102.7	103.1	102.6	106.2	104.0	103.1	106.2	106.2	106.2	106.2	103.9
102.3	102.7	102.9	102.9	102.8	102.5	102.7	102.9	103.6	103.1	102.6
101.5	**101.6**	**101.7**	**101.7**	**101.7**	**101.5**	**101.7**	**102.1**	**102.2**	**102.0**	**101.6**
100.9	100.0	100.2	100.2	100.1	100.6	100.1	101.4	101.6	101.1	100.7
101.8	102.5	102.5	102.5	102.5	102.0	102.5	102.5	102.5	102.5	102.1
101.3	**103.2**	**104.3**	**105.6**	**104.4**	**102.3**	**105.1**	**105.2**	**105.3**	**105.2**	**103.1**

5-6 居民消费价格

类　别	1月	2月	3月	4月	5月
居民消费价格总指数	**100.2**	**101.0**	**99.9**	**100.4**	**100.3**
食品烟酒	**101.5**	**102.8**	**99.3**	**101.0**	**100.5**
食　品	102.3	104.4	98.9	101.5	100.6
粮　食	100.4	100.2	99.9	100.1	99.7
薯　类	108.3	106.7	96.8	98.6	103.9
豆　类	100.1	100.9	99.4	100.3	100.5
食用油	100.5	98.9	98.9	98.7	100.5
菜	108.6	117.2	100.3	103.1	93.0
畜肉类	100.7	102.9	98.5	101.0	99.4
禽肉类	101.3	103.2	95.7	101.9	99.9
水产品	101.1	102.8	95.8	99.5	99.8
蛋	100.7	98.4	96.1	100.5	102.2
奶　类	99.8	100.1	100.1	99.0	99.5
干鲜瓜果	103.4	103.2	100.1	107.0	117.0
糖果糕点	100.4	100.0	99.3	99.6	100.4
调味品	100.0	100.0	99.7	99.4	99.4
其他食品	98.8	100.4	101.8	99.6	100.2
茶及饮料	100.3	97.4	99.9	99.3	101.9
烟　酒	99.9	99.9	100.1	99.7	100.0
在外餐饮	100.1	100.0	100.2	100.0	100.0
衣着	**97.5**	**99.0**	**100.9**	**100.8**	**100.8**
服　装	96.6	99.2	100.8	100.6	101.0
服装材料	102.7	100.0	100.0	100.0	100.0
其他衣着及配件	100.0	100.0	98.3	100.0	100.0
衣着加工服务费	100.0	100.0	100.0	100.0	100.2
鞋　类	99.8	98.1	101.7	102.0	99.7
居住	**99.7**	**100.1**	**100.2**	**100.2**	**99.9**
租赁房房租	99.9	100.2	100.2	99.9	100.0
住房保养维修及管理	99.5	100.1	101.7	99.6	99.2
水电燃料	99.6	100.0	99.7	101.1	99.9
自有住房	99.8	100.2	100.1	99.9	99.8
生活用品及服务	**100.1**	**100.1**	**99.8**	**99.8**	**100.2**
家具及室内装饰品	100.0	100.1	99.9	99.7	99.4
家用器具	99.4	100.9	99.9	99.7	98.9
家用纺织品	100.4	100.2	99.9	99.9	98.9
家庭日用杂品	100.0	100.0	98.8	100.0	100.3
个人护理用品	100.6	99.5	100.7	99.8	100.2
家庭服务	101.0	98.6	100.0	100.0	99.1
交通和通信	**99.4**	**100.7**	**100.2**	**99.6**	**100.3**
交　通	99.0	101.1	100.4	99.7	100.6
通　信	100.0	100.1	99.9	99.5	99.8
教育文化和娱乐	**100.3**	**101.0**	**99.0**	**100.2**	**100.7**
教　育	100.5	99.9	100.2	99.9	100.6
文化娱乐	100.1	102.3	97.5	100.5	100.8
医疗保健	**100.2**	**100.0**	**101.6**	**100.0**	**100.0**
药品及医疗器具	100.1	99.9	100.5	100.1	99.9
医疗服务	100.3	100.0	102.2	100.0	100.0
其他用品和服务	**100.8**	**100.2**	**100.6**	**99.7**	**99.8**

分月指数（2019年）

（以上月价格为100）

6月	7月	8月	9月	10月	11月	12月
99.7	**100.3**	**100.8**	**100.9**	**100.4**	**100.0**	**100.0**
99.4	**100.5**	**102.6**	**101.3**	**100.7**	**100.5**	**99.4**
99.2	100.6	103.9	101.8	100.7	100.2	98.9
99.8	99.2	100.8	100.2	100.1	98.5	101.7
96.2	99.0	99.7	98.7	101.2	100.4	97.9
99.7	99.5	100.1	100.3	100.0	100.0	100.3
100.0	100.6	97.6	100.0	100.0	102.6	99.1
85.4	102.6	102.8	98.0	97.6	97.0	103.8
99.8	103.0	119.6	115.0	111.9	104.7	95.9
100.4	101.8	103.6	102.8	97.8	103.6	97.2
99.8	101.3	106.0	100.7	98.3	98.7	97.9
99.0	101.2	103.6	106.2	98.4	97.2	97.4
101.2	102.8	99.8	100.0	100.4	100.0	99.3
112.9	95.3	91.9	87.4	84.9	92.5	100.2
101.5	98.7	100.1	99.7	99.8	99.9	100.0
99.9	98.9	99.0	100.3	101.5	98.6	101.3
100.3	102.5	99.4	100.2	99.5	100.5	100.4
98.0	103.3	97.0	100.5	100.3	102.6	99.6
100.0	99.9	100.0	100.0	100.1	100.1	100.5
100.0	100.3	100.1	100.1	101.1	101.4	100.2
99.9	**99.4**	**99.7**	**100.9**	**100.9**	**99.7**	**100.6**
99.8	99.5	99.8	101.0	100.5	99.2	100.7
100.0	104.7	100.0	100.0	100.0	100.0	97.4
100.0	100.0	100.1	99.9	100.0	100.6	99.9
100.0	100.0	100.0	100.0	100.0	100.0	100.0
100.2	98.7	99.4	100.9	103.0	101.5	100.7
99.8	**99.9**	**100.0**	**100.4**	**100.2**	**99.9**	**100.6**
100.1	100.1	100.2	100.1	100.0	100.0	99.9
99.9	99.8	100.0	100.3	100.7	100.1	100.0
99.2	99.6	99.7	101.3	100.3	99.8	102.1
100.0	100.1	100.0	100.0	100.0	100.0	100.0
99.3	**100.4**	**99.9**	**100.6**	**100.4**	**99.6**	**99.7**
100.0	100.1	100.0	100.1	100.0	100.0	100.1
99.8	100.0	99.8	100.3	99.8	98.3	99.9
99.0	100.0	100.2	100.4	100.4	102.2	99.3
98.3	101.4	99.6	100.8	100.3	99.6	99.7
99.4	99.4	100.2	101.6	100.6	99.7	99.0
100.0	101.5	100.0	100.4	103.1	99.5	100.6
99.3	**100.0**	**99.7**	**99.6**	**100.0**	**99.6**	**100.6**
98.9	99.8	99.5	99.4	100.2	99.8	101.2
99.9	100.3	100.0	100.0	99.6	99.2	99.5
100.1	**100.9**	**100.0**	**102.5**	**100.3**	**99.8**	**100.2**
100.0	100.0	100.0	105.0	100.0	100.0	100.0
100.2	102.1	99.9	99.5	100.7	99.5	100.5
100.0	**100.0**	**100.1**	**100.1**	**100.1**	**100.0**	**100.1**
100.0	99.9	100.3	100.3	100.4	100.1	100.2
100.0	100.0	100.0	100.0	100.0	100.0	100.0
100.7	**101.5**	**101.1**	**101.2**	**99.6**	**99.9**	**100.0**

5-7 商品零售价格

类别	1月	2月	3月	一季度平均	4月	5月	6月	二季度平均
商品零售价格总指数	**100.4**	**100.6**	**101.6**	**100.9**	**101.4**	**101.1**	**101.0**	**101.2**
食品	**103.3**	**104.0**	**106.4**	**104.6**	**106.7**	**107.0**	**106.0**	**106.6**
粮　　食	101.4	101.6	101.4	101.5	101.1	100.6	100.8	100.8
薯　　类	101.5	98.8	97.3	99.2	98.3	98.5	95.3	97.3
豆　　类	105.4	105.6	105.4	105.5	106.1	107.1	105.8	106.3
食 用 油	96.7	98.6	95.0	96.8	94.3	96.4	96.3	95.6
菜	105.0	114.1	132.6	116.8	128.8	126.0	107.0	120.7
畜 肉 类	97.2	97.3	100.1	98.2	104.2	105.0	104.6	104.6
禽 肉 类	109.6	105.7	100.3	105.1	99.7	98.3	97.3	98.5
水 产 品	98.2	96.8	96.3	97.1	97.1	98.6	98.4	98.0
蛋	112.9	109.5	108.9	110.4	112.1	112.4	109.2	111.2
奶　　类	108.5	109.0	109.4	108.9	99.0	99.4	99.9	99.4
干鲜瓜果	112.8	111.5	114.7	113.0	122.7	128.0	141.9	131.2
糖果糕点	103.0	101.7	101.0	101.9	99.3	100.8	103.3	101.1
调 味 品	101.9	101.9	101.6	101.8	100.9	99.5	99.2	99.9
其他食品	100.4	100.9	102.1	101.1	100.0	98.7	99.4	99.4
在外餐饮	104.4	103.7	103.5	103.9	102.9	101.8	101.6	102.1
饮料、烟酒	**101.1**	**100.8**	**100.6**	**100.8**	**99.8**	**99.8**	**99.4**	**99.6**
茶及饮料	104.0	101.7	102.0	102.6	99.7	99.9	97.1	98.9
烟　　草	99.7	99.7	99.7	99.7	99.7	99.7	100.2	99.9
酒　　类	101.4	101.7	101.0	101.4	100.0	99.8	99.5	99.8
服装、鞋帽	**101.6**	**100.7**	**100.6**	**101.0**	**99.4**	**99.4**	**100.7**	**99.9**
纺 织 品	**100.4**	**99.9**	**99.4**	**99.9**	**100.4**	**100.8**	**99.4**	**100.2**
家用电器及音像器材	**95.4**	**96.4**	**96.6**	**96.2**	**97.4**	**96.9**	**96.9**	**97.1**
文化办公用品	**100.8**	**101.0**	**101.6**	**101.1**	**101.9**	**100.0**	**99.7**	**100.5**
日 用 品	**101.9**	**101.9**	**100.4**	**101.4**	**100.9**	**100.4**	**100.7**	**100.7**
体育娱乐用品	**101.9**	**101.0**	**99.7**	**100.9**	**99.8**	**99.9**	**99.8**	**99.8**
体育户外用品	99.1	99.1	97.5	98.5	97.9	99.5	100.4	99.2
娱乐用品	103.5	102.2	100.9	102.2	100.9	100.1	99.4	100.2
交通、通信用品	**99.7**	**99.6**	**99.6**	**99.6**	**99.0**	**98.3**	**98.8**	**98.7**
家　　具	**100.0**	**100.0**	**100.0**	**100.0**	**99.7**	**99.7**	**99.7**	**99.7**
化 妆 品	**100.5**	**99.0**	**101.9**	**100.5**	**99.6**	**100.5**	**101.0**	**100.4**
金银饰品	**100.4**	**100.9**	**102.8**	**101.4**	**102.2**	**102.2**	**105.4**	**103.3**
中西药品及医疗保健用品	**100.9**	**100.9**	**101.7**	**101.2**	**101.8**	**101.7**	**101.8**	**101.7**
书报杂志及电子出版物	**100.4**	**98.1**	**98.8**	**99.1**	**98.5**	**99.5**	**101.0**	**99.7**
燃　　料	**95.4**	**98.1**	**102.3**	**98.5**	**101.7**	**99.6**	**97.3**	**99.5**
建筑材料及五金电料	**98.0**	**98.1**	**99.5**	**98.5**	**100.1**	**99.5**	**99.2**	**99.6**

分月指数（2019年）

（以上年同期价格为100）

上半年平均	7月	8月	9月	三季度平均	1-9月平均	10月	11月	12月	四季度平均	全年
101.0	**100.6**	**101.3**	**101.4**	**101.1**	**101.1**	**101.5**	**102.4**	**102.8**	**102.2**	**101.3**
105.6	**107.3**	**110.1**	**108.9**	**108.8**	**106.6**	**109.9**	**113.6**	**112.1**	**111.8**	**108.0**
101.1	99.9	100.4	100.7	100.3	100.9	100.3	98.6	100.6	99.8	100.6
98.2	96.9	102.6	98.5	99.3	98.6	103.0	111.8	106.7	107.0	100.5
105.9	105.3	103.6	101.6	103.5	105.1	101.1	100.5	101.2	100.9	104.0
96.2	99.7	97.9	97.7	98.5	97.0	96.7	98.5	97.4	97.5	97.1
118.7	108.3	107.1	91.8	101.8	113.1	89.2	107.1	106.2	100.1	109.6
101.4	107.3	125.6	142.4	125.3	109.4	158.7	168.0	162.9	163.2	122.8
101.8	99.7	103.0	106.8	103.1	102.2	107.7	113.4	108.7	109.9	104.1
97.5	98.3	104.1	103.8	102.1	99.1	102.4	103.0	101.2	102.2	99.8
110.8	109.9	109.2	110.3	109.8	110.5	106.7	104.1	100.3	103.7	108.6
104.2	102.8	103.7	103.1	103.2	103.9	102.9	102.7	102.0	102.5	103.4
122.1	149.1	138.7	116.8	134.7	126.3	100.4	90.2	91.1	93.8	118.2
101.5	99.7	99.3	99.4	99.5	100.8	99.5	99.6	99.4	99.5	100.5
100.8	97.5	96.9	96.9	97.1	99.6	97.7	96.5	97.8	97.3	99.0
100.3	102.1	102.9	101.7	102.2	100.9	102.4	102.2	103.6	102.7	101.4
103.0	101.7	101.6	101.4	101.6	102.5	102.4	103.7	103.4	103.2	102.7
100.2	**99.8**	**99.3**	**99.4**	**99.5**	**100.0**	**99.6**	**99.8**	**100.0**	**99.8**	**99.9**
100.7	100.6	97.8	98.0	98.8	100.1	98.2	100.4	99.9	99.5	99.9
99.8	99.9	99.9	99.9	99.9	99.8	100.2	99.7	100.5	100.1	99.9
100.6	99.3	99.3	99.3	99.3	100.2	99.6	99.6	99.5	99.6	100.0
100.4	**100.3**	**100.1**	**101.8**	**100.7**	**100.5**	**100.2**	**98.9**	**99.9**	**99.7**	**100.3**
100.0	**100.4**	**100.8**	**101.2**	**100.8**	**100.3**	**100.3**	**102.9**	**101.4**	**101.5**	**100.6**
96.6	**96.5**	**97.8**	**98.1**	**97.4**	**96.9**	**98.2**	**97.3**	**97.7**	**97.7**	**97.1**
100.8	**98.7**	**99.1**	**99.4**	**99.0**	**100.2**	**99.6**	**99.7**	**99.8**	**99.7**	**100.1**
101.0	**100.3**	**100.2**	**100.5**	**100.3**	**100.8**	**100.2**	**100.4**	**99.3**	**100.0**	**100.6**
100.3	**99.3**	**99.2**	**99.0**	**99.2**	**100.0**	**99.7**	**99.3**	**99.2**	**99.4**	**99.8**
98.9	100.1	100.2	99.9	100.1	99.3	100.1	100.1	100.1	100.1	99.5
101.2	98.9	98.6	98.6	98.7	100.3	99.4	98.9	98.7	99.0	100.0
99.2	**97.8**	**98.2**	**98.7**	**98.2**	**98.9**	**98.4**	**97.9**	**97.3**	**97.9**	**98.6**
99.9	**99.7**	**99.7**	**99.7**	**99.7**	**99.8**	**99.7**	**99.7**	**99.7**	**99.7**	**99.8**
100.4	**99.1**	**100.2**	**102.1**	**100.5**	**100.4**	**101.1**	**101.7**	**101.7**	**101.5**	**100.7**
102.3	**110.6**	**111.9**	**116.5**	**113.0**	**105.9**	**115.4**	**116.1**	**115.6**	**115.7**	**108.3**
101.5	**100.5**	**100.7**	**100.7**	**100.6**	**101.2**	**100.6**	**101.6**	**101.8**	**101.3**	**101.2**
99.4	**100.7**	**101.2**	**101.3**	**101.1**	**99.9**	**101.2**	**100.8**	**100.8**	**100.9**	**100.2**
99.0	**93.7**	**91.6**	**91.1**	**92.1**	**96.7**	**90.4**	**94.1**	**103.4**	**95.8**	**96.4**
99.1	**99.0**	**98.9**	**99.8**	**99.2**	**99.1**	**101.7**	**101.6**	**101.4**	**101.6**	**99.7**

5-8 工业生产者出厂价格指数（2019年）

（以上年价格为100）

项 目	2019	项 目	2019
工业生产者出厂价格指数	**100.10**	**按行业大类分**	
按轻重工业分		农副食品加工业	97.61
轻工业	99.75	食品制造业	99.11
以农产品为原料	98.87	酒、饮料和精制茶制造业	102.26
以非农产品为原料	101.73	烟草制品业	102.13
重工业	100.29	纺织业	99.02
采 掘		纺织服装、服饰业	99.80
原材料	100.12	皮革、毛皮、羽毛及其制品和制鞋业	103.98
加 工	100.34	木材加工和木、竹、藤、棕、草制品业	105.05
按生产生活资料分		家具制造业	99.51
生产资料	99.39	造纸和纸制品业	89.76
采 掘		印刷和记录媒介复制业	100.15
原材料	100.01	文教、工美、体育和娱乐用品制造业	101.44
加 工	99.23	化学原料和化学制品制造业	98.46
生活资料	101.68	医药制造业	102.60
食 品	103.63	橡胶和塑料制品业	96.55
衣 着	101.20	非金属矿物制品业	102.03
一般日用品	100.99	黑色金属冶炼和压延加工业	100.20
耐用消费品	97.84	有色金属冶炼和压延加工业	94.68
按工业部门分		金属制品业	100.38
冶金工业	99.64	通用设备制造业	100.52
电力工业	99.22	专用设备制造业	100.33
煤炭及炼焦工业		汽车制造业	100.13
石油工业	103.43	铁路、船舶、航空航天和其他运输设备制造业	99.67
化学工业	100.15	电气机械和器材制造业	98.78
机械工业	99.63	计算机、通信和其他电子设备制造业	98.24
建筑材料工业	103.14	仪器仪表制造业	99.99
森林工业	104.44	废弃资源综合利用业	107.31
食品工业	99.45	电力、热力生产和供应业	99.22
纺织工业	99.02	燃气生产和供应业	103.43
缝纫工业	99.80	水的生产和供应业	130.90
皮革工业	104.67		
造纸工业	89.76		
文教艺术用品工业	100.66		
其它工业	114.38		

5-9 工业生产者购进价格指数（2019年）

（以上年价格为100）

项　　目	2019	项　　目	2019
工业生产者购进价格指数	**100.91**	烟草制品业	100.00
按九大类分		纺织业	100.32
燃料、动力类	99.61	皮革、毛皮、羽毛及其制品和制鞋业	100.30
黑色金属材料类	106.50	木材加工和木、竹、藤、棕、草制品业	101.67
#钢材	99.72	造纸和纸制品业	88.80
其它	116.49	印刷和记录媒介复制业	85.43
有色金属材料及电线类	98.99	石油加工、炼焦和核燃料加工业	101.82
化工原料类	99.41	化学原料和化学制品制造业	99.46
木材及纸浆类	91.43	医药制造业	101.82
建筑材料及非金属类	106.42	橡胶和塑料制品业	99.26
其它工业原材料及半成品类	100.43	非金属矿物制品业	103.47
农副产品类	100.35	黑色金属冶炼和压延加工业	99.82
纺织原料类	100.32	有色金属冶炼和压延加工业	99.11
按工业行业分		金属制品业	97.56
农业	99.88	通用设备制造业	99.84
林业	103.16	汽车制造业	101.30
畜牧业	101.82	铁路、船舶、航空航天和其他运输设备制造业	100.00
煤炭开采和洗选业	98.19	电气机械和器材制造业	99.21
黑色金属矿采选业	117.35	计算机、通信和其他电子设备制造业	99.94
有色金属矿采选业	98.40	仪器仪表制造业	97.44
非金属矿采选业	109.10	废弃资源综合利用业	106.27
农副食品加工业	100.34	电力、热力生产和供应业	99.47
食品制造业	100.89	燃气生产和供应业	104.95
酒、饮料和精制茶制造业	99.31	水的生产和供应业	100.01

5-10 工业生产者出厂

类　别	1月	2月	3月	4月	5月
工业生产者出厂价格指数	**100.23**	**100.18**	**100.48**	**101.18**	**101.10**
按轻重工业分					
轻工业	100.84	100.14	99.66	100.00	100.38
以农产品为原料	99.91	99.21	99.23	98.85	99.26
以非农产品为原料	102.92	102.20	100.60	102.58	102.93
重工业	99.89	100.20	100.93	101.84	101.49
采　掘					
原材料	100.02	100.78	101.05	100.88	100.64
加　工	99.85	100.01	100.89	102.14	101.76
按生产生活资料分					
生产资料	99.46	99.53	100.14	100.84	100.57
采　掘					
原材料	99.88	100.69	100.96	100.79	100.54
加　工	99.35	99.23	99.92	100.85	100.58
生活资料	102.00	101.63	101.24	101.93	102.27
食　品	103.66	103.39	103.48	103.53	104.16
衣　着	100.76	100.60	100.69	101.04	100.86
一般日用品	102.82	102.14	101.82	101.77	101.73
耐用消费品	97.32	97.01	95.10	98.45	98.82
按工业部门分					
冶金工业	99.42	100.20	101.88	104.19	103.27
电力工业	99.22	99.22	99.22	99.02	99.16
煤炭及炼焦工业					
石油工业	101.58	101.58	101.58	101.58	101.58
化学工业	101.12	100.83	100.51	101.11	100.64
机械工业	99.21	99.04	99.01	100.03	100.04
建筑材料工业	100.21	102.37	105.70	110.15	109.07
森林工业	102.10	102.21	104.42	106.21	105.66
食品工业	100.85	100.35	100.55	99.64	100.01
纺织工业	100.15	99.75	99.31	98.95	99.55
缝纫工业	99.96	99.84	100.02	100.01	100.07
皮革工业	102.73	102.45	102.34	103.58	102.79
造纸工业	90.24	85.83	85.90	88.63	89.86
文教艺术用品工业	100.37	100.49	100.33	100.21	100.75
其它工业	118.77	117.48	116.26	115.32	115.65

价格分月指数（2019年）

（以上年同期价格为100）

6月	7月	8月	9月	10月	11月	12月	累计
100.44	**100.19**	**99.47**	**99.00**	**99.34**	**99.44**	**100.14**	**100.10**
100.13	99.37	99.40	99.10	99.31	99.07	99.59	99.75
99.30	98.07	98.23	98.06	98.23	98.53	99.51	98.87
101.98	102.30	102.04	101.47	101.75	100.29	99.77	101.73
100.61	100.65	99.51	98.95	99.37	99.64	100.44	100.29
100.29	99.93	99.56	100.01	99.73	99.29	99.29	100.12
100.71	100.88	99.50	98.62	99.26	99.76	100.81	100.34
99.83	99.47	98.47	97.83	98.32	98.67	99.64	99.39
100.14	99.77	99.46	99.92	99.58	99.21	99.19	100.01
99.75	99.39	98.21	97.28	97.99	98.53	99.76	99.23
101.80	101.80	101.72	101.69	101.69	101.18	101.24	101.68
103.84	103.63	103.50	103.80	103.99	102.96	103.61	103.63
101.23	101.78	101.34	101.40	101.48	101.49	101.71	101.20
100.46	100.89	100.75	100.65	100.33	99.59	99.07	100.99
98.65	98.33	98.61	97.77	97.69	98.55	97.79	97.84
100.49	101.20	97.68	95.26	95.94	96.62	100.31	99.64
99.16	98.96	98.96	99.42	99.42	99.42	99.42	99.22
101.58	102.05	106.14	106.14	106.14	105.59	105.59	103.43
99.81	99.99	99.62	99.55	99.92	99.44	99.28	100.15
99.85	99.73	99.78	99.65	99.47	99.87	99.83	99.63
104.99	104.71	98.04	95.75	101.58	103.50	103.73	103.14
105.84	105.19	104.90	104.81	104.61	103.66	103.71	104.44
99.72	98.05	98.26	98.45	98.70	99.31	99.60	99.45
100.05	99.28	99.35	97.96	97.30	96.95	99.72	99.02
99.96	100.03	99.75	99.60	99.51	99.39	99.41	99.80
104.35	106.09	105.25	105.87	106.38	106.68	107.38	104.67
90.54	88.96	89.95	89.69	91.68	91.79	94.59	89.76
100.81	100.74	100.63	100.56	100.59	101.20	101.26	100.66
115.08	116.03	115.21	115.60	115.49	106.49	106.51	114.38

类　别	1月	2月	3月	4月	5月
按工业行业分					
农副食品加工业	100.47	99.62	99.91	98.42	97.78
食品制造业	99.79	99.62	99.80	99.04	99.63
酒、饮料和精制茶制造业	104.04	103.65	103.89	103.38	102.66
烟草制品业	100.86	100.86	100.86	100.86	103.54
纺织业	100.15	99.75	99.31	98.95	99.55
纺织服装、服饰业	99.96	99.84	100.02	100.01	100.07
皮革、毛皮、羽毛及其制品和制鞋业	102.03	101.87	101.67	102.78	102.22
木材加工和木、竹、藤、棕、草制品业	102.40	102.52	105.03	107.07	106.44
家具制造业	100.00	100.00	100.00	100.00	100.00
造纸和纸制品业	90.24	85.83	85.90	88.63	89.86
印刷和记录媒介复制业	100.38	100.38	99.81	99.65	100.01
文教、工美、体育和娱乐用品制造业	100.09	100.39	101.18	101.22	101.78
化学原料和化学制品制造业	99.93	99.88	98.51	99.56	98.60
医药制造业	102.92	103.25	103.20	103.86	102.83
橡胶和塑料制品业	98.65	96.47	96.94	96.89	98.34
非金属矿物制品业	100.81	102.19	104.36	107.52	106.78
黑色金属冶炼和压延加工业	100.29	101.00	101.58	107.68	105.02
有色金属冶炼和压延加工业	92.10	92.36	95.88	94.02	96.39
金属制品业	103.65	100.84	100.66	100.10	100.38
通用设备制造业	101.16	101.04	101.24	100.55	100.19
专用设备制造业	100.49	100.25	100.47	100.82	100.69
汽车制造业	99.50	99.39	99.63	100.39	100.46
铁路、船舶、航空航天和其他运输设备制造业	95.17	96.93	98.84	101.41	102.05
电气机械和器材制造业	98.38	98.20	96.62	100.07	99.95
计算机、通信和其他电子设备制造业	97.89	97.32	98.31	97.66	97.95
仪器仪表制造业	100.00	100.00	100.00	100.00	100.00
废弃资源综合利用业	98.24	119.15	162.35	140.82	134.75
电力、热力生产和供应业	99.22	99.22	99.22	99.02	99.16
燃气生产和供应业	101.58	101.58	101.58	101.58	101.58
水的生产和供应业	134.60	134.60	134.60	134.60	134.60

表

(以上年同期价格为100)

6月	7月	8月	9月	10月	11月	12月	累计
97.76	94.99	95.38	95.67	96.34	97.47	97.56	97.61
99.59	98.02	98.18	98.96	98.87	98.89	99.01	99.11
102.13	101.65	101.44	100.97	100.25	100.48	102.77	102.26
102.65	102.65	102.65	102.65	102.65	102.65	102.65	102.13
100.05	99.28	99.35	97.96	97.30	96.95	99.72	99.02
99.96	100.03	99.75	99.60	99.51	99.39	99.41	99.80
103.65	105.54	104.73	105.34	105.56	105.79	106.48	103.98
106.64	105.89	105.56	105.46	105.23	104.14	104.21	105.05
100.00	100.00	100.00	100.00	100.00	100.00	94.13	99.51
90.54	88.96	89.95	89.69	91.68	91.79	94.59	89.76
100.14	100.14	100.01	99.92	99.99	100.71	100.71	100.15
101.64	101.47	101.47	102.07	101.98	101.93	102.07	101.44
98.66	98.22	97.59	98.30	98.01	97.31	97.00	98.46
102.37	102.93	102.04	102.03	102.07	101.90	101.87	102.60
95.15	95.31	96.45	95.11	97.28	96.22	95.88	96.55
103.23	103.33	97.41	95.55	100.38	101.98	102.19	102.03
102.56	103.37	97.61	92.82	94.32	95.97	102.29	100.20
92.42	93.40	93.81	95.69	96.24	96.52	97.77	94.68
100.12	100.51	100.42	99.83	99.63	99.05	99.44	100.38
100.29	100.13	99.97	100.20	100.27	101.10	100.12	100.52
100.62	99.90	99.88	99.79	99.70	100.47	100.89	100.33
100.48	100.22	100.28	100.28	100.11	100.22	100.60	100.13
102.74	103.37	100.08	99.76	96.55	98.43	101.01	99.67
98.73	99.42	99.42	98.50	98.47	98.93	98.67	98.78
98.32	97.76	98.44	98.98	98.73	99.26	98.33	98.24
100.00	100.00	100.00	100.00	100.00	100.00	99.86	99.99
120.37	117.47	95.32	98.49	92.34	91.53	89.08	107.31
99.16	98.96	98.96	99.42	99.42	99.42	99.42	99.22
101.58	102.05	106.14	106.14	106.14	105.59	105.59	103.43
134.60	134.60	134.60	134.60	134.60	115.10	115.10	130.90

5-11 工业生产者购进

类　别	1月	2月	3月	4月	5月
工业生产者购进价格指数	**100.13**	**100.37**	**100.22**	**100.63**	**101.33**
按九大类分					
燃料、动力类	100.28	99.97	99.44	99.79	99.98
黑色金属材料类	99.11	101.77	101.71	104.60	109.35
钢材	102.02	102.02	100.57	99.95	100.39
其它	94.59	100.79	102.60	111.57	124.11
有色金属材料及电线类	95.49	96.64	97.44	97.77	96.89
化工原料类	100.19	99.84	99.90	100.15	99.67
木材及纸浆类	98.46	97.01	95.00	92.96	92.11
建筑材料及非金属类	106.49	106.15	106.66	107.13	107.98
其它工业原材料及半成品类	100.34	100.16	100.33	100.20	100.25
农副产品类	99.35	99.78	99.07	98.75	99.42
纺织原料类	100.64	100.57	100.81	100.74	100.65
按工业行业分					
农业	100.06	100.08	99.15	98.23	98.68
林业	98.41	99.54	101.48	103.71	105.51
畜牧业	101.67	102.44	99.31	100.03	99.82
煤炭开采和洗选业	100.18	99.26	97.77	97.94	99.01
黑色金属矿采选业	93.97	100.50	102.51	112.06	125.53
有色金属矿采选业	91.50	94.09	91.60	90.40	88.16
非金属矿采选业	105.45	105.32	106.22	107.20	109.19
农副食品加工业	100.24	100.09	99.33	98.54	98.66
食品制造业	101.73	102.24	99.77	100.10	99.79
酒、饮料和精制茶制造业	102.97	98.52	99.67	100.55	100.57
烟草制品业	100.00	100.00	100.00	100.00	100.00
纺织业	100.64	100.57	100.81	100.74	100.65
皮革、毛皮、羽毛及其制品和制鞋业	102.22	102.34	103.63	98.42	99.68
木材加工和木、竹、藤、棕、草制品业	103.26	103.26	102.53	101.45	101.45
造纸和纸制品业	96.22	94.81	92.58	89.92	89.15
印刷和记录媒介复制业	95.59	95.59	91.18	86.76	84.67
石油加工、炼焦和核燃料加工业	105.22	103.77	104.65	104.90	105.17
化学原料和化学制品制造业	99.67	99.44	99.39	100.11	99.55
医药制造业	101.91	101.55	102.42	103.30	103.43
橡胶和塑料制品业	101.92	101.14	101.62	100.29	100.10
非金属矿物制品业	107.47	106.85	106.87	106.75	106.41
黑色金属冶炼和压延加工业	101.98	101.98	100.60	100.06	100.46
有色金属冶炼和压延加工业	96.20	97.08	98.49	99.10	98.44
金属制品业	98.26	98.45	97.47	96.22	97.36
通用设备制造业	99.90	99.88	99.88	99.89	99.89
汽车制造业	99.50	99.94	101.43	101.68	101.68
铁路、船舶、航空航天和其他运输设备制造业	100.00	100.00	100.00	100.00	100.00
电气机械和器材制造业	99.66	99.23	99.01	98.88	98.96
计算机、通信和其他电子设备制造业	99.55	99.83	100.12	100.16	100.32
仪器仪表制造业	102.05	99.75	99.75	100.38	99.75
废弃资源综合利用业	116.01	111.34	111.10	107.47	103.03
电力、热力生产和供应业	99.38	99.47	99.17	99.64	99.43
燃气生产和供应业	102.56	102.56	101.90	101.90	101.93
水的生产和供应业	100.00	100.00	100.00	100.00	100.00

价格分月指数（2019年）

（以上年同期价格为100）

6月	7月	8月	9月	10月	11月	12月	累计
101.65	**102.29**	**101.45**	**100.48**	**100.50**	**100.82**	**101.12**	**100.91**
99.49	99.16	99.15	99.67	99.14	99.65	99.57	99.61
111.44	116.17	110.67	104.05	105.88	106.45	107.86	106.50
99.45	99.47	98.95	98.41	98.17	98.27	99.17	99.72
131.31	143.90	128.82	112.46	117.36	118.65	120.67	116.49
96.72	99.43	100.26	102.18	101.93	101.20	102.26	98.99
99.91	99.89	99.44	99.07	98.80	98.35	97.69	99.41
89.96	89.26	86.66	86.53	87.65	89.92	92.07	91.43
108.17	108.09	107.14	105.21	103.18	105.02	106.15	106.42
100.45	100.42	100.63	100.61	100.50	100.57	100.70	100.43
100.93	101.21	101.46	100.96	100.87	101.23	101.14	100.35
100.46	100.44	100.27	99.99	99.77	99.68	99.88	100.32
99.57	100.21	100.75	100.30	100.16	100.56	100.84	99.88
107.72	104.92	104.88	102.97	102.66	102.62	103.54	103.16
102.28	104.01	102.02	102.81	103.20	103.94	100.12	101.82
97.73	95.87	96.39	97.92	98.27	98.67	99.26	98.19
133.28	146.77	130.57	113.16	118.42	119.85	121.99	117.35
94.22	99.48	101.48	104.39	109.85	108.08	110.02	98.40
111.75	113.17	113.21	111.04	107.51	108.67	110.52	109.10
100.04	99.38	100.15	101.55	101.21	101.91	102.90	100.34
101.30	102.27	100.70	100.85	101.08	101.64	99.22	100.89
99.88	99.96	103.14	96.61	96.65	96.64	96.69	99.31
100.00	100.00	100.00	100.00	100.00	100.00	100.00	100.00
100.46	100.44	100.27	99.99	99.77	99.68	99.88	100.32
99.26	98.95	99.32	101.02	100.82	98.99	99.06	100.30
101.45	100.55	100.57	100.96	101.77	101.44	101.44	101.67
86.80	86.20	83.45	83.73	85.02	87.70	90.26	88.80
84.67	84.67	81.75	78.83	78.83	82.32	80.18	85.43
102.69	101.82	101.63	101.18	96.95	97.29	97.64	101.82
100.13	100.01	99.37	99.11	99.27	99.10	98.37	99.46
102.23	102.33	102.08	101.97	100.63	99.42	100.79	101.82
99.24	99.54	99.70	98.97	97.33	96.02	95.58	99.26
104.20	102.70	100.82	99.10	98.55	101.18	101.77	103.47
99.57	99.59	99.09	98.59	98.35	98.41	99.23	99.82
97.18	99.46	100.08	101.82	100.63	100.08	101.00	99.11
98.05	96.67	97.44	97.67	97.96	97.57	97.64	97.56
99.88	99.88	99.77	99.77	99.77	99.77	99.77	99.84
101.52	101.82	101.49	101.49	101.64	101.71	101.71	101.30
100.00	100.00	100.00	100.00	100.00	100.00	100.00	100.00
99.04	98.75	99.41	99.52	99.38	99.39	99.28	99.21
100.19	100.06	99.86	99.69	99.98	99.94	99.56	99.94
97.06	97.06	97.30	95.95	93.39	92.08	95.15	97.44
100.10	104.60	105.99	106.56	106.56	104.01	100.66	106.27
99.55	99.81	99.32	99.45	99.12	99.77	99.54	99.47
101.93	104.28	107.83	109.82	109.44	109.42	105.91	104.95
100.00	100.00	100.24	99.96	99.96	99.96	99.96	100.01

5-12 工业生产者出厂

项　　目	1月	2月	3月	4月	5月
工业生产者出厂价格指数	**99.53**	**99.52**	**99.92**	**100.46**	**100.33**
按轻重工业分					
轻工业	100.09	99.48	99.56	100.48	100.23
以农产品为原料	99.46	99.29	100.08	99.95	100.39
以非农产品为原料	101.48	99.91	98.45	101.65	99.88
重工业	99.21	99.54	100.12	100.44	100.39
采　掘					
原材料	99.47	99.55	100.17	100.01	100.36
加　工	99.13	99.53	100.10	100.58	100.39
按生产生活资料分					
生产资料	99.14	99.35	100.09	100.36	100.34
采　掘					
原材料	99.44	99.53	100.17	100.02	100.39
加　工	99.06	99.31	100.07	100.46	100.32
生活资料	100.39	99.88	99.54	100.66	100.31
食　品	101.42	99.82	100.04	100.22	100.84
衣　着	99.93	99.77	100.52	100.15	100.07
一般日用品	99.25	100.22	99.89	100.16	99.49
耐用消费品	99.49	99.65	97.26	102.80	100.12
按工业部门分					
冶金工业	97.82	99.32	101.27	101.01	102.03
电力工业	100.00	100.00	100.00	99.80	100.00
煤炭及炼焦工业					
石油工业	101.52	100.00	100.00	100.00	100.00
化学工业	99.48	100.03	99.72	100.56	99.38
机械工业	99.70	99.87	99.65	100.88	100.04
建筑材料工业	96.43	95.39	96.99	100.84	101.00
森林工业	99.74	99.75	101.96	101.81	100.07
食品工业	99.65	99.59	100.02	99.58	100.42
纺织工业	99.43	99.82	99.63	99.81	100.30
缝纫工业	99.91	99.81	100.11	99.85	100.11
皮革工业	99.98	99.69	101.52	100.90	99.98
造纸工业	97.21	94.08	101.34	103.47	101.06
文教艺术用品工业	100.15	100.04	100.19	99.95	100.55
其它工业	108.13	100.00	99.27	99.89	99.93

价格分月指数（2019年）

（以上月价格为100）

6月	7月	8月	9月	10月	11月	12月
99.76	**99.72**	**99.73**	**99.99**	**100.52**	**100.39**	**100.29**
99.89	99.11	99.87	99.87	100.25	100.46	100.29
100.03	98.76	100.05	100.09	100.24	100.51	100.67
99.60	99.88	99.49	99.38	100.28	100.35	99.47
99.69	100.06	99.65	100.05	100.66	100.35	100.29
100.00	99.58	99.89	100.32	99.94	100.01	100.00
99.59	100.21	99.58	99.97	100.90	100.45	100.38
99.66	99.60	99.59	100.08	100.67	100.42	100.35
99.99	99.53	99.87	100.32	99.93	100.02	99.98
99.57	99.62	99.52	100.02	100.87	100.52	100.44
99.99	99.97	100.04	99.79	100.18	100.32	100.17
100.01	99.87	100.12	100.18	100.18	100.28	100.58
100.36	100.18	100.03	100.12	100.12	100.17	100.26
100.17	100.20	99.79	99.93	100.06	100.02	99.91
99.51	99.83	100.13	98.39	100.37	100.92	99.38
98.05	100.49	98.71	99.57	101.35	100.44	100.35
100.00	99.63	100.00	100.00	100.00	100.00	100.00
100.00	100.00	104.01	100.00	100.00	100.00	100.00
100.00	100.21	99.84	100.02	100.12	99.80	100.10
99.83	99.95	100.01	99.77	100.05	100.20	99.89
100.94	100.22	97.46	101.92	106.72	103.97	102.41
100.60	99.84	99.91	100.10	99.90	100.00	100.00
100.07	98.39	100.15	100.33	100.34	100.82	100.27
99.91	99.33	99.81	99.50	99.82	100.00	102.40
100.01	100.14	99.87	99.88	99.92	99.88	99.90
101.18	100.28	100.41	100.67	100.59	100.87	101.08
99.31	97.67	99.98	99.71	100.93	100.00	100.00
100.13	100.00	99.89	99.90	100.11	100.27	100.08
100.00	99.77	99.31	100.32	100.00	100.00	100.00

项　　目	1月	2月	3月	4月	5月
按工业行业分					
农副食品加工业	99.39	99.22	100.02	99.07	99.17
食品制造业	99.91	99.78	99.99	100.04	100.58
酒、饮料和精制茶制造业	99.77	100.19	100.06	100.46	100.59
烟草制品业	100.00	100.00	100.00	100.00	102.65
纺织业	99.43	99.82	99.63	99.81	100.30
纺织服装、服饰业	99.91	99.81	100.11	99.85	100.11
皮革、毛皮、羽毛及其制品和制鞋业	99.74	99.72	101.39	100.82	99.98
木材加工和木、竹、藤、棕、草制品业	99.71	99.71	102.22	102.05	100.08
家具制造业	100.00	100.00	100.00	100.00	100.00
造纸和纸制品业	97.21	94.08	101.34	103.47	101.06
印刷和记录媒介复制业	100.08	100.00	99.82	99.90	100.35
文教、工美、体育和娱乐用品制造业	100.18	100.09	100.84	100.08	100.56
化学原料和化学制品制造业	100.03	99.86	98.84	100.98	98.88
医药制造业	99.80	100.31	99.97	100.57	99.26
橡胶和塑料制品业	97.74	99.57	100.36	100.04	100.34
非金属矿物制品业	97.01	96.16	97.08	100.63	100.78
黑色金属冶炼和压延加工业	98.05	99.49	100.74	102.12	102.75
有色金属冶炼和压延加工业	98.52	100.76	102.63	99.48	100.05
金属制品业	99.76	99.88	99.71	99.98	99.93
通用设备制造业	99.90	100.28	99.92	99.83	100.11
专用设备制造业	99.94	99.84	100.05	100.28	99.92
汽车制造业	99.73	99.89	100.15	100.62	100.11
铁路、船舶、航空航天和其他运输设备制造业	100.00	100.00	101.35	101.33	100.00
电气机械和器材制造业	99.71	99.90	98.10	102.74	99.98
计算机、通信和其他电子设备制造业	99.21	99.49	99.77	99.91	99.94
仪器仪表制造业	100.00	100.00	100.00	100.00	100.00
废弃资源综合利用业	70.17	67.07	123.21	100.00	137.68
电力、热力生产和供应业	100.00	100.00	100.00	99.80	100.00
燃气生产和供应业	101.52	100.00	100.00	100.00	100.00
水的生产和供应业	115.10	100.00	100.00	100.00	100.00

表

(以上月价格为100)

6月	7月	8月	9月	10月	11月	12月
100.12	97.13	100.31	100.71	100.83	101.57	100.06
100.02	98.59	100.02	100.11	99.89	100.06	100.03
100.04	100.00	99.93	99.71	99.45	100.24	102.33
100.00	100.00	100.00	100.00	100.00	100.00	100.00
99.91	99.33	99.81	99.50	99.82	100.00	102.40
100.01	100.14	99.87	99.88	99.92	99.88	99.90
101.08	100.25	100.38	100.61	100.54	100.80	100.99
100.68	99.82	99.89	100.11	99.89	100.00	100.00
100.00	100.00	100.00	100.00	100.00	100.00	94.13
99.31	97.67	99.98	99.71	100.93	100.00	100.00
100.15	100.00	99.87	100.00	100.13	100.31	100.09
100.00	100.00	100.00	100.32	99.99	100.00	100.00
100.00	99.73	99.26	100.62	99.90	99.14	99.77
100.48	100.55	99.97	99.99	100.27	100.22	100.48
98.77	100.12	100.32	99.23	100.10	99.64	99.60
100.78	100.05	97.49	101.66	105.59	103.34	102.04
97.93	101.47	97.92	99.17	102.06	100.40	100.32
96.67	98.28	100.32	99.43	100.71	100.48	100.55
99.78	100.53	100.04	99.70	100.08	99.65	100.40
100.08	99.89	100.00	100.25	100.14	99.95	99.78
99.99	99.81	100.16	99.99	100.01	100.46	100.47
100.02	99.99	100.06	100.02	100.01	100.00	100.00
101.31	99.35	98.04	99.68	98.00	100.68	101.34
99.14	100.11	99.72	99.11	100.09	100.33	99.80
99.81	99.75	100.50	99.54	100.39	100.58	99.43
100.00	100.00	100.00	100.00	100.00	100.00	99.86
102.63	100.00	88.72	112.72	102.05	108.54	98.15
100.00	99.63	100.00	100.00	100.00	100.00	100.00
100.00	100.00	104.01	100.00	100.00	100.00	100.00
100.00	100.00	100.00	100.00	100.00	100.00	100.00

5-13　工业生产者购进

项　　目	1月	2月	3月	4月	5月
工业生产者购进价格指数	**99.90**	**100.20**	**99.96**	**99.72**	**100.32**
按九大类分					
燃料、动力类	99.64	99.68	99.59	100.32	99.99
黑色金属材料类	100.98	102.69	100.40	98.78	102.35
钢材	99.99	99.98	99.05	99.53	100.69
其它	102.42	106.60	102.23	97.80	104.57
有色金属材料及电线类	99.71	99.84	100.53	100.17	99.26
化工原料类	99.64	99.67	99.77	99.80	99.66
木材及纸浆类	97.99	99.61	99.01	97.94	99.34
建筑材料及非金属类	99.95	98.50	99.52	100.07	101.04
其它工业原材料及半成品类	99.86	99.83	100.27	99.74	100.08
农副产品类	99.80	100.34	99.71	99.65	99.73
纺织原料类	100.05	100.00	100.16	100.04	100.03
按工业行业分					
农业	100.36	99.99	99.83	98.98	99.66
林业	97.80	101.75	100.91	102.01	99.85
畜牧业	99.51	100.27	96.93	101.14	100.06
煤炭开采和洗选业	99.21	98.85	99.10	99.81	100.22
黑色金属矿采选业	102.63	107.05	102.40	97.66	104.79
有色金属矿采选业	99.05	99.97	99.86	99.26	97.04
非金属矿采选业	99.98	99.87	100.95	100.93	101.81
农副食品加工业	99.66	99.75	99.49	99.22	100.11
食品制造业	99.81	100.09	97.74	100.86	99.77
酒、饮料和精制茶制造业	99.99	98.10	102.18	100.01	100.00
烟草制品业	100.00	100.00	100.00	100.00	100.00
纺织业	100.05	100.00	100.16	100.04	100.03
皮革、毛皮、羽毛及其制品和制鞋业	100.35	100.12	101.74	95.65	100.02
木材加工和木、竹、藤、棕、草制品业	100.00	100.00	99.68	99.68	100.00
造纸和纸制品业	97.51	99.47	99.00	97.29	99.23
印刷和记录媒介复制业	99.09	100.00	95.38	95.16	98.31
石油加工、炼焦和核燃料加工业	98.82	99.32	99.74	100.14	100.54
化学原料和化学制品制造业	99.84	99.81	99.75	99.90	99.78
医药制造业	99.55	99.78	100.86	99.81	100.09
橡胶和塑料制品业	99.04	99.20	99.83	99.47	99.29
非金属矿物制品业	99.92	97.12	98.04	99.16	100.19
黑色金属冶炼和压延加工业	99.96	99.95	99.12	99.59	100.64
有色金属冶炼和压延加工业	99.81	99.81	100.64	100.31	99.61
金属制品业	99.93	99.33	98.77	99.14	100.51
通用设备制造业	99.88	100.00	100.00	100.00	100.00
汽车制造业	99.96	100.00	101.50	99.91	100.23
铁路、船舶、航空航天和其他运输设备制造业	100.00	100.00	100.00	100.00	100.00
电气机械和器材制造业	99.88	99.94	99.56	99.85	100.01
计算机、通信和其他电子设备制造业	99.74	100.09	100.04	99.92	100.00
仪器仪表制造业	100.00	100.00	100.00	100.00	100.00
废弃资源综合利用业	100.00	98.30	102.48	99.27	99.41
电力、热力生产和供应业	99.96	100.08	99.80	100.58	99.70
燃气生产和供应业	99.54	100.00	99.36	100.00	101.42
水的生产和供应业	100.00	100.00	100.00	100.00	100.00

价格分月指数（2019年）

（以上月价格为100）

6月	7月	8月	9月	10月	11月	12月
100.58	**100.62**	**99.61**	**99.32**	**100.36**	**100.39**	**100.14**
99.80	99.86	99.93	100.44	99.99	100.48	99.85
102.26	104.00	97.79	95.30	101.85	100.64	100.88
99.78	100.07	100.05	99.76	99.87	100.23	100.20
105.43	108.76	95.27	90.07	104.41	101.15	101.72
100.20	101.16	99.99	101.39	100.54	99.32	100.16
100.53	100.02	99.71	99.91	100.00	99.69	99.27
98.23	99.20	97.81	99.62	100.07	101.62	101.42
101.10	100.81	99.54	100.05	101.02	102.40	102.06
100.36	99.96	100.32	99.98	100.11	100.23	99.97
101.63	99.98	100.27	99.57	100.29	100.32	99.87
99.96	100.08	99.89	99.87	99.72	100.02	100.06
100.45	100.23	100.61	99.93	100.06	100.45	100.30
104.17	99.02	98.66	97.57	101.09	99.71	101.14
104.48	100.05	100.79	100.77	100.38	100.43	95.56
99.59	99.12	100.09	101.02	101.05	101.18	100.03
105.71	109.19	95.05	89.58	104.65	101.20	101.79
106.01	104.46	99.57	101.28	105.23	98.12	100.19
102.35	101.32	100.00	100.14	100.13	101.07	101.52
101.23	99.73	100.60	101.32	100.22	100.96	100.60
102.93	100.03	100.32	100.30	100.29	100.30	96.90
99.31	100.00	103.63	93.67	100.00	100.00	100.06
100.00	100.00	100.00	100.00	100.00	100.00	100.00
99.96	100.08	99.89	99.87	99.72	100.02	100.06
100.00	100.24	100.00	100.66	100.10	100.04	100.26
100.00	100.00	100.67	100.60	100.81	100.00	100.00
97.73	98.97	97.28	99.64	100.01	102.12	101.69
100.00	100.00	96.55	96.43	100.00	100.00	97.41
99.03	100.16	100.27	100.50	99.16	100.60	99.35
100.54	99.83	99.90	99.89	100.15	99.61	99.36
99.79	100.22	99.88	100.39	100.17	99.93	100.32
100.49	100.62	99.11	99.99	99.52	99.94	98.99
99.72	100.24	99.02	99.94	102.04	103.91	102.65
99.81	100.07	100.04	99.78	99.88	100.20	100.20
99.31	100.62	100.06	101.41	99.74	99.53	100.15
100.50	99.07	100.38	99.88	99.99	99.78	100.35
100.00	100.00	99.88	100.00	100.00	100.00	100.00
100.00	100.00	99.89	100.00	100.15	100.07	100.00
100.00	100.00	100.00	100.00	100.00	100.00	100.00
100.08	99.98	100.04	100.14	99.95	100.05	99.78
99.83	99.93	100.00	100.03	100.04	100.05	99.87
97.30	100.00	100.00	98.61	100.00	98.59	100.57
100.00	102.52	100.00	100.00	100.00	98.77	100.00
99.98	100.07	99.57	100.08	99.67	100.20	99.85
100.00	100.62	103.26	101.84	100.00	100.00	99.79
100.00	100.00	100.24	99.71	100.00	100.00	100.00

主要统计指标解释

居民消费价格指数（Consumer Price Index，简称 CPI） 是反映居民购买并用于消费的一组代表性商品和服务项目价格水平的变化趋势和变动幅度的统计指标。调查内容既有城乡居民日常生活需要的各类消费品，也包括多种与人民生活密切相关的服务项目，如水、电、交通、教育、医疗等费用。该价格指数为分析和制定货币政策、价格政策、居民消费政策、工资政策以及进行国民经济核算提供科学依据。国际上通常将居民消费价格指数作为反映通货膨胀（或通货紧缩）程度的重要指标。

商品零售价格指数 是反映城市商品零售价格变动趋势的一种经济指数。零售物价的调整变动直接影响到城市居民的生活支出和国家的财政收入，影响居民购买力和市场供需平衡，影响消费与积累的比例。因此，计算零售价格指数，可以从一个侧面对上述经营活动进行观察和分析。

工业生产者出厂价格指数 是反映全部工业产品出厂价格总水平的变化趋势和变动幅度的统计指标。其中包括工业企业销给商业、外贸、物资部门的产品，还包括销给工业和其他部门的生产资料，以及直接销给居民的生活消费品。其目的在于准确地反映工业产品价格的变动趋势及程度，为国民经济核算、计算工业发展速度、宏观经济分析和调控、理顺价格体系等提供科学、准确的依据。

工业生产者购进价格指数 是反映全部原材料、燃料、动力价格变动趋势和变动幅度的统计指标。其调查内容包括：燃料动力类、黑色金属材料类、有色金属材料及电线类、化工原料类、木材及纸浆类、建筑材料及非金属类、其它工业原材料及半成品类、农副产品类、纺织原料类。其目的在于准确反映中间投入的原材料、燃料、动力价格的变动趋势及程度，为国民经济核算、分析等提供科学、准确的依据。

六、固定资产投资

INVESTMENT IN FIXED ASSETS

本篇内容包括:

1. 全社会固定资产投资构成及增速
2. 各行业固定资产投资构成及增速
3. 固定资产投资资金来源增速
4. 各县区固定资产投资增速

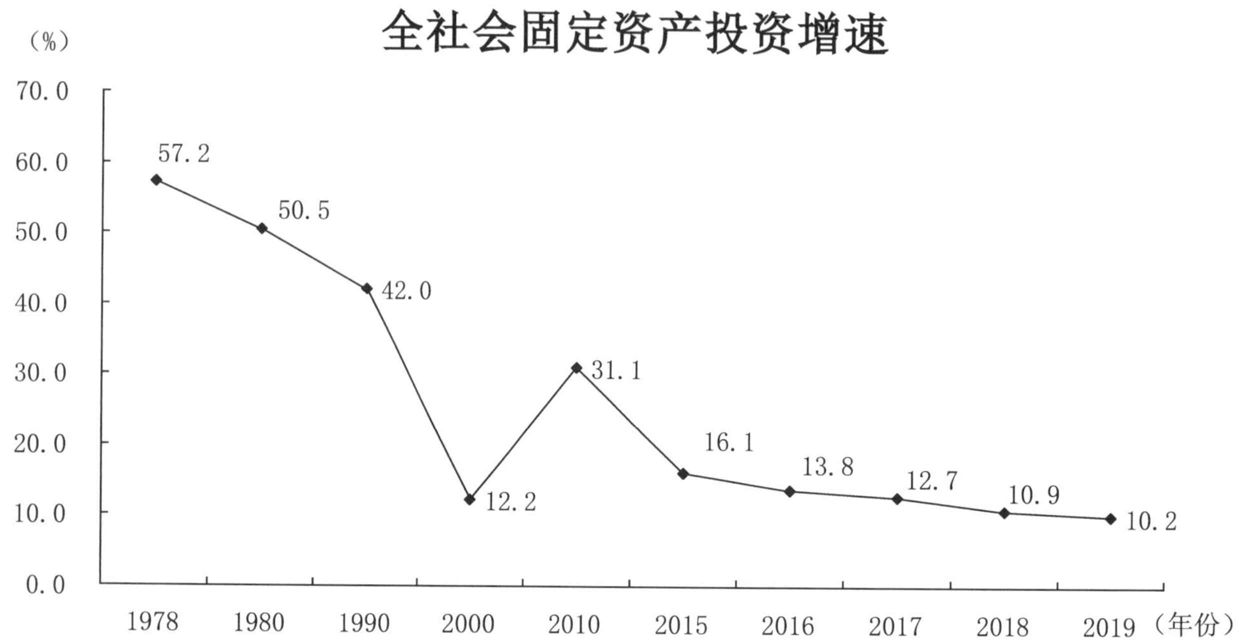
全社会固定资产投资增速
（%）
70.0
60.0
50.0
40.0
30.0
20.0
10.0
0.0
57.2
50.5
42.0
12.2
31.1
16.1
13.8
12.7
10.9
10.2
1978
1980
1990
2000
2010
2015
2016
2017
2018
2019
（年份）

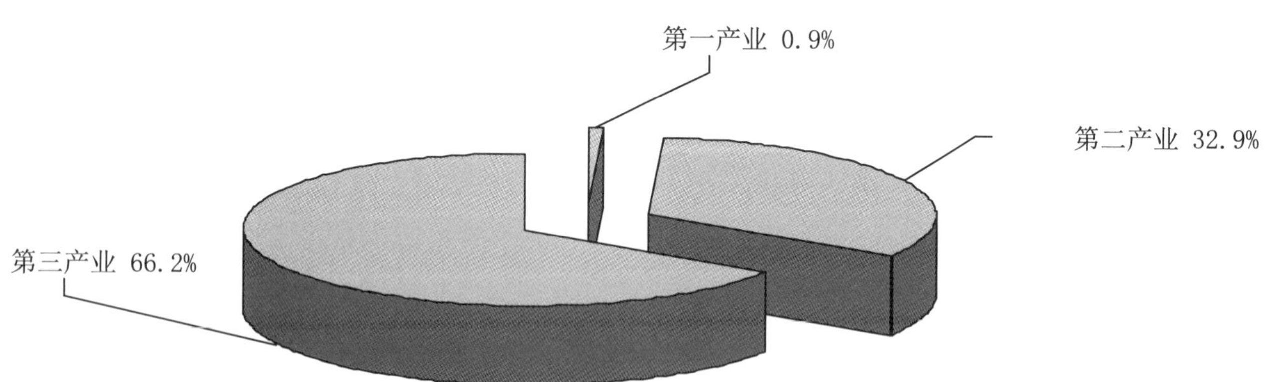
2019年三次产业投资比重
第一产业 0.9%
第二产业 32.9%
第三产业 66.2%

6-1 全社会固定资产投资构成及增速（2019年）

项　　目	构成(%) (以投资总量为100)	比上年增长%
总　　计	**100.0**	**10.2**
500万元以上	98.7	10.2
国　　有	22.9	4.6
非公有制	75.4	11.8
房地产开发投资	25.3	2.5
农村农户投资	1.3	6.4

6-2 各行业固定资产投资构成及增速（2019年）

行　　业	构成(%) （以投资总量为100）	比上年增长%
总　计	**100.0**	**10.2**
农、林、牧、渔业	0.9	-6.9
工　业	32.8	15.7
采矿业	0.1	-6.2
制造业	31.7	16.0
#农副食品加工业	1.5	14.0
食品制造业	1.2	99.9
酒、饮料和精制茶制造业	0.3	76.8
烟草制品业	0.0	
纺织业	0.6	25.6
纺织服装和服饰业	2.5	19.5
皮革、毛皮、羽毛及其制品业	0.4	146.2
木材加工及木、竹、藤、棕、草制	0.2	15.7
家具制造业	0.5	46.6
造纸及纸制品业	0.3	47.6
印刷业和记录媒介的复制	0.4	64.1
文教、美工、体育和娱乐用品制造业	0.3	42.5
石油加工、炼焦加工业	0.0	45.1
化学原料及化学制品制造业	0.9	67.1
医药制造业	1.2	4.1
化学纤维制造业	0.1	4.0
橡胶和塑料制品业	0.9	126.6
非金属矿制品业	1.9	79.7
黑色金属冶炼和压延加工业	0.1	-29.4
有色金属冶炼和压延加工业	0.5	69.9
金属制品业	2.0	44.6
通用设备制造业	1.9	96.2
专用设备制造业	3.0	52.2
汽车制造业	2.3	-16.8
铁路、船舶、航空航天和其他运输设备制造业	0.4	31.3
电气机械及器材制造业	2.6	-9.3
计算机、通信和其他电子设备制造业	4.8	-29.6

6-2 续表

行　　业	构成(%) (以投资总量为100)	比上年增长%
仪器仪表制造业	0.4	-1.6
其他制造业	0.3	158.7
废弃资源综合利用业	0.2	1469.4
金属制品、机械和设备修理业	0.1	218.6
电力、燃气及水的生产和供应业	1.0	8.0
电力、热力的生产和供应业	0.6	9.2
燃气生产和供应业	0.2	12.6
水的生产和供应业	0.2	2.3
建 筑 业	0.2	-72.4
批发和零售业	5.9	77.5
交通运输、仓储和邮政业	3.6	24.3
铁路运输业	0.1	29.9
道路运输业	2.6	17.1
仓储业	0.4	-14.1
邮政业	0.0	-19.4
住宿和餐饮业	0.9	19.7
信息传输、软件和信息技术服务业	1.7	54.4
金融业	0.5	-1.9
房地产业	29.8	5.2
租赁和商务服务业	4.3	-0.1
科学研究和技术服务业	1.3	19.9
水利、环境和公共设施管理业	13.1	-8.3
水利管理业	0.2	19.9
生态保护和环境治理业	0.2	-44.7
公共设施管理业	12.7	-7.2
居民服务和其他服务业	0.6	90.0
教育	1.5	41.1
卫生和社会工作	1.0	26.2
#卫生	1.0	25.5
文化、体育和娱乐业	1.1	-11.5
公共管理和社会组织	0.8	-5.5

6-3 按行业和登记注册类型分

行 业	合 计	内 资			
			国有	集体	股份合作
总 计	**10.2**	**11.6**	**34.6**	**85.0**	**94.9**
农、林、牧、渔业	**-6.9**	**4.1**	**35.5**		
农 业	-28.1	-28.1	-57.5		
林 业	-100.0	-100.0			
畜牧业	-27.4	-27.4			
渔 业	40.2	40.2			
农、林、牧、渔服务业	77.9	247.7	255.8		
采矿业	**-6.2**	**-6.2**			
煤炭开采和洗选业					
黑色金属矿采选业					
有色金属矿采选业	-100.0	-100.0			
非金属矿采选业					
开采辅助活动					
制造业	**16.0**	**17.6**	**-4.9**	**-14.7**	
农副食品加工业	14.0	20.8	-22.0	-100.0	
食品制造业	99.9	90.2	126.3		
酒、饮料和精制茶制造业	76.8	61.0			
烟草制品业					
纺织业	25.6	25.6			
纺织服装、服饰业	19.5	19.5	23.0		
皮革、毛皮、羽毛及其制品和制鞋业	146.2	173.0			
木材加工及木、竹、藤、棕、草制品业	15.7	15.7	-50.5		
家具制造业	46.6	46.6			
造纸及纸制品业	47.6	40.5			
印刷和记录媒介复制业	64.1	64.1			
文教、美工、体育和娱乐用品制	42.5	42.5			
石油加工、炼焦加工业	45.1	45.1			
化学原料及化学制品制造业	67.1	67.1			
医药制造业	4.1	3.8	913.9		
化学纤维制造业	4.0	46.2			
橡胶和塑料制品业	126.6	124.1			
非金属矿物制品业	79.7	91.1			
黑色金属冶炼及压延加工业	-29.4	-29.4			
有色金属冶炼及压延加工业	69.9	69.9	13.2		
金属制品业	44.6	51.6			
通用设备制造业	96.2	108.7			
专用设备制造业	52.2	58.0	3.8		
汽车制造业	-16.8	-16.1	60.0		
铁路、船舶、航空航天和其他运	31.3	27.4	53.4		
电气机械和器材制造业	-9.3	-12.6	144.1	315.8	
计算机、通信和其他电子设备制	-29.6	-28.8	-91.0		
仪器仪表及制造业	-1.6	-1.6			
其他制造业	158.7	158.7			
废弃资源综合利用业	1469.4	1469.4			
金属制品、机械和设备修理业	218.6	218.6			
电力、热力、燃气及水生产和供应业	**8.0**	**10.0**	**6.2**	**741.2**	
电力、热力的生产和供应业	9.2	9.2	-24.1	741.2	
燃气生产和供应业	12.6	83.6			
水的生产和供应业	2.3	5.2	60.1		
建筑业	**-72.4**	**-72.4**	**-100.0**		
房屋建筑业	-99.4	-99.4			
土木工程建筑业	-81.3	-81.3	-100.0		
建筑安装业	-71.9	-71.9			
建筑装饰业和其他建筑业	-43.0	-43.0			

固定资产投资增速（2019年）

单位：%

联 营	有限责任公司	股份有限公司	私营	其 他	港澳台商投资	外商投资	个体经营
853.3	**-5.2**	**-2.3**	**41.5**	**62.8**	**-18.4**	**-43.6**	
-100.0	**-23.7**	**-5.1**	**35.1**	**-52.7**	**-100.0**		
	-42.8	27.1	14.3	-52.7			
			-100.0				
-100.0	207.6		-28.8				
			40.2				
		-57.7	275.9		-100.0		
		-100.0					
		-100.0					
	5.8	**-51.6**	**72.4**	**-5.7**	**-52.2**	**14.7**	
	3.1	-2.3	42.4	73.7	848.8	-92.2	
	91.8	24.6	285.3	-65.1			
	-22.5	-19.6	593.3	96.0	-56.0	1771.6	
	8.5		27.7				
	12.0		44.4	159.6			
	127.1		227.8		-100.0	1.5	
	28.2		22.5	21.2			
	13.3		162.0	-100.0			
	-5.4		350.6		170.7		
	17.1		1663.7	-100.0			
	51.8		57.2	-59.4			
	116.8		-16.7				
	21.9	-56.3	136.0	334.5			
	-33.3	-6.6	299.2	77.8		75.8	
	-42.4				-100.0		
	53.4		189.3				
	57.8	-82.0	146.0	1821.1	-100.0		
	-73.5	-33.9					
	3261.7		12.9	530.4			
	92.6		21.4	517.9	-85.1	-2.2	
	115.5	-93.5	47.7	2313.0	-81.7	221.5	
	15.2	-63.4	125.5	18118.0	-93.7	-10.3	
	-19.3	-72.2	-14.2	281.3	-100.0	-31.9	
	33.8		-20.8				
	-13.2	-100.0	-5.9	315.5	-58.0	275.4	
	-17.1	6150.0	33.0	-96.9	-40.2	-62.3	
	81.3		-20.6	-100.0			
	297.8		56.2	-100.0			
			344.6				
	149.1						
	24.1		**-47.3**	**-37.3**	**-1.6**	**-18.3**	
	93.1		-61.5	-45.3			
			-55.0		3.3	-18.3	
	-60.0		-16.6		-100.0		
	-80.3		**-29.7**	**-66.7**			
	-99.0		-100.0				
	-71.0		-13.0				
	-100.0			-100.0			
	-75.1		-12.9	-100.0			

行业	合计	内资			
			国有	集体	股份合作
批发和零售业	**77.5**	**76.3**	**96.2**		
批发业	77.0	75.7	-100.0		
零售业	78.6	77.6			
交通运输、仓储和邮政业	**24.3**	**23.6**	**11.6**		
铁路运输业	29.9	7.7			
道路运输业	17.1	16.8	1.9		
水上运输业					
航空运输业	1944.3	1944.3			
管道运输业					
装卸搬运和其他运输服务业	284961.5				
仓储业	-14.1	-14.1			
邮政业	-19.4	-19.4			
住宿和餐饮业	**19.7**	**18.5**	**-93.1**		**-100.0**
住宿业	-9.0	-11.6	-93.1		
餐饮业	71.7	71.7			-100.0
信息传输、软件和信息技术服务业	**54.4**	**52.8**	**182.7**		
电信、广播电视和卫星传输服务业	-34.9	-34.9	**130.8**		
互联网和相关服务业	27.8	24.0	199.5		
软件和信息技术服务业	83.3	83.3			
金融业	**-1.9**	**-1.9**	**-96.1**		**-9.0**
货币金融服务	-1.4	-1.4	-100.0		-9.0
资本市场服务	-75.2	-75.2			
保险业	-100.0	-100.0			
其他金融活动	773.5	773.5			
房地产业	**5.2**	**7.8**	**206.5**	**-94.4**	**-100.0**
租赁和商务服务业	**-0.1**	**-1.9**	**69.3**	**-90.8**	
租赁业	-15.6	-15.6			
商务服务业	1.1	-0.9	69.3	-90.8	
科学研究和技术服务业	**19.9**	**19.5**	**-36.7**		
研究与试验发展	-55.7	-55.7	-100.0		
专业技术服务业	72.3	72.3	-1.5		
科技推广和应用服务业	9.4	8.4	-91.6		
水利、环境和公共设施管理业	**-8.3**	**-7.3**	**72.6**	**288.2**	
水利管理业	19.9	19.9	167.9	-100.0	
生态保护和环境治理业	-44.7	-44.7			
公共设施管理业	-7.2	-6.2	70.2	581.0	
居民服务、修理和其他服务业	**90.0**	**90.0**	**-7.0**		
居民服务业	74.1	74.1	470.8		
机动车、电子产品和日用产品修理业	152.6	152.6			
其他服务业	27.3	27.3	-83.8		
教育	**41.1**	**40.0**	**14.4**	**-100.0**	**-100.0**
卫生和社会工作	**26.2**	**26.2**	**10.2**	**-44.1**	
卫生	25.5	25.5	8.0	-44.1	
社会工作	37.0	37.0	85.5		
文化、体育和娱乐业	**-11.5**	**-11.6**	**-45.0**		
新闻和出版业	-88.2	-88.2			
广播、电视、电影和影视录音制作业	-2.1	-2.1	-7.5		
文化艺术业	-77.7	-78.0	-91.4		
体育	-1.5	-1.5			
娱乐业	62.9	62.9			
公共管理、社会保障和社会组织	**-5.5**	**-5.5**	**-6.0**	**-96.8**	

（2019年）

单位：%

联 营	有限责任公司	股份有限公司	私营	其 他	港澳台商投资	外商投资	个体经营
	7.8	**-86.0**	**113.5**	**250.1**			
	-1.0	-85.3	161.0	101.8			
	25.6	-100.0	31.5	476.7			
	64.3		**32.8**	**-44.1**	**63.4**		
	7.7						
	52.4		-37.7	273.5	63.8		
	1495.8						
					-100.0		
	41.0		-16.0	-65.1			
	-86.0		-4.4				
	-21.2	**-77.4**	**-18.1**	**335.2**	**6.1**		
	257.3	-77.4	-52.7	289.4	6.1		
	-82.5		127.8	365.7			
	31.2	**-27.3**	**66.6**	**402.0**			
	-100.0		**-34.8**				
	22.1	-100.0	45.2	-48.5			
	49.6	-8.7	87.1				
	-41.1	**57.2**	**60.7**	**1926.7**			
		72.7		1926.7			
	-65.9	-19.6	-84.5				
	-100.0		-100.0				
	38.1		1157.9				
	1.2	**83.3**	**1.5**	**81.2**	**-2.3**	**-93.3**	
	-20.4	**-75.3**	**38.4**	**288.4**	**-100.0**	**385.5**	
	-70.2		66.5	-14.4			
	-16.7	-75.3	35.6	494.0	-100.0	385.5	
	-2.1	**-100.0**	**91.6**	**196.8**			
	-58.2		-57.2	4.7			
	9.7	-100.0	381.2				
	17.1		22.5	-100.0			
	-36.9	**-84.4**	**62.5**	**550.4**	**-80.4**	**-100.0**	
	-30.9						
	-56.7		43.8				
	-35.9	-90.0	81.4	517.0	-80.4	100.0	
	-82.8	**-100.0**	**107.7**	**532.1**			
	-100.0	-100.0	137.6	380.9			
	-89.3		81.6	686.3			
	-40.8		150.2	378.1			
	28.9		**49.8**	**183.1**			
	-41.6		**314.7**	**232.6**			
	-48.3		473.3	207.7			
	17.9		1.0				
	-41.0		**57.1**	**941.5**		**196.7**	
	-75.5		-100.0				
	-36.5		18.5				
	-73.9		6.3			196.7	
	-90.3		-37.0				
	-21.5		217.4	391.5			
	2639.8	**-100.0**		**-6.5**			

6-4　固定资产投资

行　　业	资金来源合　　计	上年末结余资金	本年资金来源小计
总　　计	**-5.2**	**22.7**	**-10.8**
按行业分			
农、林、牧、渔业	-10.0	-21.5	-9.8
采矿业	-100.0		-100.0
制造业	-35.8	-41.8	-35.6
电力、热力、燃气及水生产和供应业	-24.6	7.0	-24.7
建筑业	-99.8	-100.0	-99.7
批发和零售业	-43.3	-19.6	-46.5
交通运输、仓储和邮政业	-8.3	109.2	-22.4
住宿和餐饮业	-81.7	-45.0	-81.8
信息传输、软件和信息技术服务业	-51.2	190.9	-76.8
金融业	-26.3	-100.0	70.1
房地产业	12.6	30.9	6.5
租赁和商务服务业	-18.8	1.7	-19.2
科学研究和技术服务业	19.0	-58.4	19.2
水利、环境和公共设施管理业	-33.5	-85.0	-30.1
居民服务、修理和其他服务业	-100.0	-100.0	-100.0
教育	28.4		28.4
卫生和社会工作	26.2	77.6	19.4
文化、体育和娱乐业	-81.3	-80.3	-81.5
公共管理、社会保障和社会组织	28.1	-50.9	34.7
按地区分			
东 湖 区	23.1	121.9	9.7
西 湖 区	-25.9	-38.4	-21.7
青云谱区	32.8	147.4	15.4
青山湖区	-9.7	81.8	-17.8
新 建 区	-6.7	58.3	-11.6
红谷滩区	-19.0	-61.6	-5.7
南 昌 县	3.8	25.0	-2.6
安 义 县	-12.3	89.3	-19.1
进 贤 县	9.3	57.1	3.9
经济开发区	-12.5	-27.5	-11.6
高新开发区	-40.8	-75.8	-40.2
湾里管理局	6.7	87.6	

资金来源增速（2019年）

单位：%

国家预算 内　金	国内贷款	债　券	利用外资	自筹资金	其他资金
60.7	**2.7**	**-95.3**	**39.4**	**-26.4**	**0.7**
770.4	-40.9		-100.0	-16.7	832.9
			-100.0	-100.0	
-100.0	-34.2		-22.4	-36.1	-45.2
	439.4			-47.2	
				-99.6	-100.0
	-100.0			-43.7	239.6
-100.0	-2.1		-100.0	-18.7	-100.0
				-81.8	
-100.0				-80.3	-76.3
				70.1	
359.2	32.4		574.5	-9.0	3.9
-17.0	63.0	-100.0	-36.8	-26.8	-17.3
	-100.0		44.5	82.1	-100.0
123.0	-58.8		393.7	-46.6	-24.4
				-100.0	-100.0
				28.4	
10.7	-75.0	-100.0		38.4	145.4
-100.0				-76.1	89.4
-49.6	92.4			13.4	257.8
197.5	873.9			33.1	-44.6
62.2	186.4			-45.1	-13.7
	505.8			-59.0	160.8
-90.7	7.6		-100.0	-28.1	1.3
241.6	721.8		7502.1	-62.6	44.6
				-32.6	1136.2
123.4	79.5		-85.5	-16.5	-6.5
-90.1	-23.4		-100.0	-25.1	74.6
-82.5	8.7			4.6	4.6
86.3	328.5	-100.0	-11.6	-28.0	-1.1
-62.7	-49.7		-100.0	-9.4	-94.7
-30.1	-23.5			-8.9	47.3

6-5 分县区固定资产

指 标	全 市	东湖区	西湖区	青云谱区	青山湖区
固定资产投资	**10.2**	**11.8**	**10.1**	**10.0**	**9.6**
#工业投资	15.7		145.6	7.7	15.8
采矿业	-6.2				
制造业	16.0		268.4	-10.5	15.8
电力、燃气及水的生产和供应业	8.0		51.2		-65.7
按构成分					
建筑安装工程	-7.4	-20.2	7.1	-16.8	12.8
设备工器具购置	123.0	119.4	192.3	-54.8	53.9
其他费用	42.0	98.6	-16.3	98.3	-30.6
按登记注册类型					
#内资	11.6	3.2	12.5	8.1	-9.6
国 有	34.6	-14.2	17.0	7.5	-37.0
集 体	85.0			-44.1	-55.7
股份合作	94.9	-100.0			
联 营	853.3				
有限责任公司	-5.2	33.5	-10.0	-29.1	-16.4
股份有限	-2.3	-29.3	-31.6	333.0	7.8
私 营	41.5	-18.0	58.8	-2.7	69.2
其 他	62.8	-24.3	21170.0	157.1	-71.9
港澳台投资	-18.4	-67.5	-40.6	95.5	-9.3
外商投资	-43.6	-100.0		142.4	20.3
个体经营					

投资增速情况（2019年）

单位：%

新建区	红谷滩区	南昌县	安义县	进贤县	经济开发区	高新开发区	湾里管理局
10.0	**10.2**	**10.3**	**11.1**	**10.8**	**10.9**	**10.7**	**11.0**
23.3		16.1	22.4	2.8	12.9	27.4	1.6
			-100.0				
31.5		9.1	29.2	4.9	10.2	28.5	33.7
-31.9		350.0	-59.9	-43.2		2.3	-36.8
-13.6	-0.4	-26.6	24.2	12.7	8.7	-33.0	-6.9
314.6	-45.7	304.2	47.8	2.4	78.0	202.3	55.0
462.2	137.2	347.8	-58.7	5.1	-2.0	15.9	41.6
28.3	6.1	10.8	12.8	10.5	35.0	131.3	-4.4
34.9	-100.0	57.2	98.9	8.8	8811.9	291.2	-26.6
-100.0	-100.0	1021.9	-100.0	315.8		-100.0	
583.5						-100.0	-100.0
				-100.0			
5.4	-53.3	7.1	47.2	5.3	6.1	130.3	0.8
-82.6	8.4	-82.0	-52.6	-85.7	907.2	1482.6	84.2
141.2	51.0	20.0	-11.8	25.6	9.1	102.4	-5.1
19.6	401.7	82.0		-14.7	116.0	-100.0	-84.6
-96.7	-95.6	-6.2		70.4	112.4	218.2	1161.9
-100.0	-100.0	-39.6	-27.0	-50.0	3937.5	71.4	-36.9

主要统计指标解释

全社会固定资产投资　固定资产投资额（又称固定资产投资完成额），是以货币形式表现的在一定时期内建造和购置固定资产的工作量以及与此有关的费用的总称。它是反映固定资产投资规模、结构和发展速度的综合性指标，又是观察工程进度和考核投资效果的重要依据。

全社会固定资产投资包括城镇500万元投资、房地产开发投资、农村非农户投资和农村农户投资。

固定资产按国民经济行业分　国民经济行业类别是按企业、事业、行政单位所从事的生产或其他社会经济活动性质的同一性进行的分类。固定资产投资统计中的国民经济行业分类，基本建设项目只能属于一种国民经济行业；更新改造、其他固定资产投资根据整个企、事业单位所属的行业来划分，一般情况下，一个企、事业单位只能属于一种国民经济行业。为了更准确地反映国民经济和行业之间的比例关系，联合企业（总厂）所属分厂属于不同行业的，原则上按分厂划分行业。

固定资产投资按建设性质分　建设项目的性质是指固定资产再生产的性质，一般分为新建、扩建、改建、单纯建造生活设施、迁建、恢复、单位购置。基本建设根据整个建设项目的情况确定；更新改造和其他固定资产投资按整个企业、事业、行政单位的情况确定。一般情况下，一个基本建设项目或企业、事业、行政单位只能有一种建设性质。目前基本建设和更新改造是根据我国现行的计划管理体制区分的，所以基本建设和更新改造都可以分别按新建、扩建和改建等划分。

1. 新建一般是指从无到有，“平地起家”开始建设的企业、事业和行政单位或独立的工程。现有企业、事业、行政单位一般不属于新建。但如有的单位原有基础很小，经过建设后新增的固定资产价值超过该企业、事业、行政单位原有固定资产价值（原值）三倍以上的也应作为新建。

2. 扩建是指在厂内或其他地点，为扩大原有产品的生产能力（或效益）或增加新的产品生产能力，而增建主要的生产车间（或主要工程）、分厂、独立的生产线的企业、事业单位。行政、事业单位在原单位增建业务用房（如学校增建建学用房、医院增建门诊部、病房等）也作为扩建。

3. 改建是指原有设施进行技术改造或更新（包括相应配套的辅助性生产、生活福利设施），没有增建主要生产车间、分厂等的企业、事业单位。现有企业、事业单位为适应市场变化的需要，而改变企业的主要产品种类，或原有产品生产作业线由于各工序（车间）之间能力不平衡，为填平补充充分发挥原有生产能力而增建不增加本企业主要产品设计能力的车间．也应用为改建。

4. 单纯建造生活设施是指在不扩建、改建生产性工程和业务用房的情况下，单纯建造职工住宅、托儿所、子弟学校、医务室、浴室、食堂等生活福利设施的企业、事业及行政单位。

5. 迁建是指为改变生产力布局或由于城市环境保护和安全生产的需要等原因而搬迁另地建设的企业、事业单位。在搬迁另地建设过程中，不论是维持原来规模还是扩大规模都按迁建统计。

6. 恢复是指因自然灾害、战争等原因，使原有的固定资产全部或部分报废，以后又投资恢复建设的单位。不论是按原规模恢复还是在恢复的同时进行扩建的都按恢复统计。尚未建成投产的基本建设项目或企业、事业单位，因自然灾害而损坏的，不作为恢复项目，仍按原有建设性质划分。

7. 单纯购置是指现有企业、事业、行政单位单纯购置不需要安装的设备、工具、器具、而不进行工程建设的单位。有些单位当年虽然只从事一些购置活动，但其设计中规定有建筑安装活动，应根据文件的内容来确定建设性质，不得作为单纯购置统计。

固定资产投资按构成分　固定资产投资活动按其工作内容和实现方式分为建筑工程，安装工程，设备、工具、器具购置，其他费用。

1. 建筑工程是指各种房屋、建筑物的建造工程，又称建筑工作量。这部分投资额必须兴工动料，通过施工活动才能实现，是固定资产投资额的重要组成部分。

2. 安装工程是指各种设备、装置的安装工程，又称安装工作量。安装工程包括：①生产、动力、起重、运输、传动和医疗、实验等各种需要安装设备的装配和安装，与设备相连的工作台、梯子、栏杆等装设工程，附属于被安装设备的管线敷设工程，被安装设备的绝缘、附腐、保温、油漆等工作；②为测定安装工程质量，对单个设备、系统设备进行单机试运、系统联动无负荷试运工作（投料试运工作台不包括在内）。在安装工程中，不包括被安装设备本身价值。

3. 设备、工具、器具购置是指建设单位或企、事业单位购置或自制的，达到固定资产标准的设备、工具、器具的价值。①设备是指各种生产设备、传导设备、动力设备、运输设备等，分为需要安装的设备和不需要安装的设备两种；②工具、器具是指具有独立用途的各种生产用具、工作工具的仪器。

4. 用于更新的设备是指为更新陈旧设备而购置的设备。用于更新的设备与原有设备在台数和价值上不一定相等。

5. 购置旧设备是指从外单位购入的，已经使用过的各种设备，不包括从国外购进的旧设备。

6. 其他费用是指在固定资产建造和购置过程中发生的。

其中：①土地购置费是指建设项目通过划拨方式或出让方式取得土地使用权而支付的各项费用；②旧建筑物购置费是指购置已使用过的各种旧房屋及其他建筑物的费用。

施工项目 指报告期内进行过建筑或安装施工活动的项目。凡是报告期内施过工的建设项目，不论施工时间长短，均作为施工项目统计。施工项目个数可以反映一定时期固定资产投资的实际规模，与同期建成投产的建设项目个数相比，可以从建设速度的角度反映固定资产投资的效果。根据建设项目施工活动的不同性质，施工项目又分为：本年正式施工项目、本年收尾项目和以前年度全部停缓建项目。

全部建成投产项目 工业项目是指设计文件规定形式能力的主体工程及其相应配套的辅助设施全部建成，经负荷试运转，证明具备生产设计规定合格产品的条件，并经过验收鉴定合格或达到竣工验收标准，与生产性工程配套的生产福利设施可满足近期正常生产的需要，正式移交生产的建设项目；非工业项目是指设计文件规定的主体工程和相应配套工程全部建成，能够发挥设计规定的工程效益，经验收鉴定合格或达到竣工标准，正式移交使用的建设项目。

新增生产能力 指通过固定资产投资活动而增加的设计能力（或工程效益），是以实物形态表现的固定资产投资成果的指标，也是考核投资经济效果的重要依据之 。新增生产能力的计算，是以能独立发挥生产能力或效益的单项工程（或项目）为对象。当单项工程（或项目）建成，经有关部门鉴定合格，正式移交投入生产，即可计算新增生产能力。新增生产能力的数量一般按设计能力计算。设计文件中规定的在正常情况下能够达到的生产能力，而不论投产后的实际产量如何。以设备数量、建筑物容积、面积、长度等表示为新增生产能力（或效益），则按建成的实际数量计算。

新增固定资产 新增固定资产（又称交付使用的固定资产），是指已经完成建造和购置过程，并已交付生产或使用单位的固定资产的价值。新增固定资产是表示固定资产投资成果的价值指标，也是反映建设进度，计算固定资产投资效果的重要数据。

七、城市公用事业

URBAN PUBLIC UTILITY

本篇内容包括：

1. 城市自来水供应
2. 市政公用设施
3. 城市公共交通
4. 园林绿化
5. 环境保护、环境卫生

7-1 市政公用设施

项目	2018	2019
道路总长度(公里)	1550.68	1764.80
道路总面积(万平方米)	3707.76	3933.11
人行道总面积(万平方米)	815.46	822.38
桥梁(座)	286	322
#立交桥	34	34
排水管长度(公里)	3759.06	2961.00
城镇路灯盏数(盏)	217892	173917
液化气储气能力(吨)	2163	2163
液化气供应总量(吨)	20265	19658
#家庭用量	20241.56	19634.30
液化气用气数(万户)	17.44	16.29
#家庭用气数(万户)	17.44	16.29
用气人口(万人)	30.35	29.50
天然气供应总量(万立方米)	42522.85	43994.87
#家庭用量	12076.77	13086.79
天然气用气户数(万户)	99.24	106.25
#家庭用气数(万户)	98.47	104.92
用气人口(万人)	248.90	259.15
气化率(%)	98.88	99.02

7-2　城市自来水供应

项　　目	2018	2019
水厂个数(个)	12	11
综合生产能力(万立方米/日)	179.5	169.5
年末供水管长度(公里)	5110.23	5649.04
全年供水总量(万立方米)	43678.34	45735.11
#生产用水(万立方米)	6921.40	7317.36
生活用水(万立方米)	16082.98	16163.8
用水人口(万人)	280.00	290.00
平均每人每天生活用水(升)	237.22	231.67
自来水普及率(%)	99.15	99.49

7-3　城市公共交通

项　　目	2018	2019
年末实有运营车辆(辆)		
公共汽车	4112	3916
运营线路条数(条)		
公共汽车	271	299
轨道交通	2	2
运营线路长度(公里)		
公共汽车	5757.20	6685.20
轨道交通	48.47	60.38
全年客运量(万人次)		
公共汽车	37811.40	37521.40
轨道交通	14175.70	17502.00
出租汽车		
年末营运车辆(辆)	5453	5453

7-4 城市园林绿化(2019年)

项　　目	城区(含三县)
园林绿地面积(公顷)	14375.6
公共绿地面积(公顷)	14115.6
人均公园绿地面积(平方米)	12.01
城市绿化覆盖面积(公顷)	14823.6
城区绿化覆盖率(%)	41.25
建成区绿地率(%)	39.3
苗圃面积(公顷)	186
公园(含动物园，个)	98
公园面积(公顷)	1530

注：本表数据来源于市城市管理局，统计口径为全市，包含三县数据。

7-5 城市环境卫生(2019年)

项　　目	城区(含三县)
全年清扫面积(万平方米)	6409.71
全年清运生活垃圾(万吨)	169.25
生活垃圾无害化处理(万吨)	169.25
公共厕所数(座)	2729
环卫机械数量(辆)	1713
清洁卫生工作人员(人)	16817
垃圾中转站(座)	184
果壳箱(个)	27453

注：本表数据来源于市城市管理局，统计口径为全市，包含三县数据。

7-6 环境保护

项　目	2018	2019
“三废”排放、处理及综合利用情况		
污水集中处理率(%)	71.6	91.0
废水排放总量(万吨)	31140	38437
#工业废水(万吨)	3740	3990
工业废气排放总量(亿标立方米)	1750	1773
工业二氧化硫排放量(吨)	6540	6032
工业烟尘排放量(吨)	19229	15534
工业固废产生量(万吨)	247	265
工业固废综合利用量(万吨)	237	247
工业固废综合利用率(%)	95.9	92.3
工业危险废弃物处置利用率(%)	100	99.65
医疗废物处置率(%)	100	100
污染治理情况		
工业企业用于污染治理资金(万元)	60886	21253
#治理废水(万元)	7935	14355
治理固体废弃物(万元)	537	688

注：本表数据为初步数据，来源于市生态环境局。

主要统计指标解释

年末自来水生产能力　指年末城建部门管理的自来水厂和社会单位自备水源的取水、净化、送水出厂输水干管等环节的实际生产能力。

年末供水管道长度　指从送水泵至用户水表之间所有管道的长度。

全年供水总量　指公用自来水厂和社会单位自备水源全年的供水总量，包括有效供水量及损失水量。

生活用水量　指居民日常生活与公共福利设施的用水量。包括饮食店、旅馆、医院、理发店、浴池、洗衣店、游泳池、商店、学校、机关、部队等单位的用水量。

年末实有铺装道路长度　指除土路外，路面经过铺装宽度在 3.5 米以上的道路，包括高级、次高级道路和普通道路。

城市下水道总长度　指所有排水总管、干管、支管及暗渠、检查井、连接井进出水口等长度之和。

年末实有公共汽（电）车辆　指年底可参加营运的全部车辆数。包括年底营运车辆数和库存查封未参加营运的车辆，不包括非营运车辆，如架线车、油罐车、工程车、货车及其他专用车辆和借人的客运车辆。

营运线路长度　指设置的固定营运线路长度，包括郊区营运线路长度。不包括临时行驶的线路长度。

燃气普及率　指报告期末城区内使用燃气的人口与总人口的比率。计算公式为:

$$燃气普及率=\frac{城区用气人口（含暂住人口）}{城区人口+城区暂住人口}\times 100\%$$

供水综合生产能力　指按供水设施取水、净化、送水、出厂输水干管等环节设计能力计算的综合生产能力。包括在原设计能力的基础上，经挖、革、改增加的生产能力。

供水管道长度　指从送水泵至用户水表之间所有管道的长度。

供水总量　指供水企业（单位）供出的全部水量，包括有效供水量和漏损水量。有效供水量指水厂将水供出厂外后，各类用户实际使用到的水量，包括售水量和免费供水量。

用水人口　指由城市供水设施供给居民家庭用水的人口，包括农业用水人口、非农业用水人口等。

人均日生活用水量　指每一用水人口平均每天的生活用水量。计算公式:

$$人均日生活用水量=\frac{居民家庭用水量+公共服务用水量+免费供水量中的生活用水量}{用水人口}\div 报告期日历日数$$

用水普及率　指报告期末城市用水人口数与城区人口总数的比率。计算公式:

$$用水普及率=\frac{城区用水人口（含暂住人口）}{城区人口+城区暂住人口}\times 100\%$$

绿化覆盖面积　指城市中的乔木、灌木、草坪等所有植被的垂直投影面积。包括公园绿地、防护绿地、生产绿地、附属绿地、其他绿地的绿化种植覆盖面积、屋顶绿化覆盖面积以及零散树木的覆盖面积，不含各类绿地中的水域面积以及没有被植被覆盖的面积（硬化道路、无屋顶绿化的建筑物等）。

绿地面积　指报告期末用作园林和绿化的各种绿地面积。包括公园绿地、生产绿地、防护绿地、附属绿地和其他绿地的面积。

公园绿地　城市中向公众开放的、以游憩为主要功能，有一定的游憩设施和服务设施，同时兼有健全生态、美化景观、防灾减灾等综合作用的绿化用地。

人均公园绿地面积　指报告期末区域内城区人口平均每人拥有的公园绿地面积。人口数采用年底人口数。计算公式为:

$$人均公园绿地面积=\frac{公园绿地面积}{城区人口+城区暂住人口}$$

建成区绿地率 指报告期末建成区内绿地面积与建成区面积的比率。计算公式:

$$建成区绿地率=\frac{建成区绿地面积}{建成区面积}\times 100\%$$

建成区绿化覆盖率 指报告期末建成区内绿化覆盖面积与建成区面积的比率。计算公式为:

$$建成区绿化覆盖率=\frac{建成区绿化覆盖面积}{建成区面积}\times 100\%$$

生活垃圾清运量 指收集和运送到各生活垃圾处理场（厂）和生活垃圾最终消纳点的生活垃圾数量。生活垃圾指城市日常生活或为城市日常生活提供服务的活动中产生的固体废物以及法律行政规定的视为城市生活垃圾的固体废物。包括：居民生活垃圾、商业垃圾、集市贸易市场垃圾、街道清扫垃圾、公共场所垃圾和机关、学校、厂矿等单位的生活垃圾。

生活垃圾无害化处理量 指用卫生填埋、堆肥、焚烧等工艺方法处理生活垃圾的总量。即生活垃圾在无害化处理厂（场）处理的垃圾总量。

污水处理厂集中处理率 指报告期内通过污水处理厂处理的污水量与污水排放总量的比率。计算公式:

$$污水处理厂集中处理率=\frac{污水处理厂处理的污水量}{污水排放总量}\times 100\%$$

工业废水处理量 指经各种水治理设施（含城镇污水处理厂、工业废水处理厂）实际处理的工业废水量，包括处理后外排的和处理后回用的工业废水量。虽经处理但未达到国家或地方排放标准的废水量也应计算在内。计算时，如遇有车间和厂排放口均有治理设施，并对同一废水分级处理时，不应重复计算工业废水处理量。

工业废水排放量 指经过企业厂区所有排放口排到企业外部的工业废水量。包括生产废水、外排的直接冷却水、废气治理设施废水、超标排放的矿井地下水和与工业废水混排的厂区生活污水，不包括独立外排的间接冷却水（清浊不分流的间接冷却水应计算在内）。

工业废气排放量 指企业厂区内燃料燃烧和生产工艺过程中产生的各种排入空气中含有污染物的气体的总量，以标准状态(273K,101325Pa)计算。

二氧化硫排放量 指企业在燃料燃烧和生产工艺过程中排入大气的二氧化硫总质量。工业中二氧化硫主要来源于化石燃料（煤、石油等）的燃烧，还包括含硫矿石的冶炼或含硫酸、磷肥等生产的工业废气排放。

烟（粉）尘排放量 指企业在燃料燃烧和生产工艺过程中排入大气的烟尘及工业粉尘的总质量之和。烟尘或工业粉尘排放量可以通过除尘系统的排风量和除尘设备出口烟尘浓度相乘求得。

一般工业固体废物产生量 指未被列入《国家危险废物名录》或者根据国家规定的危险废物鉴别标准(GB5085)、固体废物浸出毒性浸出方法(GB5086)及固体废物浸出毒性测定方法(GB/T 15555)鉴别方法判定不具有危险特性的工业固体废物。计算公式是:

一般工业固体废物产生量=（一般工业固体废物综合利用量-其中：综合利用往年贮存量）+一般工业固体废物贮存量+（一般工业固体废物处置量-其中：处置往年贮存量）+一般工业固体废物倾倒丢弃量

一般工业固体废物综合利用量 指通过回收、加工、循环、交换等方式，从固体废物中提取或者使其转化为可以利用的资源、能源和其他原材料的固体废物量（包括当年利用的往年工业固体废物累计贮存量）。如用作农业肥料、生产建筑材料、筑路等。综合利用量由原产生固体废物的单位统计。

一般工业固体废物综合利用率 指一般工业固体废物综合利用量占一般固体废物产生量与综合利用往年贮存量之和的百分率。计算公式为:

$$一般工业固体废物利用率=\frac{一般工业固体废物综合利用量}{一般工业固体废物生产量+综合利用往年贮存量}\times 100\%$$

危险废弃物处置利用率 指危险废弃物处置量占危险废弃物产生量与处置往年贮存量之和的百分率。计算公式为:

$$危险废弃物处置利用率=\frac{危险废弃物处置量}{危险废弃物生产量+综合利用往年贮存量}\times 100\%$$

环境保护投资指数 指一个地区用于环境保护的投资额占地区生产总值（按当年价格计算）的比重。计算公式为:

$$环境保护投资指数=\frac{用于环境保护的投资额}{地区生产总值（当年价格）}\times 100\%$$

八、财政·金融

PUBLIC FINANCE, BANKING AND INSURANCE

本篇内容包括:

1. 财政收支
2. 金融机构存贷款
3. 商业保险概况

财政总收入

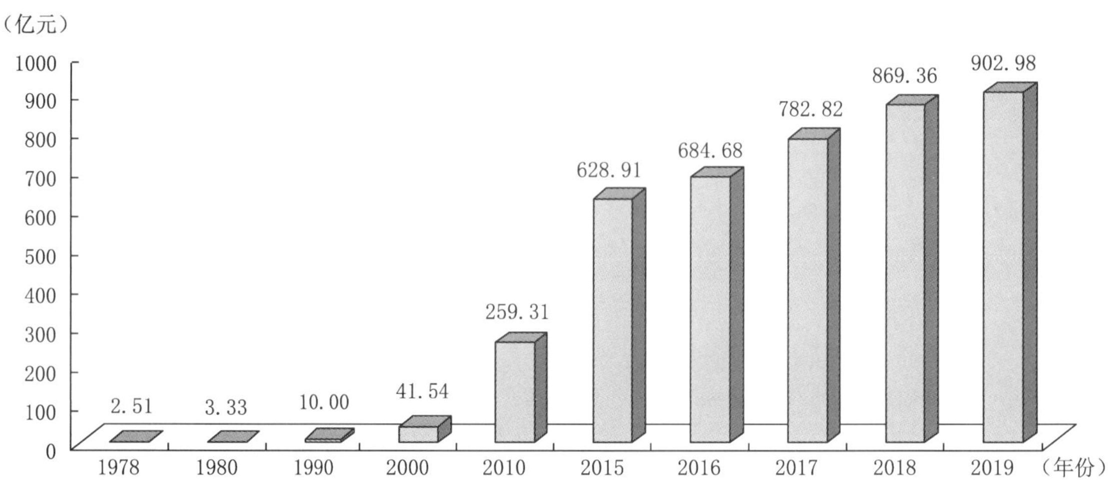

金融机构人民币存贷款余额

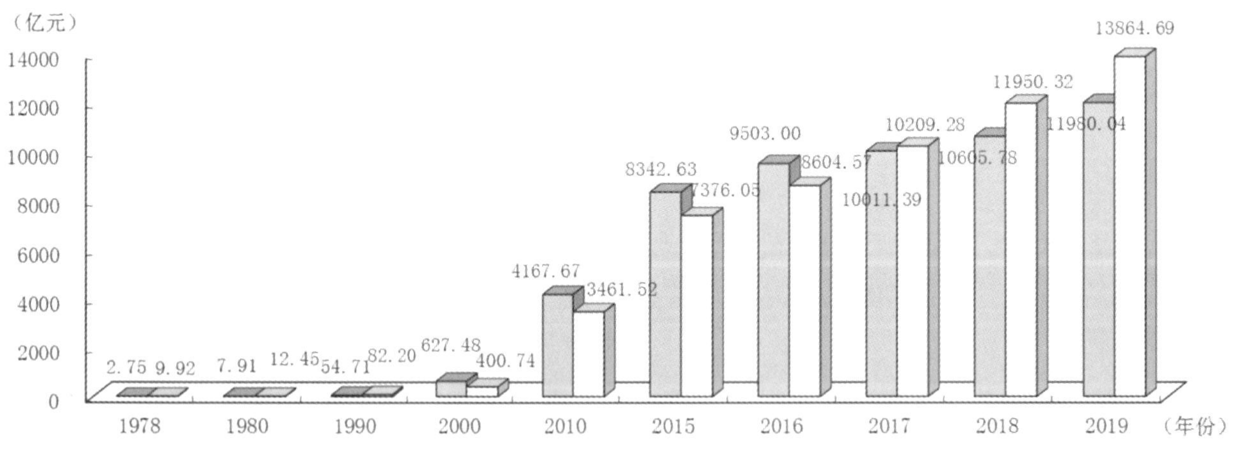

8-1 财 政 收 入

单位：万元

年　份	财政总收入	一般公共预算收入						上交中央收　入	财政总收入占GDP比重(%)
			税收收入				非税收入		
				#增值税	营业税	企　业所得税			
1994	182958	81683	69291				12392		10.1
1995	204548	100551	83486				17065		8.3
1996	253226	119393	93362				26031		8.2
1997	264936	135653	106697				28956		7.1
1998	301878	156418	120876	25111	55967	7550	35542		7.6
1999	327446	167714	131975	25347	58635	13563	35739		7.7
2000	415414	183011	149313	36044	65950	11451	33698		8.7
2001	486936	214131	178099	39061	70841	27289	36032		9.3
2002	590771	257466	204032	39087	89231	29487	53434		9.9
2003	764711	314094	240631	46315	118917	22525	73463		11.1
2004	901988	421911	323321	47873	172200	33100	98590		10.7
2005	1138723	582783	390510	60258	201404	48429	141565	517936	11.6
2006	1341955	681075	541782	72722	245728	65589	139351	617396	11.5
2007	1660063	872199	714032	88111	331300	90568	158167	732421	11.8
2008	1898665	1021477	810109	88224	358746	100815	211364	802342	11.5
2009	2117141	1158800	955725	90963	449573	108902	203064	871822	11.9
2010	2593063	1464650	1241615	109989	542595	125197	223035	1066737	12.1
2011	3254979	1870273	1584510	140346	673643	174503	285763	1316082	12.3
2012	4089000	2401427	2001690	151891	871127	257675	399737	1603833	14.2
2013	4775662	2919097	2453517	211938	1020353	301333	465580	1776288	14.9
2014	5507386	3422065	2875277	305189	1122252	351446	546788	2011577	15.7
2015	6289109	3893412	3157905	350598	1207890	399635	735507	2248355	16.6
2016	6846784	4021831	3186658	766736	736004	422673	835173	2551515	16.5
2017	7828457	4170774	3261844	1261765	7165	534844	908930	3337607	17.2
2018	8693566	4617462	3715175	1385102	3300	602741	902287	3716956	17.0
2019	9029782	4769998	3784200	1537786		628295	985798	3909953	16.1

注：1.1994—2009年企业所得税含退税；
2.1994—1997年国有资产经营收益体现为国有企业上缴利润；
3.1997年地方财政收入和非税收入包含当年纳入基金预算收入的城市教育附加费、矿产资源补偿费、排污费和城市水资源费收入；
4.从2002年开始，上交中央收入包含上划所得税；
5.农业税收包含农业税、农业特产税(2006年含烟叶税部分)、耕地占用税、契税；
6.以上数据根据南昌市历年财政总决算整理得出；
7.8—1至8—6表数据由南昌市财政局提供。

8-2 一般公共预算收入

单位：万元

项　目	2013	2014	2015	2016	2017	2018	2019
总　计	**2919097**	**3422065**	**3893412**	**4021831**	**4170774**	**4617462**	**4769998**
税收收入	**2453517**	**2875277**	**3157905**	**3186658**	**3261844**	**3715175**	**3784200**
#增值税	211938	305189	350598	766736	1261765	1385102	1537786
营业税	1020353	1122252	1207890	736004	7165	3300	
企业所得税	301333	351446	399635	422673	534844	602741	628295
个人所得税	103234	129136	163161	186852	178859	213340	133804
资源税	1956	3176	3279	4783	9778	5206	3489
城市维护建设税	157885	173129	180940	213775	226182	242047	264475
房产税	59451	69764	84832	85708	115045	136085	148605
印花税	36559	37972	40412	49837	61099	64286	61923
城镇土地使用税	49682	69794	74480	80366	79533	85721	87784
土地增值税	190184	261096	283525	251209	301962	435517	407592
车船税	16776	18041	22101	23795	32181	32294	37401
耕地占用税	25120	18889	62196	34184	62028	13302	43362
契　税	279046	315393	284856	330728	391403	494869	427246
环境保护税						1288	1687
非税收入	**465580**	**546788**	**735507**	**835173**	**908930**	**902287**	**985798**
#国有资本经营收入		1060	6488				
行政性收费收入	271028	293600	298023	403233	298792	336636	396919
罚没收入	51241	56546	46513	69928	176342	129553	120541
专项收入	77866	87444	227504	208935	227352	207706	232610
国有资源(资产)有偿使用收入	49628	81391	129570	127263	159263	202326	201384
捐赠收入	475	2196	879	377			
政府住房基金收入				3183	47127	26066	34072
其他收入	15342	24551	26530	22254	54		272

注：2019年起全国全面取消营业税。

8-3 一般公共预算支出

单位：万元

项目	2013	2014	2015	2016	2017	2018	2019
总计	**4193652**	**4731561**	**5431789**	**5832565**	**6531223**	**7524137**	**8341066**
一般公共服务	372832	422895	444772	538799	683904	759225	796143
国防	6167	5828	4480	4915	3175	3286	12361
公共安全	229668	245040	280627	339858	413586	496863	508620
教育	734317	814016	854606	900287	998001	1110034	1264296
科学技术	54172	79045	82004	101403	217331	273821	339770
文化旅游体育与传媒	41322	46846	54496	67295	78855	79356	98536
社会保障和就业	446254	463715	617643	670641	759333	897947	672780
卫生健康	374524	460359	564207	587977	688874	789690	802690
节能环保	44613	39817	77535	44717	120843	138498	243321
城乡社区事务	686669	672851	893236	1054280	1146753	1395936	2298558
农林水事务	309934	354848	379786	347070	403273	429807	471801
交通运输	363644	412005	408265	360906	342113	364247	152251
资源勘探信息等	289033	311153	368801	486049	251866	403096	235819
商业服务业等	40823	39807	60784	48426	44015	45124	37904
金融	1037	663	1448	1861	703	15243	6169
援助其他地区							
自然资源海洋气象等	14838	15707	17382	20914	30505	34267	36925
住房保障支出	118769	169327	256655	161160	195093	149738	190990
粮油物资储备	6065	11702	12532	9172	7121	8812	10605
债务付息	5845	114189	4447	49353	85240	93815	123337
债务发行费用			761	2236	283	444	697
灾害防治及应急管理							30670
其他支出	53126	51748	47322	35246	60356	34888	6823

8-4 财政收支总额及增长速度

年份	财政总收入(万元)	一般公共预算支出(万元)	收支差额(万元)	比上年增长(%)	
				财政总收入	一般公共预算支出
1978	25144	9046	16098	36.5	33.8
1979	29827	12452	17375	18.6	37.7
1980	33283	11411	21872	11.6	-8.4
1981	36294	12589	23705	9.0	10.3
1982	36418	12449	23969	0.3	-1.1
1983	37761	13456	24305	3.7	8.1
1984	42362	17687	24675	12.2	31.4
1985	55665	24455	31210	31.4	38.3
1986	62808	33970	28838	12.8	38.9
1987	66114	34442	31672	5.3	1.4
1988	77381	42103	35278	17.0	22.2
1989	87833	49048	38785	13.5	16.5
1990	99960	55090	44870	13.8	12.3
1991	106250	62186	44064	6.3	12.9
1992	123700	69867	53833	16.4	12.4
1993	163492	71828	91664	32.2	2.8
1994	182958	81546	101412	11.9	13.5
1995	204548	102101	102447	11.8	25.2
1996	253226	119608	133618	23.8	17.1
1997	264936	145353	119583	4.6	21.5
1998	301878	160750	141128	13.9	10.6
1999	327446	218552	108894	8.5	36.0
2000	415414	237688	177726	26.9	8.8
2001	486936	281618	205318	17.2	18.5
2002	590771	342542	248229	21.3	21.6
2003	764711	395944	368767	29.4	15.6
2004	901988	521873	380115	18.0	31.8
2005	1138723	757947	380776	26.2	45.2
2006	1341955	933749	408206	17.8	23.2
2007	1660063	1168596	491467	23.7	25.2
2008	1898665	1476667	421998	14.4	26.4
2009	2117141	1817014	300127	11.5	23.0
2010	2593063	2320305	272758	22.5	27.7
2011	3254979	2988005	266974	25.5	28.8
2012	4089000	3459909	629091	25.6	15.8
2013	4775662	4193652	582010	16.8	21.2
2014	5507386	4731561	775825	15.3	12.8
2015	6289109	5431789	857320	14.2	14.8
2016	6846784	5832565	1014219	8.9	7.4
2017	7828457	6531223	1297234	14.3	12.0
2018	8693566	7524137	1169429	11.1	15.2
2019	9029782	8341066	688716	3.9	10.9

8-5 各地区一般公共预算收入（2019年）

单位：万元

地　区	一般公共预算收入	增值税	企业所得税	个人所得税	其他收入
全　市	**4769998**	**1537786**	**628295**	**133804**	**2470113**
东湖区	137031	35371	38970	18609	44081
西湖区	186636	45731	63515	9243	68147
青云谱区	109755	43514	24507	3546	38188
青山湖区	168523	50399	25986	8280	83858
新建区	334499	102151	23557	4205	204586
红谷滩区	343248	55966	80145	7431	199706
南昌县	744527	219373	50794	10405	463955
安义县	116300	38493	4623	1479	71705
进贤县	197126	94724	9187	1265	91950
经济开发区	206832	49624	31037	4136	122035
高新开发区	292646	98889	57915	5834	130008
湾里管理局	95960	34572	8531	2259	50598

注：本表财政收入不含中央两税收入。

8-6 各地区一般公共预算支出（2019年）

单位：万元

地　区	一般公共预算支出	一般公共服务	教育	社会保障和就业	卫生健康	农林水事务	其他支出
全　市	**8341066**	**796143**	**1264296**	**672780**	**802690**	**471801**	**4333356**
东湖区	288958	35625	45474	85837	31131	2688	88203
西湖区	336210	32699	62870	92461	35352	1517	111311
青云谱区	162260	30685	41496	26181	15142	982	47774
青山湖区	299917	56349	62748	25488	38325	9742	107265
新建区	905186	99756	166266	75329	96885	72238	394712
红谷滩区	445015	54183	56705	15950	12488	1557	304132
南昌县	1619731	155961	279780	102147	192451	175537	713855
安义县	326350	37747	54049	29929	36714	43804	124107
进贤县	624184	57089	123675	101125	105466	68174	168655
经济开发区	393955	38672	38397	13011	13334	7005	283536
高新开发区	447903	44796	49657	9917	12311	6448	324774
湾里管理局	188787	31719	23301	41823	15000	14986	61958

8-7 金融机构本外币信贷资金平衡表年末余额（2019年）

单位：万元

指　　标	年末余额	比年初增减	比年初增长(%)
各项存款	**120968026**	**13613572**	**12.7**
境内存款	120858901	13570001	12.7
住户存款	36590030	4812525	15.2
活期存款	15027712	1938486	15.0
定期及其他存款	21562318	2874039	15.4
非金融企业存款	51634203	6586586	14.6
活期存款	22179435	1534409	7.4
定期及其他存款	29454767	5052178	20.7
广义政府存款	25456071	741984	3.0
财政性存款	7536437	27781	0.4
机关团体存款	17919635	714202	4.2
非银行业金融机构存款	7178597	1428906	24.9
境外存款	109125	43571	66.8
各项贷款	**140473195**	**19019327**	**15.9**
境内贷款	139777041	18905835	15.8
住户贷款	40451755	6025826	18.2
短期贷款	8898862	1197778	17.1
中长期贷款	31552893	4828049	18.5
非金融机构及机关团体贷款	98695105	12630008	14.7
短期贷款	26344527	2716321	11.5
中长期贷款	64668065	7735154	13.6
票据融资	5591475	1607319	40.3
融资租赁	1870100	456614	32.3
各项垫款	220937	114600	107.8
非银行业金融机构贷款	630182	250000	65.8
境外贷款	696154	113492	19.5

注：1.本表统计口径包括中国人民银行、政策性银行、国有独资商业银行、邮政信汇局、其他商业银行、农村合作银行、城市信用社、农村信用社、信托投资公司、财务公司等金融机构。后同。
2.8-7至8-8表数据由中国人民银行南昌中心支行提供。

8-8 金融机构人民币信贷资金平衡表年末余额（2019年）

单位：万元

指　　标	年末余额	比年初增减	比年初增长(%)
各项存款	**119800370**	**13719272**	**13.0**
境内存款	119737449	13712459	13.0
住户存款	36180632	4837554	15.5
活期存款	14865583	1954039	15.3
定期及其他存款	21315049	2883514	15.6
非金融企业存款	51021730	6763934	15.3
活期存款	21742836	1414376	7.0
定期及其他存款	29278894	5349558	22.4
广义政府存款	25359600	680651	2.8
财政性存款	7536437	27781	0.4
机关团体存款	17823163	652870	3.8
非银行业金融机构存款	7175487	1430319	24.9
境外存款	62920	6813	12.4
各项贷款	**138646906**	**18936703**	**16.0**
境内贷款	138618599	18939419	16.0
住户贷款	40450314	6025628	18.2
短期贷款	8897424	1197570	17.1
中长期贷款	31552890	4828058	18.5
非金融机构及机关团体贷款	97538104	12663791	14.9
短期贷款	25919047	2962264	12.9
中长期贷款	63981369	7566417	13.4
票据融资	5591475	1607319	40.3
融资租赁	1870100	456614	32.3
各项垫款	176112	71177	67.8
非银行业金融机构贷款	630182	250000	65.8
境外贷款	28307	-2716	-8.6

8-9 财产保险公司主要指标

单位：万元

指标	保费收入		赔付支出	
	2018	2019	2018	2019
合计	**658806**	**724030**	**346042**	**391893**
企业财产保险	20066	24004	12975	12340
机动车辆保险	427431	455304	252224	261936
货物运输保险	3201	3261	1621	1149
责任保险	32245	26790	14536	16003
信用保证保险	96539	99236	27209	48911
农业保险	11844	12937	5631	7498
其它财产保险	67480	102498	31845	44058

注：8-9至8-10表数据由中国银行保险监督管理委员会江西监管局提供。

8-10 人寿保险公司主要指标

单位：万元

指标	2011	2012	2013	2014	2015	2016	2017	2018	2019
原保险保费收入	**407271**	**422173**	**500789**	**690719**	**807866**	**1041162**	**1343134**	**1355991**	**1524994**
寿险小计	320685	324612	370190	508021	547215	638189	719564	1108080	1219218
普通寿险	20726	22601	26086	291456	342243	406948	487197	425850	531465
#年金保险	49373	53465	75865	101929	168015	267798	458079	301433	362231
分红寿险	297220	299357	340992	213063	201186	227219	228030	677593	683019
投资连结保险	171	143	139	137	136	97	94	94	95
万能寿险	2568	2511	2973	3365	3651	3926	4243	4543	4639
意外伤害险	13509	13915	18496	22229	18204	20149	23702	32828	35509
健康险	23704	30182	36239	58540	74432	115026	141789	215083	270266
赔付支出	**60253**	**65418**	**129102**	**149552**	**234067**	**244750**	**215926**	**269182**	**305436**
赔款支出	8077	10004	13892	15819	28281	42970	47363	58116	90010
死伤医疗给付	4889	6380	7493	8828	11728	14182	18555	24759	31022
满期给付	35328	30260	92094	105868	164089	159211	116309	132560	136184
年金给付	11959	18774	15622	19037	29970	28387	33699	53747	48220

8-11 上市公司数量和股票发行量

年 份	上市公司数量(个)	股 票发行量(亿股)	A股	H股	B股	股 票筹资额(亿元)	A股	配股	B股
2012	17								
2013	16	0.55	0.55			4.80	4.80		
2014	16	2.56	2.56			16.19	16.19		
2015	17	1.99	1.99			22.44	22.44		
2016	18	14.06	14.06			166.47	166.47		
2017	19	3.08	3.08			22.39	22.39		
2018	20	0.82	0.82			8.54	8.54		
2019	43	2.78	2.78			28.67	28.67		

注：表中数据由中国证券监督管理江西监管局提供。

主要统计指标解释

财政收入 国家财政参与社会产品分配所得的收入，是实现国家职能的财力保证。内容几经变化，目前主要包括:

(1)各项税收包括增值税、营业税、消费税、土地增值税、城市维护建设税、资源税、城镇土地使用税、印花税、固定资产投资方向调节税、个人所得税、企业所得税、关税、农牧业税和耕地占用税等。

(2)专项收入包括征收排污费、征收城市水资源收入、教育费附加收入等。

(3)其他收入包括基本建设贷款归还收入、国家能源交通重点建设基金收入、国家预算调节基金收入等。

财政支出 国家财政将筹集起来的资金进行分配使用，以满足经济建设和各项事业的需要，主要包括：一般公共服务、外交、国防、公共安全、教育、科学技术、文化体育与传媒、社会保障和就业、医疗卫生、环境保护、城乡社区事务、农林水事务、交通运输、工业商业金融等事务和其他支出等科目。

中央财政收入和地方财政收入 按财政体制划分的中央本级收入和地方本级收入。1994 年分税制财政体制以后，属于中央财政的收入包括关税、海关代征消费税和增值税，消费税，中央企业所得税，地方银行和外资银行及非银行金融企业所得税，铁道、银行总行、保险总公司等集中缴纳的营业税、所得税和城市维护建设税，增值税的 75%部分，海洋石油资源税和证券（印花）税的 75%部分。属于地方财政的收入包括营业税，地方企业所得税，个人所得税，城镇土地使用税，固定资产投资方向调节税，土地增值税，城镇维护建设税，房产税，车船使用税，印花税，农牧业税，农业特产税，耕地占用税，契税，增值税，证券交易税（印花税）的 25%部分和除海洋石油资源税以外的其他资源税。

中央财政支出和地方财政支出 根据政府在经济和社会活动中的不同职责，划分中央和地方政府的事权，按照政府的事权划分确定的支出。中央财政支出包括国防支出，武装警察部队支出，中央级行政管理费和各项事业费，重点建设支出以及中央政府调整国民经济结构、协调地区发展，实施宏观调控的支出。地方财政支出主要包括地方行政管理和各项事业费，地方统筹的基本建设、技术改造支出，支援农村生产支出，城市维护，建设经费和价格补贴支出等。

信贷资金 国家银行用于发放贷款的资金叫信贷资金。中国人民银行信贷资金的来源有各项存款、对国际金融机构负债、流通中货币、银行自有资金及当年结益等。信贷资金的运用有各项贷款、黄金占款、外汇占款、财政借款及在国际金融机构中的资产等。

存款 企业、机关、团体或居民根据可以收回的原则，把货币资金存入银行或其他信用机构保管并取得一定利息的一种信用活动形式。根据存款对象的不同可划分：企业存款、财政存款、机关团体存款、对外贸易存款、城乡居民储蓄存款、农村存款等科目，它是银行信贷资金的主要来源。

贷款 银行或其他信用机构根据必须归还的原则，按一定利率，为企业、个人等提供资金的一种信用活动形式。我国银行贷款，分流动资金贷款、固定资产贷款、城乡个体工商户贷款以及农业贷款等科目。

保险金额 指保险人承担赔偿或者给付保险金责任的最高限额。

保费 指投保人为取得保险人在约定范围内所承担赔偿责任而支付给保险人的费用。

赔款 指保险人根据保险合同的规定，向被保险人支付的赔偿保险责任损失的金额。

九、农　业

AGRICULTURE

本篇内容包括:

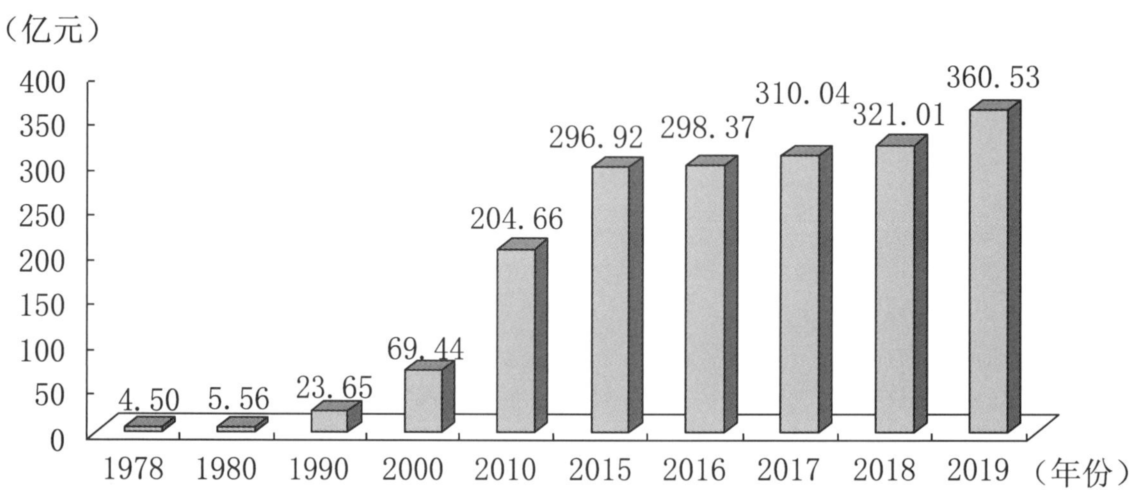
农林牧渔业总产值
（亿元）
400
350
300
250
200
150
100
50
0
4.50
5.56
23.65
69.44
204.66
296.92
298.37
310.04
321.01
360.53
1978
1980
1990
2000
2010
2015
2016
2017
2018
2019
（年份）

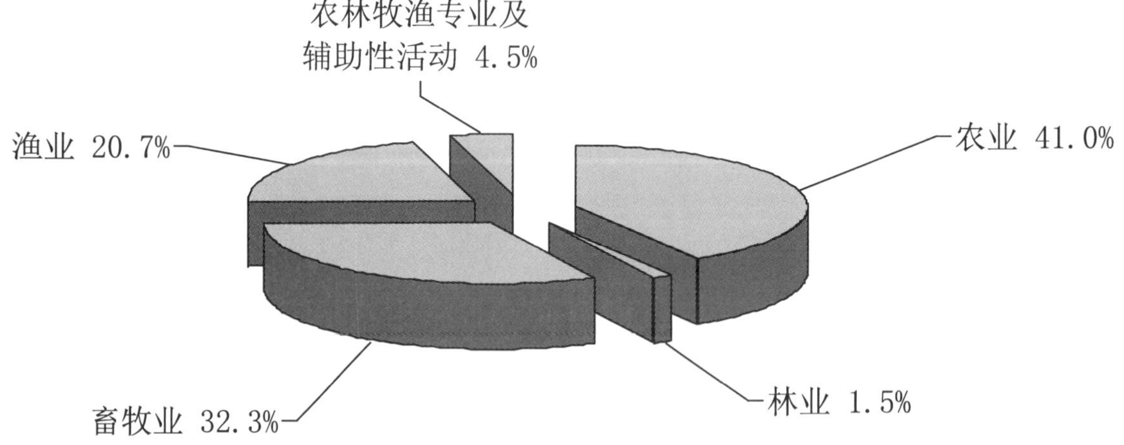
2019年农林牧渔业占总产值比重
农林牧渔专业及
辅助性活动 4.5%
渔业 20.7%
农业 41.0%
林业 1.5%
畜牧业 32.3%

9-1 农村乡镇基本情况

项　　目	2018	2019	项　　目	2018	2019
一、乡镇政府(个)	80	80	五、自来水受益村委会个数(个)	640	706
#镇　政　府	52	52	占村委会总个数比重(%)	54.3	59.9
二、村民委员会(个)	1178	1178	六、通宽带的村委会个数(个)	1174	1176
三、村民小组(个)	9508	9614	占村委会总个数比重(%)	99.7	99.8
四、通有线电视的村委会个数	1165	1166			
占村委会总个数比重(%)	98.9	99.0			

9-2 县区乡镇组织（2019年）

地　　区	乡镇政府(个)	#镇政府	村民委员会(个)	村民小组(个)
合　　计	**80**	**52**	**1178**	**9614**
东 湖 区	1	1	21	91
西 湖 区	1	1	13	74
青云谱区	1	1	12	69
青山湖区	4	4	60	286
新 建 区	18	12	287	1890
红谷滩区	1	1	36	121
南 昌 县	16	9	263	2362
安 义 县	10	7	104	1141
进 贤 县	21	9	264	2831
经济开发区	1	1	29	202
高新开发区	2	2	50	308
湾里管理局	4	4	39	239

注：村民委员会含具有村一级行政管理职能的农、林、牧、渔场。

9-3 县区农村劳动力资源及乡村从业人员（2019年）

单位：人

项目	劳动力资源总数	男性	女性	从业人员合计	男性	女性
全市	**1708380**	**916914**	**791466**	**1406343**	**759307**	**647036**
东湖区	21250	11055	10195	15928	8316	7612
西湖区	15485	8146	7339	13380	7537	5843
青云谱区	24200	13213	10987	20536	11835	8701
青山湖区	91196	51041	40155	73791	40296	33495
新建区	302072	161985	140087	251591	136056	115535
红谷滩区	29566	17952	11614	25952	13920	12032
南昌县	469007	250849	218158	372550	202621	169929
安义县	127412	67280	60132	110109	57188	52921
进贤县	470578	250756	219822	391265	209746	181519
经济开发区	42429	24437	17992	32389	19323	13066
高新开发区	88760	46092	42668	76358	40301	36057
湾里管理局	26425	14108	12317	22494	12168	10326

9-4 县区农林牧渔业总产值（2019年）

(按当年价格计算)　　单位：万元

地区	农林牧渔业总产值	农业产值	林业产值	畜牧业产值	渔业产值	农林牧渔专业及辅助性活动产值
合　计	**3605304**	**1477246**	**54383**	**1164134**	**747244**	**162298**
东湖区	12019	9266	214	675	1832	32
西湖区						
青云谱区						
青山湖区	4660	2636			1924	100
新建区	1064404	405830	21451	361743	226210	49171
红谷滩区	27218	11837		11137	2893	1351
南昌县	1080958	512970	4849	350687	171362	41090
安义县	236429	110003	7707	61966	38726	18027
进贤县	1047228	368900	11962	345146	285389	35831
经济开发区	23932	4779	603	12920	4528	1102
高新开发区	64244	31217	174	15250	13610	3993
湾里管理局	44212	19808	7423	4610	770	11601

9-5 农、林、牧、渔业总产值

单位：万元

项　目	2018	2019	2019年比上年增长 %
农林牧渔业总产值	**3210112**	**3605304**	**3.0**
一、农业产值	**1417402**	**1477246**	**4.1**
粮食作物	565654	647400	14.9
经济作物	102965	101243	0.9
蔬菜、食用菌及花卉盆景园艺	566554	565526	-1.5
水果、坚果、茶、饮料和香料	62149	57566	-14.0
中草药材	6023	7070	17.7
其他农作物	114057	98441	-9.2
二、林业产值	**49648**	**54383**	**6.3**
林木的培育和种植	28526	31505	7.3
林产品	12716	14081	9.0
竹木采运	8406	8797	-1.3
三、畜牧业产值	**872244**	**1164134**	**0.9**
牲畜饲养	48945	55208	2.8
#牛	38198	44238	9.0
羊	908	1720	59.8
猪的饲养	556243	748167	1.1
家禽的饲养	265840	274347	-0.4
狩猎和捕捉动物	24	27	12.5
四、渔业产值	**730770**	**747244**	**1.9**
五、农林牧渔专业及辅助性活动产值	**140048**	**162298**	**9.2**

注:增长速度系按可比价格(即上年价格)计算。

9-6 农林牧渔业商品产值和商品率

年 份	农林牧渔业商品产值(万元)	农 业	林 业	畜 牧 业	渔 业	农林牧渔专业及辅助性活动	农林牧渔业商品率(%)
1990	142005	75753	595	52649	13008		59.8
2000	472610	151913	3397	190211	127089		68.1
2010	1580847	487820	7512	679069	389627	16819	77.2
2011	1780058	553606	8146	773292	429117	15897	77.5
2012	1942797	605566	9264	802242	508696	17029	77.9
2013	2072139	639598	9914	841428	562953	18246	77.9
2014	2206524	678114	11593	893998	602783	20036	77.8
2015	2305370	766448	12226	871941	636700	18055	77.6
2016	2291122	849750	24838	707597	698671	10266	75.3
2017	2360449	932086	21434	772821	622756	11352	76.1
2018	2477235	982742	20527	774809	688167	10990	77.2
2019	2797259	1022963	22138	1044925	694934	12299	77.6

9-7 农林牧渔业商品产值和商品率（分县区，2019年）

年 份	农林牧渔业商品产值(万元)	农 业	林 业	畜 牧 业	渔 业	农林牧渔专业及辅助性活动	农林牧渔业商品率(%)
合 计	**2797259**	**1022963**	**22138**	**1044925**	**694934**	**12299**	**77.6**
东 湖 区	9127	7027	162	524	1389	25	75.9
青山湖区	3933	2113			1730	90	84.4
新 建 区	809093	251849	5086	349547	202611		76.0
红谷滩区	19932	9194		8571	2167		73.2
南 昌 县	880293	406785	3585	304901	165022		81.4
安 义 县	172137	91904	3466	47295	29472		72.8
进 贤 县	813674	217521	7769	308543	279841		77.7
经济开发区	20248	4719	579	9653	4269	1028	84.6
高新开发区	43074	19664		11920	7834	3656	67.0
湾里管理局	25748	12187	1491	3971	599	7500	58.2

9-8 农林牧渔业总产出、中间消耗和增加值

项 目	绝对数(万元)		构 成(%)	
	2018	2019	2018	2019
一、农林牧渔业总产出	**3210112**	**3605304**	**100.0**	**100.0**
农 业	1417402	1477246	44.1	41.0
林 业	49648	54383	1.5	1.5
畜 牧 业	872244	1164134	27.2	32.3
渔 业	730770	747244	22.8	20.7
农林牧渔专业及辅助性活动	140048	162298	4.4	4.5
二、农林牧渔业中间消耗	**1232345**	**1394203**	**100.0**	**100.0**
农 业	511441	526764	41.5	37.8
林 业	19063	20887	1.5	1.5
畜 牧 业	398593	527502	32.3	37.8
渔 业	234148	238988	19.0	17.1
农林牧渔专业及辅助性活动	69100	80064	5.6	5.7
三、农林牧渔业增加值	**1977767**	**2211101**	**100.0**	**100.0**
农 业	905961	950482	45.8	43.0
林 业	30585	33496	1.5	1.5
畜 牧 业	473651	636632	23.9	28.8
渔 业	496622	508256	25.2	23.0
农林牧渔专业及辅助性活动	70948	82234	3.6	3.7

9-9 农林牧渔业总产出、中间消耗和增加值（分县区，2019年）

地　区	农林牧渔业总产出（万元）	农林牧渔业中间消耗（万元）	农林牧渔业增加值（万元）	占总产出比重(%)	
				中间消耗	增加值
合　计	**3605304**	**1394203**	**2211101**	**38.7**	**61.3**
东湖区	12019	5193	6826	43.2	56.8
西湖区					
青云谱区					
青山湖区	4660	1720	2940	36.9	63.1
新建区	1064404	414897	649507	39.0	61.0
红谷滩区	27218	11663	15555	42.9	57.1
南昌县	1080958	420712	660246	38.9	61.1
安义县	236429	91935	144494	38.9	61.1
进贤县	1047228	395146	652082	37.7	62.3
经济开发区	23932	10707	13225	44.7	55.3
高新开发区	64244	24061	40183	37.5	62.5
湾里管理局	44212	18169	26043	41.1	58.9

9-10　农林牧渔业中间消耗

项　　目	绝对数(万元)		构　　成(%)	
	2018	2019	2018	2019
总　　额	**1232345**	**1394203**	**100.0**	**100.0**
一、物质消耗	1061051	1198827	86.1	86.0
#用种量	188006	206823	15.3	14.8
饲料、饲草	435980	537014	35.4	38.5
肥料	129281	132753	10.5	9.5
燃料	59075	62338	4.8	4.5
农药	16868	16688	1.4	1.2
用电量	97000	98737	7.9	7.1
小农具购置	4406	4497	0.4	0.3
办公用品购置	1296	1340	0.1	0.1
其他物质消耗	129139	138637	10.5	9.9
二、生产服务支出	171294	195376	13.9	14.0

9-11 农林牧渔业中间消耗率（分县区，2019年）

单位：%

地　区	农　业	林　业	畜 牧 业	渔　业	农林牧渔专业及辅助性活动
合　计	**35.7**	**38.4**	**45.3**	**32.0**	**49.3**
东 湖 区	43.2	43.9	55.6	38.5	46.9
西 湖 区					
青云谱区					
青山湖区	35.9			37.5	52.0
新 建 区	35.6	35.4	46.0	31.7	50.1
红谷滩区	41.2		44.0	41.0	52.0
南 昌 县	35.6	42.4	45.9	32.1	48.6
安 义 县	35.5	40.9	45.3	31.9	51.5
进 贤 县	35.1	37.2	44.2	31.9	49.6
经济开发区	39.0	36.5	51.4	31.7	50.1
高新开发区	36.7	39.1	38.9	33.0	53.1
湾里管理局	40.3	43.8	37.7	31.7	42.7

9-12 农作物播种面积和产量（2019年）

项　　目	播种面积 （万公顷）	单　　产 （千克/公顷）	总 产 量 （万 吨）
合　　计	**46.44**		
一、粮食作物	**32.88**	**7114**	**233.88**
1.谷物	31.55	7270	229.39
稻谷	31.19	7284	227.20
早稻	12.77	6505	83.09
晚稻	18.42	7823	144.12
一晚	5.17	8815	45.60
二晚	13.25	7436	98.51
小麦	0.01	1718	0.02
杂谷	0.35	6202	2.16
2.豆类	0.81	1923	1.55
#大豆	0.70	1936	1.35
3.薯类	0.52	5697	2.95
二、经济作物	**13.57**		
#棉花	0.11	1390	0.15
油料	6.85	1643	11.26
花生	1.57	3455	5.41
油菜籽	4.64	1139	5.29
芝麻	0.64	863	0.55
甘蔗	0.11	42246	4.47
蔬菜	4.12	31621	130.34
瓜果类	0.4	24891	9.85
其他类	1.91		

9-13 农作物播种

项　　目	全市	东湖区	西湖区	青云谱区	青山湖区	新建区
合　　计	**464422**	**2003**			**1190**	**117866**
一、粮食作物	**328768**	**298**			**1040**	**88336**
1.谷物	315539	298			1040	84919
稻谷	311933	298			1040	84743
早稻	127719	41			233	34894
晚稻	184214	257			807	49849
一晚	51735	217			553	12872
二晚	132479	40			254	36977
小麦	117					117
杂谷	3489					59
2.豆类	8053					1389
#大豆	6997					1098
3.薯类	5176					2028
二、经济作物	**135654**	**1705**			**150**	**29530**
#棉花	1095					160
油料	68510					16833
花生	15672					4313
油菜籽	46416					12088
芝麻	6422					432
药材	670					
甘蔗	1059					73
蔬菜	41219	1705			150	6364
瓜果类	3957					705
其他类	19144					5395

面积（分县区，2019年）

单位：公顷

红谷滩区	南昌县	安义县	进贤县	经济开发区	高新开发区	湾里管理局
3119	**143264**	**48607**	**129295**	**1258**	**14979**	**2841**
1834	**109846**	**25796**	**85443**	**781**	**13360**	**2034**
1667	108181	24197	79265	763	13279	1930
1667	108104	23646	76479	763	13263	1930
223	43741	7082	36046	39	5130	290
1444	64363	16564	40433	724	8133	1640
715	19776	8908	3799	685	2880	1330
729	44587	7656	36634	39	5253	310
	77	551	2786		16	
134	862	475	5097	4	30	62
125	497	275	4971	4	9	18
33	803	1124	1081	14	51	42
1285	**33418**	**22811**	**43852**	**477**	**1619**	**807**
		878	54	3		
728	8349	10804	31121	192	303	180
408	1035	1246	8592	18	38	22
268	7277	9342	16865	174	254	148
52	37	216	5664		11	10
			601	55		14
	356	73	537		20	
557	15034	8583	7201	206	1185	234
	790	684	1665	11	90	12
	8889	1789	2673	10	21	367

9-14 农作物总

项 目	全市	东湖区	西湖区	青云谱区	青山湖区	新建区
一、粮食作物	**2338847**	**1794**			**7690**	**633336**
1.谷物	2293875	1794			7690	619277
稻谷	2272036	1794			7690	618778
早稻	830865	195			1223	224292
晚稻	1441171	1599			6467	394486
一晚	456034	1353			4562	117795
二晚	985137	246			1905	276691
小麦	201					201
杂谷	21638					298
2.豆类	15483					2521
#大豆	13547					2129
3.薯类	29489					11538
二、经济作物						
#棉花	1522					177
油料	112557					27120
花生	54149					17549
油菜籽	52864					9266
芝麻	5544					305
药材						
甘蔗	44738					2482
蔬菜	1303391	54575			3820	138096
瓜果类	98495					19375
其他类						

产量（分县区，2019年）

单位：吨

红谷滩区	南昌县	安义县	进贤县	经济开发区	高新开发区	湾里管理局
10952	**851403**	**178847**	**538986**	**5262**	**98817**	**11760**
10787	843525	170483	524852	5179	98680	11608
10787	843030	166932	507665	5179	98573	11608
1333	288575	43663	235725	211	34082	1566
9454	554455	123269	271940	4968	64491	10042
4578	190892	70272	29976	4694	23732	8180
4876	363563	52997	241964	274	40759	1862
	495	3551	17187		107	
141	2559	1219	8905	15	52	71
129	1663	867	8705	15	17	22
24	5319	7145	5229	68	85	81
		1304	38	3		
1848	12889	20596	49222	202	451	229
1350	4318	3010	27789	28	82	23
490	8472	17376	16533	174	362	191
8	99	210	4900		7	15
	17474	5520	18616		646	
14955	654740	199939	195064	3846	35402	2954
	24863	20306	31174	411	2175	191

9-15　茶叶、水果生产情况

项　目	2018	2019	2019年比上年增长%
一、产量(吨)			
茶　叶	1868	1843	-1.3
#红　茶	31	31	
绿　茶	1825	1800	-1.4
园林水果	41668	41925	0.6
#柑　桔	24312	22917	-5.7
梨　子	2608	2649	1.6
桃　子	1963	2030	3.4
二、年末茶园面积(公顷)	**1366**	**1445**	**5.8**
#当年采摘	1311	1353	3.2
当年新增	75	80	6.7
三、年末果园面积(公顷)	**6721**	**6928**	**3.1**
#当年新增	1485	209	-85.9

9-16 茶叶、水果产量（分县区，2019年）

单位：吨

地 区	茶叶	#红茶	绿茶	园林水果	#柑桔	梨
合 计	**1 843**	**31**	**1 800**	**41 925**	**22 917**	**2 649**
新 建 区	11		1	3 817	1 736	209
红 谷 滩 区	11		11	268	268	
南 昌 县	797	17	780	5 477	4 743	493
安 义 县	1			12 546	3 626	1 258
进 贤 县	844	14	830	15 647	10 795	639
经济开发区	129		129	270	100	
高新开发区				1 796	1 649	
湾里管理局	50		49	2 104		50

9-17 茶园、果园面积（分县区，2019年）

单位：公顷

地 区	茶 园	果 园	#柑 桔	梨
合 计	**1445**	**6928**	**3858**	**747**
新 建 区	33	481	266	32
红 谷 滩 区	46	7	7	
南 昌 县	168	361	287	46
安 义 县	1	1855	444	418
进 贤 县	609	3831	2726	242
经济开发区	60	16	6	
高新开发区		164	122	
湾里管理局	528	213		9

9-18 林业生产情况

项　　目	2018	2019	2019年比上年增长%
一、当年荒山荒(沙)地造林面积(公顷)	1374	904	-34.2
#用　材　林	147	23	-84.4
经　济　林	546	657	20.3
防　护　林	681	224	-67.1
二、飞播造林面积(公顷)			
三、当年新封山(沙)育林面积(公顷)	1000	1000	
四、森林改培面积(公顷)			
五、森林抚育面积(公顷)	3500	4303	22.9
六、人工更新面积(公顷)	40		
七、封山育林面积(公顷)	10969		
八、零星(四旁)植树(万株)	121		
九、育苗面积(公顷)	2507		
十、主要产品产量			
油　桐　籽(吨)			
油　茶　籽(吨)	27918	8514	-69.5
板　　栗(吨)	15	10	-33.3
棕　　片(吨)			
松　　脂(吨)	185		
木材采伐(万立方米)	1.60	1.44	-10.0
竹材采伐(万根)	6.77	6.00	-11.4

9-19 牧业生产

项　　目	全　市	东湖区	西湖区	青云谱区	青山湖区	新建区
一、出栏肉猪头数(万头)	220.97					70.94
出售和自宰肉用牛(头)	42559	763				6684
出售和自宰肉用羊(只)	25758	103				7127
出售和自宰肉用兔(只)	12143					
出售和自宰肉用禽(万只)	5654.27	4.06				784.19
二、肉类总产量(吨)	286487	139				76924
猪　　肉	200910					63847
牛　　肉	4249	76				680
羊　　肉	401	2				121
兔　　肉	22					
禽　　肉	79956	61				11371
三、牛奶产量(吨)	24072					6783
四、年底养蜂数(箱)	4166					197
蜂蜜产量(吨)	171					2
五、禽蛋产量(吨)	157721	62				13582
六、牛年底数(头)	118906					19584
#能繁殖母牛	66643					18325
#肉　牛	96437					17732
奶　牛	11488					1752
七、猪年底数(万头)	73.68					24.35
#能繁殖母猪（头）	81756					29680
八、羊年底数(只)	25332					6953
九、兔年底数(只)	6651					
十、家禽年底数(万只)	3227.31					525.06
十一、蚕茧产量(吨)						

情况(分县区，2019年)

红谷滩区	南昌县	安义县	进贤县	经济开发区	高新开发区	湾里管理局
3.21	69.99	15.92	57.12		3.79	
443	10636	4866	17107	1517	409	134
	1699	12488	3161	651	40	489
		12143				
13.03	2686.57	227.61	1906.27	4.72	18.44	9.38
2102	98326	18863	86098	213	3658	164
1925	62991	14833	54009		3305	
45	1063	487	1690	153	40	15
	33	187	36	12	1	9
		22				
132	34239	3290	30363	48	312	140
	2040		11147	4102		
	166	869	2934			
	7	61	101			
130	104159	6238	32434	36	707	373
2257	20932	12886	58631	3723	785	108
791	8351	10315	27396	892	553	20
1765	19219	8691	48495	535		
	1613		4935	3188		
0.85	23.71	4.22	19.94		0.62	
706	25520	3110	21296		1444	
	2354	10883	4228	238	73	603
		6651				
9.96	1177.84	143.99	1344.24	4.32	15.61	6.29

9-20 牧业生产情况

项　　目	2018	2019	2019年比上年增长%
一、肉猪出栏数(万头)	290.02	220.97	-23.8
出售和自宰肉用牛(万头)	3.88	4.26	9.7
出售和自宰肉用羊(只)	30767	25758	-16.3
出售和自宰肉用兔(只)	12138	12143	0.0
出售和自宰肉用禽(万只)	4634.75	5654.27	22.0
二、肉类总量(万吨)	31.43	28.65	-8.8
猪　肉(万吨)	24.32	20.09	-17.4
牛　肉(吨)	3947	4249	7.7
羊　肉(吨)	483	401	-17.0
兔　肉(吨)	22	22	
禽　肉(万吨)	6.57	8.00	21.7
三、牛奶产量(万吨)	3.96	2.41	-39.3
四、年底养蜂数(箱)	4138	4166	0.7
蜂蜜产量(吨)	171	171	
五、禽蛋产量(万吨)	11.88	15.77	32.8
六、牛年底数(万头)	11.03	11.89	7.8
#能繁殖母牛	7.32	6.66	-8.9
#肉　牛	9.05	9.64	6.5
奶　牛	1.32	1.15	-12.7
七、猪年底数(万头)	145.46	73.68	-49.3
#能繁殖母猪	14.17	8.18	-42.3
八、羊年底数(只)	24325	25332	4.1
九、兔年底数(只)	6680	6651	-0.4
十、家禽年底数(万只)	2631.50	3227.31	22.6
十一、蚕茧产量(吨)			

9-21 渔业生产情况

项　　目	2018	2019	2019年比上年增长%
一、渔业乡(个)	3	3	
二、渔业村(个)	25	25	
三、渔业户(万户)	2.75	2.69	-2.2
四、渔业人口(万人)	12.05	11.85	-1.7
五、渔业从业人员(万人)	7.61	7.56	-0.7
专业从业人员(万人)	4.01	3.93	-2.0
#捕　　捞	0.72	0.71	-1.4
养　　殖	2.78	2.69	-3.2
兼业从业人员(万人)	2.44	2.46	0.8
六、已养殖面积(万公顷)	5.36	5.36	
#池　　塘	1.65	1.65	
水　　库	0.46	0.46	
湖　　泊	2.90	2.90	
七、养殖单产(千克/公顷)	6551	6988	6.7
#池　　塘	13327	14387	8.0
水　　库	5610	5535	-1.3
湖　　泊	2534	2515	-0.8
八、水产品总产量(万吨)	40.44	42.00	3.9
#养　　殖	35.09	37.45	6.7
#池　　塘	22.01	23.79	8.1
水　　库	2.58	2.54	-1.6
湖　　泊	7.35	7.29	-0.8
#鱼　　类	34.41	35.81	4.1
甲 壳 类	3.36	3.69	9.8
贝　　类	2.20	2.04	-7.3
九、珍珠产量(吨)	6.00	4.00	-33.3
十、鱼苗产量(亿尾)	37.77	31.35	-17.0
十一、鱼种产量(吨)	41090	41518	1.0

注:本表数据来源于市农业农村局。

9-22 渔业生产

项　　目	全　市	东湖区	青云谱区	青山湖区	新建区
一、渔业乡(个)	3				1
二、渔业村(个)	25	1			7
三、渔业户(万户)	26948	196		143	3996
四、渔业人口(万人)	118513	714		574	13947
五、渔业从业人员(万人)	75604	586		496	8585
专业从业人员(万人)	39255	286		289	5016
#捕　　捞	7113	186			1468
养　　殖	26931	100		289	2365
兼业从业人员(万人)	24645	300		207	3032
六、已养殖面积(万公顷)	53594	127		118	7554
#池　　塘	16538	127		118	2559
水　　库	4596				1950
湖　　泊	28999				1945
七、养殖单产(千克/公顷)	6988	9563		10512	11271
#池　　塘	14387	9563		10512	17105
水　　库	5535				7223
湖　　泊	2515				5680
八、水产品总产量(万吨)	419996	1270		1239	95501
#养　　殖	374535	1219		1239	85149
#池　　塘	237940	1219		1239	43765
水　　库	25439				14082
湖　　泊	72921				11046
#鱼　　类	358108	1263		1239	78666
甲　壳　类	36923	7			13997
贝　　类	20429				2774
九、珍珠产量(吨)	4				
十、鱼苗产量(亿尾)	31.35				8.29
十一、鱼种产量(吨)	41518				5860

注:本表数据来源于市农业农村局。

情况（分县区，2019年）

红谷滩区	南昌县	安义县	进贤县	经济开发区	高新开发区	湾里管理局
			2			
	1		13	3		
7	10679	1273	8834	176	1600	44
30	38445	5916	54138	722	3852	175
32	31335	4147	27638	353	2282	150
12	20391	2077	9531	313	1280	60
	1728	188	3208	15	320	
6	15957	1562	5749	153	710	40
11	8317	1847	10139	30	682	80
30	11437	3060	28479	394	2278	116
30	8270	2193	2219	260	743	19
	95	833	1568	54		97
	1148		24371		1534	
11100	11419	10693	3929	7340	3567	3028
11100	13687	14022	17677	9688	7478	7554
	4260	2152	5609	2896		2159
	1313		2372		1673	
333	145057	34304	130000	2972	8967	353
333	130605	32722	111900	2891	8126	351
333	113182	30752	39231	2519	5559	141
	403	1792	8796	156		210
	1508		57800		2567	
333	123894	31017	109445	2971	8932	348
	12775	506	9607	1	30	
	6968	2027	8660			
		4				
	8.70	2.36	12.00			
43	21757	3619	9332		883	

9-23 农业经济

项 目	全市	东湖区	西湖区	青云谱区	青山湖区
农业劳动力创造农林牧渔业总产值(元/人)	58253	11261			58032
农业劳动力创造农林牧渔业增加值(元/人)	35726	6396			36613
农业劳动力创造农林牧渔业商品产值(元/人)	45197	8551			48979
农业劳动力生产农产品(千克/人)					
粮 食	3779	168			9577
棉 花	2				
油 料	182				
肉 类	463	13			
水 产 品	679	119			1543

效益（分县区，2019年）

新建区	红谷滩区	南昌县	安义县	进贤县	经济开发区	高新开发区	湾里管理局
67957	29508	54191	58005	64102	31765	33553	39146
41468	16864	33100	35450	39914	17554	20987	23059
51656	21609	44131	42232	49806	26875	22496	22798
4044	1187	4268	4388	3299	698	5161	1041
1			32	0	0		
173	200	65	505	301	27	24	20
491	228	493	463	527	28	191	15
610	36	727	842	796	394	468	31

9-24 主要农业机械年末拥有量

项　目	2018	2019	2019年比上年增长%
一、农业机械总动力（万千瓦）	**256.46**	**268.48**	**4.7**
#柴油发动机动力	198.40	207.85	4.8
汽油发动机动力	15.29	15.53	1.6
电动机动力	42.74	45.08	5.5
二、主要农业机械与设备			
大中型拖拉机(混合台)	8999	9638	7.1
大中型拖拉机(万千瓦)	45.69	49.48	8.3
小型拖拉机(混合台)	64117	64213	0.1
小型拖拉机(万千瓦)	70.58	70.70	0.2
大中型拖拉机配套农具(部)	7966	8460	6.2
小型拖拉机配套农具(部)	56249	57006	1.3
农用排灌动力机械(台)			
农用排灌动力机械(万千瓦)			
#柴油机(台)			
柴油机(万千瓦)			
电动机(台)			
电动机(万千瓦)			
农用水泵(台)	36763	37309	1.5
节水灌溉类机械(套)	237	237	
联合收获机(台)	6266	6474	3.3
机动割晒机(台)			
机动脱粒机(台)	4745	4821	1.6

注:本表数据来源于市农业农村局。

9-25 农业机耕、水电、化肥、水利情况

项　　目	2018	2019	2019年比上年增长%
一、农业机械化情况			
当年实际机耕面积(千公顷)	380.71	362.72	-4.7
当年实际机播面积(千公顷)	146.69	151.26	3.1
当年实际机收面积(千公顷)	342.63	334.08	-2.5
当年实际机电灌溉面积(千公顷)	147.81	149.31	1.0
二、农业电气化情况			
农村用电量(万千瓦小时)	137426	140028	1.9
乡镇村办水电站个数(个)			
发电能力(千瓦)			
三、农业化学化情况			
化肥施用量(实物量)(万吨)	35.40	34.75	-1.9
氮　　肥	9.77	7.60	-22.2
磷　　肥	7.04	5.78	-17.9
钾　　肥	5.11	4.17	-18.4
复　合　肥	13.49	17.20	27.5
化肥施用量(折纯量)(万吨)	13.49	13.27	-1.7
氮　　肥	3.20	2.77	-13.3
磷　　肥	2.12	1.83	-13.6
钾　　肥	2.25	1.87	-16.8
复　合　肥	5.92	6.79	14.6
农用塑料薄膜使用量(吨)	1926	1870	-2.9
#地膜使用量(吨)	1002	954	-4.8
地膜覆盖面积(公顷)	7717	7196	-6.8
农药使用量(吨)	3314	3296	-0.5
农用柴油使用量(吨)	33588	33361	-0.7
四、农业水利化情况			
总灌溉面积(千公顷)	196.48	196.58	

9-26 农业电气化情况（分县区，2019年）

地　　区	农村用电量（万千瓦小时）	乡镇村办水电站个数（个）	水电站发电能力（千瓦）
合　　计	**140028**		
东 湖 区	1819		
西 湖 区			
青云谱区	1827		
青山湖区	21965		
新 建 区	18319		
红谷滩区	1489		
南 昌 县	42917		
安 义 县	5223		
进 贤 县	29822		
经济开发区	3204		
高新开发区	11519		
湾里管理局	1924		

9-27 农业水利化情况（分县区，2019年）

地　　区	总灌溉面积（千公顷）	耕地灌溉面积（有效灌溉面积）（千公顷）	林地灌溉面积（千公顷）	园地灌溉面积（千公顷）
合　　计	**196.58**	**189.90**	**4.52**	**2.16**
东 湖 区	0.01	0.01		
青山湖区	10.50	8.99		1.51
新 建 区	38.34	37.04	0.65	0.65
南 昌 县	73.64	69.77	3.87	
安 义 县	18.82	18.82		
进 贤 县	52.59	52.59		
湾里管理局	2.68	2.68		

注:本表数据来源于市水利局。

9-28 农业化学化

地 区	化肥施用量（实物量）	氮 肥	磷 肥	钾 肥
合 计	**347449**	**76010**	**57773**	**41709**
东湖区	659	140	147	184
西湖区				
青云谱区				
青山湖区	978	210	540	103
新建区	90785	9942	12558	5495
红谷滩区	4231	1517	1450	695
南昌县	114175	22765	14447	16686
安义县	32693	9357	9145	6695
进贤县	89720	27878	17218	10408
经济开发区	3627	1212	962	504
高新开发区	8920	2654	998	699
湾里管理局	1661	335	308	240

情况（分县区，2019年）

单位:吨

复合肥	化肥施用量（折纯量）	氮 肥	磷 肥	钾 肥	复合肥
171958	**132650**	**27712**	**18335**	**18730**	**67873**
188	278	60	64	83	71
125	269	58	109	51	51
62790	30022	4578	2512	2564	20368
569	1437	475	419	338	205
60277	52349	7179	6921	8259	29990
7496	15395	4404	4141	3327	3523
34217	29247	9924	3685	3662	11976
949	879	282	199	163	235
4569	2154	646	219	189	1100
778	620	106	66	94	354

9-29 水 利 灌 溉 设 施

(年末数)

项　　目	2018	2019
一、水利工程数量		
水库数量(座)	493	485
其中：大(1)型		
大(2)型		
中　型	8	8
小(1)型	68	68
小(2)型	417	409
塘坝数量(座)	3616	3616
窖池数量(座)	282	282
水电站数量(座)	7	8
泵站数量(处)	3176	3176
水闸数量(座)	2661	2661
农村集中式供水工程数量(处)	769	268
机电井数量(眼)	173964	173964
二、灌溉面积(千公顷)		
总灌溉面积	196.48	196.58
#耕地灌溉面积(有效灌溉面积)	189.80	189.90
新增耕地灌溉面积	0.03	0.10
减少耕地灌溉面积		
实际耕地灌溉面积	181.68	180.78

注:本表数据来源于市水利局。

9-30　主要年份农作物受灾情况

单位：公顷

年　份	受灾面积	旱　灾	水　灾	病虫灾	其　他
1990	212673	115160	70073	4767	22673
2000	36968	13403	4917		18648
2010	189127		127492		61635
2011	91065	33590	53163		4312
2012	23356		22460		896
2013	35048	21295	13506		269
2014	22028		18934		3094
2015	24524		23684		840
2016	24474		24061		413
2017	21613		19641		1972
2018	12398	7115	2428		2855
2019	46391	26842	19382		167

9-30 续表

单位：公顷

年　份	成灾面积	旱　灾	水　灾	病虫灾	其　他
1990	105327	62280	33860	2287	6900
2000	30974	11402	3044		16528
2010	100526		72549		27977
2011	37456	13200	21816		2440
2012	11657		10861		791
2013	9906	7134	2794		
2014	8003		6826		1177
2015	14667		14667		
2016	9796		9783		13
2017	11503		9536		1967
2018	8258	4885	1597		1776
2019	12709	5636	6969		104

注：本表数据来源于市应急管理局。

9-31　农村扶贫对象分布情况（未脱贫）

单位：人

地　区	2018	2019
南 昌 市	10218	1822
新 建 区	2733	523
南 昌 县	983	143
安 义 县	2168	366
进 贤 县	3882	713
湾里管理局	452	77

注：本数据由市扶贫办提供，2018年数据截止时间为2019年2月，2019年数据截止时间为2020年2月。

9-32 生猪调出奖励大县农村经济情况（2019年）

项　目	新建区	南昌县	进贤县
农作物总播种面积(公顷)	117866	143264	129295
#粮　食	88336	109846	85443
粮食总产量(吨)	633336	851403	538986
棉花总产量(吨)	177		38
油料总产量(吨)	27120	12889	49222
肉类总产量(吨)	76924	98326	86098
农业机械总动力(万千瓦)	79.49	100.06	70.06
有效灌溉面积(公顷)	38340	73640	52590
化肥施用量(折纯量，吨)	30022	52349	29247
农村用电量(万千瓦小时)	18319	42917	29822
农林牧渔业总产值(当年价格)(万元)	1064404	1080958	1047228

主要统计指标解释

农林牧渔业总产值 指以货币表现的农、林、牧、渔业全部产品和对农林牧渔业生产活动进行的各种支持性服务活动的价值总量，它反映一定时期内农林牧渔业生产总规模和总成果。 1957年以前的农林牧渔业总产值中包括了厩肥和农民自给性手工业（如农民自制衣服、鞋、袜，自己从事粮食初步加工等)。1958年及以后，林业中增加了村及村以下竹木采伐产值；牧业中取消了厩肥产值；副业中取消了农民自给性手工业产值，增加了村及村以下办的工业产值；渔业中增加了海洋捕捞水产品产值。1980年及以后，在副业中增加了农民家庭兼营工业商品部分的产值。从1984年起村及村以下工业产值划归工业。从1993年起取消副业，将野生动物的捕猎划入牧业、野生植物采集和农民家庭兼营商品性工业划归农业。从2003年起，执行新的国民经济行业分类标准，农林牧渔业总产值中包括了农林牧渔服务业产值。林业中增加了森林采运业产值。农业中取消了家庭兼营商品性工业产值，将野生林产品的采集划归林业。

农林牧渔业总产值的计算方法通常是按农、林、牧、渔业产品及其副产品的产量分别乘以各自单位产品价格求得；少数生产周期较长，当年没有产品或产品产量不易统计的，则采用间接方法框算其产值。

农林牧渔业中间消耗 指各种经济类型的农业生产单位和农户，在农业生产经营过程中消耗的各种物质产品和劳务价值的总和。包括物质消耗和生产服务支出两个部分。计入中间消耗必须具备以下两个条件：一是与总产值相对应的生产过程中所消耗的物质产品和劳务；二是本期消耗的不属于固定资产的低值易耗品。

农林牧渔业增加值 指各种经济类型的农业生产单位和农户从事农业生产经营活动所提供的社会最终产品的货币表现。增加值的计算方法有两种，一是生产法：农林牧渔业增加值=农林牧渔业总产值一农林牧渔业中间消耗；二是分配法：农林牧渔业增加值=固定资产折旧+劳动者报酬+生产税净额+营业盈余。

粮食产量 指全社会的产量。包括国有经济经营的、集体统一经营的和农民家庭经营的粮食产量，还包括工矿企业办的农场和其他生产单位的产量。粮食除包括稻谷、小麦、玉米、高粱、谷子及其他杂粮外，还包括薯类和豆类。其产量计算方法，豆类按去豆荚后的干豆计算；薯类（包括甘薯和马铃薯，不包括芋头和木薯）1963年以前按每4公斤鲜薯折1公斤粮食计算，从1964年开始改为按5公斤鲜薯折1公斤粮食计算。城市郊区作为蔬菜的薯类（如马铃薯等）按鲜品计算，并且不作粮食统计。其他粮食一律按脱粒后的原粮计算。

油料产量 指全部油料作物的生产量。包括花生、油菜籽、芝麻、向日葵籽、胡麻籽（亚麻籽）和其他油料。不包括大豆、木本油料和野生油料。花生以带壳干花生计算。

水产品产量 指人工养殖的水产品和天然生长的水产品的捕捞量。包括海水的鱼类、虾蟹类、贝类和藻类以及内陆水域的鱼类、虾蟹类和贝类，不包括淡水生植物。水产品产量是通过各级水产和统计部门逐级上报取得数据。 1995年及以前，贝类中牡蛎按鲜肉计算；蚶、蛤、蛏5公斤鲜品折1斤计算。1996年以后则统一按鲜品计算。

猪、牛、羊肉产量 指当年出栏并已屠宰、除去头蹄下水后带骨肉（即胴体重）的重量。包括全社会范围内的产量。

期初（末）畜禽存栏头（只）数 指报告期初（末）农村各种合作经济组织和国营农场、农民个人、机关、团体、学校、工矿企业、部队等单位以及城镇居民饲养的大牲畜、猪、羊、家禽等畜禽的存栏数。

耕地面积 指可以用来种植农作物、经常进行耕锄的田地，包括熟地、当年新开荒地、连续撂荒未满三年的耕地和当年的休闲地（轮歇地)，还包括以种植农作物为主并附带种植桑树、茶树、果树和其他林木的土地，以及沿海、沿湖地区已围垦利用的“海涂”“湖田”等面积。但不包括属于专业性的桑园、茶园、果园、果木苗圃、林地、芦苇地、天然或人工草地面积。

农作物播种面积 指实际播种或移植有农作物的面积。凡是实际种植有农作物的面积，不论种植在耕地上还是种植在非耕地上，均包括在农作物播种面积中。在播种季节基本结束后，因遭灾而重新改种和补种的农作物面积，也包括在内。它是反映耕地面积利用情况的一个重要指标。

有效灌溉面积 指具有一定的水源，地块比较平整，灌溉工程或设备已经配套，在一般年景下当年能够进行正常灌溉的耕地面积。在一般情况下，有效灌溉面积应等于灌溉工程或设备已经配套，能够进行正常灌溉的水田和水浇地面积之和。它是反映耕地抗旱能力的一个重要指标。

农用化肥施用量 指本年内实际用于农业生产的化肥数量，包括氮肥、磷肥、钾肥和复合肥。化肥施用量要求按折纯量计算数量。折纯量是指把氮肥、磷肥、钾肥分别按含氮、含五氧化二磷、含氧化钾的100%成分进行折算后的数量。复合肥按其所含主要成分折算。公式为:

折纯量=实物量×某种化肥有效成分含量的百分比

农业机械总动力 指主要用于农、林、牧、渔业的各种动力机械的动力总和。包括耕作机械、排灌机械、收获机械、农用运输机械、植物保护机械、牧业机械、林业机械、渔业机械和其他农业机械［内燃机按引擎马力折成瓦（特）计算、电动机按功率折成瓦（特）计算］。不包括专门用于乡、镇、村、组办工业、基本建设、非农业运输、科学试验和教掌等非农业生产方面用的动力机械与作业机械。这个指标的统计数据主要来源于农机部门。

乡村从业人员 指乡村人口中劳动年龄（16周岁）以上实际参加生产经营活动并取得实物或货币收入的人员，包括劳动年龄内经常参加劳动的人员，也包括超过劳动年龄但经常参加劳动的人员。但不包括户口在家的在外学生、现役军人和丧失劳动能力的人，也不包括待业人员和家务劳动者。从业人员按从事主业时间最长（时间相同按收入）分为农业从业人员、工业从业人员、建筑业从业人员、交运仓储及邮政业从业人员、批零贸易和餐饮业从业人员、其他从业人员。

十、工　　业

INDUSTRY

本篇内容包括:

1. 规模以上工业企业单位数
2. 工业增加值、总产值
3. 主要工业产品产量
4. 规模以上工业企业经济指标
5. 工业园区主要指标

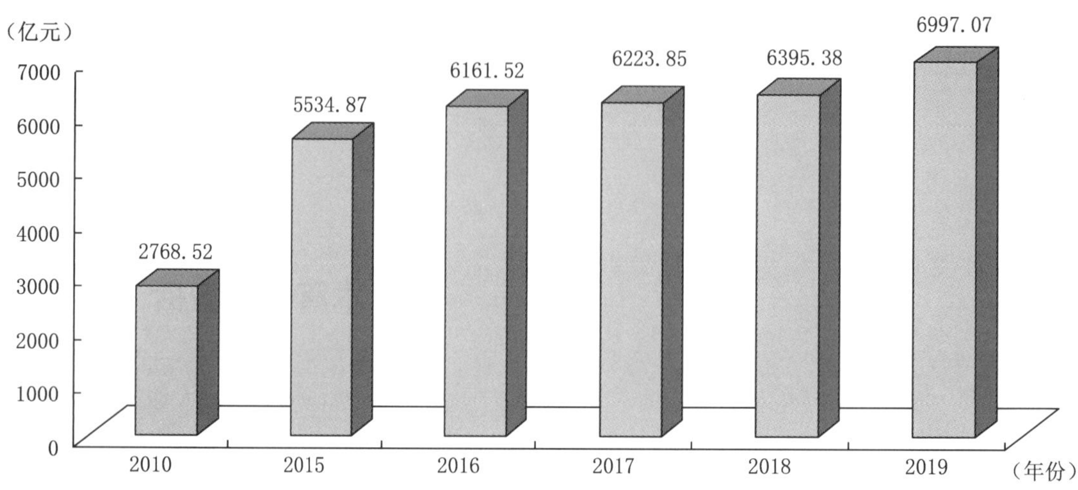

注：规模以上工业营业收入2018年及以前为主营业务收入数据。

2019年规模以上工业增加值构成

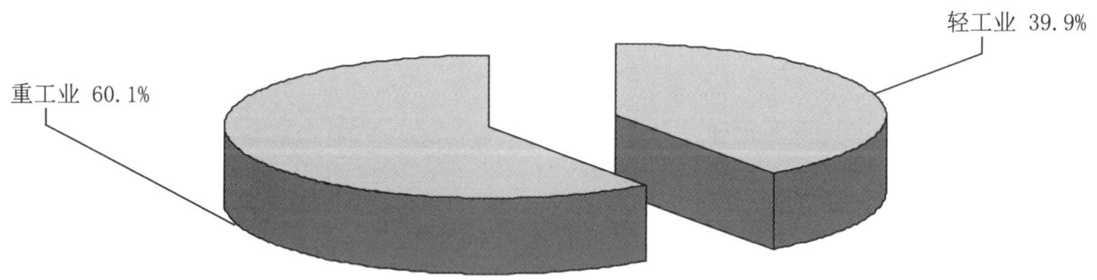

10-1 规模以上工业企业单位数（2019年）

类　　别	企业单位数(户)	#亏损企业
总　　计	**1451**	**239**
按登记注册类型分		
国有企业	8	2
集体企业	2	1
股份合作企业	7	1
股份制企业	1311	207
外商及港澳台商投资企业	118	28
其他经济类型企业	5	
#国有控股企业	104	21
按隶属关系分		
中央企业	18	1
地方企业	1433	238
按轻、重工业分		
轻工业	690	90
重工业	761	149
按企业规模分		
大型企业	46	8
中型企业	161	24
小型企业	1244	207

10-1 续表1

类　　别	企业单位数(户)	#亏损企业
按工业行业分		
农副食品加工业	90	18
食品制造业	30	5
酒、饮料和精制茶制造业	15	1
烟草制品业	1	
纺织业	70	17
纺织服装、服饰业	218	11
皮革、毛皮、羽毛及其制品和制鞋业	14	
木材加工和木、竹、藤、棕、草制品业	22	2
家具制造业	10	
造纸和纸制品业	19	3
印刷和记录媒介复制业	27	5
文教、工美、体育和娱乐用品制造业	12	
石油、煤炭及其他燃料加工业	4	2
化学原料和化学制品制造业	49	11
医药制造业	60	8
化学纤维制造业	2	1
橡胶和塑料制品业	54	8
非金属矿物制品业	130	22
黑色金属冶炼和压延加工业	18	1
有色金属冶炼和压延加工业	67	11
金属制品业	76	8

10-1 续表2

类　　别	企业单位数(户)	#亏损企业
通用设备制造业	57	10
专用设备制造业	62	11
汽车制造业	102	26
铁路、船舶、航空航天和其他运输设备制造业	8	1
电气机械和器材制造业	77	15
计算机、通信和其他电子设备制造业	97	36
仪器仪表制造业	13	4
其他制造业	5	
废弃资源综合利用业	9	
电力、热力生产和供应业	14	
燃气生产和供应业	8	1
水的生产和供应业	11	1
按地区分		
西 湖 区	2	
青云谱区	29	3
青山湖区	235	11
新 建 区	170	19
南 昌 县	330	54
安 义 县	143	24
进 贤 县	145	12
经济开发区	223	60
高新开发区	178	54
湾里管理局	24	7

注：本表总计数为集团公司按总部所在地统计，县区数据为集团公司按子公司所在地统计。

10-2　规模以上工业企业增加值

类　别	2018年比2017年增长（%）	2019年比2018年增长（%）
总　计	**9.5**	**8.5**
按登记注册类型分		
国有企业	-3.8	8.6
集体企业	-11.9	-11.0
股份合作企业	-55.7	50.8
股份制企业	12.3	8.9
外商及港澳台商投资企业	4.0	5.4
其他经济类型企业	88.5	38.9
#国有控股企业	5.0	5.1
按隶属关系分		
中央企业	8.0	11.2
地方企业	9.9	7.7
按轻、重工业分		
轻工业	4.1	7.6
重工业	13.2	9.0
按企业规模分		
大型企业	9.1	2.0
中型企业	4.3	22.3
小型企业	16.0	12.4
按工业行业分		
黑色金属矿采选业	-62.5	854.6
有色金属矿采选业	131.0	18.2
农副食品加工业	1.7	-8.3
食品制造业	-9.5	1.5
酒、饮料和精制茶制造业	5.1	15.2
烟草制品业	7.0	8.2
纺织业	-4.0	0.3
纺织服装、服饰业	14.3	10.2
皮革、毛皮、羽毛及其制品和制鞋业	20.6	16.2
木材加工和木、竹、藤、棕、草制品业	-50.3	10.0
家具制造业	-29.0	64.8
造纸和纸制品业	-8.6	33.7
印刷和记录媒介复制业	10.9	10.4

10-2 续表

类　别	2018年比2017年增长（%）	2019年比2018年增长（%）
文教、工美、体育和娱乐用品制造业	230.9	-54.4
石油加工、炼焦和核燃料加工业	141.8	-25.8
化学原料和化学制品制造业	11.4	37.5
医药制造业	-13.7	19.4
化学纤维制造业		14.5
橡胶和塑料制品业	-6.2	52.5
非金属矿物制品业	15.0	8.6
黑色金属冶炼和压延加工业	14.2	-6.9
有色金属冶炼和压延加工业	1.7	4.1
金属制品业	1.8	19.4
通用设备制造业	12.2	9.9
专用设备制造业	7.1	19.2
汽车制造业	-1.3	-9.7
铁路、船舶、航空航天和其他运输设备制造业	-21.8	-16.7
电气机械和器材制造业	18.9	25.8
计算机、通信和其他电子设备制造业	29.1	15.1
仪器仪表制造业	2.1	-39.3
其他制造业	-1.7	214.2
废弃资源综合利用业	24.5	34.1
电力、热力生产和供应业	11.5	10.3
燃气生产和供应业	21.5	18.4
水的生产和供应业	6.8	11.4
按地区分		
西 湖 区	8.2	8.1
青云谱区	7.4	7.5
青山湖区	9.3	8.0
新 建 区	9.5	8.5
南 昌 县	9.6	8.6
安 义 县	9.0	8.5
进 贤 县	9.9	7.8
经济开发区	9.4	8.3
高新开发区	10.1	9.1
湾里管理局	9.1	8.2

10-3　各县区规模以上工业

分　类	全　市	西湖区	青云谱区	青山湖区
总　计	**1 451**	**2**	**29**	**235**
按登记注册类型分				
国有企业	8		1	
集体企业	2			1
股份合作企业	7		1	2
股份制企业	1 311	2	25	221
外商及港澳台商投资企业	118		2	10
其他经济类型企业	5			1
#国有控股企业	104	1	9	6
按隶属关系分				
中央企业	18		1	1
地方企业	1 433	2	28	234
按轻、重工业分				
轻工业	690		12	200
重工业	761	2	17	35
按企业规模分				
大型企业	46	1	2	1
中型企业	161		5	20
小型企业	1 244	1	22	214

企业单位数（2019年）

单位：户

新建区	南昌县	安义县	进贤县	经济开发区	高新开发区	湾里管理局
170	**330**	**143**	**145**	**223**	**178**	**24**
7	3			3	1	
				1		
1	1					2
157	295	141	140	194	132	20
5	28	2	5	24	45	2
	3			1		
25	27	2	2	30	23	
6	1			4	4	
164	329	143	145	219	174	24
80	137	38	83	76	52	12
90	193	105	62	146	126	12
	5		3	15	19	
27	45	13	11	30	25	1
143	280	130	131	178	134	23

10-4　各县区规模以上工业

分　　类	全　　市	西 湖 区	青云谱区	青山湖区
总　　计	**7.1**	**19.3**	**2.8**	**-1.8**
按登记注册类型分				
国有企业	11.3		-25.5	
集体企业	-15.5			-28.0
股份合作企业	67.8		65.9	17.7
股份制企业	7.4	19.3	2.9	-2.3
外商及港澳台商投资企业	4.0		-5.8	6.4
其他经济类型企业	48.9			10.0
#国有控股企业	0.7	19.5	2.2	-0.3
按隶属关系分				
中央企业	7.5		2.4	-19.5
地方企业	7.0	19.3	2.8	-1.8
按轻、重工业分				
轻工业	7.3		3.7	7.7
重工业	7.0	19.3	2.7	-6.4
按企业规模分				
大型企业	0.0	19.5	2.1	-13.0
中型企业	17.3		24.3	9.7
小型企业	13.9	10.4	-3.7	10.0

企业总产值增速（2019年）

新建区	南昌县	安义县	进贤县	经济 开发区	高新 开发区	湾里管理局
7.5	**10.4**	**9.9**	**2.7**	**8.2**	**13.1**	**16.2**
-13.5	4.5			13.4	-3.4	
				3.7		
-5.0	36.6					90.0
9.9	9.2	10.0	3.2	12.1	14.5	2.2
-2.6	16.5	-10.4	-1.2	-6.6	7.2	-42.5
	34.2			66.0		
-0.5	9.2	-2.0	1.2	3.2	1.5	
0.9	-13.7			15.3	4.2	
8.2	10.4	9.9	2.7	7.8	14.7	16.2
18.1	11.9	-0.4	-4.7	13.0	3.0	-18.2
6.1	9.1	11.6	11.8	6.3	22.5	35.5
	17.7		32.5	-3.7	4.2	
6.4	6.8	4.4	-16.6	44.9	33.6	31.6
10.8	10.9	12.8	5.4	18.8	20.6	13.0

10-5 工业产品产量(2019年)

品　　名	2019年	2019年比上年增长(%)
饲　料(万吨)	1153.81	-5.5
乳制品(万吨)	5.66	-6.9
罐　头(吨)	12798.00	26.9
饮　料(万吨)	263.67	-1.0
白　酒(万千升)	8.35	31.4
啤　酒(万千升)	26.68	67.1
卷　烟(亿支)	637.95	0.0
纱(万吨)	12.29	1.6
布(万米)	905.00	-64.6
棉　布	905.00	-60.2
印染布(万米)	9998.90	24.8
服　　装(万件)	41932.80	13.6
机制纸及纸板(万吨)	65.26	1.3
化学药品原药(吨)	1258.50	45.0
中成药(吨)	26333.50	10.4
塑料制品(吨)	58691.20	20.6
水　　泥(万吨)	832.13	4.4
玻璃保温容器(万个)	144.00	13.4
耐火材料制品(吨)	2050.80	-80.5

10-5 续表

品　名	2019年	2019年比上年增长（%）
生铁（万吨）	304.22	-12.1
粗钢（万吨）	366.73	-12.7
钢材（万吨）	421.55	-9.2
棒材	62.71	-5.1
钢筋	218.37	-20.0
线材	85.52	-0.6
工业锅炉（蒸发量）	1755.00	62.2
金属切削机床（台）	144.00	-33.9
#数控机床	52.00	-7.1
气体压缩机（万台）	1387.54	49.9
矿山专用设备（吨）	23679.00	30.3
小型拖拉机（台）	7804.00	-0.8
汽车（万辆）	39.93	-3.7
#载货汽车	21.14	-10.3
交流电动机（万千瓦）	84.05	3.2
变压器（万千伏安）	1100.71	42.4
通信及电子网络用电缆（对千米）	676579.00	0.7
房间空气调节调器（万台）	541.84	10.9
智能手机(万部)	3196.87	-20.8
彩色电视机（万台）	20.99	-3.8

年份 地区	纱 (吨)	布 (万米)	机制纸及纸板 (吨)	卷烟 (箱)	水泥 (吨)	生铁 (吨)
1978		7976	32582	131434	66459	43435
1980		12294	43471	156104	86365	
1985	21806	9176	59000	235075	137700	29115
1990	23287	9923	61641	284900	208500	99584
1991	22437	8391	53944	275100	256400	79000
1992	20483	8571	54561	277000	286800	141100
1993	19647	8612	58800	265500	299500	214900
1994	22917	11304	68715	246262	363500	260322
1995	24185	13565	83030	231606	353071	269571
1996	21312	12918	94573	232647	404700	318974
1997	23997	14624	97196	232849	367300	315978
1998	22025	8845	73765	253475	280000	418343
1999	25071	11739	97340	256953	360000	512521
2000	26108	13285	81584	331999	330000	668086
2001	25734	13734	94159	347773	380000	787965
2002	19571	11512	71507	357519	300000	1156589
2003	21478	7879	38704	373359	830000	1247582
2004	34470	9689	24433	382420	2487034	1376691
2005	29829	10920	200811	417131	2883350	1599938
2006	32667	9353	350336	549201	3009909	1800093
2007	33174	9645	343122	540388	3437337	2301400
2008	23934	8692	345595	593699	3762884	2067330
2009	24454	10468	347579	617200	3453229	2290209
2010	30019	12691	370923	662000	3191663	2349595
2011	33401	6838	350932	703000	3124336	2367653
2012	34323	7061	344177	1198000	4049977	2954403
2013	40845	8808	388474	1278000	5148459	3030734
2014	43994	8713	354369	1353000	6844905	3054852
2015	47534	7384	380774	1356000	7661475	3130198
2016	36667	6033	659212	1292200	7475158	3149144
2017	43351	4923	643931	1316534	7620327	3069052
2018	66364	2553	644087	1276030	6930600	3460443
2019	122851	905	652550	1275892	8321316	3042227
西湖区						
青云谱区	1499					
青山湖区	4974				938301	3042227
新建区	7640				3765356	
南昌县	1538	905			2225237	
安义县	96537					
进贤县	2328		1634		1392422	
经济开发区	678		650916			
高新开发区				1275892		
湾里管理局	7658					

注：本表总计数为集团公司按总部所在地统计，县区数据为集团公司按子公司所在地统计。

产品产量

粗钢(吨)	钢材(吨)	交流电动机(千瓦)	金属切削机床(台)	汽车(辆)	彩色电视机(台)	智能手机(台)	房间空气调节器(台)
	77481	233511		1523			
	206674			1868	4572		
	253800	354900	1124	4923	178269		
	223270	341840	676	6604	125138		
	262600	401800	921	8836	114700		
	292000	473800	1479	14687	162740		
	342200	567800	1534	21705	163500		
	347444	557514	1328	21407	123200		
	418881	455331	1313	23668	112947		289
	448688	296140	1410	16855	61345		1136
	483591	227566	1404	17340	63115		1820
	565325	168864	998	19258	22675		
	640230	196200	1045	26330	280500		
	808495	205700	1254	27500	182600		
	1012324	245900	1393	37188	299884		
	1411050	369400	1972	51685	414937		
	1568126	496900	2453	64042	635774		
1439918	1908032	772755	2863	73722	704717		436907
2138261	2630435	513237	2186	89294	891068		1666717
2625213	2884050	717515	2087	96666	642238		812041
3000419	3193036	1013175	1781	108743	390635		1362679
2416311	2720937	847055	753	103433	446184		1306308
2522525	3080403	1589641	324	124623	357681		1327249
2569247	3071304	1060721	527	199687	306217		1712105
2618644	3127036	1134751	983	203745	45754		1904143
3283067	3639342	790239	1304	217715	152740	19126453	2803064
3475441	3852158	968606	1279	262220	180607	20450673	3198693
3526646	3736732	535822	1533	316564	195745	14099533	3284302
3542624	3757631	590057	1658	324712	235615	5846321	3728673
3595701	3712859	468322	1512	411025	200543	41554141	3495157
3645581	3819282	481710	1469	440072	235822	33636729	4524762
4203051	4642938	814714	218	412871	218149	40358794	4887605
3667280	4215536	840468	144	399282	209857	31968658	5418435
				286859			
3667280	3666037						
			92	4701			
	549499			36973		16535861	5418435
		840468	52		209857	15432797	

10-7 规模以上工业

指　　标	2006	2007	2008	2009	2010	2011
企业单位数(户)	902	939	940	1116	1154	968
#亏损企业	121	89	109	90	84	58
资产总计(万元)	8681856	10985418	14067603	16915391	19615369	22846285
流动资产合计(万元)	4175216	5012135		7025769	9064364	10339923
负债总计(万元)	4980976	6151429	8458812	9738016	11389304	13001559
所有者权益(万元)	3411435	4832832	5608791	6728155	7988382	9784213
营业收入(万元)	9594223	12691776	18147581	21198359	27685238	33436557
税金及附加(万元)	272317	380174	437821	487916	578202	725979
营业费用(万元)	394664	408043	461493	649688	717262	785625
利润总额(万元)	383342	532297	539416	967280	1387275	1683301
平均用工人数(人)	218724	227621	246243	285943	301514	374042
总资产贡献率(%)	12.81	13.96	13.82	13.79	15.30	15.81
资本保值增值率(%)	119.53	141.67	114.40	127.97	118.73	122.48
资产负债率(%)	57.37	56.00	60.13	57.57	58.06	56.91
流动资产周转率(次)	2.42	2.84	2.99	3.02	3.05	3.28
成本费用利润率(%)	4.38	4.68	3.26	4.90	5.45	5.40
全员劳动生产率(元／人)	140434	177133	204673	215114	215884	203516
产品销售率(%)	99.12	98.17	98.47	98.13	98.04	97.90

注：表中规模以上工业营业收入2018年及以前为规模以上工业主营业务收入数据，税金及附加2018年及以前为主营业务

企业经济指标

2012	2013	2014	2015	2016	2017	2018	2019
1015	1078	1211	1300	1385	1473	1196	1451
89	82	120	170	172	204	217	239
26023037	28594476	36277945	41704834	50818607	57852476	61069861	67572355
12112575	13162371	17202585	20028478	23353950	30406520	33530461	37549396
14358282	15663786	19206522	21923813	26151945	31449097	35195896	39418067
11583912	12791768	16877068	19443521	24416682	26403379	25873965	28154288
38646913	44950898	51397103	55348665	61615233	62238498	63953801	69970675
830114	965669	1159140	1274256	1104974	1386463	1481221	1587794
945327	1138548	1423181	1573545	1738980	1735970	1423010	1581228
2113992	2507625	3167045	3097572	3610540	3758497	3633715	3451362
405540	418944	446633	444758	494316	458430	411541	421510
16.67	17.64	16.94	14.72	13.30	13.19	11.69	11.07
118.39	110.43	131.94	115.21	125.58	110.51	109.30	108.81
55.18	54.78	52.94	52.57	51.46	54.40	57.60	58.30
3.21	3.44	3.00	2.78	2.66	2.38	2.06	1.96
5.93	6.06	6.66	6.01	6.26	6.50	6.10	5.29
258597	276762	309121	326435	326007	369105	415312	411184
98.64	98.35	98.21	98.75	99.10	99.00	99.40	99.22

税金及附加。

10-8 规模以上工业

项　　目	营　业 收　入	税金及附加	营　业 成　本
总　　计	**69970675**	**1587794**	**60286623**
按登记注册类型分			
国有企业	263917	3202	179850
集体企业	6074	36	5681
股份合作企业	89081	83	84952
股份制企业	61519628	1544878	53126945
外商及港澳台商投资企业	8027695	39490	6827092
其他经济类型企业	64281	105	62105
#国有控股企业	25964972	1396015	21937318
按隶属关系分			
中央企业	11309785	1271044	9187975
地方企业	58660890	316750	51098648
按轻、重工业分			
轻工业	21277151	1331004	16474731
重工业	48693525	256789	43811893
按企业规模分			
大型企业	38081687	1439816	32618207
中型企业	15366146	67696	13157577
小型企业	16522842	80281	14510840
按工业行业分			
农副食品加工业	7223500	24024	6323528
食品制造业	386677	2745	294526
酒、饮料和精制茶制造业	584136	10736	406348
烟草制品业	2181119	1225557	654588
纺织业	588104	2379	534715
纺织服装、服饰业	1517712	13120	1351070
皮革、毛皮、羽毛及其制品和制鞋业	890570	2513	736794
木材加工和木、竹、藤、棕、草制品业	86631	325	77431
家具制造业	120548	154	86140
造纸和纸制品业	1015056	4762	831182
印刷和记录媒介复制业	503136	3602	388441

企业主要经济指标（2019年）

单位：万元

营业费用	资产合计	流动资产	#产成品	负债合计	所有者权益合计
1581228	**67572355**	**37549396**	**2188923**	**39418067**	**28154288**
3006	128562	65942	6735	90639	37923
6	4752	3681	196	6166	-1414
634	17555	13592	700	11798	5757
1378825	60079915	32854633	1873525	35625380	24454535
198649	7334678	4605458	306999	3680496	3654182
109	6893	6091	768	3587	3306
608042	30360842	13653782	582974	18382834	11978008
57594	14145489	3493716	99090	7831910	6313579
1523634	53426865	34055680	2089833	31586157	21840708
813718	19127573	10386574	541662	8960550	10167023
767510	48444781	27162822	1647261	30457517	17987264
774930	42402924	21292184	1181543	25799621	16603303
409135	11157236	7141763	413935	5955169	5202067
397163	14012195	9115449	593445	7663277	6348918
183798	6635723	3610689	185985	4169459	2466264
33299	345168	220113	15589	165520	179648
79656	551056	222860	37256	288775	262281
32271	1662643	1206966	4561	416908	1245735
13022	287091	170848	13357	165853	121238
28965	635312	347522	21609	295359	339953
20391	835011	539675	5788	164353	670658
1626	45431	26999	2408	19369	26062
1395	28395	23282	7116	15320	13075
16414	986256	519716	11343	592303	393953
5725	543837	317760	14433	178030	365807

项　　目	营业收入	税金及附加	营业成本
文教、工美、体育和娱乐用品制造业	226042	730	184441
石油、煤炭及其他燃料加工业	13704	93	12017
化学原料和化学制品制造业	1072134	8636	794163
医药制造业	1977031	21372	1188785
化学纤维制造业	5157	4	4651
橡胶和塑料制品业	1430373	4849	1178554
非金属矿物制品业	2051247	10334	1666036
黑色金属冶炼和压延加工业	1987114	17551	1588917
有色金属冶炼和压延加工业	1821097	5947	1690533
金属制品业	1686103	8968	1480094
通用设备制造业	1458130	7559	1212865
专用设备制造业	1791216	7294	1497769
汽车制造业	12182486	112561	10913979
铁路、船舶、航空航天和其他运输设备制造业	31133	451	22518
电气机械和器材制造业	4937369	25602	4405177
计算机、通信和其他电子设备制造业	12334456	17012	11569270
仪器仪表制造业	83580	869	52439
其他制造业	31688	219	27954
废弃资源综合利用业	526178	5159	498964
电力、热力生产和供应业	7991887	36053	7625430
燃气生产和供应业	613995	898	556397
水的生产和供应业	621370	5717	430909
按地区分			
西湖区	423417	3191	321083
青云谱区	3556194	77920	2962567
青山湖区	3359245	22802	2736427
新建区	5485363	38090	4902812
南昌县	10689727	66214	9171042
安义县	1870653	5625	1720562
进贤县	2934832	9774	2574201
经济开发区	13804438	55136	11629044
高新开发区	16418180	1262505	13272455
湾里管理局	219038	864	189718

表1

单位：万元

营业费用	资产合计	流动资产	#产成品	负债合计	所有者权益合计
9278	141987	70143	8317	41278	100709
1183	4348	4266	1558	4088	260
37916	930712	472906	50885	380891	549821
305272	4225210	1733521	118290	1413478	2811732
106	4622	844	118	3462	1160
28299	578238	416111	24913	231184	347054
67907	1782726	1037952	48909	1013334	769392
14881	1441783	920087	39532	693083	748700
21671	913387	556936	70761	479750	433637
42520	792489	524120	44179	350947	441542
30101	1096697	737346	138423	725312	371385
59812	1686323	1004333	81516	895035	791288
341761	11727368	7611488	404460	7994634	3732734
926	92656	48057	3219	55381	37275
90023	4672254	2931818	159910	2711476	1960778
78105	12541266	9704624	634095	8026834	4514432
7571	372815	287812	3981	141916	230899
1003	91060	23236	751	19098	71962
2646	126805	104847	12527	84587	42218
995	9536076	1337365	734	6357052	3179024
8339	569581	154175	5923	394659	174922
14351	1688033	660980	16476	929344	758689
11961	1518315	609540	15092	853270	665045
164913	3064166	1937315	98481	1573654	1490512
71106	2539281	1609791	100108	1222402	1316879
95362	3457756	2062897	138313	1976056	1481700
401545	8273528	4611519	298267	3834563	4438965
21979	1109296	679056	100615	641693	467603
70739	2034500	1315841	121070	1137568	896932
287238	12357411	6961233	488528	7181557	5175854
413049	19544322	13033832	712302	11171505	8372817
6490	164553	122715	4730	99269	65284

项　目	利润总额	#盈利企业的利润额	#亏损企业的亏损额
总　计	**3451362**	**3703920**	**252558**
按登记注册类型分			
国有企业	71249	72066	817
集体企业	-260	20	280
股份合作企业	1710	1800	90
股份制企业	2768029	2978693	210664
外商及港澳台商投资企业	609296	650003	40707
其他经济类型企业	1339	1339	
#国有控股企业	728320	801499	73179
按隶属关系分			
中央企业	289238	297568	8330
地方企业	3162124	3406351	244227
按轻、重工业分			
轻工业	1671117	1698486	27369
重工业	1780245	2005434	225189
按企业规模分			
大型企业	1233872	1321253	87381
中型企业	1286253	1365723	79470
小型企业	931236	1016942	85706
按工业行业分			
农副食品加工业	416857	423486	6629
食品制造业	22424	26508	4084
酒、饮料和精制茶制造业	68310	68331	21
烟草制品业	110034	110034	
纺织业	16602	18536	1934
纺织服装、服饰业	66715	68309	1594
皮革、毛皮、羽毛及其制品和制鞋业	101322	101322	
木材加工和木、竹、藤、棕、草制品业	3838	3918	80
家具制造业	29727	29727	
造纸和纸制品业	144403	144427	24
印刷和记录媒介复制业	72214	73375	1161

表2

单位：万元

企业亏损面(%)	资产负债率(%)	产品销售率(%)	平均用工人数(人)	人均实现利润(元)
16.5	**58.3**	**99.2**	**421510**	**81881**
25.0	70.5	99.9	1894	376183
50.0	129.8	100.0	203	-12808
14.3	67.2	99.5	376	45479
15.8	59.3	99.2	370846	74641
23.7	50.2	99.7	47515	128232
	52.0	99.4	676	19808
20.2	60.5	100.0	136732	53266
5.6	55.4	99.9	53032	54540
16.6	59.1	99.1	368478	85816
13.0	46.8	99.1	152652	109472
19.6	62.9	99.3	268858	66215
17.4	60.8	100.0	211041	58466
14.9	53.4	98.6	96664	133064
16.6	54.7	98.3	113805	81827
20.0	62.8	99.8	23709	175822
16.7	48.0	98.1	4691	47802
6.7	52.4	99.3	5666	120561
	25.1	99.3	5182	212339
24.3	57.8	98.2	7326	22662
5.0	46.5	98.1	38532	17314
	19.7	99.3	5872	172551
9.1	42.6	99.9	1369	28035
	54.0	99.2	724	410594
15.8	60.1	99.6	3565	405058
18.5	32.7	100.2	4733	152576

项　　目	利润总额	#盈利企业的利润额	#亏损企业的亏损额
文教、工美、体育和娱乐用品制造业	13872	13872	
石油、煤炭及其他燃料加工业	138	167	29
化学原料和化学制品制造业	177198	179852	2654
医药制造业	267365	270933	3568
化学纤维制造业	-84	86	170
橡胶和塑料制品业	191018	192042	1024
非金属矿物制品业	245093	250230	5137
黑色金属冶炼和压延加工业	256755	256787	32
有色金属冶炼和压延加工业	45567	61849	16282
金属制品业	89709	90860	1151
通用设备制造业	123642	129771	6129
专用设备制造业	146342	161037	14695
汽车制造业	145699	157659	11960
铁路、船舶、航空航天和其他运输设备制造业	1710	2185	475
电气机械和器材制造业	214489	247228	32739
计算机、通信和其他电子设备制造业	140722	275709	134987
仪器仪表制造业	5826	11627	5801
其他制造业	470	470	
废弃资源综合利用业	35293	35293	
电力、热力生产和供应业	125038	125038	
燃气生产和供应业	32445	32533	88
水的生产和供应业	140609	140720	111
按地区分			
西 湖 区	60115	60115	
青云谱区	73181	73857	676
青山湖区	351009	353274	2265
新 建 区	290906	316552	25646
南 昌 县	620209	718319	98110
安 义 县	62888	67882	4994
进 贤 县	143469	145355	1886
经济开发区	1161397	1282794	121397
高新开发区	653141	735064	81923
湾里管理局	11661	12549	888

注：本表总计数为集团公司按总部所在地统计，县区数据为集团公司按子公司所在地统计。

表3

单位：万元

企业亏损面(%)	资产负债率(%)	产品销售率(%)	平均用工人数(人)	人均实现利润(元)
	29.1	97.4	2970	46707
50.0	94.0	88.9	124	11129
22.4	40.9	95.1	10931	162106
13.3	33.5	98.8	19429	137611
50.0	74.9	99.1	77	-10909
14.8	40.0	99.2	5968	320070
16.9	56.8	100.5	11210	218638
5.6	48.1	99.8	7514	341702
16.4	52.5	99.4	11866	38401
10.5	44.3	96.0	10627	84416
17.5	66.1	99.5	10684	115726
17.7	53.1	96.5	17090	85630
25.5	68.2	99.7	58494	24908
12.5	59.8	91.7	884	19344
19.5	58.0	97.9	21579	99397
37.1	64.0	99.8	80256	17534
30.8	38.1	94.6	1164	50052
	21.0	77.0	197	23858
	66.7	99.7	997	353992
	66.7	100.0	40422	30933
12.5	69.3	98.7	1808	179452
9.1	55.1	99.9	5850	240357
	56.2	100.0	4635	129698
10.3	51.4	98.4	23421	31246
4.7	48.1	98.6	42239	83101
11.2	57.1	98.8	30212	96288
16.4	46.3	99.3	62706	98907
16.8	57.8	96.5	15866	39637
8.3	55.9	96.1	23916	59989
26.9	58.1	99.4	76772	151279
30.3	57.2	99.4	93457	69887
29.2	60.3	98.8	1735	67210

10-9 规模以上国有控股

指 标	2006	2007	2008	2009	2010	2011
企业单位数(户)	133	115	113	103	104	87
#亏损企业	40	36	39	24	21	8
资产总计(万元)	5771591	6404587	9909633	10413857	12219294	12672054
流动资产合计(万元)	2890060	3260298		4567928	5980741	5765530
负债总计(万元)	3532261	3929888	6497418	6774871	7983472	7886287
所有者权益(万元)	1953806	2474699	3412215	3189970	4044067	4780344
营业收入(万元)	5133265	6237079	8507005	8789991	11390307	12127610
税金及附加（万元）	225836	329058	368877	427615	508752	611883
营业费用（万元）	192157	211579	238594	291895	312125	314905
利润总额(万元)	222865	280694	193958	322655	495441	575176
平均用工人数(人)	111928	111706	120866	118685	114622	153285
总资产贡献率(%)	13.68	14.97	13.65	11.98	13.17	14.39
资本保值增值率(%)	130.24	126.38	165.43	106.65	126.77	118.21
资产负债率(%)	61.20	61.36	65.57	65.06	65.33	62.23
流动资产周转率(次)	1.87	2.09	1.98	1.92	1.90	2.15
成本费用利润率(%)	4.77	4.99	2.43	3.87	4.75	5.11
全员劳动生产率(元／人)	134546	164367	191495	200887	216172	169742
产品销售率(%)	100.17	98.46	99.26	98.88	98.39	99.07

注：表中规模以上工业营业收入2018年及以前为规模以上工业主营业务收入数据，税金及附加2018年及以前为主营业务税金及附加。

工业企业经济指标

2012	2013	2014	2015	2016	2017	2018	2019
92	91	97	100	92	96	95	104
15	17	18	24	20	17	22	21
13448747	13943680	16131686	18198107	22049071	26434754	27884189	30360842
6177867	6412129	7644733	8783497	8809382	11570321	12412533	13653782
8175400	8560502	9733271	10875987	12685301	15490266	16865267	18382834
5255273	5380594	6528958	7119408	9363769	10944488	11018922	11978008
12511044	13936445	15669462	16290765	18174053	20896835	24545017	25964972
701158	804799	969779	1072994	883215	1153382	1303161	1396015
352501	387579	483797	476243	592538	711760	557701	608042
645482	692290	967315	932311	972886	970153	942591	728320
150576	146129	149920	112216	139539	128723	136821	136732
15.52	16.11	17.26	15.63	13.54	12.91	23.31	11.38
109.94	102.38	121.34	109.04	131.52	112.89	103.49	108.70
60.79	61.39	60.34	59.76	57.53	58.60	60.50	60.50
2.06	2.20	2.07	1.88	2.09	1.99	3.95	2.00
5.61	5.56	6.88	6.38	5.84	5.10	4.20	3.04
76402	274910	234908	386395	333976	396426	429826	457140
98.73	98.52	98.29	100.23	100.28	99.00	99.90	99.97

10-10 国有控股工业

项　　目	企业单位数(户)	#亏损企业	营业收入	税金及附加
总　计	**104**	**21**	**25964972**	**1396015**
按登记注册类型分				
国有企业	8	2	263917	3202
集体企业				
股份合作企业				
股份制企业	85	17	24931537	1390392
外商及港澳台商投资企业	11	2	769519	2422
其他经济类型企业				
按隶属关系分				
中央企业	18	1	11309785	1271044
地方企业	86	20	14655188	124972
按轻、重工业分				
轻工业	36	8	3829205	1243880
重工业	68	13	22135768	152135
按企业规模分				
大型企业	14	1	22530805	1378905
中型企业	24	6	2221357	11222
小型企业	66	14	1212810	5888
按工业行业分				
农副食品加工业	3		9770	288
食品制造业	2	2	3355	75
酒、饮料和精制茶制造业	2		103315	1107
烟草制品业	1		2181119	1225557
纺织业	2		10698	128
纺织服装、服饰业	5	2	57684	696
皮革、毛皮、羽毛及其制品和制鞋业	1		8578	116
造纸和纸制品业	1		5409	9
印刷和记录媒介复制业	8	2	360592	2843
化学原料和化学制品制造业	5	1	219726	1533
医药制造业	7	1	1059730	12779

企业主要经济指标（2019年）

单位：万元

		资产合计	流动资产		负债合计
营业成本	营业费用			#产成品	
21937318	**608042**	**30360842**	**13653782**	**582974**	**18382834**
179850	3006	128562	65942	6735	90639
21070013	590897	29479135	13181956	561533	17964177
687455	14139	753146	405884	14706	328018
9187975	57594	14145489	3493716	99090	7831910
12749343	550448	16215353	10160066	483884	10550924
1734898	203640	5556973	2676279	86222	1618014
20202420	404402	24803870	10977503	496753	16764820
19089013	536967	26747918	11746162	456848	16386995
1836223	44738	1970560	1092033	48599	998271
1012083	26336	1642364	815588	77528	997568
9152	98	22705	13341	158	19760
3271	2	7052	3607	359	1189
61595	20378	111089	22261	2362	55084
654588	32271	1662643	1206966	4561	416908
8030	24	12083	9855		4874
42481	333	93192	75580	1916	42121
4907		10476	8312		4186
5383	5	10467	3301	276	5693
276565	4035	447022	263613	10241	119631
144977	20124	375338	150591	8978	90354
647260	142544	3125794	1041234	63534	925777

项目	企业单位数(户)	#亏损企业	营业收入	税金及附加
橡胶和塑料制品业	1		3885	73
非金属矿物制品业	16	2	660758	3561
有色金属冶炼和压延加工业	6	3	463101	1348
金属制品业	1		2020	50
通用设备制造业	4		965119	4996
专用设备制造业	2	1	9486	115
汽车制造业	8	3	9950946	99686
铁路、船舶、航空航天和其他运输设备制造业	3		21848	136
电气机械和器材制造业	4		133979	413
计算机、通信和其他电子设备制造业	7	3	837503	546
废弃资源综合利用业	2		123206	1395
电力、热力生产和供应业	5		7779961	34669
燃气生产和供应业	5	1	568874	798
水的生产和供应业	3		424310	3097
按地区分				
西 湖 区	1		419096	3059
青云谱区	9	2	3319537	76654
青山湖区	6	1	33559	422
新 建 区	25	3	1255643	10207
南 昌 县	27	5	2025739	6934
安 义 县	2		79604	684
进 贤 县	2		46332	92
经济开发区	30	5	3191544	17352
高新开发区	23	8	3446430	1233280
湾里管理局				

表1

单位：万元

营业成本	营业费用	资产合计	流动资产	#产成品	负债合计
3100	40	4219	2025	222	1342
499462	23098	463543	230149	13346	247215
449396	4670	311941	215357	19131	212339
1506	5	14963	2067		13987
800217	16883	640761	430005	108256	501413
9442	520	16360	6783	1085	9880
8959898	313062	10237727	6813269	314387	7233642
15097	892	66432	33456	2024	36739
117790	3590	150700	106032	8874	107023
782592	3408	1352480	1145792	2452	935579
112723	979	94438	77588	2923	58843
7487659	496	9088037	1067571		6109595
517771	8058	523509	121135	1413	360525
322456	12528	1517875	603895	16476	869132
319521	11961	1492033	592348	15092	851722
2770239	156390	2808412	1753580	88956	1487547
23845	708	71782	32387	3138	29318
1031783	37102	1456753	779406	54610	835965
1861814	59796	1880822	853522	72729	1114599
52581	2547	74650	45078	4667	36368
40798	1778	29976	8118	773	17382
2582092	119398	4626825	2174176	161783	2344853
1629104	151125	3623265	2249245	46852	1302699

项　　目	所有者权益合　　计（万元）	利润总额（万元）	#盈利企业的利润额
总　　计	**11978008**	**728320**	**801499**
按登记注册类型分			
国有企业	37923	71249	72066
集体企业			
股份合作企业			
股份制企业	11514958	625277	695790
外商及港澳台商投资企业	425128	31795	33644
其他经济类型企业			
按隶属关系分			
中央企业	6313579	289238	297568
地方企业	5664429	439082	503931
按轻、重工业分			
轻工业	3938959	304815	307283
重工业	8039050	423505	494217
按企业规模分			
大型企业	10360923	390634	432413
中型企业	972289	247798	260592
小型企业	644796	89888	108495
按工业行业分			
农副食品加工业	2945	44	44
食品制造业	5863	-388	
酒、饮料和精制茶制造业	56005	13660	13660
烟草制品业	1245735	110034	110034
纺织业	7209	150	150
纺织服装、服饰业	51071	-469	512
皮革、毛皮、羽毛及其制品和制鞋业	6290	654	654
造纸和纸制品业	4774	8	8
印刷和记录媒介复制业	327391	50455	51156
化学原料和化学制品制造业	284984	25861	25887
医药制造业	2200017	129795	130167

表2

#亏损企业的亏损额	企业亏损面 (%)	资产负债率 (%)	产品销售率 (%)	平均用工人数 (人)	人均实现利润 (元)
73179	**20.2**	**60.5**	**100.0**	**136732**	**53266**
817	25.0	70.5	99.9	1894	376183
70513	20.0	60.9	99.9	131365	47598
1849	18.2	43.6	102.1	3473	91549
8330	5.6	55.4	99.9	53032	54540
64849	23.3	65.1	100.0	83700	52459
2468	22.2	29.1	99.7	28382	107397
70712	19.1	67.6	100.0	108350	39087
41779	7.1	61.3	100.1	112782	34636
12794	25.0	50.7	98.8	17381	142568
18607	21.2	60.7	100.6	6569	136837
		87.0	97.2	70	6286
388	100.0	16.9	91.2	70	-55429
		49.6	100.1	1833	74523
		25.1	99.3	5182	212339
		40.3	96.7	162	9259
981	40.0	45.2	100.0	7066	-664
		40.0	100.0	128	51094
		54.4	75.0	124	645
701	25.0	26.8	100.3	3079	163868
26	20.0	24.1	87.3	5013	51588
372	14.3	29.6	100.5	10105	128446

项　目	所有者权益合计(万元)	利润总额(万元)	#盈利企业的利润额
橡胶和塑料制品业	2877	13	13
非金属矿物制品业	216328	119192	120645
有色金属冶炼和压延加工业	99602	-14794	568
金属制品业	976	27	27
通用设备制造业	139348	101507	101507
专用设备制造业	6480	-1171	29
汽车制造业	3004085	62413	64880
铁路、船舶、航空航天和其他运输设备制造业	29693	1868	1868
电气机械和器材制造业	43677	2281	2281
计算机、通信和其他电子设备制造业	416901	-29462	20680
废弃资源综合利用业	35595	8242	8242
电力、热力生产和供应业	2978442	61793	61793
燃气生产和供应业	162984	27318	27406
水的生产和供应业	648743	59291	59291
按地区分			
西 湖 区	640311	57682	57682
青云谱区	1320865	57179	57855
青山湖区	42464	4636	4891
新 建 区	620788	107031	108012
南 昌 县	766223	772	85306
安 义 县	38282	16377	16377
进 贤 县	12594	2078	2078
经济开发区	2281972	222441	265640
高新开发区	2320566	185018	210384
湾里管理局			

注：本表总计数为集团公司按总部所在地统计，县区数据为集团公司按子公司所在地统计。

表3

#亏损企业的亏损额	企业亏损面 (%)	资产负债率 (%)	产品销售率 (%)	平均用工人数 (人)	人均实现利润 (元)
		31.8	97.3	73	1781
1453	12.5	53.3	101.0	2687	443588
15362	50.0	68.1	103.4	1479	-100027
		93.5	100.0	88	3068
		78.3	99.7	5308	191234
1200	50.0	60.4	101.3	442	-26493
2467	37.5	70.7	100.3	43369	14391
		55.3	96.2	525	35581
		71.0	101.8	566	40300
50142	42.9	69.2	100.6	2845	-103557
		62.3	98.4	370	222757
		67.2	100.0	39725	15555
88	20.0	68.9	98.5	1679	162704
		57.3	100.0	4744	124981
		57.1	100.0	4600	125396
676	22.2	53.0	101.3	19986	28610
255	16.7	40.8	101.8	905	51227
981	12.0	57.4	99.6	12206	87687
84534	18.5	59.3	99.3	11477	673
		48.7	75.7	513	319240
		58.0	99.3	229	90742
43199	16.7	50.7	100.0	20908	106390
25366	34.8	36.0	99.8	15890	116437

10-11 规模以上集体企业经济指标

指　标	2000	2005	2010	2015	2018	2019
企业单位数(户)	154	31	17	5	3	2
#亏损企业	17	8	2	1	1	1
资产总计(万元)	187149	41857	28795	10992	5774	4752
流动资产合计(万元)	83807	20674	13953	7945	4535	3681
负债总计(万元)	115384	42862	19244	9437	6593	6166
所有者权益(万元)	71765	-1004	9551	1555	-819	-1414
营业收入(万元)	221337	90257	148247	16627	8879	6074
税金及附加（万元）	2773	174	1106	76	32	36
营业费用（万元）	7010	1658	1866	440	31	6
利润总额(万元)	8891	1722	7588	141	-463	-260
平均用工人数(人)	20598	4173	2792	400	227	203
总资产贡献率(%)	10.65	7.20	39.01	6.31	3.37	0.25
资本保值增值率(%)	106.44	-52.84	111.12	4.70	-	-
资产负债率(%)	61.65	102.40	66.83	85.85	114.20	129.80
流动资产周转率(次)	3.01	4.37	10.63	2.10	3.92	0.75
成本费用利润率(%)	4.21	1.96	5.56	0.86	-5.00	-4.12
全员劳动生产率(元／人)	33769	75785	127672	170308	111529	92892
产品销售率(%)	94.82	97.02	98.14	87.53	100.00	100.00

注：表中规模以上工业营业收入2018年及以前为规模以上工业主营业务收入数据，税金及附加2018年及以前为主营业务税金及附加。

10-12 规模以上外商及港、澳、台投资工业企业经济指标

指　　标	2000	2005	2010	2015	2018	2019
企业单位数(户)	43	108	154	143	122	118
#亏损企业	12	15	25	29	20	28
资产总计(万元)	959262	2336495	5943078	6959227	7820205	7334678
流动资产合计(万元)	467449	1169323	3232430	3104716	4871167	4605458
负债总计(万元)	634918	1292154	3565779	3653424	4062508	3680496
所有者权益(万元)	317943	786531	2179736	3292700	3757697	3654182
营业收入(万元)	575563	2106119	7367487	10558720	8053262	8027695
税金及附加（万元）	9545	28573	64630	42613	45599	39490
营业费用（万元）	31737	123244	287063	393178	218392	198649
利润总额(万元)	25215	137675	517089	579081	744849	609296
平均用工人数(人)	23389	42481	79440	74913	57675	47515
总资产贡献率(%)	8.62	14.86	13.85	12.38	24.68	11.45
资本保值增值率(%)	103.22	152.17	123.13	113.96	117.64	97.25
资产负债率(%)	66.19	55.30	60.00	52.50	51.90	50.20
流动资产周转率(次)	1.30	1.89	2.28	3.42	3.31	1.81
成本费用利润率(%)	4.62	7.13	7.43	5.77	10.10	8.22
全员劳动生产率(元／人)	54297	140159	218997	380689	385467	437254
产品销售率(%)	97.06	95.95	96.66	99.30	99.10	99.65

注：表中规模以上工业营业收入2018年及以前为规模以上工业主营业务收入数据，税金及附加2018年及以前为主营业务税金及附加。

10-13 规模以上股份制工业企业经济指标

指　标	2000	2005	2010	2015	2018	2019
企业单位数(户)	43	264	446	722	1049	1311
#亏损企业	6	36	36	91	187	207
资产总计(万元)	1530821	3458108	9992914	24865525	43560600	60079915
流动资产合计(万元)	779257	1621165	4300320	11511999	21847111	32854633
负债总计(万元)	903324	2026371	6087918	13217694	24255759	35625380
所有者权益(万元)	569156	1390789	3884695	11386725	19304841	24454535
营业收入(万元)	778318	2774547	12188753	28174212	46279621	61519628
税金及附加（万元）	3677	15403	45838	1042248	1326302	1544878
营业费用（万元）	59849	148683	256801	671066	878612	1378825
利润总额(万元)	32335	110326	422877	1549412	2527621	2768029
平均用工人数(人)	72586	97307	129171	240028	305542	370846
总资产贡献率(%)	7.97	7.32	9.42	14.98	23.24	11.84
资本保值增值率(%)	142.05	97.81	118.90	120.62	110.28	126.68
资产负债率(%)	59.01	58.60	60.92	53.16	55.70	59.30
流动资产周转率(次)	1.12	1.79	2.83	2.46	4.24	2.20
成本费用利润率(%)	4.30	4.20	3.64	5.99	5.90	4.81
全员劳动生产率(元／人)	39417	84614	189063	294757	426866	408543
产品销售率(%)	96.13	99.24	98.80	98.39	99.40	99.16

注：表中规模以上工业营业收入2018年及以前为规模以上工业主营业务收入数据，税金及附加2018年及以前为主营业务税金及附加。

10-14 规模以上私营工业企业经济指标

指　　标	2000	2005	2010	2015	2018	2019
企业单位数(户)	31	225	455	402	398	712
#亏损企业	4	15	10	39	69	84
资产总计(万元)	31595	382492	1621181	4636780	5678031	9995516
流动资产合计(万元)	14534	183498	564687	1786357	3413064	6680043
负债总计(万元)	12764	158144	536099	1742775	2715391	5508106
所有者权益(万元)	18832	224347	1067477	2848875	2962640	4487410
营业收入(万元)	56665	788364	5604136	10863288	8870990	16389460
税金及附加（万元）	471	23130	27073	58841	37427	74150
营业费用（万元）	1491	58790	121993	228284	145868	378843
利润总额(万元)	377	51492	304061	573649	370116	771110
平均用工人数(人)	2564	27469	61807	85084	61701	109861
总资产贡献率(%)	7.57	29.13	29.40	18.06	17.12	13.86
资本保值增值率(%)	122.64	122.93	109.42	101.14	106.70	151.47
资产负债率(%)	40.40	41.35	33.07	37.59	47.80	55.10
流动资产周转率(次)	2.28	4.47	9.92	6.09	5.20	3.24
成本费用利润率(%)	0.70	7.66	6.04	5.61	4.40	4.95
全员劳动生产率(元／人)	63473	110321	225028	331914	410630	348956
产品销售率(%)	98.02	97.62	97.61	99.05	98.80	98.33

注：表中规模以上工业营业收入2018年及以前为规模以上工业主营业务收入数据，税金及附加2018年及以前为主营业务税金及附加。

10-15　工业园区主要经济指标（2019年）

项　目	本年实际累计开发面积(平方公里)	投产工业企业数(户)	招商实际到位资金		出口交货值	
			绝对数(亿元)	比上年增长(%)	绝对数(亿元)	比上年增长(%)
南昌市	**49.68**	**1 925**	**1021.18**	**20.7**	**393.59**	**9.2**
国家级园区						
南昌小蓝经济技术开发区	6.60	355	150.15	22.2	70.06	-9.4
南昌经济技术开发区	9.80	434	395.02	19.7	118.05	-17.7
南昌高新技术产业开发区	11.70	351	219.77	25.7	174.24	65.8
省级重点园区						
南昌青山湖高新技术产业园区	9.58	338	68.81	17.4	16.13	-11.5
新建长堎经济开发区	3.50	139	80.98	11.5	2.02	-68.7
安义工业园区	4.00	133	37.74	44.0	1.42	-14.8
进贤产业园	4.50	175	68.70	13.6	11.66	38.7

10-15　续表

项　目	营业收入		利润总额		从事工业生产活动的从业人员平均人数(人)	
	绝对数(亿元)	比上年增长(%)	绝对数(亿元)	比上年增长(%)	绝对数(人)	比上年增长(%)
南昌市	**6325.12**	**9.0**	**388.48**	**6.5**	**377226**	**0.0**
国家级园区						
南昌小蓝经济技术开发区	1168.79	10.5	75.42	8.6	64353	-3.1
南昌经济技术开发区	1413.78	7.9	117.65	5.1	84981	-8.2
南昌高新技术产业开发区	2673.89	11.3	140.33	2.6	131906	8.9
省级重点园区						
南昌青山湖高新技术产业园区	189.40	10.4	12.92	26.0	39212	-3.1
新建长堎经济开发区	529.89	7.4	27.69	17.6	23872	-0.5
安义工业园区	164.06	9.7	4.14	6.6	14539	1.7
进贤产业园	185.30	-14.0	10.33	16.0	18363	-0.4

主要统计指标解释

工业 指从事自然资源的开采，对采掘品和农产品进行加工再加工的物质生产部门，具体包括：(1)对自然资源的开采，如采矿、晒盐、森林采伐等（但不包括禽兽捕猎和水产捕捞）；(2)对农副产品的加工、再加工，如粮油加工、食品加工、轧花、缫丝、纺织、制革等；(3)对采掘品的加工、再加工，如炼铁、炼钢、炼焦、化工生产、机器制造、木材加工以及自来水、煤气的生产和电力的生产及供应；(4)对工业品的修理、翻新，如修理机械设备、交通运输工具等。

1984 年以前农村的村及村以下办工业归属农业，1984 年及以后划归工业。

工业统计调查单位 工业统计调查单位分为两类：独立核算法人工业企业和工业活动单位。

(1)独立核算法人工业企业是指从事工业生产经营活动的单位。独立核算法人工业应同时具备以下条件：①依法成立，有自己的名称、组织机构和场所，能够承担民事责任；②独立拥有和使用资产，承担负债，有权与其他单位签订合同；③独立核算盈亏，并能够编制资产负债表。

(2)工业活动单位是指在一个场所从事一种或主要从事一种工业生产活动的经济单位。它包括独立核算工业企业按主营业务活动（即工业生产活动）划分的主营业务活动单位和非工业企业所属的工业生产活动单位（即原非独立核算工业生产单位）。工业活动单位，一般应同时具备以下三个条件：①具有一个场所，从事一种或主要从事一种工业活动；②单独组织工业生产、经营或业务活动；③单独核算收入和支出。

工业企业经济类型 是按企业生产资料和产品归属对象划分企业类型。1992 年以前，执行的是由国家统计局和国家工商行政管理局于 1980 年联合颁发的《关于统计上划分经济类型的暂行规定》及近几年来的补充规定，将我国经济类型划分为：全民所有制、集体所有制、全民与集体合营、全民与大陆私人合营、全民与华侨或港澳台工商业者合营、集体与大陆私人合营、集体与华侨或港澳台工商业者合营、中外合营、华侨或港澳台工商业者经营、外资经营、个体经营、其他等十二种。随着经济体制改革的不断深化和社会经济的发展，我国国民经济结构发生了新的变化，出现了一些新的经济成份，原有的分类已不能反映我国体制格局发展变化的新情况。为此，国家统计局和国家工商行政管理局在调查研究的基础上，联合颁发了修订后的《关于经济类型划分暂行规定》，将我国经济成份划分为九种类型：

(1)国有经济工业是指生产资料归国家所有的一种经济类型，是社会主义公有制经济的重要组成部分。包括中央和地方各级国家机关、事业单位和社会团体使用国有资产投资举办的企业，也包括实行企业化经营，国家不再核拨经费或核拨部分经费的事业单位和从事经营性活动的社会团体，以及上述企业、事业单位和社会团体使用自有资金投资举办的企业。

(2)集体经济工业是指生产资料归公民集体所有的一种经济类型，是社会主义公有制经济的组成部分。包括城乡所有用集体投资举办的企业，以及部分个人通过集资自愿放弃所有权并依法经工商行政管理机关认定为集体所有制的企业。

(3)私营经济工业是生产资料归公民私人所有，以雇佣劳动力为基础的一种经济类型。包括所有按国家法律、规定登记注册的私营独资企业、私营合伙企业和私营有限责任公司。

(4)个体经济工业是指生产资料归劳动者个人所有，以个体劳动为基础，劳动成果归劳动者个人占有和支配的一种经济类型。包括所有按国家有关规定登记注册的个体工商户和个人合伙经营者。

(5)联营经济工业是指不同所有制性质的企业之间或者企业、事业单位之间共同投资组成新的经济实体的一种经济类型。联营经济只包括具备法人条件的紧密型联营企业。

(6)股份制经济工业是指全部注册资本由全体股东共同出资，并以股份形式投资举办企业而形成的一种经济类型。股份制经济主要有股份有限公司和有限责任公司两种组织形式。国有、集体、联营、私营企业等经济组织虽然以股份制形式经营，但不以股份有限公司或有限责任公司登记注册的，仍按原有所有制性质划归经济类型。

(7)外商投资经济工业是指国外投资者根据我国有关涉外经济的法律、法规，以合资、合作或独资的形式在大陆境内开办企业而形成的一种经济类型。外商投资经济包括中外合资经营企业、中外合作经营企业和外资企业的三种形式。

(8)港、澳、台投资经济工业是指港、澳、台地区投资者依照中华人民共和国有关涉外经济的法律、法规，以合资、合作或独资的形式在大陆举办企业而形成的一种经济类型。港、澳、台投资经济参照外商投资经济，可分为合资经营企业、合作经营企业和独资企业三种形式。

(9)其他经济工业是指以上八种类型之外的其他经济类型。随着经济体制改革的深化，可能会出现新的经济形式，或遇到不易划清的，可列入其他经济类型。

轻工业 指主要提供生活消费品和制作手工工具的工业。按其所使用的原料不同，可分为两大类：(1)以农产品为原料的轻工业，是指直接或间接以农产品为基本原料的轻工业。主要包括食品制造、饮料制造、烟草加工、纺织、缝纫、皮革和毛皮制作、造纸以及印刷等工业；(2)以非农产品为原料的轻工业，是指以工业品为原料的轻工业。主要包括文教体育用品、化学药品制造、合成纤维制造、日用化学制品、日用玻璃制品、日用金属制品、手工工具制造、医疗器械制造、文化和办公用机械制造等工业。

重工业 是指为国民经济各部门提供物质技术基础的主要生产资料的工业。按其生产性质和产品用途，可以分为下列三类：(1)采掘（伐）工业，是指对自然资源的开采，包括石油开采、煤炭开采、金属矿开采、非金属矿开采和木材采伐等工业；(2)原材料工业，指向国民经济各部门提供基本材料、动力和燃料的工业。包括金属冶炼及加工、炼焦及焦炭化学、化工原料、水泥、人造板以及电力、石油和煤炭加工等工业；(3)加工工业，是指对工业原材料进行再加工制造的工业。包括装备国民经济各部门的机械设备制造工业、金属结构、水泥制品等工业，以及为农业提供的生产资料如化肥、农药等工业。

根据上述划分原则，修理业中以重工业产品为修理作业对象的划为重工业，反之划为轻工业。

大、中、小、微型企业划分 根据工业信息化部、国家统计局、国家发展改革委、财政部《关于印发中小企业划型标准规定的通知》（工信部联企业〔2011〕300号），结合统计工作的实际情况，2011年制定了统计上大中小微型企业划分办法。它以法人企业或单位作为对企业规模的划分对象，以从业人员数、营业收入两项指标为划分标准。企业规模的具体划分标准见下表。

指标名称	计算单位	大型	中型	小型	微型
从业人员数(X)	人	X≥1000	300≤X<1000	20≤X<300	X<20
营业收入(Y)	万元	Y≥40000	2000≤Y<40000	300≤Y<2000	Y<300

(1)表中的“工业企业”包括采矿业，制造业，电力、热力、燃气及水的生产和供应业三个行业的企业。

(2)企业划分指标以现行统计制度为准。①从业人员，是指期末从业人员，没有期末从业人员数的，采用全年平均人员数代替。②营业收入，工业采用主营业务收入。

(3)大型、中型和小型企业须同时满足所列指标的下限，否则下划一档；微型企业只须满足所列指标中的一项即可。

(4)企业划分由政府综合统计部门根据统计年报每年确定一次。定报统计原则上不进行调整。

工业总产值 是指以货币表现的工业企业在一定时期内生产的已出售或可供出售工业产品总量，它反映一定时间内工业生产的总规模和总水平。它包括：在本企业内不再进行加工，经检验、包装入库（规定不需包装的产品除外）的成品价值，工业性作业价值，自制半成品、在产品期末初差额价值。工业总产值采用“工厂法”计算，即以工业企业作为一个整体，按企业工业生产活动的最终成果来计算，企业内部不允许重复计算，不能把企业内部各个车间（分厂）生产的成果相加。但在企业之间、行业之间、地区之间存在着重复计算。

轻重工业总产值的划分也是按“工厂法”计算的，即一个工业企业在正常情况下生产的主要产品的性质属于轻工业，则该企业的全部总产值作为轻工业总产值；一个工业企业生产的主要产品的性质属于重工业，则该企业的全部总产值作为重工业总产值。

工业增加值 是指工业企业在报告期内以货币形式表现的工业生产活动的最终成果，是企业全部生产活动的总成果扣除了在生产过程中消耗或转换的物质产品和劳务价值后的余额，即企业生产过程中新增加的价值。

流动资产是指可以在一年或者超过一年的一个营业周期内变现或者耗用的资产，包括现金及各种存款、短期投资、应收及预付货款、存货等。

营业收入 指企业从事销售商品、提供劳务和让渡资产使用权等生产经营活动形成的经济利益流入。包括“主营业务收入”和“其他业务收入”。

利润总额 是指企业实现的利润总额，等于盈利企业的利润额减亏损企业的亏损额。

工业产品销售率 指报告期销售产值与同期全部工业总产值之比，反映工业产品生产已实现销售的程度。计算公式为:

$$\text{工业产品销售率}(\%)=\frac{\text{报告期现价工业销售产值}}{\text{报告期现价工业总产值}}\times 100\%$$

工业成本费用利润率 指报告期实现利润与成本费用之比，反映降低成本的经济效益的指标。计算公式为:

$$\text{工业成本费用利润率}(\%)=\frac{\text{利润总额}}{\text{成本费用总额}}\times 100\%$$

成本费用总额 指企业的产品销售成本、产品销售费用、管理费用和财务费用之和。由于 1994 年工业财务统计年报中没有财务费用指标，故用利息支出代替（1993 年全省利息支出占财务费用的 91.7%）。

工业全员劳动生产率 指根据产品的价值量指标计算的平均每一个职工在单位时间内的产品生产量。是考核企业经济活动的重要指标，是企业生产技术水平、经营管理水平、职工技术熟练程度和劳动积极性的综合表现。目前我国的全员劳动生产率是将工业企业的工业增加值除以同一时期全部职工的平均人数来计算的。计算公式:

$$\text{全员劳动生产率(元/人)}=\frac{\text{工业增加值}}{\text{全部职工平均人数}}\times\frac{12}{\text{累计月数}}$$

流动资产周转次数 指一定时期内流动资产完成的周转次数，是反映工业企业投入流动资产的周转速度的指标。计算公式为:

$$\text{流动资产周转次数(次)}=\frac{\text{报告期累计产品销售收入}}{\text{报告期流动资产平均余额}}\times\frac{12}{\text{累计月数}}$$

总资产 指企业拥有或控制的全部资产。包括流动资产、长期投资、固定资产、无形及递延资产、其他长期资产、递延税项等，即为企业资产负债表的资产总计项。

(1)流动资产指企业可以在一年内或者超过一年的一个生产周期内变现或耗用的资产合计。包括现金及各种存款、短期投资、应收及预付款项、存货等。

(2)固定资产指企业固定资产净值、固定资产清理、在建工程、待处理固定资产损失所占用的资金合计。

(3)无形资产指企业长期使用而没有实物形态的资产。包括专利权、非专利技术、商标权、著作权、土地使用权、商誉等。

总负债 指企业承担并需要偿还的全部债务。包括流动负债和长期负债、递延税项等，即为企业资产负债表的负债合计项。

(1)流动负债指企业在一年内或者超过一年的一个营业周期内需要偿还的债务合计，其中包括短期借款、应付及预收款项、应付工资、应交税金和应交利润等。

(2)长期负债指企业在一年以上或者超过一年的一个生产周期以上需要偿还的债务合计，其中包括长期借款、应付债务、长期应付款项等。

所有者权益 指企业投资人对企业净资产的所有权。企业净资产等于企业全部资产减去全部负债后的余额，其中包括投资者对企业的最初投入，以及资本公积金、盈余公积金和未分配利润。对股份制企业即为股东权益。

十一、能　　源

ENERGY

本篇内容包括:

1. 规模以上工业企业主要能源指标
2. 电力消费量
3. 全社会用电量
4. 能源生产、消费弹性系数

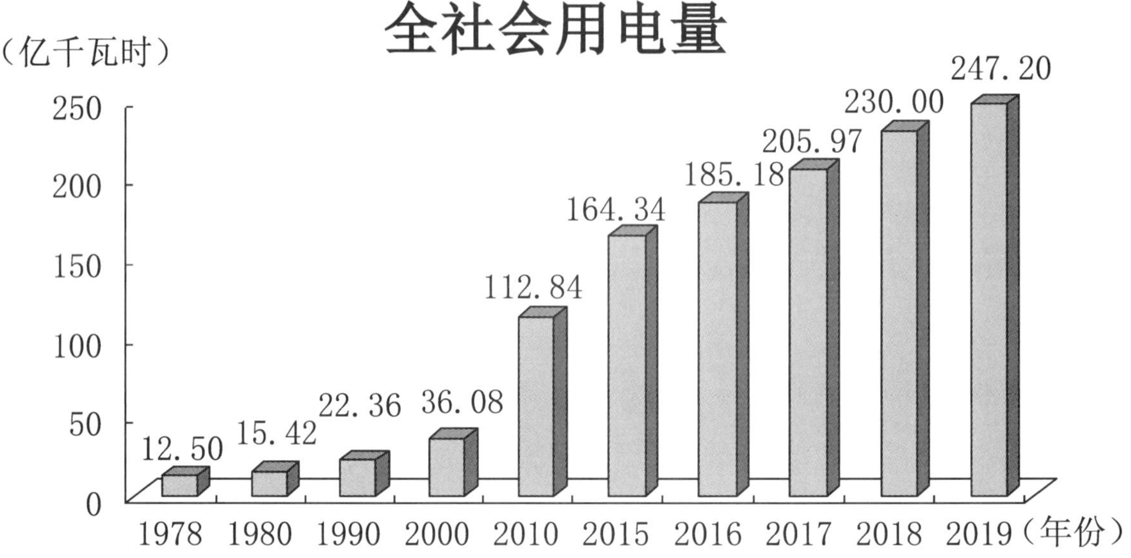
全社会用电量
（亿千瓦时）
250
200
150
100
50
0
12.50
15.42
22.36
36.08
112.84
164.34
185.18
205.97
230.00
247.20
1978
1980
1990
2000
2010
2015
2016
2017
2018
2019
（年份）

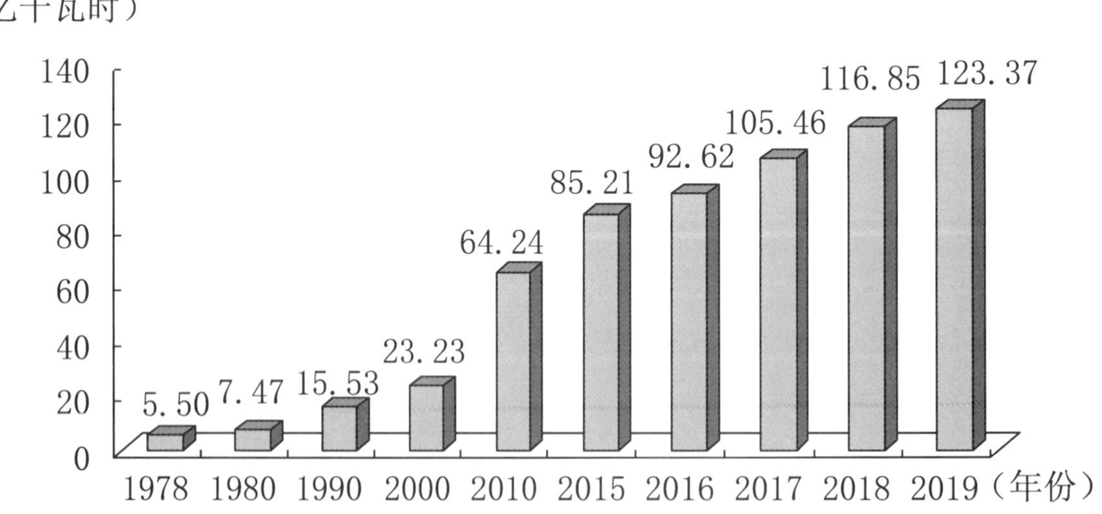
工业用电量
（亿千瓦时）
140
120
100
80
60
40
20
0
5.50
7.47
15.53
23.23
64.24
85.21
92.62
105.46
116.85
123.37
1978
1980
1990
2000
2010
2015
2016
2017
2018
2019
（年份）

11-1 规模以上工业企业能源购进、消费与库存（2019年）

单位：吨

项目	年初库存	购进量	#购自省外	消费合计	#工业生产消费	非工业生产消费	#运输工具消费	年末库存
原煤	157888	3794756	3139004	3803646	3803646			149001
洗精煤(用于炼焦)	33540	1294374	1294374	1289385	1289385			38505
其他洗煤	22117	519134	519134	513739	513739			27512
焦炭	32357	461249	460482	1310892	1310796	96		36755
焦炉煤气(万立方米)		9878		37385	37385			
高炉煤气(万立方米)		242525		501967	501967			
转炉煤气(万立方米)		15535		44554	44554			
天然气(气态)(万立方米)	188	22242		22243	22160	83		144
液化天然气(液态)		3596	553	3596	3442	154	1	
汽油	34	10172	128	10092	8911	1181	8226	38
煤油		10		10	10			
柴油	753	25885	137	25692	22581	3111	11317	601
燃料油		173	135	173	173		9	
液化石油气	8	1814		1815	1815			7
石油焦								
热力(百万千焦)		497483		497483	497483			
电力(万千瓦小时)		14313373		1818444	1810347	8097	604	
生物燃料(吨标准煤)	63	64942	498	80629	80627	2		363
余热余压(百万千焦)								
其他燃料(吨标准煤)								

11-2 规模以上工业企业水消费量（2019年）

单位:万立方米

项　　目	取水量	外供水量
合　　计	**69658**	**56295**
地表淡水	62603	
地下淡水	235	
自来水	6799	56122
雨水	18	
其他水	2	173
补充资料:		
外排水量	96344	
重复用水量	136375	
直流冷却水量(河湖水)	9331	
污水处理企业污水处理量	89492	

11-3 规模以上工业企业主要能源库存量（2019年末，按行业分）

单位：吨

项　　目	原煤	洗精煤	其他洗煤	焦炭	汽油	柴油	燃料油	液　化石油气
总　　计	**149001**	**38505**	**27512**	**36755**	**38**	**601**		**7**
农副食品加工业	373					5		
食品制造业	8					1		
酒、饮料和精制茶制造业								
烟草制品业								
纺织业					22	100		
纺织服装、服饰业								
皮革、毛皮、羽毛及其制品和制鞋业								
木材加工和木、竹、藤、棕、草制品业								
家具制造业								
造纸和纸制品业	4058					97		2
印刷和记录媒介复制业								
文教、工美、体育和娱乐用品制造业								
石油、煤炭及其他燃料加工业						1		
化学原料和化学制品制造业				26		11		
医药制造业	128					3		
化学纤维制造业								
橡胶和塑料制品业								
非金属矿物制品业	2876					32		
黑色金属冶炼和压延加工业		38505	27512	36728	15	327		
有色金属冶炼和压延加工业				1		7		
金属制品业					1			5
通用设备制造业								
专用设备制造业								
汽车制造业						7		
铁路、船舶、航空航天和其他运输设备制造业								
电气机械和器材制造业								
计算机、通信和其他电子设备制造业						12		
仪器仪表制造业								
其他制造业								
废弃资源综合利用业								
金属制品、机械和设备修理业								
电力、热力生产和供应业	141558							
燃气生产和供应业								
水的生产和供应业								

11-4　规模以上工业企业

项　目	原煤	洗精煤	其他洗煤	焦炭	天然气(气态)(万立方米)	液　化 天然气
总　计	**3803646**	**1289385**	**513739**	**1310892**	**22243**	**3596**
农副食品加工业	61615				1903	
食品制造业	1146				340	
酒、饮料和精制茶制造业	1201				1443	
烟草制品业					491	
纺织业					162	
纺织服装、服饰业	1313					
皮革、毛皮、羽毛及其制品和制鞋业	945					
木材加工和木、竹、藤、棕、草制品业					37	
家具制造业						
造纸和纸制品业	613818				1151	
印刷和记录媒介复制业					92	
文教、工美、体育和娱乐用品制造业	34				23	
石油、煤炭及其他燃料加工业						
化学原料和化学制品制造业	5381			399	1291	
医药制造业	8197				1863	821
化学纤维制造业						
橡胶和塑料制品业					359	14
非金属矿物制品业	31200				443	1430
黑色金属冶炼和压延加工业		1289385	513739	1309961	118	
有色金属冶炼和压延加工业	125				7702	60
金属制品业	1397			398	201	663
通用设备制造业				134	674	44
专用设备制造业	4110				137	
汽车制造业	1113				3334	553
铁路、船舶、航空航天和其他运输设备制造业	877					
电气机械和器材制造业	881				326	
计算机、通信和其他电子设备制造业					12	11
仪器仪表制造业						
其他制造业						
废弃资源综合利用业					140	
金属制品、机械和设备修理业						
电力、热力生产和供应业	3070294					
燃气生产和供应业						
水的生产和供应业						

主要能源消费量（2019年，按行业分）

单位：吨

汽油	煤油	柴油	燃料油	液化石油气	石油焦	热力（百万千焦）	电力（万千瓦时）	生物燃料（吨标准煤）
10092	**10**	**25692**	**173**	**1815**		**497483**	**1818444**	**80629**
157		570					46309	1501
103		601					4962	
6						95121	16350	125
60		966					6189	
219		266	9				22497	12636
172		3					11925	
76		6					9092	
2							1494	
2							731	
8		89					92954	137
54		30					7108	1148
121		24					2264	78
		16					151	
60		42				353380	17181	251
182		409					18894	2790
							594	
161		44					16439	
266		10444	139				54968	5249
18		1878					140220	
110		111	25				64593	
691		243		1766		1	16550	
138		46					24311	
128		42					23938	
1325	10	4530		49		48981	82388	
61							652	
451		190					46222	
174		156					137469	
13							1990	
							590	
128		96					1761	
5124		4465					912803	56714
30		34					209	
53		390					34647	

11-5　各县区规模以上工业主要能源消费量（2019年）

单位：吨

县　区	原　煤	洗精煤	其他洗煤	焦　炭	原　油
合　计	**3803646**	**1289385**	**513739**	**1310892**	
东湖区					
西湖区					
青云谱区					
青山湖区	13490	1289385	513739	1309961	
新建区	3070294				
红谷滩区					
南昌县	27327				
安义县	3967				
进贤县	25615			134	
经济开发区	606238			399	
高新开发区	56715				
湾里管理局				398	

11-5　续表（2019年）

单位：吨

县　区	汽　油	煤　油	柴　油	燃料油
合　计	**10092**	**10**	**25692**	**173**
东湖区				
西湖区	52		385	
青云谱区	1104	9	4874	
青山湖区	149		2164	
新建区	448		1011	
红谷滩区				
南昌县	1548		3305	
安义县	10		189	34
进贤县	473		1961	139
经济开发区	266		3277	
高新开发区	442		2797	
湾里管理局	449		986	

11-6 全社会用电量

单位：万千瓦小时

行　业	2018	2019
全社会用电	**2300011**	**2471959**
全行业用电	1836066	1978643
第一产业	9911	10655
第二产业	1217421	1291044
工　业	1168520	1233718
建筑业	51012	59725
第三产业	608734	676945
居民生活用电	463945	493317
城　镇	347674	378727
乡　村	116271	114589

11-7 工业电力消费量

单位：万千瓦时

项　　目	2018	2019
工业	**1168520**	**1233718**
农副食品加工业	36742	38911
食品制造业	14861	17686
酒、饮料及精制茶制造业	9562	9473
烟草制品业	4010	3565
纺织业	25595	26285
纺织服装、服饰业	13197	14183
造纸和纸制品业	48866	10485
印刷和记录媒介复制业	6906	7092
文教、工美、体育和娱乐用品制造业	5425	5651
化学原料及化学制品制造业	19391	19762
医药制造业	21894	24156
橡胶和塑料制品业	27458	28138
非金属矿物制品业	52480	53120
黑色金属冶炼及压延加工业	71786	95758
有色金属冶炼及压延加工业	81463	85178
金属制品业	25907	27220
通用设备制造业	15362	12327
专用设备制造业	12044	13173

11-8 能源生产弹性系数

年 份	能源生产比上年增长(%)	电力生产比上年增长(%)	地区生产总值比上年增长(%)	能源生产弹性系数	电力生产弹性系数
2010	40.69	1 037.08	14.0	2.91	74.08
2011	1.46	20.39	13.0	0.11	1.57
2012	-0.57	-8.03	12.5	-0.05	-0.64
2013	4.70	5.47	10.7	0.44	0.51
2014	-0.91	-2.01	9.8	-0.09	-0.21
2015	0.98	1.68	9.6	0.10	0.18
2016	0.36	-3.00	9.0	0.04	-0.33
2017	5.24	11.88	9.0	0.58	1.32
2018	3.92	7.69	8.9	0.44	0.86
2019	-0.37	-0.72	8.0	-0.05	-0.09

11-9 能源消费弹性系数

年 份	能源消费比上年增长(%)	电力消费比上年增长(%)	地区生产总值比上年增长(%)	能源消费弹性系数	电力消费弹性系数
2010	12.00	11.19	14.0	0.86	0.80
2011	9.34	14.12	13.0	0.72	1.09
2012	6.00	5.89	12.5	0.48	0.47
2013	6.28	9.58	10.7	0.59	0.90
2014	5.35	2.74	9.8	0.55	0.28
2015	5.89	7.06	9.6	0.61	0.74
2016	5.52	12.68	9.0	0.61	1.41
2017	4.22	11.23	9.0	0.47	1.25
2018	4.36	11.67	8.9	0.49	1.31
2019	1.41	7.48	8.0	0.18	0.94

主要统计指标解释

工业企业能源消费 工业企业能源消费指独立核算的法人工业企业在报告期内实际使用的能源数量。能源消费数量分别用价值量和实物量表示。

能源消费 指独立核算的法人企业在报告期内实际使用的能源的数量，包括主营活动和附营活动实际使用能源数量；并包括由本企业(作为投资单位)代填的乡镇建筑企业为完成本企业建筑项口而实际使用的能源数量。能源消费数量用价值量和实物量表示。

消费的核算原则：“谁消费谁统计”，即能源在哪个企业使用，就由哪个企业统计消费。

消费的核算方法：能源进入第一道生产工序，改变了原来的形态或性能，或者已经实际投入使用，即作消费统计。

能源库存 是指独立核算法人企业在报告期初、期末实际结存的能源的数量和价值。

库存的核算原则：“谁支配谁统计”，即凡是本企业有权支配动用的能源，不论存放何处，都应作本企业库存统计；反之，本企业无权支配动用的能源，即使存在本企业仓库，也不能作为本企业库存统计。

库存的核算方法：凡属本企业有权支配动用的某一时点实际结存的能源，都应作本企业库存统计。

能源弹性系数 即一个指标的变化速率对另一相关指标的变化速率之比，用以反映两个相关指标之间变化速率的敏感性。通常表示：在某一指标增长 1%时，另一指标相应增长的速率。

能源弹性系数=能源量年增长速度/GDP 年增长速度

能源生产弹性系数 该指标是研究能源生产增长速度与 GDP 增长速度之间关系的指标。计算公式为:

能源生产弹性系数=能源生产增长速度/GDP 增长速度

能源消费弹性系数 该指标是反映能源消费增长速度与 GDP 增长速度之间关系的指标。计算公式为:

能源消费弹性系数=能源消费增长速度/GDP 增长速度

电力生产弹性系数 该指标是研究电力生产增长速度与 GDP 增长速度之间关系的指标。计算公式为:

电力生产弹性系数=电力生产增长速度/GDP 增长速度

电力消费弹性系数 该指标是反映电力消费增长速度与 GDP 增长速度之间关系的指标。计算公式为:

电力消费弹性系数=电力消费增长速度/GDP 增长速度

十二、建 筑 业

CONSTRUCTION

本篇内容包括：

1. 建筑业主要经济指标
2. 建筑业企业生产情况
3. 建筑业企业财务情况
4. 各县区建筑业主要经济指标

建筑业总产值

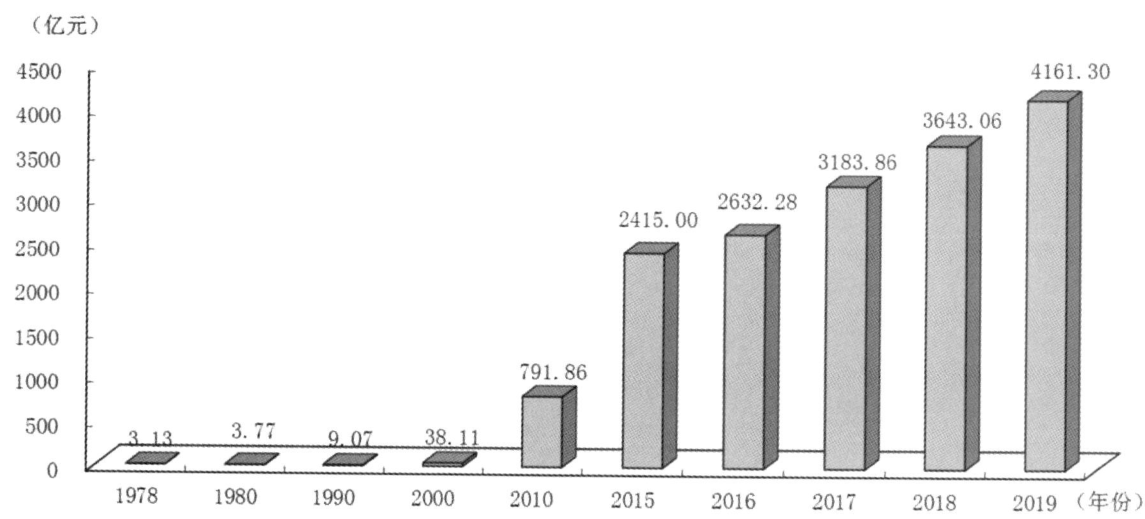

施工房屋面积及竣工房屋面积

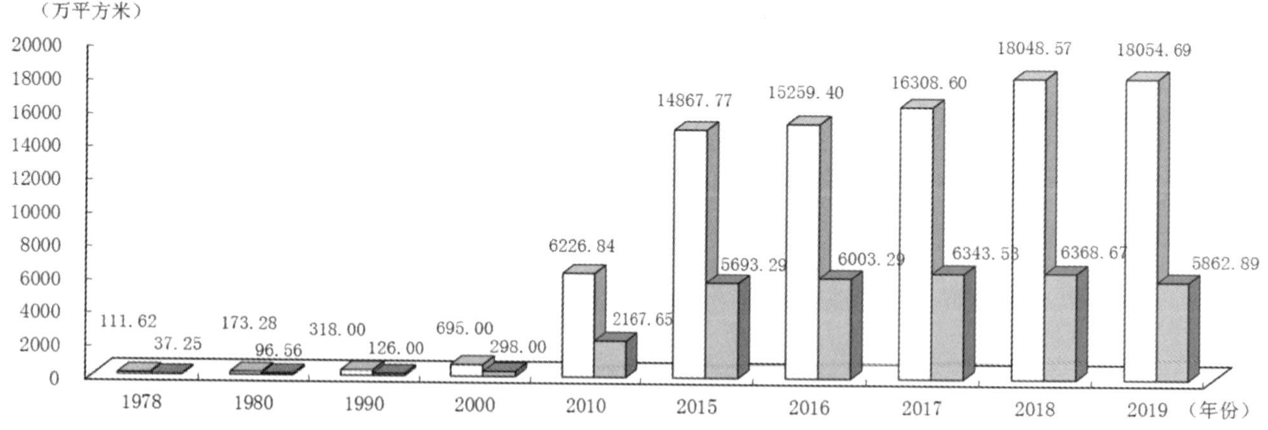

□施工房屋面积 ■竣工房屋面积

12-1 建筑业主要经济指标

指标	2018	2019	2019年比2018年增长(%)
企业个数(个)	**743**	**862**	**16.0**
#有工作量的企业个数	723	828	14.5
建筑业合同情况(万元)			
签订的合同额	77119572	79056903	2.5
上年结转合同额	36666129	36517771	-0.4
本年新签合同额	40453443	42539132	5.2
承包工程完成情况(万元)			
直接从建设单位承揽工程完成的产值	35683438	40695961	14.0
自行完成施工产值	35156502	40246632	14.5
分包出去工程的产值	526935	449329	-14.7
从建设单位以外承揽工程完成的产值	1250706	1355151	8.4
建筑业总产值(万元)	**36430648**	**41601783**	**14.3**
#装饰装修产值	1985521	2049246	3.2
在外省完成的产值	13782119	15099639	9.6
建筑工程产值	30781540	36077692	17.2
安装工程产值	3170449	2988204	-5.7
其他产值	2455220	2535887	3.3
竣工产值(万元)	**16822434**	**21524136**	**27.9**
房屋建筑施工及竣工面积(万平方米)			
房屋建筑施工面积	**18048.56**	**18054.69**	**0.0**
#本年新开工面积	8097.10	7608.39	-6.0
房屋建筑竣工面积	**6368.67**	**5862.89**	**-7.9**
住宅房屋	4213.62	3856.63	-8.5
商业及服务用房屋	483.87	482.95	-0.2
商厦房屋(批发和零售用房)	183.53	135.12	-26.4
宾馆用房屋(住宿用房)	24.79	13.35	-46.2
餐饮用房屋(餐饮用房)	11.33	5.99	-47.2
商务会展用房屋	51.39	51.68	0.6
其他商业及服务用房屋	212.81	276.82	30.1

注：建筑业统计范围为具有建筑业资质等级的独立核算建筑业企业。

12-1　续表1

指　　标	2018	2019	2019年比2018年增长(%)
办公用房屋	409.39	358.62	-12.4
科研、教育、医疗用房屋	408.07	326.91	-19.9
科学研究用房屋	29.24	22.58	-22.8
教育用房屋	250.77	247.21	-1.4
医疗用房屋(卫生医疗用房)	128.05	57.12	-55.4
文化、体育、娱乐用房屋	91.55	120.45	31.6
厂房及建筑物	610.86	558.02	-8.6
厂房	318.53	372.10	16.8
仓库	39.43	32.36	-17.9
其他未列明的房屋建筑物	111.84	126.95	13.5
竣工房屋价值(万元)	**9734624**	**9485522**	**-2.6**
住宅房屋	6108961	5861999	-4.0
商业及服务用房屋	722183	830259	15.0
商厦房屋(批发和零售用房)	259548	192296	-25.9
宾馆用房屋(住宿用房)	50294	28313	-43.7
餐饮用房屋(餐饮用房)	22847	11698	-48.8
商务会展用房屋	67891	83860	23.5
其他商业及服务用房屋	321602	514092	59.9
办公用房屋	713301	591971	-17.0
科研、教育、医疗用房屋	828864	765310	-7.7
科学研究用房屋	49621	42487	-14.4
教育用房屋	519278	583956	12.5
医疗用房屋(卫生医疗用房)	259964	138867	-46.6
文化、体育、娱乐用房屋	176852	322146	82.2
厂房及建筑物	878196	806475	-8.2
厂房	508737	556406	9.4
仓库	94515	74510	-21.2
其他未列明的房屋建筑物	211747	232853	10.0

12-1 续表2

指　　标	2018	2019	2019年比2018年增长(%)
年末资产负债(万元)			
流动资产合计	20655169	25324770	22.6
#存　货	4505898	6680692	48.3
固定资产合计			
固定资产原值	1652136	1793737	8.6
累计折旧	676247	837807	23.9
#本年折旧	119276	141366	18.5
在建工程	251138	270359	7.7
资产合计	25071589	29976762	19.6
流动负债合计	15340866	18499086	20.6
#应付账款	5857356	7577479	29.4
非流动负债合计	1737140	1391599	-19.9
负债合计	17078006	20528619	20.2
所有者权益合计	7993583	9448143	18.2
#实收资本	4446327	5250540	18.1
个人资本	2253986	1674250	-25.7
损益及分配(万元)			
营业收入	30493519	33040735	8.4
工程结算收入	30025908	32705000	8.9
营业成本	28164747	30543173	8.4
工程结算成本	27727483	29909431	7.9
营业税金及附加	359686	324183	-9.9
工程结算税金及附加	344237	307201	-10.8
其他业务利润	10578	19530	84.6
销售费用	86479	70402	-18.6
管理费用	679001	831139	22.4
财务费用	162695	199735	22.8
#利息收入	14700	24137	64.2
#利息支出	129493	149873	15.7
营业利润	998821	1023622	2.5
营业外收入	19265	24907	29.3
营业外支出	21997	13095	-40.5
利润总额	980484	1036025	5.7
#应交所得税	231775	234822	1.3
应付职工薪酬	3412531	3994246	17.0

12-2 建筑业企业

(总承包和专业

项　　目	企业个数(个)	#有工作量的企业	建筑业合同 签订的合同额	上年结转
总计	**862**	**828**	**79056903**	**36517771**
一、按登记注册类型分组				
内资企业	856	822	76178586	34598602
国有企业	20	19	1709226	690496
集体企业	29	29	1914910	869392
股份合作企业	3	3	55352	35182
有限责任公司	416	398	46644196	24237867
国有独资公司	19	17	2791488	1358447
其他有限责任公司	397	381	43852708	22879420
股份有限公司	34	32	2678298	1532180
私营企业	354	341	23176605	7233485
港、澳、台商投资企业	5	5	2875863	1918911
与港澳台商合资经营	3	3	2849485	1910596
港、澳、台商投资股份有限公司	2	2	26379	8315
二、按控股情况分				
国有控股	94	91	36760899	21034508
集体控股	42	42	2426530	1043735
私人控股	676	645	36752094	12961456
港澳台商控股	4	4	88408	13842
其他	46	46	3028973	1464231
三、按营业状态分				
营业	846	817	78778396	36310635
停业(歇业)	5	3	211857	153609
当年关闭	7	5	33454	24418
其他	2	2	33194	29108

生产情况(一)(2019年)

承包资质企业)　　　　单位：万元

情　况	承包工程完成情况			
本年新签	直接从建设单位承揽工程产值	自行完成施工产值	分包出去工程产值	从建设单位以外承揽工程完成的产值
42539132	**40695961**	**40246632**	**449329**	**1355151**
41579985	39368202	38918874	449329	1355151
1018730	1209704	1208574	1130	4539
1045518	1300450	1300233	217	5865
20170	30258	30258		
22406329	21093225	21000625	92600	426234
1433042	1536249	1536249		529
20973288	19556976	19464376	92600	425705
1146118	1024383	911330	113053	124168
15943120	14710182	14467854	242328	794344
956952	1325565	1325565		
938889	1308386	1308386		
18063	17179	17179		
15726391	14168408	14157247	11161	236092
1382795	1715169	1693199	21970	10649
23790638	23115989	22699892	416097	1093977
74566	75073	75073		
1564742	1621321	1621220	101	14433
42467762	40657167	40207838	449329	1355151
58248	14204	14204		
9036	22296	22296		
4087	2292	2292		

(总承包和专业

项　　目	企业个数(个)	#有工作量的企业	建筑业合同 签订的合同额	上年结转
四、按企业资质等级分组				
施工总承包	649	634	75064525	35180653
特级	14	14	24794673	13612509
一级	164	163	41818030	18025788
二级	227	222	5728786	2726530
三级及以下	243	234	2722998	815826
专业承包	213	194	3992378	1337118
一级	61	60	3198488	1050536
二级	74	67	506568	199712
三级及以下	65	59	235603	56172
五、按国民经济行业分组				
房屋建筑业	409	397	52989979	25662431
土木工程建筑业	257	248	19657534	9060090
铁路、道路、隧道和桥梁工程建筑	167	162	13211539	6308720
水利和内河港口工程建筑	30	29	3141806	1636177
工矿工程建筑	4	4	66214	29581
架线和管道工程建筑	11	11	407409	163111
节能环保工程	1			
电力工程施工	11	11	2031045	661868
其他土木工程建筑	33	31	799522	260633
建筑安装业	71	67	2971185	625052
电气安装	31	30	516113	208946
管道和设备安装	10	10	367268	51180
其他建筑安装业	30	27	2087804	364925
建筑装饰和其他建筑业	125	116	3438206	1170199
建筑装饰业	95	87	3090665	1026282
工程准备活动	1	1	29500	3600
提供施工设备服务	1	1	896	
其他未列明建筑业	28	27	317144	140317

(2019年)

承包资质企业)　　　　单位：万元

情况	承包工程完成情况			
本年新签	直接从建设单位承揽工程产值	自行完成施工产值	分包出去工程产值	从建设单位以外承揽工程完成的产值
39883872	38311162	37993401	317761	858236
11182164	11304973	11304973		126075
23792242	22153352	21933642	219710	413835
3002256	3005569	2970602	34967	150642
1907172	1847230	1784145	63084	167684
2655260	2384799	2253231	131568	496915
2147952	1794423	1672764	121660	469887
306857	420794	419100	1694	5307
179430	141691	133477	8214	17441
27327548	26829674	26664452	165221	580177
10597444	9605157	9447127	158031	233404
6902819	7165661	7030892	134770	208435
1505628	1033745	1031265	2481	7752
36633	45211	44605	606	606
244298	230714	230714		
1369177	564886	564886		6692
538889	564940	544765	20175	9919
2346134	2167045	2166385	660	96948
307167	374307	374307		27811
316089	186435	186192	243	63072
1722878	1606303	1605886	417	6065
2268007	2094085	1968668	125417	444622
2064383	1875467	1750130	125337	439285
25900	27298	27298		
896				2096
176827	191320	191241	80	3241

12-3 建筑业企业

(总承包和专业

项目	建筑业总产值(万元)	#装饰装修产值	#在外省完成产值	按构
				建筑工程
总计	**41601783**	**2049246**	**15099639**	**36077692**
一、按登记注册类型分组				
内资企业	40274024	2044923	14702110	34809934
国有企业	1213113	31299	367153	1204107
集体企业	1306098	17149	189233	1228234
股份合作企业	30258	490	6700	28501
有限责任公司	21426859	1090121	8417820	18735576
国有独资公司	1536779	3251	1025235	1166780
其他有限责任公司	19890080	1086870	7392584	17568796
股份有限公司	1035498	22220	446282	837373
私营企业	15262198	883644	5274923	12776143
港、澳、台商投资企业	1325565	4323	397528	1265565
与港澳台商合资经营	1308386	264	397528	1250492
港、澳、台商投资股份有限公司	17179	4059		15073
二、按控股情况分				
国有控股	14393339	102716	5348283	12827396
集体控股	1703848	28992	285190	1465393
私人控股	23793869	1793615	8875895	20272823
港澳台商控股	75073	4323	57262	15073
其他	1635653	119600	533009	1497008
三、按营业状态分				
营业	41562989	2048543	15072192	36039832
停业(歇业)	14204		13385	14160
当年关闭	22296	701	14062	21407
其他	2292			2292

生产情况(二)(2019年)

承包资质企业)

成　分		竣工产值（万元）	房屋建筑施工面积（平方米）	#本年新开工面积	房屋竣工面积（平方米）	房屋竣工价值（万元）
安装工程	其他产值					
2988204	**2535887**	**21524136**	**180546934**	**76083939**	**58628904**	**9485522**
2986098	2477992	20775581	167278001	73165063	57305179	9176664
4695	4312	647778	5987081	1411914	1606216	313044
47719	30145	480508	6470265	3279342	1866879	372184
1166	591	15206	86900	25000	156195	27040
1677097	1014187	8643934	89384361	38272581	26807169	4458301
207911	162088	1027516	2204664	893765	464265	137923
1469185	852099	7616418	87179697	37378816	26342904	4320378
23153	174972	5018643	5197776	1691837	1653604	343183
1232270	1253785	5969511	60151618	28484389	25215116	3662912
2105	57895	746362	13252061	2906824	1308123	306664
	57895	744104	13252061	2906824	1308123	306664
2105		2258				
1070447	495496	10099778	77390369	26582878	15583421	2897047
186650	51806	660218	6945187	3452796	2325003	444238
1615919	1905127	9894939	92263979	43078453	37442344	5521001
2105	57895	18052				
113082	25564	851149	3947399	2969812	3278136	623236
2987532	2535625	21507468	180449679	76011079	58580332	9476219
44		1547	11862	7860		
627	262	14136	85393	65000	48572	9302
		983				

(总承包和专业

项　　目	建筑业总产值(万元)	#装饰装修产值	#在外省完成产值	按构
				建筑工程
四、按企业资质等级分组				
施工总承包	38851637	1263884	13659156	33979066
特级	11431047	302970	5559253	10608743
一级	22347477	709492	7381768	19289012
二级	3121244	74824	375890	2647567
三级及以下	1951830	176559	342245	1433744
专业承包	2750146	785361	1440483	2098626
一级	2142651	731582	1256019	1626768
二级	424407	37725	172832	355398
三级及以下	150918	16055	8201	90097
五、按国民经济行业分组				
房屋建筑业	27244630	921963	9088334	24712895
土木工程建筑业	9680530	82333	4138826	8255334
铁路、道路、隧道和桥梁工程建筑	7239327	50853	3045202	6547453
水利和内河港口工程建筑	1039016	1866	359580	1026147
工矿工程建筑	45211		4479	38836
架线和管道工程建筑	230714	8497	41329	141032
节能环保工程				
电力工程施工	571578		416513	123159
其他土木工程建筑	554684	21117	271724	378708
建筑安装业	2263333	133703	636360	1302454
电气安装	402118	3412	20461	79812
管道和设备安装	249264	33	57921	3263
其他建筑安装业	1611951	130258	557978	1219379
建筑装饰和其他建筑业	2413290	911247	1236119	1807009
建筑装饰业	2189415	911192	1166646	1622119
工程准备活动	27298			27298
提供施工设备服务	2096			
其他未列明建筑业	194481	55	69473	157593

(2019年)

承包资质企业)

成分		竣工产值（万元）	房屋建筑施工面积（平方米）	#本年新开工面积	房屋竣工面积（平方米）	房屋竣工价值（万元）
安装工程	其他产值					
2483435	2389136	20434897	175999655	73331623	57384737	9390318
380684	441620	4982726	73286579	29591185	21383479	3518343
1516297	1542168	13266740	85870659	35461397	27849447	4703006
302757	170921	1244922	11744878	5830014	5336807	758358
283698	234388	940509	5097539	2449027	2815004	410612
504768	146751	1089239	4547279	2752316	1244167	95203
385224	130659	897467	2136458	1806072	548766	37544
60780	8230	124008	1808033	693642	270709	39000
55595	5226	62245	602788	252602	424692	18660
1191679	1340055	17151988	170703118	72027523	55304347	8906693
707918	717278	3101208	7815593	3116620	2556796	483592
145324	546550	2196036	5125717	2133788	1931249	404923
8321	4549	236371	1874453	654616	312685	64515
5739	636	1018	115692		7427	1018
89682		84151				
448305	115	232172				
10547	165429	351460	699731	328216	305435	13136
790205	170674	298701	1284629	761159	521720	66209
318483	3824	23680				
188659	57342	28413				
283064	109508	246609	1284629	761159	521720	66209
298401	307880	972238	743594	178637	246041	29028
289838	277459	852582	72502	27992	22984	6168
		1300				
2096						
6467	30421	118356	671092	150645	223057	22860

12-4 建筑业企业

(总承包和专业

项　　目	流动资产合计	#应收工程款	#存货	固定资产原价	累计折旧	#本年折旧	在建工程
总计	**25324770**	**7604032**	**6680692**	**1793737**	**837807**	**141366**	**27036**
一、按登记注册类型分组							
内资企业	23567936	7095442	6041256	1779144	831352	139972	27036
国有企业	748984	79479	172991	104972	23943	7545	594
集体企业	582104	121312	136126	76411	21297	3169	1208
股份合作企业	61721	5920	43054	5258	2003	125	
有限责任公司	15475161	4553074	4129445	1103966	563393	83593	16429
国有独资公司	997708	272951	194638	92787	56723	16430	3261
其他有限责任公司	14477453	4280123	3934808	1011179	506670	67164	13169
股份有限公司	1314837	878547	198788	35399	17184	3757	106
私营企业	5385129	1457111	1360851	453139	203533	41782	8698
港、澳、台商投资企业	1756428	508597	639205	14247	6229	1355	
与港澳台商合资经营	1735472	508472	630119	10725	5746	1151	
港、澳、台商投资股份有限公司	20956	125	9086	3522	483	204	
二、按控股情况分							
国有控股	13137457	3745448	3743162	686237	359000	61970	11840
集体控股	829411	184536	222214	108229	33853	4454	2774
私人控股	10397597	3472648	2455460	906194	404015	69316	12046
港澳台商控股	83544	25415	9398	4573	1235	204	
其他	954416	189436	251834	90445	40439	5483	381
三、按营业状态分							
营业	25388495	7611467	6681672	1794272	838292	141396	27043
停业(歇业)	10816	5035	360	942	107	7	
当年关闭	769	196	32	138	117	24	
其他	2111	785		327	26	0	

财务状况(一)(2019年)

承包资质企业)

单位:万元

资产总计	流动负债合计	#应付账款	非流动负债合计	负债合计	所有者权益合计	实收资本	#个人资本	营业收入	主营业务收入
2997676	**1849909**	**757748**	**1391599**	**20528619**	**9448143**	**5250540**	**1674250**	**33040735**	**32705000**
2770369	1660308	669544	1351999	18593016	9110673	5120171	1653380	31937940	31699981
94506	66612	7780	8193	778611	166451	139770	-1005	967423	949233
67761	36276	11572	11507	374357	303256	138033	-1443	953392	946525
6559	5852	249		58523	7066	5538	2608	20649	20638
1826708	1209550	488147	1169569	13527582	4739498	2689739	665279	17841228	17656966
115945	98460	56564	55268	1039869	119581	124696		1187570	1184571
1710763	1111090	431583	1114301	12487713	4619917	2565043	665279	16653658	16472394
139886	109036	87430	4534	1098896	299968	226001	54901	979769	977665
634948	232982	74366	158196	2755048	3594434	1921089	933041	11175478	11148955
227235	189613	88217	39600	1935731	336623	129570	20870	1100439	1002663
223800	188008	87361	39600	1919675	318323	114482	20870	1082398	984622
3435	1606	856		16055	18300	15088		18041	18041
1548970	1181960	490612	1013800	13002600	2487100	1445700	69930	11676000	11610300
101560	56590	18791	11500	577500	438100	226600	9297	1236900	1224100
1232570	542150	220514	224600	6149200	6176500	3383600	1561333	18621000	18510500
9720	5620	3574		56200	41000	25200		116100	18700
116910	66450	24891	161700	835700	333400	195600	44203	1427300	1378100
3008070	1851710	757892	1411500	20610400	9470300	5271600	1683313	33064500	32728800
1210	910	381		9100	3000	2800	450	8700	8700
180	40	6	200	600	1300	1000	1000	1400	1400
240	110	104		1100	1300	1300		2800	2800

12-4　续表

(总承包和专业

项　　目	流动资产合计	#应收工程款	#存货	固定资产原价	累计折旧	#本年折旧	在建工程
四、按企业资质等级分组							
施工总承包	23979123	7137034	6436377	1661487	767534	127785	258669
特级	5508619	1393261	2149608	367795	197489	32297	52742
一级	14320516	4585927	3519963	938001	452376	72425	104193
二级	2588923	734910	507783	203926	79650	14467	58664
三级及以下	1561027	422933	259022	151765	38019	8596	43070
专业承包	1345647	466998	244316	132250	70273	13582	11690
一级	789182	303688	145840	89150	49963	9048	1480
二级	385115	114395	71778	19818	11288	1565	7592
三级及以下	139575	42890	24628	20056	6942	1692	2617
五、按国民经济行业分组							
房屋建筑业	15158427	4027874	4953520	993402	458794	63385	125261
土木工程建筑业	7989329	2724328	1330695	621342	293178	65976	128008
铁路、道路、隧道和桥梁工程建筑	5344049	1748298	998475	475135	223188	54581	98783
水利和内河港口工程建筑	970605	472692	80911	64738	31572	4966	6699
工矿工程建筑	48462	18062	86	6168	3665	1322	
架线和管道工程建筑	142746	50099	51526	33699	17798	2146	969
节能环保工程							
电力工程施工	1100092	274605	143565	21356	11139	1438	1207
其他土木工程建筑	383375	160571	56133	20245	5816	1523	20351
建筑安装业	1136077	476485	164000	85446	42376	4933	11949
电气安装	353892	86542	65098	44989	25151	3477	2320
管道和设备安装	276712	185419	17881	2976	1832	98	
其他建筑安装业	505474	204525	81020	37482	15393	1358	9629
建筑装饰和其他建筑业	1040937	375345	232478	93548	43459	7072	5142
建筑装饰业	858148	290811	175553	71241	33997	5262	4350
工程准备活动	14969	12823		656	383	37	
提供施工设备服务	3583	2176	204	5123	4236	486	266
其他未列明建筑业	164238	69535	56721	16528	4844	1287	527

(2019年)

承包资质企业)

单位:万元

资产总计	流动负债合计	#应付账款	非流动负债合计	负债合计	所有者权益合计	实收资本	#个人资本	营业收入	主营业务收入
28425436	17740703	7242644	1354162	19598742	8826694	4896607	1541091	30185941	29883594
6654178	4577883	1945020	266918	4870900	1783278	706193	302583	8316220	8303912
16694280	10652721	4465885	891988	11948688	4745592	2653696	641282	17412920	17265784
3147270	1661577	613554	11480	1730063	1417207	942357	392041	2788732	2688845
1929671	848528	218190	183776	1049096	880575	594318	205143	1668030	1625014
1551326	758383	334835	37438	929877	621449	353934	133159	2854794	2821406
906495	457286	220050	13270	540338	366157	193076	91954	2132099	2112764
430171	183783	62120	24098	268483	161688	86881	24981	522774	511133
179036	93643	33486	69	97384	81652	63970	14616	146093	144068
17763997	10437179	3841727	760795	11692224	6071772	3035649	1019258	20993308	20924128
9737272	6713086	2950843	617536	7371852	2365420	1719749	452022	7867388	7738987
6815014	4488884	2153199	466459	4992673	1822341	1338419	370719	5563219	5486422
1090552	763120	373115	134179	899265	191287	135861	26308	994317	989979
52661	22976	13845	84	23134	29527	13290		44991	44905
172329	110002	67535	8054	118056	54272	48166	5000	195492	194817
1140730	1036829	199467	8759	1045588	95142	51312	2874	571462	570841
465987	291275	143683	1	293136	172851	132702	47122	497907	452023
1271231	822173	474266	3555	826755	444476	234113	57676	1732161	1607492
433767	232288	106669	3554	235842	197925	114599	27608	409540	389416
280440	203655	147034		204668	75772	28738	7638	269814	169196
557025	386230	220563	1	386245	170779	90775	22430	1052807	1048881
1204262	526647	310644	9713	637787	566475	261030	145293	2447878	2434393
986126	426223	272509	5881	529294	456832	193745	119444	2177473	2165734
15782	11543	9178	61	11604	4178	3064		29898	29898
9026	2419	620	3770	6810	2217	2217		2781	2781
193328	86462	28337		90079	103249	62004	25849	237726	235980

12-5 建筑业企业

(总承包和专业

项　　目	营业成本	主营业务成本	营业税金及附加	主营业务税金及附加	其他业务利润	销售费用	管理费用
总计	**30543173**	**29909431**	**324183**	**307201**	**19530**	**70402**	**831139**
一、按登记注册类型分组							
内资企业	29530453	28981110	319897	303138	19285	70401	818542
国有企业	896138	867533	12428	11110	203	404	34461
集体企业	886268	884064	13459	13288	3195	447	19358
股份合作企业	19764	19764	99	99	12	65	356
有限责任公司	16553372	16253035	132345	119370	14635	44460	468002
国有独资公司	1105551	1104211	3422	3128	1601	1088	47660
其他有限责任公司	15447821	15148824	128924	116242	13034	43372	420342
股份有限公司	925447	924244	6833	6685	193	427	24567
私营企业	10249464	10032470	154732	152587	1048	24599	271797
港、澳、台商投资企业	1010533	926133	4283	4060	245	1	12480
与港澳台商合资经营	995569	911169	4192	3969	245	1	10643
港、澳、台商投资股份有限公司	14964	14964	91	91			1837
二、按控股情况分							
国有控股	10899900	10785200	45200	43300	14268	8564	261946
集体控股	1139000	1131900	19400	19000	3206	512	34380
私人控股	17125100	16745200	235500	221300	1810	60276	499767
港澳台商控股	99900	15600	300	100		1	3384
其他	1313900	1266100	24200	24000	246	1219	33951
三、按营业状态分							
营业	30566300	29932500	324400	307400	19530	70461	832847
停业(歇业)	7900	7900	300	300		20	279
当年关闭	900	900				90	213
其他	2600	2600					94

财务状况(二)(2019年)

承包资质企业)　　　　单位：万元

财务费用	利息收入	利息支出	营业利润	营业外收入	营业外支出	利润总额	应交所得税	应付职工薪酬(本年贷方累计发生额)	应交增值税
199735	**24137**	**149873**	**1023622**	**24907**	**13095**	**1036025**	**234822**	**3994246**	**644491**
174481	18789	122591	967203	24740	12491	980044	220810	3794036	613255
7409	26	6074	15046	406	194	15259	5342	102093	33802
5012	78	5050	29091	1526	790	30492	7967	97515	23604
135	-1		230			230	106	4774	299
110622	16864	76719	499745	17970	6579	511068	112665	1899496	278257
5369	86	5235	11448	2192	855	12709	4286	103632	11486
105253	16777	71484	488297	15778	5724	498359	108379	1795864	266771
820	470	1289	24680	49	119	24610	4286	79010	27215
50484	1352	33459	398411	4789	4808	398386	90445	1611149	250079
25253	5348	27282	56371	166	604	55934	14010	199562	31204
24496	5347	26955	55979	120	497	55603	13930	198378	30779
758	2	327	392	46	107	331	80	1184	425
101968	21919	89757	286900	12277	4482	294600	71300	1644000	202700
5018	367	5251	40200	1854	884	41800	10200	137200	29000
82667	1353	47617	651900	9844	7005	654600	143300	2122200	378600
483	2	327	12000	116	119	12000	3200	4600	1700
10179	497	7423	31700	825	611	31900	6900	88400	32900
200192	24137	150294	1022500	24912	13079	1034700	234800	3991300	644900
81	0	80	100	5	6	100		4900	
44			100			100		200	
0			100		11	100		200	

(总承包和专业

项目	营业成本	主营业务成本	营业税金及附加	主营业务税金及附加	其他业务利润	销售费用	管理费用
四、按企业资质等级分组							
施工总承包	27985661	27380463	242989	237776	18917	57837	711646
特级	7807698	7801285	54551	54536	5989	3274	130307
一级	16083219	15721187	134867	132412	10672	34879	405441
二级	2591890	2392811	34546	32543	749	15565	112829
三级及以下	1502830	1465157	19025	18285	1508	4119	63052
专业承包	2557512	2528968	81194	69425	614	12565	119494
一级	1903528	1887561	74730	63663	196	5487	90852
二级	480951	469594	5233	4560	15	5774	12954
三级及以下	123980	122829	1028	997	84	1289	11980
五、按国民经济行业分组							
房屋建筑业	19520252	19151868	191924	189837	5441	33650	425353
土木工程建筑业	7231414	7088292	50730	47372	13110	26897	250907
铁路、道路、隧道和桥梁工程建筑	5138002	5063455	42076	40868	9490	22854	174406
水利和内河港口工程建筑	910938	898265	3664	2831	2788	17	26116
工矿工程建筑	40916	37694	460	456	27		2791
架线和管道工程建筑	167125	166969	872	868	508	1258	20883
节能环保工程							
电力工程施工	508829	508497	912	903	289	2649	12819
其他土木工程建筑	465605	413413	2746	1447	7	119	13892
建筑安装业	1585918	1475847	6055	5303	641	5055	62566
电气安装	359891	338266	1289	1017	576	836	32112
管道和设备安装	226740	139479	629	382		3748	4273
其他建筑安装业	999287	998101	4137	3905	65	471	26181
建筑装饰和其他建筑业	2205589	2193424	75474	64689	338	4801	92313
建筑装饰业	1960195	1950995	73350	63116	338	2767	81930
工程准备活动	28609	28609	176	176			1116
提供施工设备服务	2029	2029	269	269			363
其他未列明建筑业	214756	211791	1679	1129		2033	8905

(2019年)

承包资质企业)

单位: 万元

财务费用	利息收入	利息支出	营业利润	营业外收入	营业外支出	利润总额	应交所得税	应付职工薪酬(本年贷方累计发生额)	应交增值税
191158	24126	146577	947221	20780	10332	958344	218433	3802877	581347
69151	17886	56787	248912	2536	1005	250443	62769	1751389	194180
103528	4993	81448	528379	8837	6157	531725	115869	1625431	303021
13193	792	5881	95430	7513	1946	100996	26638	269864	51306
5286	455	2461	74501	1895	1224	75181	13157	156180	32839
8577	11	3296	76401	4127	2763	77681	16388	191369	63144
5562	-152	2350	50984	3551	2202	52331	11430	108700	45868
1930	41	443	17232	329	265	17295	3379	56430	13705
1095	122	503	7022	245	193	7069	1450	23433	2588
138246	21535	109297	691448	9839	5644	696318	157277	3251528	436567
53173	1506	37445	195328	10968	4464	201827	48308	501255	129035
38216	102	28620	139472	4475	2090	141857	35104	325264	97806
5247	487	1887	27749	1540	843	28446	7108	59173	15514
-8	86	3	2892	3336	528	5696	1398	16413	541
1251	45	798	3564	216	137	3643	1378	32668	2815
6724	769	5820	8881	1084	637	9328	1029	33992	3935
1745	18	318	12769	317	230	12857	2291	33744	8424
3033	1420	1418	70324	578	659	70167	15720	140065	32055
786	417	699	17547	465	572	17364	1991	45423	4364
651	790	99	31995	71	18	32048	8203	8336	4113
1596	213	620	20782	41	69	20755	5526	86305	23579
5282	-325	1713	66522	3522	2327	67713	13516	101398	46834
4267	-308	1461	57452	3119	2179	58390	12237	81822	42706
-14	-16		11	354	5	361	90	1142	1239
18			102		34	68	20	703	196
1011	0	252	8956	48	110	8894	1169	17732	2693

12-6 各县区建筑业企业

(总承包和专业

指　　标	全　市	东湖区	西湖区	青云谱区	青山湖区
企业个数(个)	**862**	**83**	**96**	**67**	**79**
建筑业合同情况(万元)					
签订的合同额	79057367	2100325	10098507	16073969	2369858
上年结转合同额	36518235	762414	7038225	9794320	848953
本年新签合同额	42539132	1337911	3060283	6279649	1520904
承包工程完成情况(万元)					
直接从建设单位承揽工程完成的产值	40695961	1387665	4016138	5218988	1362202
自行完成施工产值	40246632	1377015	4009930	5168046	1349026
分包出去工程的产值	449329	10649	6208	50942	13176
从建设单位以外承揽工程完成的产值	1355151	40468	25129	215107	29756
建筑业总产值(万元)	**41601783**	**1417484**	**4035059**	**5383153**	**1378782**
#装饰装修产值	2049246	600711	90767	134928	37182
在外省完成的产值	15099639	533760	1358560	2056747	536313
建筑工程产值	36077692	1153438	3701564	4695464	1111917
安装工程产值	2988204	114818	227766	503890	154879
其他产值	2535887	149228	105728	183800	111987
竣工产值(万元)	**21524136**	**963983**	**1667479**	**7055990**	**392307**
房屋建筑施工及竣工面积(万平方米)					
房屋建筑施工面积	18054.69	136.24	2336.61	2630.71	347.50
#本年新开工面积	7608.39	24.28	429.30	1251.50	115.93
房屋建筑竣工面积	5862.89	54.97	239.31	918.31	146.84
住宅房屋	3856.63	34.82	155.04	681.53	69.42
商业及服务用房屋	482.95	5.52	21.71	49.93	3.57
商厦房屋(批发和零售用房)	135.12	0.10	9.91	12.30	2.04
宾馆用房屋(住宿用房)	13.35		0.06		0.00
餐饮用房屋(餐饮用房)	5.99		1.33		0.00
商务会展用房屋	51.68	0.15	6.96	23.43	0.05
其他商业及服务用房屋	276.82	5.27	3.46	14.20	1.47

主要经济指标（2019年）

承包资质企业）

新建区	红谷滩区	南昌县	安义县	进贤县	经济开发区	高新开发区	湾里管理局
57	**94**	**180**	**13**	**47**	**58**	**64**	**24**
2277678	8779017	23054344	213394	1312414	4486445	7400452	890965
602676	3021811	8287501	41439	603573	1932887	3222859	361579
1675002	5757206	14766843	171955	708841	2553559	4177593	529386
1842833	5454447	14105934	201650	875107	2218905	3204225	807868
1830589	5285052	13931116	201650	874704	2208412	3203442	807651
12245	169395	174818		404	10493	782	217
14295	565212	311235		39486	74541	23466	16456
1844883	**5850264**	**14242351**	**201650**	**914189**	**2282953**	**3226909**	**824107**
62757	205311	683564	12550	29292	96649	90284	5252
420169	2218059	5110331		204078	1083519	1429815	148288
1438914	4904083	12861595	180139	801273	1676492	2903376	649438
148145	289676	989934	10992	61649	238639	217218	30599
257824	656505	390822	10519	51268	367821	106315	144070
934712	**1349679**	**5632976**	**151503**	**651415**	**1191204**	**1342606**	**190282**
444.02	869.72	7447.06	147.83	558.01	487.81	2329.34	319.83
187.09	524.58	3798.99	52.19	276.81	103.18	810.47	34.06
210.76	311.51	2719.16	116.11	330.83	250.04	499.61	65.44
142.04	220.03	1810.75	106.64	174.30	166.50	247.24	48.33
17.47	26.57	223.11	1.44	15.46	0.01	117.16	1.01
5.10	13.25	74.79	1.44	10.00		6.20	
1.35	0.06	10.71				1.18	
	0.03	4.61			0.01		
	0.02	17.83				3.24	
11.02	13.21	115.18		5.46		106.54	1.01

12-6 续表1

(总承包和专业

指　　　　标	全　市	东湖区	西湖区	青云谱区	青山湖区
办公用房屋	358.62	1.43	6.10	5.16	35.02
科研、教育、医疗用房屋	326.91	1.22	20.02	65.31	2.55
科学研究用房屋	22.58		0.72	0.10	
教育用房屋	247.21	1.10	16.54	53.42	1.32
医疗用房屋(卫生医疗用房)	57.12	0.12	2.76	11.80	1.24
文化、体育、娱乐用房屋	120.45	0.48	29.11	3.95	
厂房及建筑物	558.02	10.58	4.62	112.22	31.87
厂房	372.10	0.08	2.25	111.63	2.95
仓库	32.36			0.21	0.02
其他未列明的房屋建筑物	126.95	0.93	2.69		4.39
竣工房屋价值(万元)	**9485520**	**72220**	**498880**	**1597200**	**292460**
住宅房屋	5862000	48460	235060	1120610	147820
商业及服务用房屋	830260	10190	48590	90520	7460
商厦房屋(批发和零售用房)	192296	184	16776	17375	4052
宾馆用房屋(住宿用房)	28313		173		0
餐饮用房屋(餐饮用房)	11698		2285		0
商务会展用房屋	83860	187	21747	35412	159
其他商业及服务用房屋	514092	9814	7612	37734	3251
办公用房屋	591970	1840	11290	12120	72470
科研、教育、医疗用房屋	765310	1070	82950	205510	14360
科学研究用房屋	42487		3202	225	
教育用房屋	583956	662	71231	159225	6868
医疗用房屋(卫生医疗用房)	138867	403	8514	46056	7497
文化、体育、娱乐用房屋	322150	140	110150	15070	
厂房及建筑物	806480	8570	5680	153190	46600
厂房	556406	74	3183	152197	2627
仓库	74510			190	30
其他未列明的房屋建筑物	232850	1960	5160		3700

（2019年）

承包资质企业）

新建区	红谷滩区	南昌县	安义县	进贤县	经济开发区	高新开发区	湾里管理局
11.29	26.93	247.46	0.18	14.64		7.77	2.63
5.38	10.35	151.89		3.64	37.81	25.71	3.02
2.00	0.07	18.57				1.12	
1.72	10.22	110.14		2.09	33.61	14.04	3.02
1.66	0.06	23.18		1.54	4.20	10.56	
5.28	2.38	56.77		1.52	17.57	0.95	2.44
22.60	12.79	143.30	3.16	92.56	16.59	99.91	7.82
3.15	3.71	115.03	0.49	34.29	16.59	74.09	7.82
1.03	2.57	15.29	0.21	7.67	4.30	0.87	0.19
5.68	9.87	70.60	4.48	21.04	7.26		
278590	**606650**	**3989770**	**129840**	**371390**	**577820**	**943630**	**127070**
186010	400130	2485200	107610	194600	338550	493980	103970
23370	71770	339160	2920	12850	20	221820	1600
7408	19475	112442	2922	7322		4340	
1483	186	25186				1286	
	95	9300			18		
	58	19340				6956	
14475	51955	172886		5533		209234	1598
16920	35730	399030	280	21450		18440	2390
6980	25680	270230		7530	97790	50180	3030
2391	207	32234				4228	
2644	25294	191728		4329	91404	27539	3033
1950	179	46272		3198	6389	18410	
10700	17350	72260		3070	78550	4640	10220
28710	17410	259660	7510	100450	18750	154280	5650
3603	8101	215368	467	36724	18753	109658	5652
1180	6650	26550	2460	7590	29340	300	210
4710	31940	137670	9050	23850	14820		

(总承包和专业

指　　标	全　市	东湖区	西湖区	青云谱区	青山湖区
年末资产负债(万元)					
流动资产合计	25402424	2544971	4285569	4479003	902876
#存　货	6682068	762890	1211236	1189515	148529
固定资产合计					
固定资产原值	1795679	223923	168327	132149	60656
累计折旧	838542	128551	79157	57707	21497
#本年折旧	141428	10012	25420	7503	3139
在建工程	270426	59149	3288	23042	13340
资产合计	30097308	3000005	5393488	4761510	1050244
流动负债合计	18527709	1599743	4253957	3670739	579968
#应付账款	7583830	418479	1821210	1686074	279216
非流动负债合计	1411664	528601	81993	104811	23456
负债合计	20621189	2214502	4443048	3812008	666868
所有者权益合计	9476119	785503	950440	949502	383376
#实收资本	5276748	337406	608166	582077	242627
个人资本	1684763	88561	180546	103165	72296
损益及分配(万元)					
营业收入	33077381	1941850	3579343	4529602	1090256
工程结算收入	32741607	1864165	3449572	4514620	1035089
营业成本	30577791	1699842	3292350	4236467	1011533
工程结算成本	29943995	1605691	3172110	4219759	953066
营业税金及附加	324704	35670	19313	19134	9537
工程结算税金及附加	307714	23858	18263	19117	9026
其他业务利润	19530	1659	5265	758	335
销售费用	70571	14640	5200	3160	1338
管理费用	833428	92367	77741	93666	41577
财务费用	200316	20076	49270	15328	3627
#利息收入	24137	-55	6384	4041	210
#利息支出	150374	21497	50254	14746	1641
营业利润	1022736	76470	115502	124330	25306
营业外收入	24917	4587	2769	4823	174
营业外支出	13101	2571	1631	1531	983
利润总额	1035017	78485	116436	127622	25168
#应交所得税	234879	17090	28209	25639	4735
应付职工薪酬	3996477	82652	341087	806664	111679

（2019年）

承包资质企业）

新建区	红谷滩区	南昌县	安义县	进贤县	经济开发区	高新开发区	湾里管理局
823360	2168157	6165385	37541	413747	1245033	2087533	249249
175530	531776	1559157	18037	73683	362862	583906	64947
42207	241766	610015	5324	51604	106418	141254	12037
18880	122738	266728	1302	19538	37843	77735	6869
3878	25646	40898	112	3557	6601	14255	407
1535	61755	62699	2784	3630	28199	3744	7262
1022692	2911883	7141542	84848	496500	1606690	2315355	312549
391997	1804256	3417678	12033	106874	913374	1654640	122450
113752	733018	1438088	3411	20746	384417	667398	18022
4663	128240	113894	1231	136350	165505	122465	455
552693	1948853	3695144	53637	250190	1080664	1779148	124434
469999	963030	3446398	31212	246310	526027	536207	188116
306683	593432	1631698	26238	149883	285594	385704	127240
171254	109492	645665	15321	75476	58948	70477	93562
1509486	3942753	10623906	124712	766493	1738346	2757117	473520
1509477	3920783	10617660	123836	759635	1737062	2736785	472924
1477216	3686043	9783326	110101	700506	1597490	2546684	436234
1394120	3662294	9568632	110100	700406	1596288	2525811	435718
18985	59540	119461	3209	15843	8397	13051	2564
17453	59064	118397	3209	15818	8174	12771	2564
2	7377	1345	869		121	1742	58
2830	6809	17582	67	5959	1837	10915	234
21898	93491	263354	3097	14001	46101	74113	12024
6419	14078	55648	478	2109	11055	19947	2283
106	309	1214	0	24	1096	10814	-6
1995	5871	38478	235	484	8714	6067	394
56584	96043	339842	7756	27675	69305	63770	20153
2091	1923	3505	2	29	2336	2487	192
409	1520	2398	9	46	785	914	303
58271	96445	340948	7749	27657	70856	65343	20037
11330	25573	81968	948	6050	16555	13849	2935
116925	80316	1228856	10572	79344	599875	469728	68780

主要统计指标解释

建筑施工企业 指从事房屋、构筑物和设备安装生产活动的独立施工单位，分为建筑安装企业和自营施工单位两种组织形式。建筑安装企业是指行政上有独立组织、经济上实行独立核算的企业。一般称为建筑公司、安装公司、工程公司、工程局（处）等。自营施工单位是指附属于现有生产企业、事业内部或行政单位的，为建造和修理本单位固定资产而自行组织的。并同时具备下述条件：(1)对内独立核算；(2)有固定组织和施工队伍；(3)全年施工期在半年以上。

建筑业总产值 建筑总产值是货币表现的建筑安装企业在一定时期内生产的建筑业产品的总和。按现行报表制度规定，具体包括：建筑工程产值、设备安装工程产值和其他产值。

建筑业增加值 是建筑业企业在报告期内以货币表现的建筑业生产经营活动的最终成果。建筑业增加值有两种计算方法：一是生产法，即建筑业总产出减去建筑业中间消耗后的余额；二是分配法（收入法），即从收入的角度出发，根据生产要素在生产过程中应得到的收入份额计算，具体构成项目有固定资产折旧、劳动者报酬、生产税净额、营业盈余。

利润总额 指建筑业企业在一定时期内所实现的利润。包括营业利润、投资收益和营业外收入与营业外支出的差额。

工程结算收入 指本企业承包实现的工程价额结算收入以及向发包单位收取的除工程价款以外按规定列作营业收入的各种款项，如临时设施费、劳动保险费、施工机构调迁等以及向发包单位收取的各种索赔款。

十三、交通运输、邮电通信和规上服务业

TRANSPORTATION,POSTAL TELECOMMUNICATIONS AND ABOVE DESIGNATED SIZE IN SERVICES

本篇内容包括:

1. 交通运输业
2. 邮电通信业
3. 规模以上服务业

货物运输量

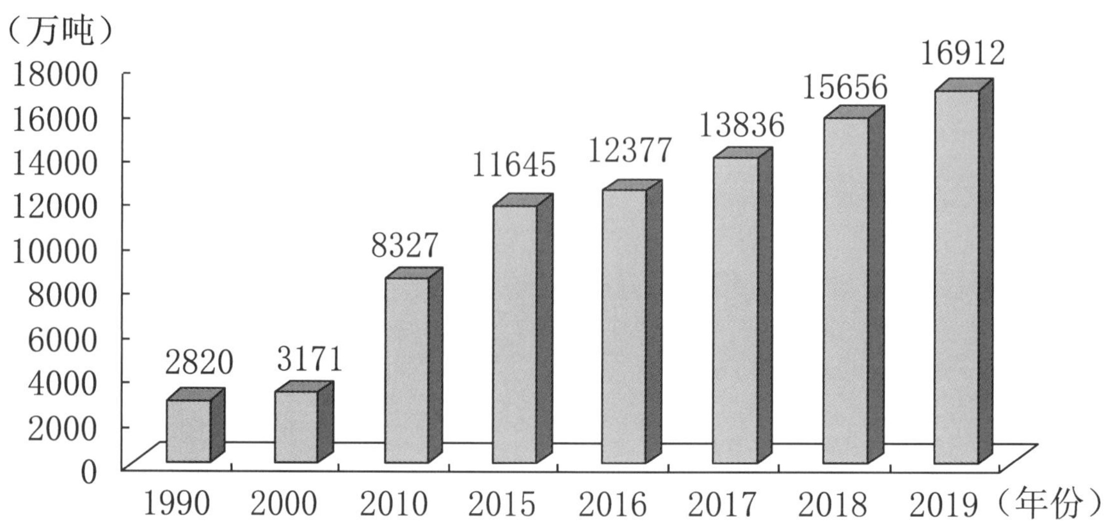

邮电业务总量

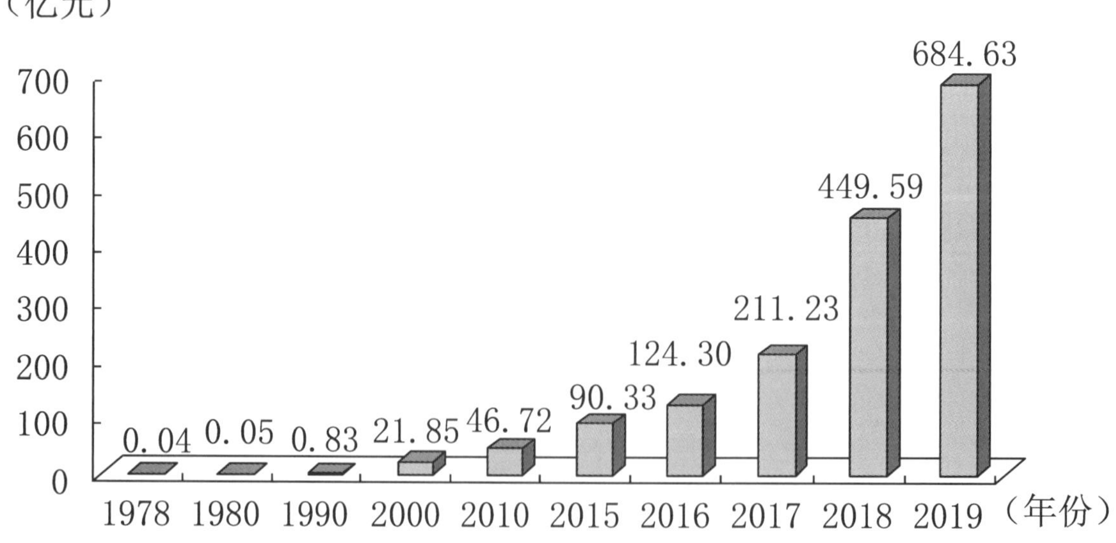

13-1 公路线路长度

单位：公里

指　标	2012	2013	2014	2015	2016	2017	2018	2019
公路通车里程	**10852**	**10822**	**11166**	**11199**	**11386**	**11388**	**11258**	**11966**
等级公路	9102	9090	9553	9586	9698	9700	9672	10654
#高速公路	342	342	342	377	395	417	432	429
一级公路	107	107	115	116	187	216	223	226
二级公路	623	624	628	671	689	685	674	627
三级公路	452	450	503	494	483	479	626	773
四级公路	7579	7568	7965	7928	7944	7903	7717	8599
等外公路	1750	1732	1613	1614	1688	1687	1586	1312

注：本表数据由南昌市公路局提供。

13-2 民用汽车年末实有数

指　标	1990	2000	2010	2012	2013	2014	2015	2016	2017	2018	2019
民用汽车合计(辆)	**21050**	**41707**	**362098**	**476780**	**560779**	**618086**	**738616**	**861045**	**965591**	**1071207**	**1171029**
#载货汽车	11150	20827	65080	60259	62822	58564	59256	58354	60546	69302	75646
载客汽车	8051	18280	287341	409402	492367	554951	674553	797750	899841	996367	1089466
其他汽车	1849	2600	9677	7119	5590	4571	4807	4941	5204	5538	5917
摩托车(辆)	7202	102505	120963	92278	69502	20563	9071	6102	5996	5211	6566
拖拉机(辆)	4681	9314	68205	93193	68060	64214	67855	69931	71949	73116	73851
汽车挂车(辆)		114	988	892	787	912	988	1572	3125	3782	4587
补充资料:											
汽车驾驶员(万人)		13.70	82.95	109.47	121.76	139.85	169.59	191.39	205.29	217.23	230.69

注：从2007年起，民用汽车拥有量划归南昌市车管所统计，较以前年度的统计口径有所改变。

13-3 运输船舶年末实有数

单位：艘

指　标	1990	2000	2010	2012	2013	2014	2015	2016	2017	2018	2019
运输船舶	**982**	**475**	**268**	**280**	**263**	**248**	**255**	**184**	**170**	**144**	**156**
机动船	771	334	258	274	261	246	253	182	170	144	156
#客货轮	11	6									
推拖船		29	9	60	1	1		1			
驳　船	211	141	10	6	2	2	2	2			

注：本表数据由南昌市港航管理处提供。

13-4 全 社 会 运 输 量

单位：万吨、万人

指　标	1990	2000	2010	2012	2013	2014	2015	2016	2017	2018	2019
货物运输量	**2820**	**3171**	**8327**	**9527**	**11320**	**12709**	**11645**	**12377**	**13836**	**15656**	**16912**
民　航			3	4	4	5	5	5	5	8	12
铁　路	221	224	412	297	239	183	193	247	273	327	318
公　路	2298	2784	7244	8510	10328	11734	10397	11067	12436	14198	15350
水　运	301	163	668	716	749	787	1050	1058	1122	1123	1232
旅客运输量	**3289**	**3904**	**10971**	**11006**	**6772**	**6970**	**6709**	**6913**	**7562**	**7893**	**7894**
民　航			475	602	681	724	749	786	1094	1352	1364
铁　路	517	906	1977	1401	2373	2415	2941	3126	3515	3769	3946
公　路	2720	2978	8519	9003	3718	3831	3019	3001	2953	2772	2584
水　运	52	20									

注：1.从2009年起，公路数据统计口径发生改变，故数据变动较大；2013年全国开展了交通运输业经济统计专项调查，调整了公路2013年数据；
2.2015年开展了公路水路运输量小样本抽样调查，调整了水运2014、2015年数据；
3.2015年铁路旅客运输量由客发口径转变为乘车口径；
4.民航数据为昌北机场的货邮吞吐量和旅客吞吐量；
5.2015年交通运输部进行了第二次全国公路运输量专项调查，交通运输部根据2015年月度抽样调查数据，对2015年和2016年上报的道路运输量数据进行了调整。

13-5 全社会运输周转量

单位：万吨公里、万人公里

指　标	1990	2000	2010	2012	2013	2014	2015	2016	2017	2018	2019
货物周转量	**152529**	**180742**	**1854517**	**2724323**	**2556031**	**2763343**	**2723225**	**2822360**	**3065439**	**3318322**	**3593904**
公　路	96686	148211	1751164	2616075	2378140	2583611	2326736	2422783	2641744	2894242	3128799
水　运	55843	32531	103353	108248	177891	179732	396489	399577	423695	424080	465105
旅客周转量	**118856**	**197376**	**716809**	**742109**	**427504**	**439688**	**304955**	**302357**	**296897**	**279488**	**261587**
公　路	115521	195477	716809	742109	427504	439688	304955	302357	296897	279488	261587
水　运	3335	1899									

注：1.从2009年起，公路数据统计口径发生改变，故数据变动较大；2013年全国开展了交通运输业经济统计专项调查，调整了公路2013年数据；
2.2015年开展了公路水路运输量小样本抽样调查，调整了水运2014、2015年数据；
3.2015年交通运输部进行了第二次全国公路运输量专项调查，交通运输部根据2015年月度抽样调查数据，对2015年和2016年上报的道路运输量数据进行了调整；
4.货物周转量和旅客周转量仅包含公路和水运数据，未包含铁路、航空数据。

13-6 邮政业务

指　　标	1990	2000	2010	2012	2013
邮电业务总量(万元)	**8252**	**218524**	**467178**	**573643**	**681000**
#邮政业务总量(万元)			358600	90800	115400
邮路总条数(条)		100	111	73	59
邮路总长度(单程)(公里)	5266	11821	19505	13283	15123
农村投递路线单程长度(公里)	8110	8564	8687	8974	8040
函　　件(万件)	4781	3016	17971	2115	2054
包　　裹(万件)	85	60	121	70	41
订销报纸累计数(万份)					
订销杂志累计数(万份)					
快递业务量(万件)			2245	3671	4773
#国内同城快递(万件)			251	476	802
国内异地快递(万件)			1974	3175	3946
国际及港澳台快递(万件)			20	20	25

注：1.从1998年起，邮政业务统计由市电信局转为市邮政局；
2.从2013开始，邮政业务总量的统计口径包含快递业务量；
3.2016年、2017年邮路总长度因部门统计数据口径调整，故数据变化较大。

主要指标

2014	2015	2016	2017	2018	2019
820100	**903300**	**1243000**	**2112300**	**4495900**	**6846300**
162800	208600	314000	430300	634900	816300
79	87	90	118	173	199
15848	17027	43694	26453	41278	82638
8040	7768	8625	8612	8910	7973
1049	1065	1097	1055	1384	891
34	29	21	17	16	15
8573	8586	8722	9053	8544	8353
665	516	480	435	378	372
8252	10646	17150	18576	27718	32735
1324	1922	2926	3278	4958	4904
6891	8612	14060	15116	22542	27560
37	112	164	182	218	270

13-7 电信业务主要指标

指　标	1990	2000	2010	2012	2013	2014
邮电业务总量(万元)	**8252**	**218524**	**467178**	**573643**	**681000**	**820100**
#电信业务总量(万元)			108578	482843	565600	657300
固定电话用户(万户)	3	74	162	138	127	112
#城市电话用户	3	60	85	75	80	71
农村电话用户		14	23	20	18	15
移动电话用户(万户)		43	473	621	629	601
互连网宽带用户数(万户)			62	83	116	120

13-7 续表

指　标	2015	2016	2017	2018	2019
邮电业务总量(万元)	**903300**	**1243000**	**2112300**	**4495900**	**6846300**
#电信业务总量(万元)	694700	929000	1682000	3861000	6030000
固定电话用户(万户)	107	102	93	91	87
#城市电话用户	68	65	61	53	75
农村电话用户	13	12	11	9	9
移动电话用户(万户)	609	555	613	697	709
互连网宽带用户数(万户)	128	154	185	238	265

13-8 规模以上服务业历年主要指标

单位：万元

年　份	资产总计	营业收入	利润总额	从业人员数(人)
2015	45000995	4899844	572040	111120
2016	57131894	5600595	533996	125811
2017	60790804	6916049	542796	151008
2018	65684962	8105230	699074	165534
2019	76620234	8966903	859679	175248

13-9 规模以上服务业

类　　别	企业数(户)	资产总计	负债合计	所有者权益合计
总　　计	**1007**	**76620234**	**43020852**	**33599383**
按登记注册类型及隶属关系分组				
内资企业	993	76406678	42888915	33517763
国有企业	45	1525891	746102	779789
集体企业	4	39048	37856	1192
股份合作企业	5	9067	5151	3916
有限责任公司	561	62059573	36555875	25503698
股份有限公司	53	11497631	4622785	6874845
私营企业	313	1126923	823417	303506
其他企业	12	148545	97729	50816
港、澳、台商投资企业	7	147694	112470	35224
外商投资企业	7	65862	19467	46396
#国有控股企业	216	71290422	39612965	31677458

企业主要指标（2019年）

单位：万元

营业收入	营业利润	利润总额	所得税费用	应交增值税	平均用工人数(人)
8966903	**787035**	**859679**	**163213**	**208719**	**175248**
8932814	786820	857555	162566	207008	174319
616876	6275	10750	2814	18593	18308
13326	626	444	0	178	512
12499	4017	4050	997	657	202
5729559	486708	511316	90237	136729	103663
916170	236322	272254	58811	19223	12795
1530381	41470	46683	8234	29546	35215
114003	11404	12059	1474	2082	3624
16038	3340	3337	632	651	154
18052	-3126	-1213	14	1060	775
4867445	605504	663711	133525	114173	78552

13-10 规模以上服务业

行业类别	企业数(户)	资产总计	负债合计	所有者权益合计
总　　计	**1007**	**76620234**	**43020852**	**33599383**
铁路运输业	1	6772903	2365776	4407126
道路运输业	127	43380884	24970671	18410213
水上运输业	6	119069	65887	53182
航空运输业	6	895811	308165	587647
管道运输业				
多式联运和运输代理业	4	10230	6930	3300
装卸搬运和仓储业	26	566436	493113	73323
邮政业	13	104255	113152	-8897
电信、广播电视和卫星传输服务	14	1554800	587611	967189
互联网和相关服务	23	102079	23442	78636
软件和信息技术服务业	98	1339453	671528	667926
物业管理	63	438496	370239	68257
房地产中介服务	21	67435	40496	26939
房地产租赁经营	40	3727196	2149665	1577530
其他房地产业				
租赁业	6	40041	31645	8396
商务服务业	205	1503036	866368	636668
研究和试验发展	3	18675	7197	11478
专业技术服务业	153	13643489	8788913	4854576
科技推广和应用服务业	4	26799	10379	16420
水利管理业	1	103221	12354	90867
生态保护和环境治理业	5	10519	4026	6493
公共设施管理业	11	525528	345680	179848
土地管理业	1	66984	46890	20094
居民服务业	17	89230	48461	40769
机动车、电子产品和日用产品修理业	7	9422	8287	1135
其他服务业	13	7915	6604	1311
教育	33	270143	150197	119946
卫生	34	184241	175144	9098
社会工作	2	26776	12472	14305
新闻和出版业	23	669154	231966	437189
广播、电视、电影和录音制作业	22	84530	53441	31089
文化艺术业	6	18259	1289	16969
体育	6	172071	23285	148786
娱乐业	13	71157	29581	41576

分行业主要指标（2019年）

单位：万元

营业收入	营业利润	利润总额	所得税费用	应交增值税	平均用工人数(人)
8966903	**787035**	**859679**	**163213**	**208719**	**175248**
100085	5577	4926	1012	392	104
2327395	247865	296781	54489	44825	39429
17576	-1902	-1338	7	286	275
258372	3245	532	202	14896	4355
57472	474	489	70	114	361
86479	1744	4147	462	1316	2411
276509	-12813	-13122	749	2363	7258
927845	222317	222658	51787	23198	13361
113017	8542	8854	997	605	1386
746511	96625	97927	7557	19004	13773
225349	11698	15291	3477	17512	19018
92126	5995	6134	1513	3689	3185
213108	27279	26765	13415	13154	2783
16729	1226	1267	385	394	195
1322048	13697	17344	2791	17800	23090
4495	-696	64	29	61	208
1052061	73402	78659	14337	35553	19512
13565	2628	2701	115	199	195
37254	1107	1107	227	410	407
11971	1146	1323	204	270	285
41389	2084	3967	1158	579	2119
9061	1848	1848	642	187	24
56956	9163	9283	2006	1004	1862
14307	236	334	15	220	306
18745	219	240	10	858	1507
229722	18916	19493	1966	3573	6714
206712	25	788	986	316	5434
2976	329	324			175
374243	39699	42392	1060	3797	3211
66934	6955	7338	1268	1373	871
4932	-810	632	4	116	333
9864	-1274	-288	72	203	519
31095	493	820	205	455	582

13-11 规模以上服务业

县　区	企业数(户)	资产总计	负债合计	所有者权益合计
全　市	**1007**	**76620234**	**43020852**	**33599383**
东湖区	99	701428	365086	336342
西湖区	149	40005743	21867519	18138224
青云谱区	92	1859716	919907	939809
青山湖区	89	9179186	6066265	3112921
新建区	65	1252534	512342	740192
红谷滩区	119	13662164	7243642	6418522
南昌县	89	1134347	432236	702111
安义县	23	76848	27283	49565
进贤县	12	21768	12374	9394
经济开发区	109	4384423	2988868	1395555
高新开发区	144	3956968	2376056	1580912
湾里管理局	17	385112	209275	175837

分县区主要指标（2019年）

单位：万元

营业收入	营业利润	利润总额	所得税费用	应交增值税	平均用工人数(人)
8966903	**787035**	**859679**	**163213**	**208719**	**175248**
599211	40476	45474	7532	11576	11325
2309197	218344	233760	63373	36083	36637
352463	24154	26173	4837	8564	11738
491659	9233	11239	2905	7663	14319
443947	21456	19952	2378	20372	7386
1620512	296679	330588	55682	44674	33349
551402	62246	62175	11171	9089	11310
79459	925	3290	532	1968	1314
24572	371	366	44	523	609
924475	-7646	-4398	3378	16551	13464
1459101	110504	120057	10608	50344	33011
110906	10297	11004	772	1312	786

主要统计指标解释

公路里程 指报告期末公路的实际长度。统计范围：包括城间、城乡间、乡（村）间能行驶汽车的公共道路，公路通过城镇街道的里程，公路桥梁长度、隧道长度、渡口宽度。不包括城市街道里程，断头路里程，农（林）业生产用道路里程，工（矿）企业等内部道路里程。

货(客)运量 指在一定时期内，各种运输工具实际运送的货物重量(旅客数量)。货运按吨计算，客运按人计算。货物不论运输距离长短、货物类别，均按实际重量统计。旅客不论行程远近或票价多少，均按一人一次客运量统计；半价票、儿童票也按一人统计。

货物(旅客)周转量 指在一定时期内，由各种运输工具运送的货物(旅客)数量与其相应运输距离的乘积之总和。该指标可以反映运输业生产的总成果，也是编制和检查运输生产计划，计算运输效率、劳动生产率以及核算运输单位成本的主要基础资料。计算货物周转量通常按发出站与到达站之间的最短距离，也就是计费距离计算。

民用汽车拥有量 指报告期末，在公安交通管理部门按照《机动车注册登记工作规范》，已注册登记领有民用车辆牌照的全部汽车数量。

邮政、电信业务总量 指以货币形式表示的邮政、电信通信企业为社会提供各类邮政、电信通信服务的总数量。计算方法为各类业务的实物量分别乘以相应的不变单价，求出各类业务的货币量加总求得。没有不变单价的业务按其业务收入直接相加。

移动电话用户 指在电信运营企业营业网点办理开户登记手续，通过移动电话交换机进入移动电话网，占用移动电话号码的各类电话用户。包括各类签约用户、智能网预付费用户、无线上网卡用户。

固定电话用户 指在电信企业营业网点办理开户登记手续并已接入固定电话网上的全部电话用户。包括普通电话用户、无线市话用户、公用电话用户、窄带综合业务数字网（N—ISDN）用户、智能网专用接入终端用户等。

城市电话用户 指按行政区划属于中央直辖市、省辖市、地级市、县级市的市区、市郊区及县城区范围内的电话用户数。包括分布在农村地区但以县团级以上建制的独立工矿区、林区、驻军的电话用户。

农村电话用户 指按行政区划属于城市范围以外的乡（镇）、村电话用户。

长途电话交换机容量 指电信企业用于接入长途电话网的电话交换机的设备额定容量。

局用交换机容量 指安装在电信企业内用于接续本地固定电话的电话交换机容量，包括接入网设备容量（安装在电信运营企业用于连接语音用户的远端节点的设备容量）。

移动电话交换机容量 指移动电话交换机根据一定话务模型和交换机处理能力计算出来的最大同时服务用户的数量。按报告期末已割接入网正式投入使用的设备实际容量统计。

十四、国内贸易

DOMESTIC TRADE

本篇内容包括:

1. 社会消费品零售总额情况
2. 限额以上批发零售法人企业商品购销存及主要财务状况
3. 限额以上住宿和餐饮法人企业经营情况及主要财务状况
4. 亿元以上商品交易市场主要经济指标
5. 批发和零售业连锁经营情况
6. 住宿和餐饮业连锁经营情况

社会消费品零售总额

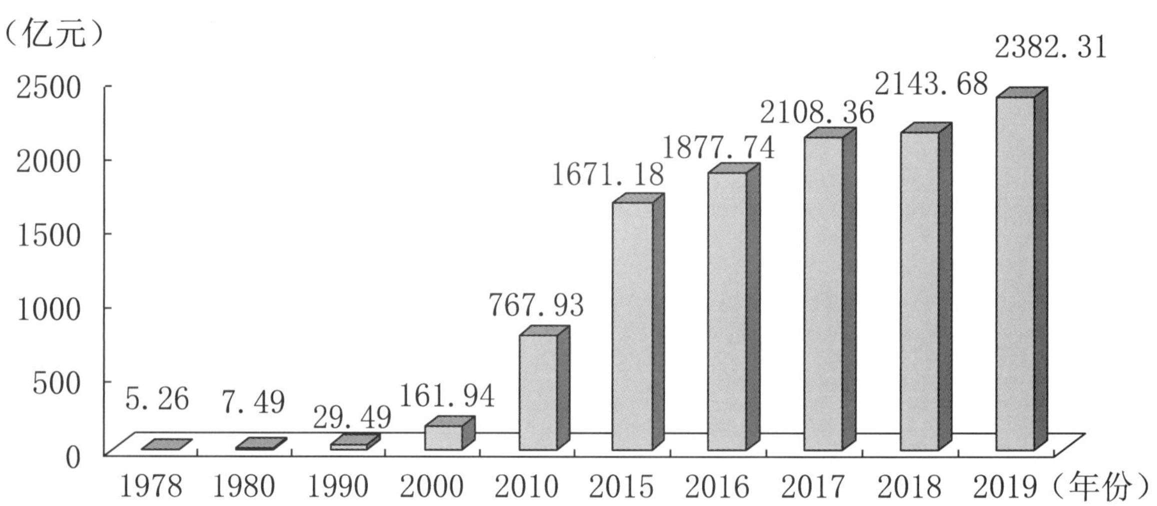

2019年社会消费品零售总额构成

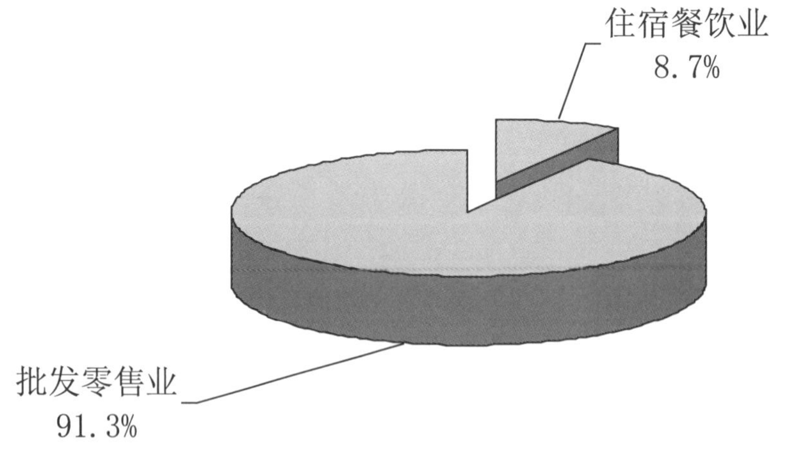

14-1 社会消费品零售总额

单位：万元

年 份	社会消费品零售总额	比上年增长%	按行业分			按所在地分	
			批发零售贸易业	住宿餐饮业	其他行业	城镇	乡村
1990	294909	1.2	280964	12866	1079	179447	115462
1991	335311	13.7	320869	13278	1164	208060	127251
1992	393991	17.5	375937	16212	1842	259531	134460
1993	500083	26.9	470906	27178	1999	328668	171415
1994	652251	30.4	615379	34252	2620	435869	216382
1995	824623	26.4	776266	44948	3409	565980	258643
1996	1031827	25.1	962769	64874	4184	728543	303284
1997	1228140	19.0	1131199	92012	4929	902297	325843
1998	1343877	9.4	1234076	104456	5345	1000584	343292
1999	1466487	9.1	1340783	119733	5972	1107649	358838
2000	1619354	10.4	1479149	134010	6195	1238384	380970
2001	1804351	11.4	1646738	151330	6283	1395332	409019
2002	2017703	11.8	1841789	170283	5631	1569227	448476
2003	2282517	13.1	2085346	190929	6242	1788690	493827
2004	2665422	16.8	2421541	237089	6792	2101134	564288
2005	3106828	16.6	2823368	277792	5669	2472316	634512
2006	3649427	17.5	3315648	327412	6366	2923939	725487
2007	4378556	20.0	3991248	379364	7944	3534744	843812
2008	5469396	24.9	5001834	458772	8790	4436687	1032709
2009	6367758	16.4	5832448	524411	10899	5186815	1180943
2010	7679341	20.6	6999199	680142		7260478	418863
2011	9321749	21.4	8319633	1002117		8809773	511976
2012	11213944	20.3	9994202	1219743		10562265	651680
2013	12758004	13.8	11379372	1378631		12057999	700004
2014	14360437	12.6	13111187	1249250		13462030	898407
2015	16711768	16.4	15454809	1256959		15578031	1133737
2016	18777450	12.4	17467184	1310266		17550023	1227426
2017	21083557	12.3	19251235	1832322		19508878	1574678
2018	21436777	1.7	19604466	1832311		19793690	1643087
2019	23823110	11.2	21739373	2083737		22051892	1771218
东湖区	3712373	11.1	3077101	635272		3712373	
西湖区	3237085	10.5	2695275	541810		3237085	
青云谱区	2394217	11.0	2273732	120485		2394217	
青山湖区	2336114	11.1	2171927	164187		1781767	554346
新建区	1384738	12.3	1276302	108436		1101128	283611
红谷滩区	2477558	11.5	2362894	114665		2388318	89240
南昌县	3029977	12.1	2872675	157302		2554058	475920
安义县	237560	11.2	216542	21018		201496	36064
进贤县	1125856	11.4	1099776	26081		699535	426321
经济开发区	1734914	11.3	1710771	24143		1731313	3601
高新开发区	1999606	11.0	1961919	37688		1982489	17117
湾里管理局	153111	10.0	120395	32716		120124	32987

注：2010年国家统计制度作了修订，社会消费品零售总额统计分组发生变化，取消社会消费品零售总额中的其他行业；根据国家统计局贸易司要求，依据全国第四次经济普查结果，对1993年至2018年的社会消费品零售总额及增速进行了修订。

14-2 限额以上批发零售贸易法人企业

指　　标	法人企业(个)	购进总额	#进　口
总　计	**1286**	**32211684**	**360020**
批发业	**656**	**23846220**	**227662**
按登记注册类型分			
内资企业	648	23408032	214564
国有企业	5	506903	
集体企业			
有限责任公司	329	16739988	170395
国有独资公司	7	93815	
其他有限责任公司	322	16646173	170395
股份有限公司	19	1716297	7921
私营企业	294	4441700	36248
#私营有限责任公司	286	4386480	36248
私营股份有限公司	8	55221	
其他企业			
港澳台商投资企业	4	110490	
与港澳台商合资经营企业			
港澳台商独资企业	4	110490	
港澳台商投资股份有限公司			
外商投资企业	4	327698	13098
#中外合资经营企业	2	241853	12780
外资企业	2	85845	318
按国民经济行业分			
农、林、牧产品批发业	20	187769	
食品、饮料及烟草制品批发业	61	1261449	7790
#米、面制品及食用油批发业	8	229368	
烟草制品批发业	2	502084	
纺织、服装及家庭用品批发业	80	1204260	6526
#服装批发业	27	272972	957
日用家电批发业	23	784072	
文化、体育用品及器材批发业	28	355251	
医药及医疗器材批发业	115	3703972	35940
矿产品、建材及化工产品批发业	179	11306015	41424
#煤炭及制品批发业	14	825779	
石油及制品批发业	16	1380291	
金属及金属矿批发业	68	6988542	41424
建材批发业	52	1834527	
化肥批发业	8	78002	
机械设备、五金交电及电子产品批发业	137	5225461	108880
#汽车及零配件批发业	25	1281686	4849
计算机、软件及辅助设备批发业	19	73598	
贸易经纪与代理	21	446668	19181
其他批发业	15	155377	7921

商品购进、销售、库存总额（2019年）

单位：万元

销售总额	批发	#出口	零售	年末库存总额
37300708	**25445942**	**2191708**	**11797663**	**2505158**
26432364	**24404382**	**2183592**	**1971302**	**1056753**
25927527	23922966	1959108	1947881	1035336
740980	739144	5580	1290	15392
19164366	17644431	1832189	1490516	595585
107099	103864		3235	584
19057267	17540567	1832189	1487280	595001
1100138	869572	21767	230566	231286
4918980	4666983	99571	225282	191581
4827407	4602002	99571	198690	186507
91572	64981		26592	5074
111098	91511	8056	19587	16182
111098	91511	8056	19587	16182
393739	389906	216429	3834	5236
256224	252390	215467	3834	3226
137516	137516	962		2010
202184	193216		6912	16531
1597524	1425101	4606	172423	78403
249940	223412		26528	32922
731846	728723		3122	15392
1350742	1186645	129712	160671	122151
335753	277313	67057	58441	36132
844071	749992		94079	74476
375638	349950		25688	30797
4451912	3456390	45032	994957	265484
12275676	11862914	120264	381847	401368
892496	854582		33037	18152
738989	461756		257723	184917
8144996	8098994	63727	41300	124029
2187264	2138513	2008	48750	39838
84450	82623			20005
5525907	5299085	1794425	207104	128345
1418856	1320688	217111	98168	22965
86039	74350		9475	3735
458986	454930	52902	4056	9386
193795	176151	36652	17644	4288

指　　标	法人企业(个)	购进总额	#进　口
零售业	**630**	**8365464**	**132359**
按登记注册类型分			
内资企业	613	7583294	132359
国有企业	5	16904	
股份合作企业	3	22639	
有限责任公司	286	5158970	59340
国有独资公司	1		
其他有限责任公司	285	5158970	59340
股份有限公司	20	431010	15479
私营企业	298	1953091	57540
私营独资企业	1	784	
私营合伙企业			
私营有限责任公司	292	1886337	57540
私营股份有限公司	5	65970	
其他企业			
港澳台商投资企业	9	485219	
#与港澳台商合资经营企业	2	8269	
港澳台商独资企业	6	467423	
外商投资企业	8	296950	
中外合资经营企业	3	118599	
外资企业	3	170444	
按国民经济行业分			
综合零售业	49	1155068	13
#百货零售业	24	830232	10
超级市场零售业	17	270148	
食品、饮料及烟草制品专门零售业	49	305926	2316
纺织、服装及日用品专门零售业	67	236171	
#服装零售业	34	71977	
文化、体育用品及器材专门零售业	35	884244	15479
#图书、报刊零售业	5	790912	
医药及医疗器材专门零售业	24	361087	
#西药零售业	14	279625	
中药零售业	4	12856	
汽车、摩托车、燃料及零配件专门零售业	208	3534074	114237
#汽车新车零售业	166	2942229	114237
机动车燃油零售业	20	448261	
家用电器及电子产品专门零售业	113	577049	315
#日用家电零售业	32	299544	
计算机、软件及辅助设备零售业	33	75610	315
通讯设备零售业	31	109095	
五金、家具及室内装修材料专门零售业	32	77670	
货摊、无店铺及其他零售业	53	1234175	

表（2019年）

单位：万元

销售总额	批发	#出口	零售	年末库存总额
10868344	**1041560**	**8116**	**9826361**	**1448405**
9949661	1041055	8116	8908183	1343757
19449	810		18640	926
24951	1496		23455	123
6818086	717740	5916	6099923	732695
6818086	717740	5916	6099923	732695
549925	14497		535428	416166
2536499	306512	2200	2229987	193846
701			701	226
2458789	306452	2200	2152338	188899
77008	61		76948	4721
572251			572251	59773
10762			10762	259
548054			548054	39415
346432	505		345927	44875
119938			119938	12260
218853			218853	31673
1678901	23357		1655544	173375
1361154	13355		1347800	90436
265745	4571		261173	60344
377176	19473		357280	13117
272763	84143	5916	188620	98211
83730	17550	5916	66180	13631
1019040	385254		633787	107804
849715	326692		523023	47658
501094	21326		479767	333549
405210	15232		389977	328464
16687	926		15761	2345
4787140	310461		4476679	545250
3443109	69933		3373176	518826
1187450	213396		974054	17410
762632	167606		595026	44416
425762	63918		361844	30131
109442	40732		68711	6823
119760	59342		60418	4564
156337	12973		143364	4276
1313264	16969	2200	1296295	128406

14-3 限额以上批发零售贸易

类　别	流动资产合　计	固定资产原　价	固定资产净　额	资产总计	负债合计
总　计	**14699705**	**1910578**	**9552978**	**18325477**	**13928502**
批发业	**10618290**	**1194971**	**6732635**	**12736934**	**10046449**
按登记注册类型分					
内资企业	10454152	1161377	6500832	12531300	9920956
国有企业	443620	39728	160653	469998	246961
集体企业					
有限责任公司	7899710	803454	4833971	9434036	7594512
国有独资公司	120532	29013	113751	144959	74750
其他有限责任公司	7779177	774441	4720220	9289077	7519762
股份有限公司	803231	149721	897401	1113529	879799
私营企业	1304244	168228	608171	1510326	1196477
#私营独资企业					
私营有限责任公司	1282299	96755	593695	1415805	1171494
港澳台商投资企业	39066	17895	127728	54127	35876
#港澳台商独资企业	39066	17895	127728	54127	35876
外商投资企业	125072	15698	104075	151507	89617
#中外合资经营企业	74686	15698	104075	101121	79261
外资企业	50386			50386	10356
按国民经济行业分					
农、林、牧产品批发业	66617	25324	86872	102927	67894
食品、饮料及烟草制品批发业	734224	212770	1285813	1034479	538975
#米、面制品及食用油批发业	128214	97427	555341	226784	237026
烟草制品批发业	217379	37723	152802	236643	23611
纺织、服装及家庭用品批发业	627978	6091	22637	658462	505009
#服装批发业	117250	2478	5648	125651	89865
日用家电批发业	453970	1409	5790	469572	370840
文化、体育用品及器材批发业	182653	3768	18021	189021	130501
医药及医疗器材批发业	2407062	129115	795314	2657285	2229480
矿产品、建材及化工产品批发业	4139374	670428	4053887	5386978	4088371
#煤炭及制品批发业	405103	581881	3593062	851984	648100
石油及制品批发业	516835	39690	247095	687181	566228
金属及金属矿批发业	1824770	11741	57086	1890900	1514146
建材批发业	1272156	22249	99642	1813837	1262693
化肥批发业	32194	1932	13763	35947	28869
机械设备、五金交电及电子产品批发业	2151383	73282	438731	2289386	2182632
#汽车及零配件批发业	488004	30994	209325	552669	656659
计算机、软件及辅助设备批发业	49260	308	1094	50177	34079
贸易经纪与代理	195399	2433	10236	203964	169220
其他批发业	113602	71759	21124	214433	134367

法人企业主要财务指标（2019年）

单位：万元

所有者权益合　计	营业收入	营业成本	营业税金及附加	营业利润	利润总额	本年应交增值税
4327439	**34129354**	**31402972**	**711764**	**617652**	**622888**	**313416**
2654945	**24142236**	**22530467**	**560240**	**438343**	**445419**	**226931**
2574804	23661707	22086117	559633	423906	430348	223958
216472	652593	454069	87472	86013	86606	28054
1792131	17532469	16650952	240465	227779	225070	120598
70210	130262	117122	288	4541	5099	1544
1721921	17402208	16533830	240177	223238	219971	119055
233730	1039803	860637	196676	76539	82997	22804
332269	4433779	4117698	35020	33577	35677	52502
262731	4351557	4042983	18808	34612	36744	51995
18251	100422	88806	195	3716	3805	1243
18251	100422	88806	195	3716	3805	1243
61890	380107	355544	413	10721	11267	1731
21860	257679	241812	273	4120	4596	415
40030	122428	113732	140	6601	6672	1316
34995	188607	177777	195	3716	3787	11718
494376	1461309	1109983	97754	115426	122121	31940
-10242	234585	212285	8578	-2939	2272	2477
211903	642777	444721	87426	86547	86968	28125
152576	1181116	1120035	15598	18818	19567	4674
35786	265611	248640	3079	4338	4914	975
98732	755751	720499	12291	13243	13333	3390
58519	362928	326072	1223	11522	11617	553
427291	4003741	3481896	217463	65345	65492	68149
1301679	11147908	10706314	208013	229180	226017	82621
223193	856247	760267	4708	3195	141	17957
106152	722667	601029	195423	63874	64050	21987
375718	7151182	7081202	3004	12963	13261	29153
551144	2122795	1984041	4610	147176	146066	13846
6676	78454	76222	88	-84	119	-1143
70700	5184743	5020236	19605	-8079	-6427	26556
-103990	1319634	1294960	897	-28418	-28310	10992
9881	85701	75022	125	1693	1708	1361
34744	436356	419979	227	4456	4639	472
80066	175530	168175	163	-2040	-1392	250

类　别	流动资产合　计	固定资产原　价	固定资产净　额	资产总计	负债合计
零售业	**4081415**	**715607**	**2820343**	**5588543**	**3882053**
按登记注册类型分					
内资企业	3875452	641958	2681745	5007544	3326645
国有企业	10160	1573	4371	16831	11190
股份合作企业	3865	1721	4700	5201	2764
有限责任公司	2872395	424707	2207595	3659995	2345595
国有独资公司					
其他有限责任公司	2872395	424707	2207595	3659995	2345595
股份有限公司	234363	99147	18657	314221	253423
私营企业	754604	114806	446422	1011227	713576
私营独资企业	399	20		402	
私营合伙企业					
私营有限责任公司	731933	112232	444721	976603	683610
私营股份有限公司	22272	2554	1701	34222	29967
其他企业					
港澳台商投资企业	86831	28967	59157	437590	424510
#与港澳台商合资经营企业	6907	2665	11498	10748	6660
港澳台商独资企业	79071	23911	28808	424104	413869
外商投资企业	119132	44682	79441	143408	130898
中外合资经营企业	20019	13105	13939	23785	40484
外资企业	96205	30482	59734	115121	88705
按国民经济行业分					
综合零售业	567475	255481	543074	1162630	968491
#百货零售业	432154	224177	420443	981733	831348
超级市场零售业	118601	25765	87733	156006	111312
食品、饮料及烟草制品专门零售业	57355	20510	118079	88103	47262
纺织、服装及日用品专门零售业	100518	7068	32035	115477	91379
#服装零售业	49592	1235	2786	53143	54169
文化、体育用品及器材专门零售业	867121	155534	943621	1233481	377073
#图书、报刊零售业	739101	135293	928018	1020881	270701
医药及医疗器材专门零售业	237617	19274	55235	307544	276567
西药零售业	215036	17796	45288	281220	253388
中药零售业	7197	263	1285	9730	8999
汽车、摩托车、燃料及零配件专门零售业	1125523	232641	1049041	1467278	1066914
#汽车新车零售业	959654	191338	792873	1242674	919036
机动车燃油零售业	111898	24352	157276	155307	102032
家用电器及电子产品专门零售业	344574	5989	16907	381934	308853
#日用家电零售业	133856	2608	9688	152829	134030
计算机、软件及辅助设备零售业	63712	1946	1391	76757	46618
通讯设备零售业	55570	613	1879	58006	40223
五金、家具及室内装修材料专门零售业	68669	4930	4558	100075	53203
货摊、无店铺及其他零售业	712564	14183	57793	732022	692312

表（2019年）

单位：万元

所有者权益合计	营业收入	营业成本	营业税金及附加	营业利润	利润总额	本年应交增值税
1672494	**9987118**	**8872505**	**151524**	**179309**	**177469**	**86484**
1646903	9163832	8142950	150313	168096	164889	82478
5642	18633	16588	41	207	208	271
2437	22080	20768	65	250	250	206
1311026	6341114	5644090	93349	143016	138303	56551
1311026	6341114	5644090	93349	143016	138303	56551
59808	512824	445517	4848	2865	3597	10350
268019	2268430	2015307	52007	21756	22529	15101
402	701	402	37			
263361	2198658	1956706	51865	21417	22200	14261
4255	69070	58200	106	339	329	840
13080	513401	469778	658	11143	12497	1648
4088	10696	8726	48	939	941	123
10235	491470	452561	583	10350	11705	1497
12510	309885	259776	553	70	84	2359
-16699	107096	95085	184	-1584	-1522	2011
26415	195336	157561	366	2093	2040	337
190977	1637099	1377713	5947	3035	5862	11212
149626	1362378	1184856	5391	18598	20859	7120
42322	231669	155678	487	-4046	-3545	4365
42195	360841	297923	1751	9850	9811	3054
24072	238317	169606	1558	6277	6527	6537
-1026	75448	59937	1046	-264	-323	4009
833433	1042452	811644	42384	100320	90269	22645
750180	873603	669841	1999	96061	85586	20112
30848	463997	378432	1718	5002	7482	10368
27832	379080	305495	1287	4653	7130	9527
731	15338	11350	35	51	53	328
393958	4379812	4092492	80560	56649	57539	24028
317308	3208620	2985763	79791	41188	41970	19143
53275	1015013	959021	551	13494	13636	3875
70692	644474	589838	13792	445	1124	5306
18166	337620	311368	1291	-1086	-1382	3947
29988	103971	93789	1310	788	942	693
16549	113662	109033	7202	-572	251	218
46842	86354	70264	1757	2162	1700	753
39476	1133772	1084593	2058	-4431	-2846	2582

14-4 限额以上住宿法人企业经营情况（2019年）

单位：万元

类　别	法人企业(个)	从业人数(人)	营业额	#客房收入	餐费收入	商品销售收入
总　计	**134**	**9395**	**193569**	**115000**	**53946**	**10370**
按登记注册类型分						
内资企业	132	9180	188542	111208	53281	9985
国有企业	10	1252	23175	12327	7937	1011
有限责任公司	57	4927	99353	58993	25143	8031
国有独资公司	2	135	1147	234	173	11
其他有限责任公司	55	4792	98206	58759	24971	8020
股份有限公司	2	78	1139	857	282	
私营企业	63	2923	64875	39032	19920	942
私营有限责任公司	63	2923	64875	39032	19920	942
外商投资企业	2	215	5027	3792	665	385
中外合资经营企业	1	160	2823	1676	578	385
外资企业	1	55	2203	2116	87	
按控股情况分						
国有控股	20	2607	56030	26705	15889	7212
集体控股	3	380	7376	4065	1769	
私人控股	97	4815	101912	68397	26437	1191
港澳台商控股	1	146	1042	483	226	132
外商控股	2	215	5027	3792	665	385
其他	10	681	15308	7443	6753	898
按经营形式分						
独立门店	109	7967	172438	98338	50842	10093
连锁总店(总部)	1	108	2194	1136	765	41
连锁直营店	4	499	5460	5350	66	39
连锁加盟店	9	263	5612	5148	362	7
其他	11	558	7864	5028	1912	189
按国民经济行业分						
旅游饭店	57	5938	130772	69680	42608	8831
一般旅馆	70	2661	50281	36726	8117	953
民宿服务	1	15	957	893	26	7
其他住宿业	6	781	11558	7701	3196	579

14-5 限额以上餐饮法人企业经营情况（2019年）

单位：万元

类别	法人企业(个)	从业人数(人)	营业额	#客房收入	餐费收入	商品销售收入
总计	**89**	**7749**	**211120**	**10900**	**193824**	**4630**
按登记注册类型分						
内资企业	85	5764	115711	10900	98579	4465
股份合作企业	1	78	676		541	
有限责任公司	37	2011	38680	6758	28817	1830
国有独资公司						
其他有限责任公司	37	2011	38680	6758	28817	1830
私营企业	46	3653	76036	4142	68931	2606
私营有限责任公司	45	3602	75316	4142	68211	2606
私营股份有限公司	1	51	720		720	
港、澳、台商投资企业	1	102	2016		1852	165
与港澳台商合资经营企业	1	102	2016		1852	165
外商投资企业	3	1883	93393		93393	
外资企业	2	1842	92206		92206	
外商投资股份有限公司	1	41	1187		1187	
按控股情况分						
国有控股	4	303	6054	289	5711	53
集体控股						
私人控股	73	4930	98437	7164	85809	4187
港澳台商控股						
外商控股	4	1946	94473		94041	
其他	8	570	12157	3447	8263	389
按经营形式分						
独立门店	70	3449	67905	9279	53388	4037
连锁总店(总部)	9	3752	125968		125185	218
连锁加盟店	1	24	1634		1634	
其他						
按国民经济行业分						
正餐服务	78	5609	111584	10900	94834	4608
快餐服务	8	2057	96375		95962	21
其他餐饮业	2	68	2828		2828	

类　别	流动资产合　计	固定资产原　价	固定资产净　额	资产总计	负债合计
总　计	**228997**	**431388**	**1149665**	**681678**	**432265**
按登记注册类型分					
内资企业	224241	416355	1125068	670216	418933
国有企业	31241	33460	130514	93193	18193
有限责任公司	105257	180294	858931	360722	193176
国有独资公司	130	36	190	164	220
其他有限责任公司	105127	180258	858741	360558	192957
股份有限公司	257	1599		2136	1012
私营企业	87486	201003	135623	214165	206552
私营有限责任公司	87486	201003	135623	214165	206552
外商投资企业	4756	15033	24597	11462	13332
中外合资经营企业	3980	9277		9246	9794
外资企业	775	5756	24597	2215	3539
按控股情况分					
国有控股	42958	102007	401785	243017	33056
集体控股	11138	10852	43512	36669	15907
私人控股	147475	236680	253534	301653	303932
港澳台商控股	788	11996	69969	14470	4196
外商控股	4756	15033	24597	11462	13332
其他	11889	40848	296281	58417	55148
按经营形式分					
独立门店	203090	394917	988654	605968	384692
连锁总店(总部)	286	463	810	408	5079
连锁直营店	7059	5910	24130	11856	6639
连锁加盟店	2725	2973	12060	4390	7199
其他	15837	27125	124011	59056	28655
按国民经济行业分					
旅游饭店	174359	284800	933336	553896	386673
一般旅馆	43045	130226	144191	107777	36612
民宿服务	162	1256	9229	1180	1103
其他住宿业	11432	15105	62909	18825	7876

企业主要财务指标（2019年）

单位：万元

所有者权益合计	营业收入	营业成本	营业税金及附加	营业利润	利润总额	本年应交增值税
240442	**189261**	**73450**	**3049**	**-715**	**-9**	**4364**
242313	184356	72699	3031	-473	197	4333
66039	22876	12072	528	1374	1377	577
167536	96580	36099	1757	-3263	-2769	2394
-55	1147	777	144	-26	-13	53
167591	95434	35323	1613	-3238	-2756	2341
1125	1074	367	51	92	92	49
7613	63825	24160	695	1324	1495	1313
7613	63825	24160	695	1324	1495	1313
-1871	4905	751	19	-242	-206	31
-547	2823	450	13	-92	-63	11
-1323	2081	301	6	-150	-143	19
209961	54530	21023	1526	3412	3724	1551
20762	6999	2761	124	826	825	187
-2279	100073	34925	1148	-2150	-1974	2154
10274	1139	175	1	-570	-600	2
-1871	4905	751	19	-242	-206	31
-5702	15129	7492	97	-1942	-1731	282
212304	168270	66649	2691	-10	708	3879
-4671	2194	361	9	-97	-88	127
5216	5455	1030	156	191	192	68
-2809	5584	2852	58	-430	-422	79
30400	7758	2558	135	-368	-400	211
158252	127605	42087	1695	-922	-237	2873
71164	49715	21659	1181	179	191	1226
77	957	130	3	-34	-25	4
10949	10984	9574	171	62	62	262

14-7 限额以上餐饮法人

类　别	流动资产合计	固定资产原价	固定资产净额	资产总计	负债合计
总　计	**74044**	**66372**	**315923**	**152130**	**134296**
按登记注册类型分组					
内资企业	58770	48547	238493	115173	105711
股份合作企业	3022	752		3025	4208
有限责任公司	13475	27814	139481	36266	40955
国有独资公司					
其他有限责任公司	13475	27814	139481	36266	40955
私营企业	42063	19970	99012	75624	60469
私营有限责任公司	41658	19915	99012	75114	60009
私营股份有限公司	405	55		510	460
港、澳、台商投资企业	12987	2004	6308	13358	17699
与港澳台商合资经营企业	12987	2004	6308	13358	17699
外商投资企业	2287	15821	71122	23599	10886
外资企业	2253	15777	70900	23543	10832
外商投资股份有限公司	34	44	222	56	54
按控股情况分					
国有控股	2914	9685	68251	10160	11074
集体控股					
私人控股	51919	32545	154984	92711	81469
港澳台商控股					
外商控股	3045	15934	71122	24684	11343
其他	16166	8208	21566	24574	30409
按经营形式分					
独立门店	44529	33090	133785	82530	96425
连锁总店(总部)	22782	25040	117937	54198	33768
连锁加盟店	448	219	1104	698	414
其他	2599	5990	46690	7835	1987
按国民经济行业分					
正餐服务	69229	47969	227412	123913	121521
快餐服务	2473	16665	72201	24141	11943
其他餐饮业	2273	1706	16207	3995	793

企业主要财务指标（2019年）

单位：万元

所有者权益合计	营业收入	营业成本	营业税金及附加	营业利润	利润总额	本年应交增值税
17787	**202406**	**106544**	**1292**	**11853**	**12090**	**3371**
9415	111496	59845	1235	-216	64	3307
-1183	624	294	3	-186	-186	24
-4689	38056	21594	313	-1762	-1777	1191
-4689	38056	21594	313	-1762	-1777	1191
15108	72586	37791	918	1695	1990	2084
15058	71866	37258	900	1675	1971	2082
50	720	533	19	20	20	2
-4341	1899	1155	8	-209	-207	57
-4341	1899	1155	8	-209	-207	57
12713	89012	45544	48	12278	12232	7
12710	87892	45041	45	12159	12090	0
2	1120	503	4	119	142	7
-914	5941	3921	20	199	207	293
11195	94552	52445	1180	51	281	2719
13341	90092	46161	48	12314	12268	7
-5835	11822	4018	45	-711	-667	352
-13942	65203	35923	1168	-2689	-2670	1561
20430	120047	58709	73	13669	13859	1491
283	1634	731		37	36	
5848	10172	8182	40	608	613	289
2345	107264	56483	1216	-165	226	3314
12198	91982	48041	67	11878	11711	31
3202	2828	1814	8	117	130	23

14-8 各地区限额以上批发零售贸易法人企业主要指标（2019年）

地区	法人企业(个)	批发企业	零售企业	产业活动单位(个)	年末从业人数(人)	商品销售额合计(万元)
全　市	**1286**	**656**	**630**	**2733**	**88839**	**37300708**
东 湖 区	116	43	73	218	9612	3137842
西 湖 区	345	138	207	763	26188	5117464
青云谱区	101	53	48	33	5925	1798491
青山湖区	133	59	74	430	6980	1368329
新 建 区	91	41	50	360	4020	1463110
红谷滩区	71	24	47	121	7623	2842461
南 昌 县	129	88	41	168	11911	7694761
安 义 县	11	8	3	7	220	56058
进 贤 县	36	27	9	4	1140	628769
经济开发区	135	103	32	118	5112	7027149
高新开发区	105	62	43	511	9751	6042323
湾里管理局	13	10	3		357	123951

14-8 续表（2019年）

单位：万元

地区	批发额	#出　口	零售额	营业收入	营业成本	营业税金及附加	营业利润
全　市	**25445942**	**2191708**	**11797663**	**34129354**	**31402972**	**711764**	**617652**
东 湖 区	1194305	51256	1943083	2886880	2659747	9549	16526
西 湖 区	2924450	75063	2190254	4679584	4088263	150717	116850
青云谱区	594766	79422	1199023	1637115	1508238	257646	34379
青山湖区	421865	17897	946465	1273941	1139242	3278	19035
新 建 区	1050660	53884	412450	1414735	1197827	15653	31625
红谷滩区	1398305	4997	1444156	2770794	2446910	5513	207293
南 昌 县	6429083	215467	1265678	6624285	6251718	24371	28557
安 义 县	51172		3058	60156	57844	281	276
进 贤 县	382953	18166	239770	573020	468553	1431	7862
经济开发区	6039788	68483	987362	6461961	6202747	8056	75481
高新开发区	4845669	1605024	1155342	5634006	5274871	235128	79274
湾里管理局	112928	2049	11023	112877	107012	142	497

14-9 各地区限额以上住宿餐饮法人企业主要指标（2019年）

地　　区	法人企业（个）			产业活动单位（个）	年末从业人数（人）	营业额（万元）	
		住宿企业	餐饮企业				#客房收入
全　　市	**223**	**134**	**89**	**242**	**17144**	**404689**	**125900**
东 湖 区	28	16	12	75	4521	81750	24347
西 湖 区	55	38	17	139	5317	166204	32392
青云谱区	8	7	1	2	691	14617	7350
青山湖区	20	16	4	19	1208	22718	13049
新 建 区	14	2	12		985	17465	4281
红谷滩区	35	21	14	2	2164	52669	26030
南 昌 县	14	7	7		661	9613	4153
安 义 县	8	5	3		168	2507	1283
进 贤 县	6	4	2		266	6222	2654
经济开发区	6	1	5	3	124	1832	557
高新开发区	18	12	6	2	760	21897	8886
湾里管理局	11	5	6		279	7195	920

14-9 续表（2019年）

单位：万元

地　　区	餐费收入	商品销售收入	营业收入	营业成本	营业税金及附加	营业利润
全　　市	**247770**	**14999**	**391667**	**179994**	**4341**	**11138**
东 湖 区	50093	1789	80028	28889	565	3434
西 湖 区	119402	8535	159145	72650	1653	12539
青云谱区	6129	1021	13604	8526	125	-2868
青山湖区	7342	888	21874	11751	678	254
新 建 区	11247	1067	17414	12436	56	-182
红谷滩区	24773	628	50351	18750	480	-1368
南 昌 县	4965	257	9471	3830	64	-999
安 义 县	1196		2593	1489	4	131
进 贤 县	3261	229	6192	4306	108	118
经济开发区	1265	11	1814	1259	26	-10
高新开发区	12240	183	21726	10992	190	319
湾里管理局	5858	390	7454	5118	392	-229

14-10 亿元以上商品交易市场摊位成交额情况（2019年）

类　别	年末出租摊位数 (个)	成交额 (万元)
全　市	**32924**	**7849774**
食品、饮料、烟酒类	6364	3640267
食品类	6015	3503665
#粮油类	289	351060
肉禽蛋类	844	819392
水产品类	899	555177
蔬菜类	552	799315
干鲜果品类	451	589123
饮料类	104	43845
烟酒类	245	92757
服装、鞋帽、针纺织品类	11063	2499815
服装类	6336	1681069
鞋帽类	2257	267027
针纺织品类	2470	551719
化妆品类	215	50313
金银珠宝类	68	38245
日用品类	4545	278076
#可穿戴智能设备	109	14676
五金、电料类	423	191500
体育、娱乐用品类	9	102
书报杂志类	13	154
电子出版物及音像制品类	14	1200
家用电器和音像器材类	895	82590
中西药品类		
#西药类		
中草药及中成药类		
文化办公用品类	452	73784
家俱类	426	37750
通讯器材类	12	280
煤炭及制品类		
木材及制品类	160	11500
化工材料及制品类	122	22596
#化肥类		
金属材料类	774	49645
建筑及装潢材料类	4975	231890
机电产品及设备类	192	156406
#农机类	40	57984
汽车类	1187	444601
种子饲料类		
棉麻类	39	1836
其他类	976	37224

14-11　各地区亿元以上商品交易市场基本情况（2019年）

地　　区	市场数量(个)	总摊位数(个)	年末出租摊位数(个)	营业面积(平方米)	成 交 额(万元)
全　　市	**27**	**35195**	**32924**	**2075589**	**7849774**
东 湖 区	3	1150	1117	57145	586744
西 湖 区	10	14620	12546	377461	3715875
青云谱区	4	3136	3043	250037	2523443
青山湖区	5	3933	3909	482863	258808
红谷滩区	2	11306	11299	605730	465415
南 昌 县	3	1050	1010	302353	299489

14-12　批发和零售业连锁经营情况

指标名称	计量单位	合计		直营店		加盟店	
		2019年	2018年	2019年	2018年	2019年	2018年
门店总数	个	4556	3998	2508	2239	2048	1759
年末从业人员数	人	30404	30350	28096	25875	2308	4475
年末零售营业面积	平方米	1492868	1402761	1400084	1148667	92784	254094
连锁门店商品购进额	万元	3243344	3148521	3075774	2905268	167570	243253
#统一配送商品购进额	万元	2934146	2790720	2767865	2557505	166280	233215
#自有配送中心配送商品购进额	万元	2101370	2046313	1935090	1813098	166280	233215
非自有配送中心配送商品购进额	万元	243372	136044	243372	136044		
连锁门店商品销售额	万元	4834771	4312511	4675214	4085463	159557	227048
#零售额	万元	3542956	2912216	3383399	2685168	159557	227048

14-13 住宿和餐饮业连锁经营情况

指标名称	计量单位	合计		直营店		加盟店	
		2019年	2018年	2019年	2018年	2019年	2018年
门店总数	个	195	190	147	141	48	49
年末从业人员数	人	4074	8004	2487	6624	1587	1380
年末餐饮营业面积	平方米	56944	55073	53194	53463	3750	1610
客房数	间	1408	2196	1408	1656		540
床位数	个	2784	3950	2784	3030		920
餐位数	位	18440	18076	15940	15946	2500	2130
连锁门店商品购进(采购)额	万元	69973	63898	61880	55628	8093	8270
#统一配送商品购进(采购)额	万元	68058	61570	59965	53300	8093	8270
#自有配送中心配送商品购进(采购)额	万元						
非自有配送中心配送商品购进(采购)额	万元						
连锁门店营业额	万元	115325	106471	92723	83753	22602	22717
#餐费收入	万元	110756	99138	88154	79181	22602	19957

14-14　批发和零售业连锁门店及配送中心分布情况

单位：个

地　　区	门店总数		直营店数		加盟店数		配送中心数			
									#自有	
	2019年	2018年	2019年	2018年	2019年	2018年	2019年	2018年	2019年	2018年
全国合计	**4556**	**3998**	**2508**	**2239**	**2048**	**1759**	**76**	**18**	**73**	**17**
北　　京	49	20			49	20				
天　　津	21	7			21	7				
河　　北	8				8					
内 蒙 古		5				5				
#呼和浩特		5				5				
上　　海	23	14			23	14				
江　　苏	52	31			52	31				
浙　　江	151	133	3	4	148	129				
#杭　州	50	22		1	50	21				
宁　波	10	6			10	6				
安　　徽	50	39	1		49	39				
#合　肥	30	20			30	20				
江　　西	4019	3639	2499	2226	1520	1413	76	18	73	17
#南　昌	1913	1871	1429	1343	484	528	65	12	64	11
山　　东	38	1			38	1				
#济　南	18				18					
青　岛	14				14					
湖　　北	19	19			19	19				
湖　　南	126	90	5	9	121	81				
#长　沙	65	53	4	7	61	46				

主要统计指标解释

社会消费品零售总额 指各种经济类型的批发零售贸易业、住宿和餐饮业对城乡居民和社会集团的消费品零售额总和。这个指标反映通过各种商品流通渠道向居民和社会集团供应的生活消费品来满足他们生活需要，是研究人民生活、社会消费品购买力、货币流通等问题的重要指标。对居民的消费品零售额：指售给城乡居民用于生活消费的商品。对社会集团的消费品零售额：指售给机关、团体、部队、学校企业、事业单位和城市街道居民委员会、农村村民委员会用公款购买的用作非生产、非经营使用的消费品。社会消费品零售额包括：(1)售给城乡居民作为生活用的商品及修建房屋建筑材料；(2)售给机关、团体、学校、部队、企业、事业单位的职工食堂和旅店（招待所）附设专门供本店旅客食用，不对外营业的食堂的各种食品、燃料；企业、单位和国营农场直接售给本单位职工和职工食堂的自己生产的产品；(3)售给部队干部、战士生活粮食、副食品、衣着品、日用品、燃料；(4)售给来华的外国人、华侨、港澳台同胞的消费品(包括友谊商店、在海关前后设立的免税商店、外轮供应公司等)；(5)居民自费购买的中、西药品，中药材及医疗用品；(6)报社、出版社直接售给居民和社会集团的报纸、图书、杂志，集邮公司（包括邮局集邮专柜）出售的新、旧（盖销的）纪念邮票、特种邮票、首日封、集邮册、集邮工具等；(7)旧货寄售商店自购、自销部分的商品；(8)煤气公司、液化石油气站售给居民和社会集团的煤气灶具和罐装液化石油气；(9)售给社会集团的办公用品、纸张、帐册、文印用品、计算工具、书报杂志和奖品；公共用品和纺织品、针织品；学校用的教学用具；文体用品；有明确专用的劳动保护用品。

（一）按行业分的社会消费品零售额

1.批发和零售业零售额 指专门从事商品转卖业务的各种经济类型独立核算的批发零售贸易企业、产业活动单位直接售给居民和社会集团的消费品零售额。

2.住宿和餐饮业零售额 指从事食品的烹饪、调制并直接零售给居民饮食的各种宾馆、旅社、饭馆、酒馆、茶馆等餐饮业的零售额。包括各种企业单位附设对外营业的饭馆、火车餐厅、轮船餐厅、车站食堂、机场餐厅的零售额。不包括旅店（招待所）专供本店旅客食用，不对外营业的食堂，机关、团体学校、企业、事业单位的职工食堂出售饭菜的收入。

（二）按销售地区分的社会消费品零售额

1.城镇的零售额 指设立在中央直辖市，省、地辖市的市区和镇以上的各行业消费品零售额，不包括乡村的消费品零售额。

2.城区的零售额 指设立在城区内的各行业消费品零售额。

3.乡村的零售额 指设立在农村的各行业消费品零售额。但不包括分布在农村的独立工矿、林区的商品零售额，这部分零售额，凡属直辖镇以上的列入“城镇的零售额”中。

商品购进总额 指从本企业以外的单位和个人购进（包括从国外直接进口）作为转卖或加工后转卖的商品金额。本指标由从生产者购进额、从批发零售贸易业购进额、进口额和其他项目组成。这个指标反映批发零售贸易业从国内、国外市场上购进商品的总量。

从生产者购进额 指直接从工农业生产者购进的各种工矿产品、农副产品。

进口指直接从国外进口的商品和委托外贸部门代理进口的商品。

商品销售总额 指对本企业以外的单位和个人出售的商品（包括售给本单位消费用的商品）金额。本指标由对生产经营单位批发额、对批发零售贸易批发额、出口额和对居民和社会集团商品零售额项目组成。这个指标反映批发零售贸易业在国内市场上销售商品以及出口商品的总量。

批发 指除零售以外的一切商品销售活动，包括对生产经营单位批发、对批发零售贸易业批发和出口。

对生产经营单位批发 指售给国民经济和社会各部门作为生产或经营使用的商品。

出口 指直接向国（境）外出口商品和委托外贸部门代理出口的商品。

零售 指售给城乡居民直接用于生活消费的商品和社会集团直接用于公用消费的商品。

期末库存 指批发零售贸易业已取得所有权的全部商品。这个指标反映批发零售业的商品库存情况，以及对市场商品供应的保证程度。

年末从业人数 指在该企业工作并取得劳动报酬的年末实有人员数。包括在岗职工、再就业的离退休人员、在该企业工作的外方人员、港、澳、台方人员、兼职人员、借用的外单位人员和第二职业者。不包括离开本单位但仍保留劳动关系的职工。

年末营业面积 零售业按建筑面积计算的直接对顾客销售商品的固定场地，不包括办公室、仓库、加工场地等面积。住宿和餐饮业对外提供就餐服务的门店建筑面积和从事食品加工、烹饪、调制的厨房面积，不包括办公用房和仓库等面积。该指标按年末实有面积统计。

住宿和餐饮业营业额 指住宿和餐饮业法人企业、产业活动单位在经营活动中因提供服务或销售商品等取得的收入。包括客房收入、餐费收入、商品销售额（含增值税）和其他收入。

客房收入 指住宿和餐饮业法人企业、产业活动单位在经营活动中因提供住宿服务取得的收入。

餐费收入 指住宿和餐饮业法人企业、产业活动单位因为顾客提供就餐服务取得的收入。包括经烹饪、调制后出售的各种食品，如主食、炒菜、凉拌菜等的收入。

商品销售额 指住宿和餐饮业法人企业、产业活动单位出售商品的销售总额（含增值税）。

其他收入 指营业额中除客房收入、餐费收入、商品销售额（含增值税）以外的其他收入。包括：娱乐、健身和商务服务等。

床位数 指宾馆、饭店、酒店、旅馆等供应旅客使用的床位数，不包括临时加的床位和宾馆、饭店、酒店、旅馆等内部工作人员使用的床位。该指标按年内正常情况下的实有数统计。

餐饮数 指住宿和餐饮业法人企业、产业活动单位为顾客提供就餐服务时，正常可同时容纳就餐人员的餐位数量，不包括临时加的餐位。该指标按年内正常情况下的实有数统计。

批发和零售业、住宿和餐饮业的限额以上统计划型标准为：

1.批发业：全年销售额 2000 万元及以上

2.零售业：全年销售额 500 万元及以上

3.餐饮业：全年主营业务收入 200 万元及以上

4.住宿业：星级宾馆、饭店

连锁企业 （或称连锁店、连锁公司）指在核心企业或总店的领导下，由分散的、经营同类商品或服务的企业或活动单位，采取共同方针，实行集中采购和分散销售的有机结合，通过规范化经营，实现规模效益的经济联合组织形式。

一般连锁店应由若干个分店组成。其经营特征：(1)经营同类商品；(2)使用统一商号；(3)统一采购配送，采购与销售相分离（部分商品可根据物流合理和保质保鲜原则由供应商直接送货到门店，其余均由总部统一配送。连锁店总店（总部）指连锁店的核心企业或管理中心。连锁店分店指连锁店所属各分散经营的企业或活动单位，也可称分店或成员店。

连锁店包括下列两种形式：

(1)直营连锁：也叫正规连锁。连锁门店均由总部全资或控股开设，在总部的直接领导下统一经营。连锁总店或核心店作为一个直营店统计。

(2)加盟连锁：包括特许连锁和自由连锁。特许连锁：各连锁门店（被特许人）通过合同形式，取得使用总部（特许人）商标、经营技术和销售总部开发的商品的特许权，各加盟连锁门店为独立法人，但无自主经营权，在总部指导下统一经营。自由连锁：也称自愿连锁，连锁公司的门店均为独立法人，各自的资产所有权关系不变，在公司总部的指导下共同经营。各成员店使用共同的店名，与总部订阅相关购、销、宣传等方面的合同，并按合同开展经营活动。在合同规定的范围之外，各成员店可以自由活动。根据自愿原则，各成员店可自由加入连锁体系，也可自由退出。

商品交易市场　指有固定场所、设施，有若干经营者入场实行集中、公开交易各类实物商品的市场。

亿元以上商品交易市场　指全年成交额在一亿元及以上的商品交易市场。

市场成交总额指该市场所有摊位商品交易总额之和。

在地口径：指批零住餐统计中的统计范围，以企业经营所在地为统计口径的统计方法，称为“在地口径”统计。

法人口径：指批零住餐统计中的统计范围，以企业法人所在地为统计口径的统计方法，称为“法人口径”统计。

十五、外贸和旅游

FOREIGN ECONOMIC TRANDE AND TOURISM RELATIONS

本篇内容包括:

1. 海关进出口情况
2. 外商直接投资情况
3. 旅游发展情况
4. 星级饭店一览表

海关出口值

（亿美元）
100
80
60
40
20
0
8.86
36.76
85.01
57.90
62.80
68.63
93.47
2000
2010
2015
2016
2017
2018
2019（年份）

实际利用外资

（亿美元）
40
35
30
25
20
15
10
5
0
0.29
14.77
26.17
28.90
31.81
34.89
37.72
2000
2010
2015
2016
2017
2018
2019（年份）

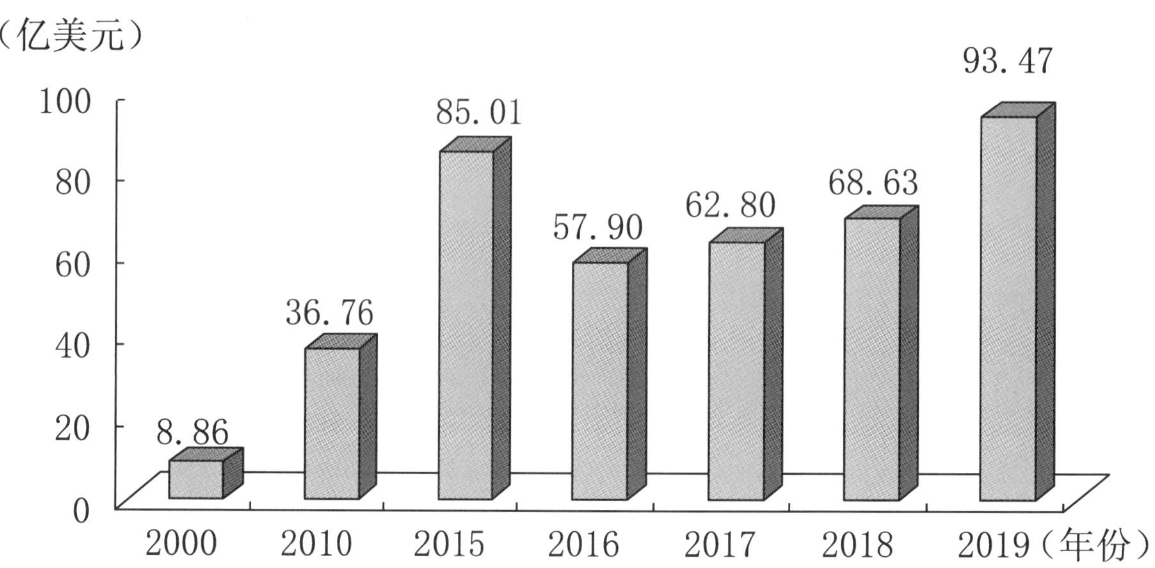

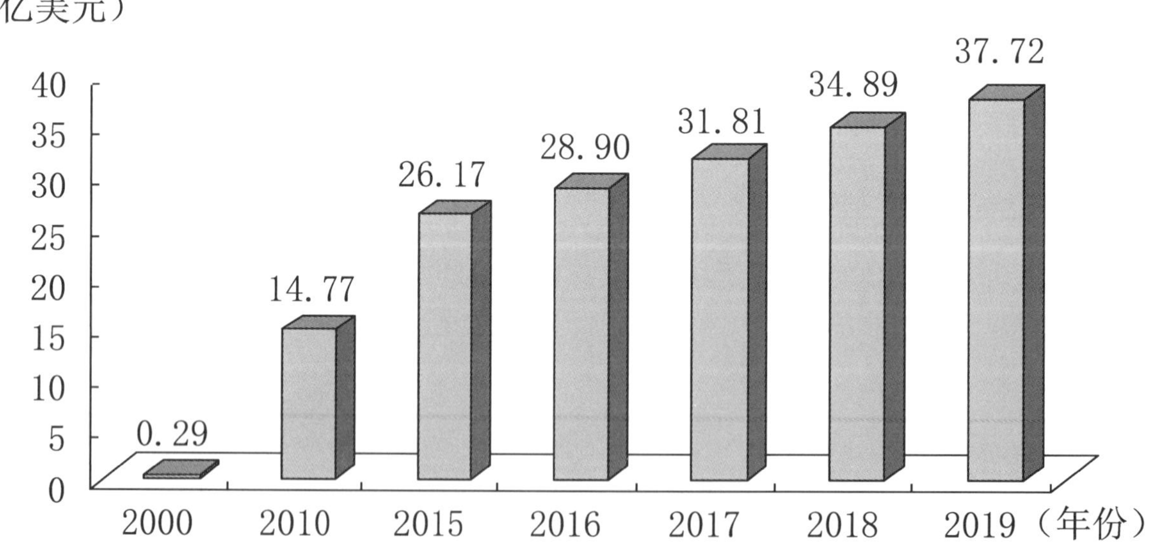

15-1 海关货物进出口总值

单位：亿美元

年份 地区	进出口 总值	出口值	进口值	差额
2001	9.72	7.96	1.76	6.20
2002	9.09	7.28	1.82	5.46
2003	13.42	10.04	3.37	6.67
2004	16.59	10.75	5.84	4.91
2005	17.45	12.40	5.05	7.35
2006	24.90	17.24	7.66	9.58
2007	31.80	23.21	8.59	14.62
2008	33.99	25.03	8.96	16.08
2009	34.80	21.30	13.49	7.81
2010	53.07	36.76	16.30	20.46
2011	78.75	56.54	22.21	34.33
2012	82.89	64.66	18.24	46.42
2013	97.11	73.08	24.04	49.04
2014	122.22	84.17	38.05	46.12
2015	113.72	85.01	28.71	56.31
2016	93.80	57.90	35.90	22.00
2017	98.41	62.80	35.61	27.19
2018	119.56	68.63	50.93	17.70
2019	153.73	93.47	60.26	33.21
东湖区	3.32	2.93	0.38	2.55
西湖区	6.25	5.01	1.24	3.77
青云谱区	4.50	4.25	0.25	4.00
青山湖区	8.85	8.72	0.13	8.59
新建区	1.71	1.59	0.12	1.47
红谷滩区	3.46	3.30	0.16	3.14
南昌县	12.95	10.30	2.64	7.66
安义县	1.77	1.56	0.22	1.34
进贤县	1.38	1.24	0.14	1.10
经济开发区	31.12	12.38	18.73	-6.35
高新开发区	74.91	38.79	36.12	2.67
湾里管理局	0.31	0.31	0.00	0.31

注：表中数据为市商务局提供快报数，2019年全市数据中含省直公司数。

15-2 海关进出口货物分类金额（2019年）

单位：万美元

商品类别	进出口总值	出口值	进口值
合计	**5091808.66**	**3619870.02**	**1471938.71**
活动物	5149.14	5122.06	27.08
肉及食用杂碎	101.15	91.31	9.84
鱼、甲壳动物、软体动物及其他水生无脊椎动物	298.52	102.67	195.85
乳品;蛋品;天然蜂蜜;其他食用动物产品	581.74	9.70	572.04
其他动物产品	1517.63	1058.65	458.97
活树及其他活植物;鳞茎、根及类似品;插花及装饰用簇叶	203.55	203.55	
食用蔬菜、根及块茎	1525.50	1106.86	418.64
食用水果及坚果;甜瓜或柑橘属水果的果皮	3924.06	3365.75	558.31
咖啡、茶、马黛茶及调味香料	8838.47	8819.38	19.08
谷物	1440.08		1440.08
制粉工业产品;麦芽;淀粉;菊粉;面筋	66.31	12.08	54.23
含油子仁及果实;杂项子仁及果仁;工业用或药用植物;稻草、秸秆及饲料	696.58	377.18	319.40
虫胶;树胶、树脂及其他植物液、汁	670.27	619.50	50.77
编结用植物材料;其他植物产品	133.04	133.03	
动、植物油、脂及其分解产品;精制的食用油脂;动、植物蜡	180.14	172.87	7.28
肉、鱼、甲壳动物、软体动物及其他水生无脊椎动物的制品	10580.86	10580.86	
糖及糖食	272.63	135.24	137.39
可可及可可制品	343.47	343.47	
谷物、粮食粉、淀粉或乳的制品;糕饼点心	3136.59	2990.20	146.40
蔬菜、水果、坚果或植物其他部分的制品	9684.13	9669.19	14.95
杂项食品	2391.92	2128.89	263.03
饮料、酒及醋	1315.27	581.10	734.17
食品工业的残渣及废料;配制的动物饲料	4882.27	1427.04	3455.23
烟草、烟草及烟草代用品的制品	3.60	3.60	
盐;硫磺;泥土及石料;石膏料、石灰及水泥	49771.20	6045.76	43725.42
矿砂、矿渣及矿灰	217033.55	909.73	216123.82
矿物燃料、矿物油及其蒸馏产品;沥青物质;矿物蜡	9279.64	498.19	8781.46
无机化学品;贵金属、稀土金属、放射性元素及其同位素的有机及无机化合物	144270.37	127451.93	16818.41
有机化学品	98211.93	95012.98	3198.97
药品	8321.58	5827.04	2494.55
肥料	3377.14	3377.14	

15-2 续表1（2019年）

单位：万美元

商　品　类　别	进出口总值	出口值	进口值
鞣料浸膏及染料浸膏;鞣酸及其衍生物;染料、颜料及其他着色料;油漆及清漆;油灰及其他类似胶粘剂;墨水、油墨	15813.94	15088.19	725.72
精油及香膏;芳香料制品及化妆盥洗品	15003.18	11651.27	3351.91
肥皂、有机表面活性剂、洗涤剂、润滑剂、人造蜡、调制蜡、光洁剂、蜡烛及类似品、塑型用膏、“牙科用蜡”及牙科用熟石膏制剂	5397.12	3850.59	1546.54
蛋白类物质;改性淀粉;胶;酶	6616.68	4378.40	2238.28
炸药;烟火制品;引火合金;易燃材料制品	25395.03	24978.78	416.25
照相及电影用品	4379.96	534.07	3845.89
杂项化学产品	64337.38	49346.04	14991.36
塑料及其制品	148235.88	122331.77	25904.09
橡胶及其制品	11936.78	7601.19	4335.47
生皮(毛皮除外)及皮革	4953.56	1223.81	3729.73
皮革制品;鞍具及挽具;旅行用品、手提包及类似容器;动物肠线(蚕胶丝除外)制品	71260.97	71172.33	88.65
毛皮、人造毛皮及其制品	2802.44	2790.98	11.45
木及木制品;木炭	35617.01	19002.63	16614.38
软木及软木制品	5.75	5.75	
稻草、秸秆、针茅或其他编结材料制品;篮筐及柳条编结品	685.83	682.67	3.17
木浆及其他纤维状纤维素浆;回收(废碎)纸及纸板	49739.44	120.15	49619.28
纸及纸板;纸浆、纸或纸板制品	65273.76	62871.70	2402.08
书籍、报纸、印刷图画及其他印刷品;手稿、打字稿及设计图纸	3297.29	3164.71	132.58
蚕丝	126.44	119.40	7.04
羊毛、动物细毛或粗毛;马毛纱线及其机织物	74.60	59.31	15.29
棉花	8696.32	7081.30	1615.02
其他植物纺织纤维;纸纱线及其机织物	7590.15	6272.19	1317.99
化学纤维长丝;化学纤维纺织材料制扁条及类似品	11060.84	9286.26	1774.60
化学纤维短纤	8126.12	7580.01	546.10
絮胎、毡呢及无纺织物;特种纱线;线、绳、索、缆及其制品	6920.98	6285.34	635.67
地毯及纺织材料的其他铺地制品	4783.37	4783.36	0.02
特种机织物;簇绒织物;花边;装饰毯;装饰带;刺绣品	5846.29	4637.09	1209.25
浸渍、涂布、包覆或层压的纺织物;工业用纺织制品	5782.21	3583.96	2198.24
针织物及钩编织物	12801.95	10619.84	2182.12
针织或钩编的服装及衣着附件	164667.83	164636.00	31.86
非针织或非钩编的服装及衣着附件	72552.86	72338.06	214.85
其他纺织制成品;成套物品;旧衣着及旧纺织品;碎织物	24269.59	23852.12	417.50

15-2 续表2（2019年）

单位：万美元

商品类别	进出口总值	出口值	进口值
鞋靴、护腿和类似品及其零件	141285.35	131786.47	9498.88
帽类及其零件	2988.47	2984.20	4.26
雨伞、阳伞、手杖、鞭子、马鞭及其零件	2175.44	2175.44	
已加工羽毛、羽绒及其制品;人造花;人发制品	32872.22	32819.77	52.45
石料、石膏、水泥、石棉、云母及类似材料的制品	36501.73	35765.09	736.63
陶瓷产品	99099.12	98858.86	240.25
玻璃及其制品	39591.63	35705.94	3885.70
天然或养殖珍珠、宝石或半宝石、贵金属、包贵金属及其制品;仿首饰;硬币	42391.25	14531.40	27859.87
钢铁	57570.68	56664.63	906.05
钢铁制品	115307.37	112761.12	2546.22
铜及其制品	255264.35	73233.62	182030.75
镍及其制品	362.47	164.49	197.98
铝及其制品	20912.26	20348.52	563.76
铅及其制品	209.03	132.40	76.63
锌及其制品	653.74	540.20	113.54
锡及其制品	38.28	8.47	29.81
其他贱金属、金属陶瓷及其制品	33188.00	11978.49	21209.49
贱金属工具、器具、利口器、餐匙、餐叉及其零件	28414.64	27949.36	465.29
贱金属杂项制品	53022.12	52377.59	644.54
核反应堆、锅炉、机器、机械器具及零件	280135.69	215819.10	64316.53
电机、电气设备及其零件;录音机及放声机、电视图像、声音的录制和重放设备及其零件、附件	1745945.91	1101774.38	644171.51
铁道及电车道机车、车辆及其零件;铁道及电车道轨道固定装置及其零件;附件;各种机械(包括电动机械)交通信号设备	1661.65	1661.65	
车辆及其零件、附件，但铁道及电车道车辆除外	72736.21	62196.46	10539.77
航空器、航天器及其零件	626.31	431.78	194.53
船舶及浮动结构体	6666.79	6666.79	
光学、照相、电影、计量、检验、医疗或外科用仪器及设备、精密仪器及设备;上述物品的零件、附件	113725.31	56776.95	56948.43
钟表及其零件	4011.31	3985.83	25.50
乐器及其零件、附件	2118.84	2096.75	22.09
武器、弹药及其零件、附件	23.74	23.74	
家具;寝具、褥垫、弹簧床垫、软坐垫及类似的填充制品;未列名灯具及照明装置;发光标志、发光铭牌及类似品;活动房屋	241634.95	241403.48	231.47
玩具、游戏品、运动用品及其零件、附件	176680.94	175078.68	1602.25
杂项制品	21753.56	21088.48	665.03
艺术品、收藏品及古物	1544.14	1544.14	
特殊交易品及未分类商品	8441.28	8429.53	11.75

注：表中数据为市商务局提供快报数。

15-3 按国别(地区)分海关货物进出口总值（2019年）

单位：万美元

国 别（地 区）	进出口总值	出口值	进口值
合计	**1537253.45**	**934662.01**	**602591.43**
阿尔巴尼亚	40.15	40.15	
阿尔及利亚	1066.70	1066.69	0.02
阿富汗	93.20	93.20	
阿根廷	3916.19	3906.21	9.98
阿拉伯联合酋长国	49086.12	48801.51	284.62
阿鲁巴岛	35.84	35.84	
阿曼	565.73	565.73	
阿塞拜疆	181.20	181.20	
埃及	2520.04	2517.75	2.29
埃塞俄比亚	531.95	531.95	
爱尔兰	260.84	198.42	62.42
爱沙尼亚	192.16	191.57	0.59
安道尔	0.50	0.50	
安哥拉	286.72	286.72	
安提瓜和巴布达	0.43	0.43	
奥地利	3095.34	2575.78	519.56
澳大利亚	22863.69	13687.06	9176.62
澳门	132.71	132.36	0.35
巴巴多斯	28.12	28.12	
巴布亚新几内亚	274.88	274.88	
巴哈马	74.10	74.10	
巴基斯坦	3516.48	2573.62	942.86
巴拉圭	714.35	714.23	0.11
巴勒斯坦	0.80	0.80	
巴林	554.30	554.30	
巴拿马	4711.46	4711.34	0.11
巴西	13209.89	12386.74	823.15
白俄罗斯	256.26	256.26	
百慕大群岛	0.25	0.25	
保加利亚	238.97	144.97	94.00
北美洲其他国家(地区)	0.24	0.24	
贝宁	137.70	137.70	
比利时	5273.30	4624.72	648.59
冰岛	31.68	31.68	
波多黎各	363.34	363.34	
波黑	10.58	10.58	
波兰	3781.31	3404.42	376.89
玻利维亚	307.90	213.07	94.83
伯利兹	16.53	16.53	
博茨瓦那	47.33	47.33	
不丹	0.59	0.59	
布基纳法索	22.91	22.91	
布隆迪	0.01	0.01	

15-3 续表1（2019年）

单位：万美元

国别（地区）	进出口总值	出口值	进口值
朝鲜	6.57	6.57	
赤道几内亚	26.23	26.23	
大洋洲其他国家(地区)	11.02	11.02	
丹麦	553.32	524.07	29.25
德国	35229.45	17156.68	18072.77
东帝汶	46.27	46.27	
多哥	2344.39	2344.39	
多米尼加	4.71	4.71	
多米尼加共和国	1249.07	1249.04	0.03
俄罗斯联邦	10401.83	8679.74	1722.10
厄瓜多尔	1677.94	1677.94	
厄立特里亚	8.97	8.97	
法国	23730.05	5975.65	17754.40
法罗群岛	6.38	0.64	5.74
法属波利尼西亚	78.43	78.43	
法属圭亚那	2.60	2.60	
菲律宾	31263.17	19008.39	12254.78
斐济	434.75	434.75	
芬兰	1895.61	205.34	1690.26
佛得角	34.85	34.85	
冈比亚	107.92	107.92	
刚果(布)	46.36	46.36	
刚果(金)	2229.25	1825.75	403.50
哥伦比亚	3032.82	3032.82	
哥斯达黎加	1427.16	898.48	528.69
格林纳达	23.68	23.68	
格陵兰	0.60	0.60	
格鲁吉亚	204.99	192.23	12.77
古巴	234.41	234.41	
瓜德罗普岛	6.81	6.81	
圭亚那	99.17	99.17	
国别(地区)不详	0.27		0.27
哈萨克斯坦	3233.78	2534.72	699.06
海地	270.16	270.16	
韩国	166630.79	27507.61	139123.18
荷兰	14990.67	13580.80	1409.87
荷属安地列斯群岛	49.94	49.94	
黑山	6.70	6.70	
洪都拉斯	484.20	484.20	
基里巴斯	0.02	0.02	
吉布提	1140.76	1140.76	
吉尔吉斯斯坦	1099.78	1099.78	
几内亚	276.41	276.41	
加拿大	15142.92	14165.55	977.38

15-3 续表2（2019年）

单位：万美元

国别（地区）	进出口总值	出口值	进口值
加纳	1489.95	1489.95	
加蓬	55.66	44.75	10.91
柬埔寨	2870.09	2142.38	727.71
捷克	1893.76	1041.86	851.90
津巴布韦	217.83	217.83	
喀麦隆	144.76	142.31	2.45
卡塔尔	262.53	262.53	
开曼群岛	10.02	10.02	
科摩罗	30.60	30.60	
科特迪瓦共和国	468.12	468.12	
科威特	967.83	967.83	
克罗地亚	205.77	205.77	
肯尼亚	1702.18	1101.02	601.17
库克群岛	0.08	0.08	
库腊索岛	91.11	91.11	
拉丁美洲其他国家(地区)	17.01	17.01	
拉脱维亚	136.09	136.09	
莱索托	5.83	5.83	
老挝	267.82	267.82	
黎巴嫩	552.59	552.59	
立陶宛	310.89	309.08	1.80
利比里亚	36.64	36.64	
利比亚	749.30	749.30	
列支敦士登	200.56	4.48	196.07
留尼汪	20.30	20.30	
卢森堡	21.16	19.05	2.12
卢旺达	573.61	573.61	
罗马尼亚	1142.28	719.39	422.89
马达加斯加	430.79	430.79	
马尔代夫	61.53	61.53	
马耳他	421.89	358.02	63.87
马拉维	15.62	15.62	
马来西亚	23967.87	22590.56	1377.31
马里	10.83	10.83	
马绍尔群岛共和国	1.12	1.12	
马提尼克岛	3.92	3.92	
马约特岛	3.63	3.63	
毛里求斯	137.97	137.97	
毛里塔尼亚	369.81	369.81	
美国	128653.10	121357.12	7295.98
蒙古	292.81	292.81	
孟加拉国	3484.54	3471.87	12.67
秘鲁	7141.20	4791.52	2349.68
密克罗尼西亚联邦	3.59	3.59	

15-3 续表3（2019年）

单位：万美元

国别（地区）	进出口总值	出口值	进口值
缅甸	3757.86	3192.61	565.25
摩尔多瓦	22.71	22.71	
摩洛哥	3260.93	3260.84	0.08
摩纳哥	0.21	0.21	
莫桑比克	1226.84	966.72	260.12
墨西哥	16996.82	11749.55	5247.27
纳米比亚	232.82	232.82	
南非	21539.78	16178.63	5361.15
南苏丹共和国	0.96	0.96	
瑙鲁	0.05	0.05	
尼泊尔	677.77	677.77	
尼加拉瓜	158.76	158.76	
尼日尔	25.10	25.10	
尼日利亚	4762.43	4762.43	
挪威	926.36	876.67	49.69
帕劳共和国	1.67	1.67	
葡萄牙	3363.81	823.82	2539.99
前南马其顿	21.38	21.38	
日本	181615.11	23170.68	158444.42
瑞典	6399.96	6017.24	382.72
瑞士	1540.56	839.79	700.77
萨尔瓦多	219.27	219.27	
萨摩亚	0.11	0.11	
塞尔维亚	98.50	98.50	
塞拉利昂	38.88	38.88	
塞内加尔	330.53	315.80	14.73
塞浦路斯	82.95	82.95	
塞舌尔	27.00	27.00	
沙特阿拉伯	18487.78	18465.75	22.02
圣多美和普林西比	1.33	1.33	
圣卢西亚	29.01	29.01	
圣马丁岛	9.18	9.18	
圣马力诺	9.41	0.02	9.39
圣皮埃尔和密克隆	0.87	0.87	
圣其茨--尼维斯	0.66	0.66	
圣文森特和格林纳丁斯	0.87	0.87	
斯里兰卡	2205.92	2197.56	8.36
斯洛伐克	160.94	143.23	17.71
斯洛文尼亚	718.32	713.03	5.29
斯威士兰	5.86	5.86	
苏丹	1121.88	1121.88	
苏里南	66.99	66.99	
所罗门群岛	5.85	5.85	
索马里	137.15	137.15	

15-3 续表4 (2019年)

单位：万美元

国别（地区）	进出口总值	出口值	进口值
塔吉克斯坦	26.47	26.47	
台湾省	134166.20	6531.13	127635.08
泰国	28859.73	21315.01	7544.72
坦桑尼亚	631.36	631.36	
汤加	1.88	1.88	
特克斯和凯科斯群岛	0.02	0.02	
特立尼达和多巴哥	360.02	360.02	
突尼斯	234.22	234.08	0.14
土耳其	10677.41	9703.91	973.50
土库曼斯坦	5.75	5.75	
瓦利斯和浮图纳	0.01	0.01	
瓦努阿图	15.06	15.06	
危地马拉	718.08	716.92	1.16
委内瑞拉	213.15	213.15	
文莱	121.09	121.09	
乌干达	177.01	177.01	
乌克兰	1751.42	1257.81	493.61
乌拉圭	2001.64	2001.64	
乌兹别克斯坦	1470.27	1470.27	
西班牙	8255.96	7874.47	381.50
希腊	2436.29	2432.80	3.49
香港	205229.02	205208.88	20.14
新加坡	44466.59	40045.25	4421.34
新喀里多尼亚	27.87	27.87	
新西兰	2150.60	1939.20	211.40
匈牙利	1625.30	728.29	897.01
叙利亚	393.43	393.43	
牙买加	458.31	458.31	
亚美尼亚	15.18	15.18	
也门共和国	1343.62	1343.62	
伊拉克	3017.74	3017.74	
伊朗	10863.21	10843.30	19.91
以色列	8194.20	7452.36	741.84
意大利	9013.40	8123.53	889.88
印度	16088.42	15747.34	341.08
印度尼西亚	33260.29	33194.25	66.05
英国	13345.08	12008.07	1337.01
英属维尔京群岛	10.99	10.99	
约旦	2338.06	2338.06	
越南	46625.77	34280.60	12345.17
赞比亚	1441.05	999.94	441.11
乍得	3.13	3.13	
直布罗陀	0.28	0.28	
智利	9773.64	8735.35	1038.29
中非	0.02	0.02	
中华人民共和国	47521.47		47521.47

注：表中数据为市商务局提供快报数。

15-4 按贸易方式分海关货物进出口总值（2019年）

单位：万美元

贸 易 方 式	进出口总值	出口值	进口值
总　计	**1537253.45**	**934662.01**	**602591.43**
保税监管场所进出境货物	39.70		39.70
对外承包工程出口货物	14612.48	14612.48	
国家间、国际组织无偿援助和赠送的物资	462.55	462.55	
海关特殊监管区域进口设备	4728.21		4728.21
海关特殊监管区域物流货物	2695.79	2000.95	694.84
进料加工	294698.12	142764.81	151933.30
来料加工	7174.24	5209.09	1965.15
其他	9238.81	8474.91	763.90
一般贸易	1203603.56	761137.23	442466.33

注：表中数据为市商务局提供快报数。

15-5 外商直接投资情况

年 份 地 区	项 目 数 (个)	合同外资金额 (万美元)	实际使用外资 (万美元)
2001	65	17381	10202
2002	149	53239	34233
2003	172	73579	53656
2004	195	104743	71550
2005	187	111479	83026
2006	174	120976	93520
2007	155	148992	101961
2008	137	134407	111768
2009	145	152387	125089
2010	304	235619	147655
2011	185	319599	168160
2012	164	249575	190259
2013	176	246918	211657
2014	189	306128	232115
2015	82	98858	261656
2016	72	128446	288964
2017	52	192480	318065
2018	53	100059	348899
2019	43	140657	377156
东湖区	3	1021	26183
西湖区	4	9008	33155
青云谱区	1	7	20425
青山湖区	1	587	33880
新建区	4	12635	32287
红谷滩区	8	27344	20073
南昌县	2	10043	63318
安义县			
进贤县	2	3569	3973
经济开发区	10	14048	64326
高新开发区	6	62382	79536
湾里管理局	2	13	

注：表中数据由市投资促进局提供。

15-6 外商在南昌直接投资情况（2019年）

类　别	项 目 数（个）	合同外资金额（万美元）	实际使用外资（万美元）
总　计	**43**	**140675**	**377156**
按投资方式分			
合资经营企业	21	93988	117081
合作经营企业			
外资企业	22	46072	215480
外商投资股份制企业		615	44595
按国民经济行业分			
农、林、牧、渔业			
农业			2023
林业		50	
渔业			
采矿业			
非金属矿采选业			
制造业			
农副食品加工业	1	73	
食品制造业	1	682	726
酒、饮料和精制茶制造业			1095
纺织业			
纺织服装、服饰业			16502
印刷和记录媒介复制业			23942
化学原料和化学制品制造业	1	291	
医药制造业	1	46030	7000
金属制品业			300
通用设备制造业		1484	1738
专用设备制造业	2	559	45926
汽车制造业	1	9177	9003
电气机械和器材制造业		2044	58182
计算机、通信和其他电子设备制造业	1	1383	56772
废弃资源综合利用业			2
电力、热力、燃气及水生产和供应业			
燃气生产和供应业	1	90	
水的生产和供应业			3927

15-6　续表1（2019年）

类　　别	项 目 数 （个）	合同外资金额 （万美元）	实际使用外资 （万美元）
建筑业			
房屋建筑业	1	1418	
建筑装饰、装修和其他建筑业		160	
批发和零售业			
批发业	3	20	10683
零售业	4	1484	8037
交通运输、仓储和邮政业			
道路运输业			3340
多式联运和运输代理业			6510
装卸搬运和仓储业	1	1113	75
住宿和餐饮业			
餐饮业	2	13	
信息传输、软件和信息技术服务业			
互联网和相关服务			
软件和信息技术服务业	3	485	378
金融业			
货币金融服务			
其他金融业		292	
房地产业			
房地产业	8	48517	89156
租赁和商务服务业			
租赁业			
商务服务业	8	15160	29672
科学研究和技术服务业			
研究和试验发展			
专业技术服务业	1	149	
科技推广和应用服务业	2	10000	
水利、环境和公共设施管理业			
公共设施管理业			
教育			
教育	1	1	
卫生和社会工作			
卫生			2167

15-6 续表2（2019年）

类 别	项 目 数（个）	合同外资金额（万美元）	实际使用外资（万美元）
按投资国别(地区)分			
亚洲			
香港	25	79878	326155
印度	1	4	
日本		280	2167
约旦	1	73	
澳门			
巴基斯坦	1	9	
新加坡		50	
韩国			
台湾省	2	83	
哈萨克斯坦			
非洲			
喀麦隆	1	4	
尼日利亚	2	31	
欧洲			
英国	1	1000	
德国		1634	5435
法国	1	7543	23889
意大利		60	
荷兰		-2180	
西班牙	1	682	
奥地利	1	346	
瑞士			
捷克	1	111	
南美洲			
巴巴多斯			
英属维尔京群岛	3	2875	
北美洲			
加拿大		13	
美国		2000	8539
大洋洲			
澳大利亚	1	149	
其他			
其他			3971
联合国及机构和国际组织			
创业投资公司投资			
投资性公司投资	1	46030	7000

注：表中数据由市投资促进局提供。

15-7 外商投资企业年底注册登记情况（2019年）

类　别	新批外商投资企业数（户）	合同外资金额（万美元）	实际使用外资（万美元）
总　计	**43**	**140 675**	**377 156**
按投资方式分			
合资经营企业	21	93 988	117 081
合作经营企业			
外资企业	22	46 072	215 480
外商投资股份制企业		615	44 595
其他外商投资企业			
外商投资企业分支机构			

注：表中数据由市投资促进局提供。

15-8 旅游业发展情况

年份	旅游总收入（亿元）	比上年增长（%）
2006	55.32	19.5
2007	66.73	20.6
2008	76.11	14.1
2009	85.85	12.8
2010	100.80	17.4
2011	145.54	44.4
2012	202.00	38.8
2013	275.95	36.6
2014	386.25	40.0
2015	537.90	39.3
2016	816.80	51.8
2017	1204.60	47.5
2018	1520.00	26.2
2019	1869.16	23.0

注：表中数据由市文广新旅局提供。

15-9 入境旅游情况

指标	2010	2011	2012	2013	2014	2015	2016	2017	2018	2019
旅游外汇收入										
绝对值(万美元)	3069	4650	5300	6390	6803	7415	8603	9971	12681	14236
比上年增长%	-3.1	16.3	14.0	20.6	6.5	9.0	16.0	15.9	27.2	12.3
接待海外旅游者人数										
绝对值(人次)	120524	143600	184466	201782	207830	222008	251000	278600	291168	326923
比上年增长%	15.8	18.7	28.5	9.4	3.0	6.8	13.1	11.0	9.9	12.3

注：表中数据由市文广新旅局提供，2017年起接待海外旅游者人数含过境一日游客。

15-10 星级饭店接待入境旅游者人数

指　　标	接待总人数(人次)									
	2010	2011	2012	2013	2014	2015	2016	2017	2018	2019
合　　计	**120524**	**143600**	**184466**	**201782**	**207830**	**222008**	**251000**	**265009**	**291168**	**326923**
外 国 人	**86552**	**96498**	**84854**	**95082**	**97268**	**97117**	**108681**	**116267**	**116304**	**140178**
亚洲小计	**23106**	**25303**	**23081**	**29568**	**33789**	**41518**	**46022**	**42557**	**43105**	**57176**
日　本	5789	6358	3230	3180	4180	6726	8017	6249	4880	7098
韩　国	5257	5769	6920	9505	11126	8800	10862	3761	3592	7736
蒙　古	26	30	25	23	20	65	4	31		132
印度尼西亚	997	1082	1120	1350	1280	2463	2314	2907	3335	4006
马来西亚	1279	1359	1380	1650	1518	1257	1156	2555	3343	3802
菲律宾	1278	1420	1020	1378	1213	731	903	2277	3168	3716
新加坡	2055	2108	2200	2659	2553	2792	2874	3524	3723	4342
泰　国	1180	1308	1508	3506	5638	10750	11453	9156	7265	6917
印　度	1711	1911	1801	2151	1936	2074	1727	1496	1614	2226
越　南	488	505	520	630	570	451	610	1196	1351	1945
缅　甸	45	50	45	46	50	91	70	928	1211	1766
朝　鲜	88	90	92	90				2	6	
巴基斯坦	356	506	510	550	570	667	881	1447	1672	2289
其　他	2557	2807	2710	2850	3135	4651	5151	7028	7945	11201
欧洲小计	**19096**	**21173**	**19639**	**21258**	**22136**	**18787**	**25289**	**32732**	**30902**	**32692**
英　国	3231	3501	3280	3580	4296	2730	4469	5086	5269	5390
法　国	2823	3320	2240	2680	2814	2027	3866	4951	4819	4502
德　国	2470	2680	2808	3049	2896	2127	3730	4689	4356	3749
意大利	1802	2008	1980	2037	1833	1823	2288	3458	3192	2586
瑞　士	278	305	300	308	323	522	815	1532	1408	1733
瑞　典	321	350	320	350	368	507	666	1265	1132	1485
俄罗斯	2284	2584	2803	3105	3726	2835	3075	3330	3126	4012
西班牙	2121	2320	2108	2309	2424	1532	1826	2670	2638	3160
其　他	3766	4105	3800	3840	3456	4684	4554	5751	4962	6075
美洲小计	**35485**	**39136**	**31031**	**30255**	**25779**	**16813**	**15574**	**15205**	**16486**	**18417**
美　国	30527	33528	25215	24125	19203	13586	12513	12691	13736	15683
加拿大	2258	2503	2608	2780	3058	1515	1687	1453	1560	1676
其　他	2700	3105	3208	3350	3518	1712	1374	1061	1190	1058
大洋洲小计	**2971**	**3206**	**3116**	**3358**	**3271**	**4336**	**4068**	**4085**	**4328**	**5026**
澳大利亚	1757	1850	1808	1950	2145	1859	1898	1776	1906	2304
新西兰	778	850	802	889	711	1105	1161	1348	1358	1673
其　他	436	506	506	519	415	1372	1009	961	1064	1049
非洲小计	**5796**	**7580**	**7905**	**10563**	**12195**	**15305**	**17688**	**20562**	**21483**	**25987**
其他小计	**98**	**100**	**82**	**80**	**98**	**358**	**40**	**1126**		**880**
港澳同胞	**18998**	**29387**	**74758**	**80325**	**69250**	**71379**	**72503**	**88094**	**174864**	**186745**
#香港同胞	17142	23071	56467	60606	51132	44330	48590	56207	67384	64133
台湾同胞	**14974**	**17715**	**24854**	**26375**	**41312**	**53512**	**69816**	**60648**	**75061**	**81768**

注：表中数据由市文广新旅局提供。

15-11 国内旅游收入情况

指　标	2010	2011	2012	2013	2014	2015	2016	2017	2018	2019
国内旅游收入										
绝对值(亿元)	98	143	199	272	382	533	811	1198	1512	1859
比上年增长%	17.1	45.4	39.3	36.9	40.45	39.5	52.1	47.8	26.1	23.0
接待国内旅游人数										
绝对值(万人次)	1498	2094	2519	3282	4266	5512	8276	12029	15044	17904
比上年增长%	22.1	39.8	20.3	30.3	29.98	29.2	50.1	45.3	25.3	19.0

注：表中数据由市市文广新旅局提供。

15-12 “春节、五一、十一”旅游情况

年　份	旅游人数（万人次）			旅游收入（万元）		
	春　节	五　一	十　一	春　节	五　一	十　一
2010	75	88	334	31600	34024	95000
2011	81	102	317	34180	39638	103656
2012	98	121	448	47800	49865	130813
2013	114	146	475	57600	61132	140910
2014	138	198	539	72460	80388	194738
2015	167	282	675	91372	117527	271659
2016	251	432	953	132672	175468	428677
2017	361	628	1348	193170	248813	678600
2018	476	767	1530	267800	367060	800541
2019	496	860	1386	300000	447000	807100

注：表中数据由市文广新旅局提供。

15-13 全市星级饭店一览表(2019年)

序号	饭店名称	星级	地址	电话	客房数	床位数
1	江西宾馆	五	八一大道368号	87823388	241	407
2	锦峰大酒店	五	站前西路281号	88867777	245	400
3	南昌园中源大酒店	五	火炬大街539号	88863333	189	270
4	嘉莱特和平国际酒店	五	广场南路10号	86111118	359	390
5	东方豪景花园酒店	五	民德路411号	86288888	336	568
6	力高皇冠假日酒店	五	沿江中大道266号	86699999	380	505
7	赣江宾馆	四	八一大道138号	88856888	310	512
8	江西锦都皇冠酒店	四	洪城路99号	86429999	233	352
9	江西省江西饭店有限公司	四	八一大道356号	88858808	305	540
10	国贸酒店	四	洪城路2号	88863265	246	402
11	江西师大白鹿会馆	四	师大瑶湖校区	88121889	94	158
12	百瑞四季酒店	四	洪都北大道10号	88688002	244	400
13	京西宾馆	四	省府大院南一路	88850666	173	320
14	江西玉泉岛大酒店	四	湖滨东路888号	88111111	140	215
15	七星商务酒店	四	南京西路225号	88866666	247	392
16	鑫峰假日酒店	四	红谷滩会展路29号	88822222	143	232
17	新吉花园酒店	四	丰和北大道299号	86750606	161	286
18	进贤皇庭大酒店	四	进贤胜利中路68号	85539666	199	327
19	唯客丽晶大酒店	四	洛阳路70号	88599999	216	377
20	进贤军山湖大酒店	四	进贤胜利中路	85680888	180	280
21	红牛君亭酒店(银树叶)	四	二七南路552号	82116999	200	340
22	锦怡大酒店	四	洛阳路25号	86392701	220	380
23	鼎昇大酒店	四	洪都南大道207号	87788888	248	400
24	琴源山庄	四	南昌乌井路28号	88681000	51	106
25	洗药湖山庄	四	南昌市湾里区太平镇梅岭旅游风景区云顶一号	87703333	68	117
26	江西万国国际大酒店	四	西湖区八一大道1号	86220613	181	257
27	普瑞思酒店(南昌县澄碧湖店)	四	南昌县莲西路888号	85737777	168	256
28	为邦理想酒店	四	安义县迎宾大道与308省道交叉口为邦生活广场	83417777	169	263

15-13 续表（2019年）

序号	饭店名称	星级	地址	电话	客房数	床位数
29	铁路大酒店	三	南昌火车站	86168882	96	178
30	明园大酒店	三	二七南路527号	86899777	157	289
31	核工宾馆	三	北京西路134号	86351111	101	185
32	东城宾馆	三	青山湖区京东大道777号	87768889	140	220
33	体育宾馆	三	福州路28号	86202112	142	272
34	碧尤蒂开源酒店(原华宇商务酒店)	三	井岗山大道685号	87355255	167	280
35	阳光假日酒店	三	二七北路520号	82108888	130	230
36	百胜酒店	三	顺外路578号	87702888	138	207
37	滕王阁宾馆	三	桃花北路1号	86651365	98	160
38	绿洲假日酒店	三	上海北路608号	88113399	120	200
39	新都宾馆	三	新建县解放路346号	83706699	120	242
40	豫章假日酒店	三	湾里区兴湾大道222号	87510666	45	63
41	东申商务宾馆	三	南京东路1225号	88356330	155	200
42	大客天下度假酒店	三	湾里区 太平乡(场)红岭分场狮山茶场	87193066	52	104
43	南昌君来大酒店	三	南昌市北京西路259号	86200333	215	380
44	永恒经典酒店	三	南昌市东湖区永外正街8号	82219788	143	218
45	开心优品酒店	三	青山湖区江大南路125号	82201888	101	180
46	互有精品酒店	三	西湖区福山路96号	88619888	118	200
47	江西悦岸酒店	三	昌东镇天祥大道289号南昌工程学院内	82063666	75	139
48	维也纳酒店(昌南客运站店)	三	南昌县迎宾大道788号	82225555	151	220
49	瑶湖明珠大酒店	三	高新技术产业开发区天祥大道291号江西外语外贸职业学院内	88388866	132	220
50	江铃宾馆	二	青云谱区迎宾北大道318号	85229666	122	212
51	唯客尚品酒店(原唯客快捷酒店)	二	洛阳路70号	88168168	98	157
52	南昌维也纳酒店(火车站店)	二	西湖区站前路168号	86208888	212	314
53	冶金商务酒店	二	二七南路548号	88860810	155	262
54	兰悦精品酒店	二	南昌县金沙大道1918号	82281666	107	205
55	维珍天使酒店(瑶湖新立方店)	二	高新技术产业开发区紫阳大道1216号新立方大厦综合楼	88105333	180	278

主要统计指标解释

进出口总额　是指从国外（境外）进入国境的进口商品和从国内运出国境的出口商品的总金额，包括一般贸易（含进料加工）、技术成套设备进口和出口、补偿贸易、加工装配、易货贸易以及中外合资、合作和外商独资企业的进口和出口等。我国规定进口按到岸价格(CIF)计算，出口按离岸价格(FOB)计算。

利用外资　是指我国各级政府、部门、企业、中国银行和其他单位通过对外借款、吸收外商直接投资和用其他方式的境外现汇、设备、技术等。

对外借款　是我国利用外资的主要部分，包括我国通过外国政府贷款、国际金融组织贷款、外国银行商业贷款、出口信贷以及对外发行证券等方式，从国外和港澳地区筹措的资金。

外商直接投资　是指外国企业和经济组织或个人（包括华侨、港澳同胞以及我国在境外注册的企业）按我国有关政策、法规，用现汇、实物、技术等在我国境内开办外商独资企业、与我国境内的企业或经济组织共同举办中外合资经营企业、合作经营企业或合作开发资源的投资（包括外商投资收益的再投资）以及政府有关部门批准的项目投资总额内，企业从境外借入的资金。

外商其他投资　指对外借款和外商直接投资以外，用其他方式吸收的外资，包括补偿贸易、加工装配以及国际租赁等。

入境旅游者　指来中国（大陆）观光、度假、探亲访友、就医疗养、购物、参加会议或从事经济、文化、体育、宗教活动的外国人、港澳台同胞等游客（即入境旅游人数）中在中国（大陆）的旅游住宿设施内至少停留一夜的外国人、港澳台同胞。

入境旅游者不包括下列人员:

(1)应邀来华访问的政府部长以上官员及其随行人员;

(2)外国驻华使领官员、外交人员以及随行的家庭服务人员和受赡养者;

(3)常驻中国（大陆）一年以上的外国专家、留学生、记者、商务机构人员等;

(4)乘坐国际航班过境不需要通过护照检查进入中国（大陆）口岸的中转旅客;

(5)边境地区往来的边民;

(6)回大陆定居的港澳台同胞;

(7)已在中国（大陆）定居的外国人和原已出境又返回在中国（大陆）定居的外国侨民;

(8)归国的中国（大陆）出国人员。

国内旅游者　指中国（大陆）居民离开惯常居住地在境内其他地方的旅游住宿设施内至少停留一夜，最长不超过 12 个月的国内游客。

国内旅游者应包括在中国（大陆）境内常住一年以上的外国人、港澳台同胞。但不包括到各地巡视工作的部以上领导、驻外地办事机构的临时工作人员、调遣的武装人员、到外地学习的学生、到基层锻炼的干部、到境内其他地区定居的人员和无固定居住地的无业游民。

旅游收入　游客（入境游客和国内游客）在旅游过程中（由游客或游客的代表为游客）支付的一切旅游支出就是国家（省、区、市）的旅游收入。旅游支出应包括（过夜）旅游者和一日游游客在整个游程中食、住、行、游、购、娱，以及为亲友、家人购买纪念品、礼品等方面的旅游支出，不包括为商业目的购物、购买房、地、车、船等资本性或交易性的投资、馈赠亲友的现金及给公共机构的捐赠。旅游收入包括国际旅游（外汇）收入和国内旅游收入。

国际旅游（外汇）收入　入境游客在中国（大陆）境内旅行、游览过程中用于交通、参观游览、住宿、餐饮、购物、娱乐等全部花费。

国内旅游收入 指国内游客在国内旅行、游览过程中用于交通、参观游览、住宿、餐饮、购物、娱乐等全部花费。

人天数 指旅游者在旅游目的地停留天数之和，天数按过夜数统计。一个旅游者过一夜为一人天。计算公式为：人天数=人数×逗留（过夜）天数

星级宾馆 指符合中华人民共和国《旅游饭店星级的划分与评定国家标准》暨《旅游涉外饭店星级的划分与评定国家标准1997年版》并经过有关旅游管理权威部门评定（验收）后授予“星级”称号的宾馆、饭店。

十六、房 地 产

REAL ESTATE

本篇内容包括:

1. 房地产开发投资
2. 房地产施工及销售
3. 房地产企业财务状况
4. 房地产企业资金及土地
5. 各县区房地产开发

房地产开发投资增速

（%）
250.0
200.0
150.0
100.0
50.0
0.0
236.6
25.6
16.1
17.2
39.0
17.2
12.6
2.5
1990
2000
2010
2015
2016
2017
2018
2019
（年份）

房地产施工销售情况

（万平方米）
7000
6000
5000
4000
3000
2000
1000
0
2610.34
3123.29
3992.51
4244.74
4458.93
4982.72
5948.81
6093.95
6611.93
689.86
841.49
824.66
901.02
1244.65
1610.43
1846.31
1906.13
446.18
417.92
433.82
558.97
634.51
830.49
2011
2012
2013
2014
2015
2016
2017
2018
2019
（年份）
商品房销售面积
房屋施工面积
房屋竣工面积

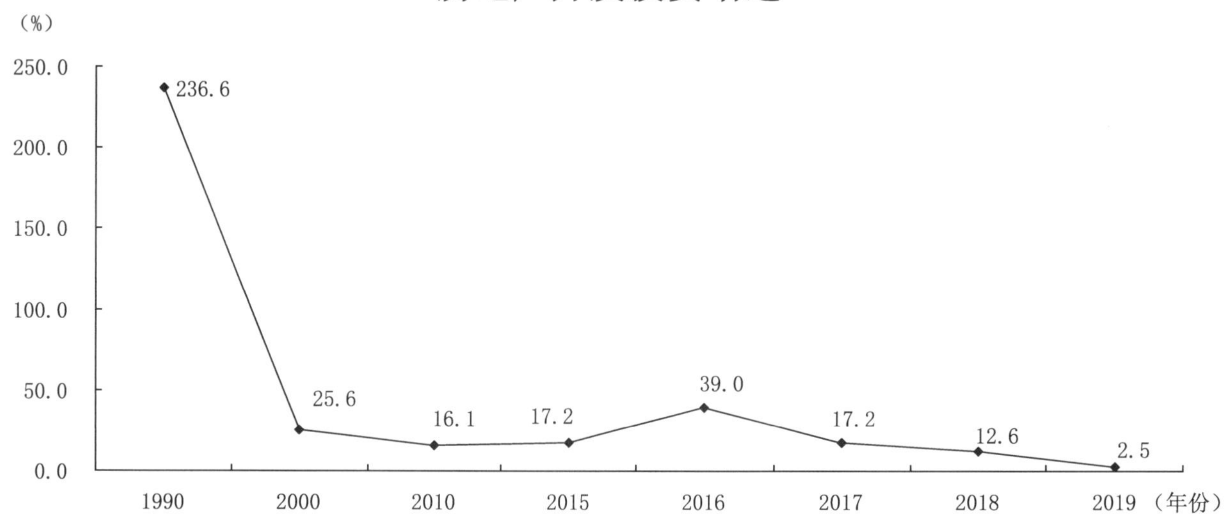

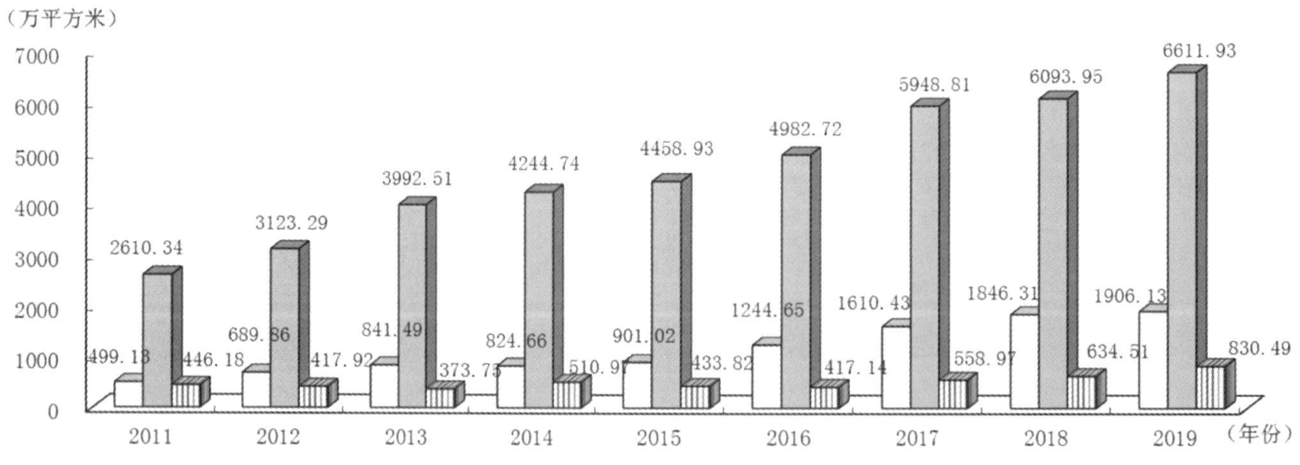

16-1 房地产开发情况（2019年）

指　标	企业数 (个)	计划总投资 比上年增长 (%)	本年完成投资 比上年增长 (%)
按登记注册类型分	**557**	**24.3**	**2.5**
内资企业	518	128.4	104.8
国有企业	1	100.0	43.6
集体企业			
国有独资公司	40	491.6	350.0
其他有限责任公司	297	131.5	92.2
股份有限公司	30	211.2	183.3
私营独资企业	1		
私营合伙企业	1		
私营有限责任公司	144	84.8	93.7
私营股份有限公司	4	320.4	627.5
其他企业			
港澳台商投资企业	34	199.5	103.5
与港澳台商合资经营企业	14	147.3	143.4
港澳台商独资经营企业	20	235.4	82.8
其他港澳台投资			
外商投资企业	5	29.4	6.7
中外合资经营企业	3	34.9	5.2
外资企业	2	16.3	9.9
外商投资股份有限公司			
按控股情况分	**557**	**24.3**	**2.5**
国有控股	92	113.6	75.5
集体控股	6	1158.5	314.4
私人控股	320	126.8	100.4
港澳台商控股	33	78.7	56.2
外商控股	3	67.9	9.9
其他	103	130.6	164.2
按资质等级分	**557**	**24.3**	**2.5**
一级	19	98.2	40.6
二级	54	90.0	90.5
三级	81	103.5	63.2
四级	32	115.7	74.0
暂定	331	136.4	118.0
其他	40	120.6	81.4

16-2 房地产销售及待售情况（2019年）

指　标	合 计	住 宅	#90平米以下住房	144平米以上住房	别墅、高档公寓	办公楼	商业营业用房	其 他
房屋施工面积(平方米)	66119349	47032327	11063244	5418274	1360740	4084886	7200384	7801752
#本年新开工面积	14257865	10492296	1744538	1364765	138953	703806	1364533	1697230
房屋竣工面积(平方米)	8304856	6349430	1368590	1299661	109055	426731	833262	695433
#不可销售面积	137008	43373	4468	239		10542	21337	61756
商品住宅竣工套数(套)		57609	16053	8041	1315			
竣工房屋价值(万元)	2372617	1762348	430117	247484	32894	120206	264645	225418
出租房屋面积(平方米)								
商品房销售面积(平方米)	19061278	15808859	2185907	1747843	315973	737550	1866378	648491
现房销售面积	3891664	2920557	510953	350810	50617	132526	685190	153391
期房销售面积	15169614	12888302	1674954	1397033	265356	605024	1181188	495100
商品房销售额(万元)	18173279	14788806	2188931	2078016	415707	697961	2249903	436609
现房销售额	2384588	1513486	464631	262842	69546	116350	704484	50268
期房销售额	15788691	13275320	1724300	1815174	346161	581611	1545419	386341
商品住宅销售套数(套)		140467	26326	10730	2868			
现房销售套数		26766	6074	2254	542			
期房销售套数		113701	20252	8476	2326			
待售面积(平方米)	1629499	837265	140424	233107	33457	201309	469043	121882
#待售1-3年面积	563665	320879	83176	72027	15405	54888	126134	61764
待售3年以上面积	574333	235461	35768	82514	16815	89997	226503	22372

16-3 房地产企业财务指标（2019年）

单位:万元

指 标	年初存货	流动资产合计	#存 货
按登记注册类型分	**27208428**	**67496045**	**32218310**
内资企业	24721907	62636999	29784145
国有企业	70772	107503	55763
集体企业			
国有独资公司	4613288	9889395	5477593
其他有限责任公司	12765070	36034563	15627712
股份有限公司	1418550	2808396	1493550
私营合伙企业		35800	
私营有限责任公司	5703947	11562648	6277280
私营股份有限公司	150280	2198695	852247
其他企业			
港澳台商投资企业	2324800	4453630	2159814
与港澳台商合资经营企业	745241	1795396	756335
港澳台商独资经营企业	1579559	2658234	1403478
其他港澳台投资			
外商投资企业	161720	405417	274352
中外合资经营企业	131516	282984	247317
外资企业	30205	122432	27034
外商投资股份有限公司			
按控股情况分	**27208428**	**67496045**	**32218310**
国有控股	7632531	19054163	8585569
集体控股	144395	691191	52009
私人控股	12450707	30549585	15239848
港澳台商控股	2224507	4200961	1841637
外商控股	95790	192706	84649
其他	4660500	12807439	6414598
按资质等级分	**27208428**	**67496045**	**32218310**
一级	669015	2067071	545794
二级	2717231	5418090	2782863
三级	5609135	11271717	5612127
四级	1281928	4620588	2277492
暂定	15563605	39272685	18683191
其他	1367514	4845896	2316843

指　　标	固定资产原　价	固定资产累计折旧	#本年折旧	在建工程
按登记注册类型分	**1473716**	**304808**	**76455**	**1260557**
内资企业	1226648	232041	54925	1219328
国有企业	3169	1301	75	
集体企业				
国有独资公司	257767	29053	4657	486517
其他有限责任公司	471041	76456	20252	640007
股份有限公司	72516	22610	4494	
私营合伙企业	140	65	17	23150
私营有限责任公司	84952	29509	5557	66353
私营股份有限公司	337064	73047	19874	3301
其他企业				
港澳台商投资企业	221600	65544	20876	41229
与港澳台商合资经营企业	33363	14681	963	
港澳台商独资经营企业	188237	50864	19913	41229
其他港澳台投资				
外商投资企业	25467	7223	654	
中外合资经营企业	24784	6583	658	
外资企业	683	640	-4	
外商投资股份有限公司				
按控股情况分	**1473716**	**304808**	**76455**	**1260557**
国有控股	423725	52562	10877	953956
集体控股	1936	1468	161	
私人控股	690089	148931	36366	117177
港澳台商控股	226724	67350	21092	41229
外商控股	13342	4190	610	
其他	117899	30306	7349	148195
按资质等级分	**1473716**	**304808**	**76455**	**1260557**
一级	105339	25389	15471	
二级	382565	88190	14558	5206
三级	104197	28422	4132	434298
四级	431071	87908	23032	8082
暂定	418092	69360	18437	154999
其他	32451	5539	824	657971

(2019年)

单位:万元

资产总计	流动负债合　　计	非流动负债合　　计	负债总计	所有者权益合　　计	#实收资本
78219425	**45378470**	**15619519**	**60997990**	**17221436**	**8153734**
72189704	41578412	15068355	56646767	15542937	6845792
115082	103732	6160	109892	5190	6794
12564634	4193354	3539390	7732744	4831890	765977
40901283	26084352	7352845	33437197	7464086	4284209
3032635	1552639	497547	2050186	982449	559033
62068	62366		62366	-298	3490
12428096	7915555	2829031	10744587	1683509	999104
3085905	1666415	843381	2509795	576110	227186
5450483	3561196	458254	4019450	1431033	1203366
1981666	1320165	86005	1406169	575497	425222
3468817	2241031	372250	2613281	855537	778144
579239	238862	92911	331773	247466	104576
456763	224175	92911	317085	139678	92454
122476	14688		14688	107788	12122
78219425	**45378470**	**15619519**	**60997990**	**17221436**	**8153734**
23685501	10766294	5388624	16154918	7530582	2080515
787823	648843	8113	656956	130867	111490
34325702	21732449	6497424	28229872	6095829	3669800
5175282	3419055	458254	3877309	1297973	1060731
329935	59726	52911	112637	217298	85196
13915183	8752104	3214194	11966297	1948886	1146004
78219425	**45378470**	**15619519**	**60997990**	**17221436**	**8153734**
2481954	1922910	109524	2032433	449520	366241
6530640	3519144	855360	4374504	2156136	631825
13182348	5323216	3762371	9085588	4096760	722912
6249475	3584743	1284910	4869653	1379822	579334
43765830	27585437	8068623	35654060	8111770	5414352
6009180	3443021	1538732	4981753	1027427	439070

指　　标	营业收入	主营业务收入		
			土地转让收　入	商品房屋销售收入
按登记注册类型分	**10255721**	**9549402**	**120374**	**9038059**
内资企业	9457859	8776993	120374	8274981
国有企业	7663	5334		4769
集体企业				
国有独资公司	756008	520527	30096	440230
其他有限责任公司	6286812	6008667	16031	5839204
股份有限公司	617357	452781		451645
私营合伙企业				
私营有限责任公司	1714822	1714523	74247	1487418
私营股份有限公司	75197	75161		51715
其他企业				
港澳台商投资企业	731831	706378		699549
与港澳台商合资经营企业	330763	321549		321137
港澳台商独资经营企业	401067	384829		378412
其他港澳台投资				
外商投资企业	66032	66032		63529
中外合资经营企业	14146	14146		12376
外资企业	51885	51885		51152
外商投资股份有限公司				
按控股情况分	**10255721**	**9549402**	**120374**	**9038059**
国有控股	2392907	2111298	36862	1920889
集体控股	151550	151547		151547
私人控股	5336892	4951732	74247	4677322
港澳台商控股	739603	714150		707321
外商控股	61689	61689		60652
其他	1573080	1558986	9265	1520328
按资质等级分	**10255721**	**9549402**	**120374**	**9038059**
一级	381125	359200		356124
二级	665327	487668		473932
三级	1204326	813180	2141	740499
四级	350437	330640		305534
暂定	6082049	5988193	90278	5624518
其他	1572457	1570522	27956	1537452

(2019年)

单位:万元

房屋出租收入	其他收入	营业成本	#主营业务成本	营业税金及附加	其他业务利润
49194	**335085**	**7032674**	**6583073**	**578788**	**71994**
45270	329676	6500569	6053868	532115	71903
104	461	4078	3845	473	19
4330	45870	607616	431582	35462	59825
35322	114282	4283998	4103037	314628	8590
951	186	344820	276052	54596	313
				8	
4562	145432	1200984	1198979	121039	1665
	23445	59073	40373	5911	1490
3191	3638	507104	504204	19328	91
412		212218	210241	6625	
2779	3638	294886	293963	12703	91
733	1770	25001	25001	27345	
	1770	10650	10650	16895	
733		14351	14351	10449	
49194	**335085**	**7032674**	**6583073**	**578788**	**71994**
17966	134612	1796875	1596297	128648	66118
		116970	116154	8875	
19799	174945	3500811	3262514	297645	4759
3191	3638	512764	509864	19565	91
733	304	21408	21408	19449	
7505	21585	1083846	1076836	104607	1026
49194	**335085**	**7032674**	**6583073**	**578788**	**71994**
1610	1466	257129	250784	32400	
11390	2333	307368	234414	113889	2293
6049	64391	876374	609450	56427	59326
686	23935	238267	206143	18266	242
29310	240970	4329227	4262649	346828	9921
149	1990	1024308	1019633	10979	212

指　　标	销售费用	管理费用	财务费用	#利息收入	利息支出	营业利润
按登记注册类型分	**543447**	**294973**	**247103**	**32175**	**158225**	**1783700**
内资企业	518607	267919	229644	26938	154125	1628553
国有企业	46	3685	-208	189	-283	-388
集体企业						
国有独资公司	5010	19459	12508	10745	11330	93783
其他有限责任公司	328725	149699	108473	12377	66079	1249724
股份有限公司	25098	13654	9102	1192	4690	200253
私营合伙企业	10	15	1152	1	1151	
私营有限责任公司	114797	50754	64863	1670	39148	181849
私营股份有限公司	44920	30653	33755	764	32010	-96668
其他企业						
港澳台商投资企业	21318	23500	22530	1743	4098	134592
与港澳台商合资经营企业	6991	5767	3635	1121	1153	91626
港澳台商独资经营企业	14327	17733	18895	622	2946	42966
其他港澳台投资						
外商投资企业	3523	3554	-5071	3494	2	20555
中外合资经营企业	3037	2155	-1609	14	2	-8106
外资企业	486	1400	-3462	3480		28661
外商投资股份有限公司						
按控股情况分	**543447**	**294973**	**247103**	**32175**	**158225**	**1783700**
国有控股	43000	57210	30082	15024	20383	451368
集体控股	5248	3532	-716	1018		12032
私人控股	357096	151009	160174	11585	116091	971287
港澳台商控股	21436	23870	22740	1704	4051	135768
外商控股	2001	2044	-3373	3484		19891
其他	114666	57308	38196	-640	17700	193354
按资质等级分	**543447**	**294973**	**247103**	**32175**	**158225**	**1783700**
一级	10496	10806	14238	1974	277	60405
二级	21144	35532	26675	5113	19137	204382
三级	53007	29227	16044	265	12428	212076
四级	62686	46309	33632	3531	34883	-58945
暂定	298098	155699	151229	17674	89692	1092269
其他	98016	17400	5284	3619	1808	273513

(2019年)

单位:万元

营业外收入	营业外支出	利润总额	应交增值税	本年应付职工薪酬	资产减值损失	公允价值变动收益	投资收益
31600	**26164**	**1792912**	**323809**	**210024**	**31278**	**14405**	**413394**
29953	19439	1639126	288455	193917	31275	14676	412588
436	209	-161	45	2127			
4274	1995	96078	23732	12691	-229		45025
23541	10554	1271543	186384	122540	30932	14332	334178
517	72	202261	20464	9087	383	363	31590
		-298	67	88			
974	6518	166252	70249	34949	187	-20	1794
211	91	-96548	-12487	12435	3		1
1592	2871	136705	34275	14039	3		771
129	928	93875	23293	5156			97
1463	1943	42831	10982	8883	3		674
56	3853	17081	1079	2067		-271	34
4	356	-8134	923	1863		-271	34
51	3497	25215	156	204			
31600	**26164**	**1792912**	**323809**	**210024**	**31278**	**14405**	**413394**
8513	4599	455298	68643	35643	14823	-533	155139
23	2	12054	5195	8658	5668		-8
17966	9665	979279	165391	108053	8978	2634	227509
1571	2851	137881	32793	11668	3		771
51	3530	16412	156	224		-271	
3477	5518	191989	51632	45777	1806	12574	29983
31600	**26164**	**1792912**	**323809**	**210024**	**31278**	**14405**	**413394**
1525	3523	58421	15850	8198	5508		459
4815	3074	203402	25186	17781	1055	343	39885
1515	7329	207829	50125	16860	1254		69367
2787	994	-57612	11770	20108	936		8030
20358	11086	1108135	188692	134747	12565	14062	294665
601	157	272738	32186	12331	9960		989

16-4 房地产企业

指　　标	本年资金来源合计	上年末结余资金	本年资金来源小计
按登记注册类型分	**18371167**	**5569028**	**12802139**
内资企业	17139559	5084769	12054790
国有企业	17600	3000	14600
集体企业			
国有独资公司	910936	199797	711139
其他有限责任公司	9847109	3315197	6531912
股份有限公司	1044599	384537	660062
私营独资企业	126694	5580	121114
私营合伙企业			
私营有限责任公司	4565880	1062827	3503053
私营股份有限公司	626741	113831	512910
其他企业			
港澳台商投资企业	937209	326177	611032
与港澳台商合资经营企业	447870	139034	308836
港澳台商独资经营企业	489339	187143	302196
其他港澳台投资			
外商投资企业	294399	158082	136317
中外合资经营企业	195318	75120	120198
外资企业	99081	82962	16119
其他外商投资			
按控股情况分	**18371167**	**5569028**	**12802139**
国有控股	2244928	664658	1580270
集体控股	66330	21440	44890
私人控股	10807183	3042084	7765099
港澳台商控股	798138	271241	526897
外商控股	171960	155841	16119
其他	4282628	1413764	2868864
按资质等级分	**18371167**	**5569028**	**12802139**
一级	260970	32286	228684
二级	1309000	817462	491538
三级	1197589	406793	790796
四级	940645	215078	725567
暂定	13259665	3721410	9538255
其他	1403298	375999	1027299

资金和土地情况（2019年）

单位:万元

国内贷款	银行贷款	非银行金融机构贷款	利用外资	自筹资金
2668385	**2073534**	**594851**	**903**	**3350560**
2604578	2009727	594851		2954700
				12000
105000	75000	30000		253405
1457465	1136514	320951		1340012
171500	171500			231821
65000	65000			
669313	560813	108500		1114962
136300	900	135400		2500
63807	63807		903	305860
1000	1000			208283
62807	62807		903	97577
				90000
				90000
2668385	**2073534**	**594851**	**903**	**3350560**
308640	278640	30000		483899
				23348
1526299	1248249	278050		1959822
62807	62807		903	305860
770639	483838	286801		577631
2668385	**2073534**	**594851**	**903**	**3350560**
				190576
150200	120200	30000		55417
				140523
155340	19940	135400		51957
2137545	1724594	412951	903	2470707
225300	208800	16500		441380

指　　　标	本年资金来源小计		
	其他资金来源	#定金及预收款	个人按揭贷款
按登记注册类型分	**3779118**	**2486426**	**516747**
内资企业	3635811	2413394	446307
国有企业	700	600	1300
集体企业			
国有独资公司	132564	74073	146097
其他有限责任公司	2172486	1311610	250339
股份有限公司	180981	53335	22425
私营独资企业	30918	25196	
私营合伙企业			
私营有限责任公司	942909	751477	24392
私营股份有限公司	175253	197103	1754
其他企业			
港澳台商投资企业	120807	49215	70440
与港澳台商合资经营企业	94962	4591	
港澳台商独资经营企业	25845	44624	70440
其他港澳台投资			
外商投资企业	22500	23817	
中外合资经营企业	14578	15620	
外资企业	7922	8197	
其他外商投资			
按控股情况分	**3779118**	**2486426**	**516747**
国有控股	370443	196272	221016
集体控股	18473	3069	
私人控股	2477580	1660421	140977
港澳台商控股	37672	49215	70440
外商控股	7922	8197	
其他	867028	569252	84314
按资质等级分	**3779118**	**2486426**	**516747**
一级	20908	17200	
二级	209368	72973	3580
三级	476151	172668	1454
四级	235997	272286	9987
暂定	2712875	1874910	341315
其他	123819	76389	160411

(2019年)

单位:万元

本年各项应付款合计	#工程款	待开发土地面积(平方米)	本年购置土地面积(平方米)	本年土地成交价款
2617248	**1586427**	**3820660**	**1246295**	**1015495**
2500895	1487203	3387600	1190660	924869
282019	133034	106212	138065	137065
1347193	811735	2143545	616154	482643
64660	60018			
682044	371747	1137843	436441	305161
124979	110669			
105053	88524	377425		
41392	40005			
63661	48519	377425		
11300	10700	55635	55635	90626
5800	5200	55635	55635	90626
5500	5500			
2617248	**1586427**	**3820660**	**1246295**	**1015495**
468017	231213	358410	138065	137065
24911	12500	763598		
1666904	974256	1323191	665977	554085
77835	61323	377425		
5500	5500			
374081	301635	998036	442253	324345
2617248	**1586427**	**3820660**	**1246295**	**1015495**
15694	15022	55635	55635	90626
123656	99463	124315		
204983	188918	711314	158065	144037
207815	147392	32634	1123	510
1781292	1046475	2439981	1031472	780322
283808	89157	456781		

16-5 各地区房地产开发

指　　标	全　市	东湖区	西湖区	青云谱区	青山湖区
企业个数(个)	**557**	**11**	**38**	**36**	**28**
投资比去年增长(%)	**2.5**	**20.1**	**-35.8**	**66.1**	**4.5**
按构成分					
建筑工程	-20.4	-34.6	-33.7	41.4	-18.5
安装工程	-31.9	-75.4	-32.0	-53.5	86.9
设备工器具购置	1.1	-92.4	558.7	-49.0	-2.5
其他费用	63.7	79.9	-40.2	108.1	11.6
#土地购置费	58.5	32.5	-39.5	106.0	24.9
按工程用途分					
住　宅	7.1	16.9	-35.4	124.0	51.9
#90平方米及以下住房	-26.1	342.9	-51.4	-16.9	-39.3
别墅、高档公寓	-38.9	615.4	-27.7	-39.7	-66.2
办公楼	-7.9	-100.0	-48.6	-9.4	7630.6
商业营业用房	-6.3	276.3	-50.4	-33.8	-18.9
其　他	-9.5	55.4	-8.0	35.8	-86.3
本年新增固定资产(万元)	**3097404**	**15756**	**25648**	**82682**	**40614**
房屋施工、竣工和销售、出租情况					
房屋施工面积(平方米)	**66119349**	**611578**	**2804554**	**3603208**	**2414397**
住　宅	47032327	463523	2047708	2650434	1720599
#90平方米及以下住房	11063244	106293	46005	553315	517791
别墅、高档公寓	1360740	28000	48330	18210	103853
办公楼	4084886	50000	269223	135628	179872
商业营业用房	7200384	31368	215143	357801	252031
其他	7801752	66687	272480	459345	261895
房屋新开工面积(平方米)	**14257865**	**80831**	**190398**	**1321825**	**459326**
住　宅	10492296	73362	162365	963159	253946
#90平方米及以下住房	1744538	14018	880	64746	32171
别墅、高档公寓	138953				
办公楼	703806		3100	27302	107887
商业营业用房	1364533	7469	20946	102768	31850
其　他	1697230		3987	228596	65643

和经营指标（2019年）

新建区	红谷滩区	南昌县	安义县	进贤县	经济开发区	高新开发区	湾里管理局
22	**95**	**120**	**14**	**57**	**44**	**61**	**31**
30.2	**-26.6**	**14.1**	**-17.0**	**49.9**	**14.0**	**8.8**	**15.1**
-16.9	-45.1	-29.8	-23.5	50.0	1.0	23.7	1.2
-58.3	-54.9	-32.0	-37.8	17.2	39.8	0.7	176.1
-21.0	-38.2	-43.3	-40.1	446.2	316.1	-6.8	16.0
382.4	142.0	1036.5	39.1	54.4	-11.1	2.3	25.9
650.2	163.8	2748.7	4.2	-3.7	-39.1	2.4	19.0
16.9	-34.0	11.4	14.4	53.7	10.8	11.2	9.0
21.4	-32.8	-35.9	45.0	-75.8	-33.2	59.2	-12.9
457.0	-67.7	55.7			-0.7	-67.1	48.5
7.3	-6.4	-67.2	-40.6	-100.0	25.8	61.7	341.9
24.4	-15.3	43.3	-47.5	144.5	16.2	-7.9	50.8
195.1	-34.5	66.0	-55.3	-47.1	31.5	-41.8	133.9
302485	**875464**	**946835**	**81864**	**39448**	**158724**	**482556**	**45328**
5259731	**15843619**	**12125777**	**1530304**	**2777738**	**6342548**	**9535005**	**3270890**
4484259	10571639	9448272	990250	2413336	4917526	4830819	2493962
717020	2243472	3399637	13116	174666	2254724	295926	741279
309794	316582	77980	8011	140016	5913	60548	243503
174094	1292578	141350	1946	2512	230177	1547187	60319
310539	2226275	1414007	144928	192438	471751	1326107	257996
290839	1753127	1122148	393180	169452	723094	1830892	458613
2141546	**2980690**	**2297941**	**674237**	**475546**	**1200669**	**1724977**	**709879**
1863191	2105589	1783016	606794	392725	876038	828763	583348
486429	460500	411570	11173		9926	23026	230099
44794	12000	15000	8011			11334	47814
101259	177116		768		48861	228460	9053
67783	354991	288412	48317	26348	59172	323942	32535
109313	342994	226513	18358	56473	216598	343812	84943

指　　标	全　市	东湖区	西湖区	青云谱区	青山湖区
房屋竣工面积(平方米)	**8304856**	**31677**	**94076**	**118047**	**101040**
住　宅	6349430	26759	61552	63175	96756
#90平方米及以下住房	1368590	12277	4803	8655	39548
别墅、高档公寓	109055				7208
办公楼	426731		8532		
商业营业用房	833262	4918	11021	54756	4284
其　他	695433		12971	116	
竣工房屋价值(万元)	**2372617**	**14489**	**24648**	**31802**	**40614**
住　宅	1762348	10554	15380	13388	39329
#90平方米及以下住房	430117	9672	1764	1859	9887
别墅、高档公寓	32894				1442
办公楼	120206		1040		
商业营业用房	264645	3935	5276	18220	1285
其　他	225418		2952	194	
商品房销售面积(平方米)	**19061278**	**216471**	**611979**	**710072**	**334439**
住　宅	15808859	202100	461181	649234	266072
#90平方米及以下住房	2185907	22204	500	30361	72205
别墅、高档公寓	315973		12110	760	8175
办公楼	737550		49496	11490	6892
商业营业用房	1866378	14371	68264	48491	54763
其　他	648491		33038	857	6712
商品房销售额(万元)	**18173279**	**424291**	**948854**	**1018173**	**438156**
住　宅	14788806	391161	749947	844900	358823
#90平方米及以下住房	2188931	29573	505	31258	72303
别墅、高档公寓	415707		11045	1277	7510
办公楼	697961		48417	11841	6939
商业营业用房	2249903	33130	115400	160733	59861
其　他	436609		35090	699	12533
商品房待售面积(平方米)	**1629499**	**66331**	**107620**	**105659**	**179958**
住　宅	837265	51348	50762	63263	85540
#90平方米及以下住房	140424		2426	13537	61178
别墅、高档公寓	33457			8548	819
办公楼	201309		30807	207	7095
商业营业用房	469043	14983	18988	42189	49727
其　他	121882		7063		37596

(2019年)

新建区	红谷滩区	南昌县	安义县	进贤县	经济开发区	高新开发区	湾里管理局
451642	**1708175**	**3260051**	**311133**	**95117**	**420471**	**1598206**	**115221**
389489	1468020	2691880	140348	87295	390295	831185	102676
15823	215267	904834	9633		66781	81181	9788
25894	32000	40487				3466	
16224	25000	17000	1946			358029	
43261	111080	388989	10945	7822	28829	160872	6485
2668	104075	162182	157894		1347	248120	6060
128716	**515888**	**891223**	**81519**	**27307**	**119976**	**451107**	**45328**
114069	393501	728734	40727	26109	112229	230024	38304
23052	66213	267387	5821		19465	23039	1958
5697	12800	11798				1157	
3681	10000	6467	765			98253	
10166	37390	119353	3600	1198	7612	51892	4718
800	74997	36669	36427		135	70938	2306
3024545	**4216595**	**3945795**	**734282**	**1324589**	**1788362**	**1263523**	**890626**
2872586	3087213	3170966	616931	1221631	1443111	963671	854163
351000	807304	238818	14383		450068	37623	161441
115169	53972	11263	11362			479	102683
61448	425910	11894	1946		37983	121744	8747
76051	562597	713975	10170	75402	91039	132606	18649
14460	140875	48960	105235	27556	216229	45502	9067
3150411	**4480218**	**3198738**	**367135**	**694403**	**1677666**	**1076094**	**699140**
3014096	3153243	2395507	332862	600192	1433227	840834	674014
421310	904086	227212	5768		342475	37983	116458
189891	87026	7724	4692			886	105656
54103	429863	10989	1789		27709	100093	6218
75990	739515	764970	8517	77089	84957	115004	14737
6222	157597	27272	23967	17122	131773	20163	4171
	224576	**381457**	**34731**	**156768**	**76567**	**164212**	**131620**
	122219	152603		88197	51589	43033	128711
	136	15821					47326
	2408	10709		321		10652	
	55595	37224				70381	
	19564	179336		68571	24978	47798	2909
	27198	12294	34731			3000	27198

主要统计指标解释

房地产开发投资 是指房地产开发公司、商品房建设公司及其他房地产开发法人单位和附属于其他法人单位实际从事房地产开发或经营的活动单位统一开发的包括统筹待建、拆迁还建的住宅、厂房、仓库、饭店、宾馆、度假村、写字楼、办公楼等房屋建筑物和配套的服务设施，土地开发工程（如道路、给水、排水、供电、供热、通讯、平整场地等基础设施工程）的投资；不包括单纯的土地交易活动。

房地产开发投资按工程用途分 房地产开发投资按工程用途分为住宅、办公楼、商业营业用房和其他；住宅按照户型结构可以划分为90平方米以下住房、144平方米以上住房等。

(1)住宅：指专供居住的房屋，包括别墅、公寓、职工家属宿舍和集体宿舍（包括职工单身宿舍和学生宿舍）等，但不包括住宅楼中作为人防用、不住人的地下室等。

(2)90平方米以下住房：指在房地产开发企业（单位）投资建设的商品住宅中，套型建筑面积不超过90平方米（包括90平方米）的住房。

(3)144平方米以上住房：指在房地产开发企业（单位）投资建设的商品住宅中，套型建筑面积超过144平方米（不包括144平方米）的住房。

(4)办公楼：指企业、事业、机关、团体、学校、医院等单位使用的各类办公用房（又称写字楼）。

(5)商业营业用房：指商业、粮食、供销、饮食服务业等部门对外营业的用房，如度假村、饭店、商店、门市部、粮店、书店、供销店、菜店、加油站、日杂等房屋。

(6)其他：凡不属于上述各项用途的房屋建筑物，如中小学教学用房、托儿所、幼儿园、图书馆、体育馆等。

房屋建筑面积 房屋建筑面积是从房屋建筑物勒脚以上外墙外围的水平截面积，包括房屋建筑物的有效面积和结构面积，包括房屋结构（如柱、墙）占用的面积和地下室面积。多层建筑按各自然层面积计算，包括房屋内的楼隔层，突出墙面的眺望间、门斗、有柱雨罩的面积。不包括突出墙面结构的构件、艺术装饰等所占的面积，如台阶等。凹阳台、桃台按其水平投影面积一半计算建筑面积。

施工面积 是指报告期内施工的全部房屋建筑面积。包括本期新开工的面积和上期开工跨入本期继续施工的房屋面积，以及上期已停建在本期恢复施工的房屋面积。

新开工面积 指报告期内新开工建设的房屋面积，以单位工程为核算对象。不包括在上期开工跨入报告期继续施工的房屋建筑面积和上期停缓建而在本期复工的建筑面积。房屋的开工面积指整栋房屋的全部建筑面积，不能分割计算。

竣工面积 指报告期内房屋建筑按照设计要求已全部完工，达到住人和使用条件，经验收鉴定合格或达到竣工验收标准，可正式移交使用单位的各栋房屋建筑面积的总和。

销售面积 指报告期内出售商品房屋的合同总面积（即双方签署的正式买卖合同中所确定的建筑面积）。由现房销售面积和期房销售面积两部分组成。

待售面积 指报告期末已竣工的可供销售或出租的商品房屋建筑面积中，尚未销售或出租的商品房屋建筑面积，包括以前年度竣工和本期竣工的房屋面积，但不包括报告期已竣工的拆迁还建、统建代建、公共配套建筑、房地产公司自用及周转房等不可销售或出租的房屋面积。

十七、科技·教育·文化

SCI-TECH, EDUCATION AND CULTURE

本篇内容包括:

1. 科技事业情况
2. 教育事业情况
3. 文化事业情况

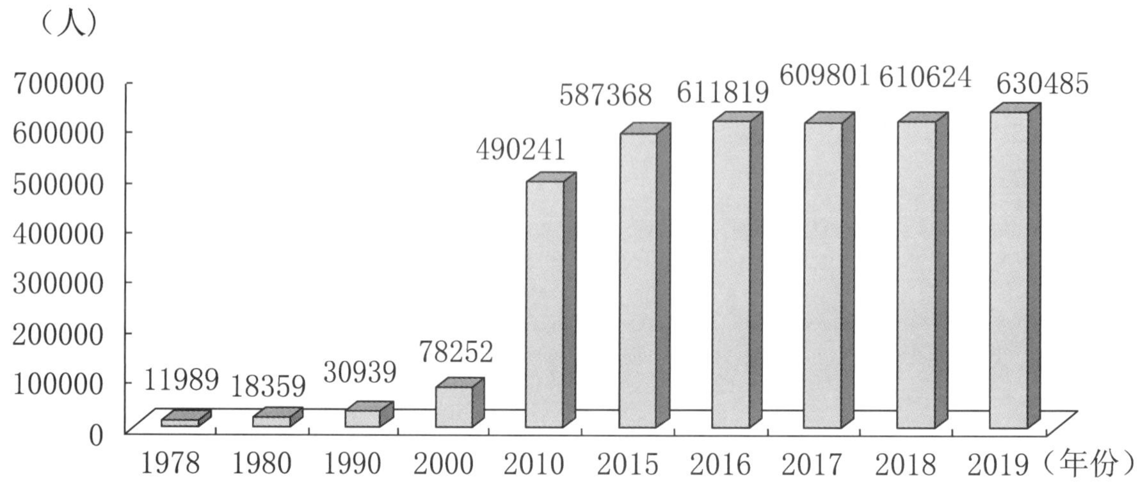
高等学校在校学生数
（人）
700000
600000
500000
400000
300000
200000
100000
0
11989
18359
30939
78252
490241
587368
611819
609801
610624
630485
1978
1980
1990
2000
2010
2015
2016
2017
2018
2019
（年份）

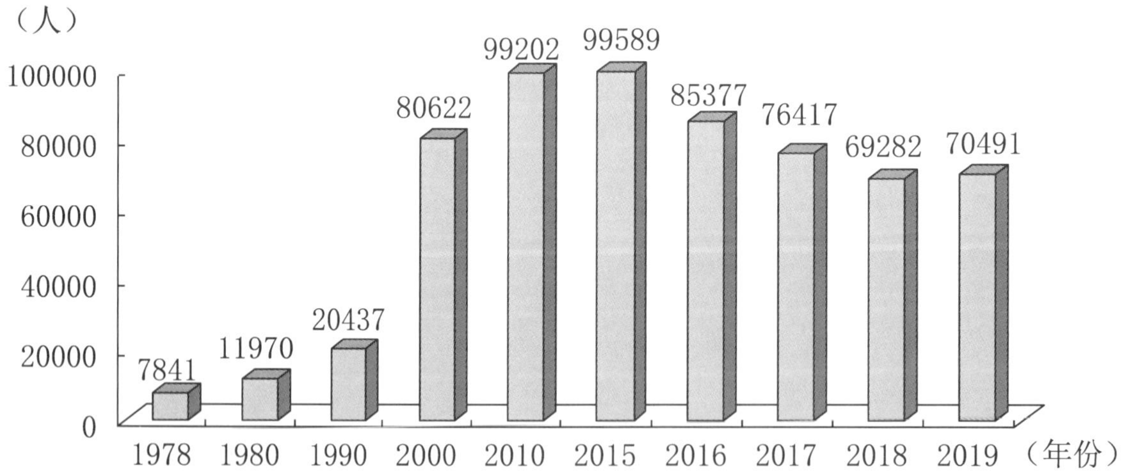
中等专业学校在校学生数
（人）
100000
80000
60000
40000
20000
0
7841
11970
20437
80622
99202
99589
85377
76417
69282
70491
1978
1980
1990
2000
2010
2015
2016
2017
2018
2019
（年份）

17-1 R&D 经费内部支出

年　份	R&D经费内部支出(亿元)		R&D经费内部支出与GDP比值(%)
		规上工业企业	
2010	42.89	25.96	1.94
2011	44.20	28.14	1.64
2012	46.74	30.03	1.56
2013	53.54	33.11	1.58
2014	59.41	39.72	1.60
2015	63.72	43.35	1.59
2016	71.42	50.49	1.62
2017	81.02	56.78	1.68
2018	89.65	61.81	1.70
2019	101.24		1.81

17-2 技术市场基本情况（2019年）

指　标	登记合同数（份）	合同成交总金额（万元）	#其中技术交易额（万元）	所含卖方数量（份）
合　计	1085	568057.85	359465.69	168
技术开发	503	83381.30	68082.71	91
技术转让	57	8508.52	8430.02	18
技术咨询	74	53269.52	32582.71	16
技术服务	451	422898.51	250370.24	75

注：本表数据由市科技局提供。

17-3 专利申请受理量和授权量（2019年）

单位：项

项　目	专利申请量				专利授权量				发　明有效量
	合计	发明	实用新型	外观设计	合计	发明	实用新型	外观设计	
合　计	21684	5457	13791	2436	13057	1223	9816	2018	5790
个　人	4848	847	2971	1030	1660	58	943	659	333
大专院校	4920	1991	2548	381	3187	576	2109	502	1969
科研机构	664	430	229	5	322	126	190	6	305
企　业	10938	2088	7833	1017	7727	456	6426	845	3147
事业单位	314	101	210	3	161	7	148	6	36

注：1.本表数据由市场监督管理局提供；
2.国家知识产权局和江西省知识产权局每月仅下发发明专利有效量，实用新型和外观设计无数据。

17-4　各类专业技术人员（2019年）

（事业单位、公有经济企业专业技术人才）

项　　目	合　计		女　性	
	人数（人）	比重（%）	人数（人）	比重（%）
总　计	**57651**	**100**	**33762**	**100**
按职称分				
高级岗位(职务)	10044	17.4	4239	12.6
中级岗位(职务)	23105	40.1	13303	39.4
初级岗位(职务)	24502	42.5	16220	48.0
按类别分				
工程技术人员	2354	4.1	731	2.2
农业技术人员	753	1.3	213	0.6
科学研究人员	255	0.4	97	0.3
卫生技术人员	9348	16.2	5643	16.7
教学人员	40326	69.9	24950	73.9

注：本表数据由市人社局提供。

17-5　专业技术人员学历状况（2019年）

（事业单位、公有经济企业专业技术人才）　　单位：人

项　　目	合　计	博　士	研究生	大学本科	大学专科	中专	高中及以　下
总　计	**57651**	**69**	**2686**	**36222**	**15183**	**2988**	**503**
按职称分							
高级岗位(职务)	10044	32	439	7308	2232	29	4
中级岗位(职务)	23105	33	1134	13503	6917	1418	100
初级岗位(职务)	24502	4	1113	15411	6034	1541	399

注：本表数据由市人社局提供。

17-6 专业技术人员年龄状况（2019年）

（事业单位、公有经济企业专业技术人才）　　单位：人

项　　目	合　计	35岁以下	36岁至40岁	41岁至45岁	46岁至50岁	51岁至54岁	55岁及以上
总　　计	**57651**	**20299**	**10019**	**9830**	**7731**	**5189**	**4583**
按职称分							
高级岗位(职务)	10044	21	312	1859	2692	2535	2625
中级岗位(职务)	23105	3635	6324	5741	3940	2015	1450
初级岗位(职务)	24502	16643	3383	2230	1099	639	508
按类别分							
工程技术人员	2354	501	483	547	393	277	153
农业技术人员	753	100	151	250	118	70	64
科学研究人员	255	65	48	43	32	36	31
卫生技术人员	9348	2253	2092	1724	1450	1037	792
教学人员	40326	16279	6432	6137	4897	3299	3282

注：本表数据由市人社局提供。

17-7　专业技术人员行业状况（2019年）

（事业单位、公有经济企业专业技术人才）　　　　单位：人

指　　标	合计	博　士	硕　士	大学本科	大学专科	中　专	高中及以下
总　　计	**57651**	**69**	**2686**	**36222**	**15183**	**2988**	**503**
农林牧渔业	1067	4	48	493	438	77	7
制造业							
电力、燃气及水的生产和供应业							
建筑业							
交通运输、仓储和邮政业	400		7	214	156	18	5
信息传输、软件和信息技术服务业	144	1	8	91	43	1	
批发和零售业							
住宿和餐饮业	5			3	2		
金融业							
房地产业	290		4	111	142	21	12
租赁和商务服务业	62			25	30	6	1
科学研究、技术服务业	443		59	303	72	8	1
水利、环境和公共设施管理业	1313		34	771	390	68	50
居民服务、修理和其他服务	687		30	338	315	3	1
教　育	40469	15	1750	26915	10138	1466	185
卫生和社会工作	8809	41	547	4597	2422	1047	155
文化体育和娱乐业	1648	7	84	966	378	155	58
公共管理、社会保障和社会组织	2314	1	115	1395	657	118	28

注：本表数据由市人社局提供。

17-8 各类全日制学校基本情况（2019年）

单位：人

项目	学校数(个)	招生数	毕业生	在校学生	教职员工	#专任教师
合计	**871**	**430464**	**369565**	**1479035**	**98722**	**82700**
普通高等学校	51	210471	168495	630485	46850	32932
普通中等学校	26	25011	23035	70491	2674	1803
技工学校	20	9505	5045	20472	1728	1194
普通中学	294	109412	96562	315168	29774	28015
职业高中	17	4378	3767	13531	1096	620
小学	455	71390	72382	427747	18085	17900
特教学校	8	297	279	1141	243	236

注：本表数据由市教育局、市人社局提供。

17-9 普通中学基本情况（2019年）

单位：人

类别	招生数	毕业生	在校学生数	教职员工数	#专任教师
合计	**109412**	**96562**	**315168**	**29774**	**28015**
#女性	49741	42431	142055	18634	17772
按城乡分					
城市	61588	56280	178613	17861	16840
县镇	40117	32440	113653	9504	9149
农村	7707	7842	22902	2409	2026
按层次分					
初中	72128	61220	207307	17545	17101
城市	37759	33219	107890	8932	8736
县镇	27396	20737	78491	6791	6600
农村	6973	7264	20926	1822	1765
高中	37284	35342	107861	12229	10914
城市	23829	23061	70723	8929	8104
县镇	12721	11703	35162	2713	2549
农村	734	578	1976	587	261
按地区分					
市区	67276	61606	195001	20304	19173
南昌县	20214	17416	55776	4849	4691
安义县	4592	4198	13359	917	881
进贤县	17330	13342	51032	3704	3270
按部门分					
教育部门办	90342	79790	261169	24454	23991
社会力量办	18903	16555	53379	5136	3875
其他部门办	167	217	620	184	149

注：本表数据由市教育局提供。

17-10　职业高中基本情况（2019年）

单位：人

类　别	招生数	毕业生	在校学生数	教职员工数	#专任教师
合　计	**4378**	**3767**	**13531**	**1096**	**620**
#女　性	1538	1376	4563	487	260
按城乡分					
城　市	4206	3265	13240	977	509
县　镇	172	502	291	119	111
农　村					
按部门分					
教育部门办	355	630	829	144	130
社会力量办	3912	3008	12359	919	458
其他部门办	111	129	343	33	32

注：本表数据由市教育局提供。

17-11　小学、特殊教育学校基本情况（2019年）

单位：人

类　别	招生数	毕业生	在校学生数	教职员工数	#专任教师
一、小学	**71390**	**72382**	**427747**	**18085**	**17900**
#女性	32822	32888	196466	13258	13168
按城乡分					
城　市	39641	37470	233852	7939	7854
县　镇	24174	24144	141565	5441	5359
农　村	7575	10768	52330	4705	4687
按县、区分					
市　区	45861	44110	271999	10305	10206
南昌县	15326	13886	87161	3809	3734
安义县	2653	3080	17492	1136	1134
进贤县	7550	11306	51095	2835	2826
按部门分					
教育部门	65623	66501	392340	17413	17326
社会力量办	5459	5384	33435	545	453
其他部门办	308	497	1972	127	121
二、特殊教育					
特教学校	**297**	**279**	**1141**	**243**	**236**

注：本表数据由市教育局提供。

17-12 幼儿园基本情况（2019年）

单位：人

类　别	幼儿园（个）	在园幼儿	教职员工数	
				#教　师
总　计	**985**	**180996**	**20821**	**12330**
#女　性		83321	19917	12200
按城乡分				
城　市	430	100382	12667	7246
县　镇	373	67801	7016	4397
农　村	182	12813	1138	687
按部门分				
教育部门和集体办	206	63963	6057	3823
社会力量办	679	95955	12019	6884
其他部门办	100	21078	2745	1623

注：本表数据由市教育局提供。

17-13 广播电视情况（2019年）

项　　目	2019
一、广播	
1.广播电台(座)	5
2.中短波发射台和转播台(座)	1
3.调频广播台和传输台(座)	4
4.广播覆盖率(%)	99.71
二、电视	
1.电视台(座)	5
2.电视转播发射台和差转台(座)	2
3.卫星电视地面站(个)	1
4.全年自制电视节目(小时)	4077
5.电视覆盖率(%)	99.13
6.有线电视用户(万户)	97.08
其中:数字电视(万户)	96.08
7.南昌农村直卫星用户(万户)	91.80

注：1.本表数据由市文广新旅局提供。
2.“电视”含有线电视台，不含教育台。
3.调频广播台和传输台包括了乡村的小调频台。

17-14 艺术剧团和剧院（2019年）

项　目	合 计	市　级	县　级
艺术表演团体			
剧团个数(个)	3	1	2
职工人数(人)	287	212	75
演出场次(场)	150	32	118
年未固定资产原值(万元)	7839.39	7483.89	355.50
当年创作首演剧目(个)	13	7	6
全年收入(万元)	5423.01	4304.93	1118.08
#演出收入	94.60	45.00	49.60
全年支出(万元)	5476.83	4480.32	996.51

注:本表数据由市文广新旅局提供。

17-15 群众艺术馆和文化馆（2019年）

项　目	合 计	市　级	县　级
群艺馆、文化馆数(个)	10	1	9
举办展览(次)	58	6	52
组织文艺活动次数(次)	988	210	778
举办训练班结业人数(人次)	36750	10000	26750
公用房屋建筑面积(平方米)	52151	20000	32151
职工人数(人)	133	36	97

注:本表数据由市文广新旅局提供。

17-16 博　物　馆 (2019年)

项　目	合计		
		市　级	县　级
博物馆(个)	18	14	4
公用房屋面积(平方米)	105080	92445	12635
藏品(件)	25003	18196	6807
陈列个数(个)	79	72	7
展览个数(个)	65	54	11
参观人次(万人次)	369.72	342.25	27.47
职工(人)	394	330	64

注:本表数据由市文广新旅局提供。

17-17 公共图书馆 (2019年)

项　目	合计		
		市　级	县　级
图书馆(个)	10	1	9
藏书(万册)	224.06	92.00	132.06
公用房屋建筑面积(平方米)	43535	15000	28535
发放借书证(个)	49086	13500	35586
总流通人次(万人次)	140.45	24.80	115.65
书刊外借册数(万册次)	130.50	35.00	95.50
经费支出合计(万元)	3358.90	2000.54	1358.36
#购书支出	245.60	180.00	65.60
职工(人)	137	54	83

注:本表数据由市文广新旅局提供。

主要统计指标解释

研究与试验发展(R&D) 指在科学技术领域，为增加知识总量，以及运用这些知识去创造新的应用进行的系统的创造性的活动，包括基础研究、应用研究、试验发展三类活动。国际上通常采用 R&D 活动的规模和强度指标反映一国的科技实力和核心竞争力。

R&D 人员 指参与研究与试验发展项目研究、管理和辅助工作的人员，包括项目(课题)组人员，企业科技行政管理人员和直接为项目(课题)活动提供服务的辅助人员。反映投入从事拥有自主知识产权的研究开发活动的人力规模。

R&D 经费支出 指企业用于 R&D 活动的费用合计，包括人员人工费用、直接投入费用、折旧费用与长期待摊费用、无形资产摊销费用、设计费用、装备调试费用与试验费用、委托外部研究开发费用及其他费用。

期末机构数 指企业自办（或与外单位合办），管理上同生产系统相对独立（或单独核算）的专门研究开发活动机构，如企业办的技术中心、研究院所、开发中心、开发部、实验室、中试车间、试验基地等。

新产品 指采用新技术原理、新设计构思研制、生产的全新产品，或在结构、材质、工艺等某一方面比原有产品有明显改进，从而显著提高了产品性能或扩大了使用功能的产品。

专业技术人员 指从事专业技术工作和专业技术管理工作 的人员，即企事业单位中已经聘任专业技术职务从事专业技 术工作和专业技术管理工作的人员，以及未聘任专业技术职 务，现在专业技术岗位上工作的人员。包括工程技术人员， 农业技术人员，科学研究人员，卫生技术人员，教学人员， 经济人员，会计人员，统计人员，翻译人员，图书资料、档 案、文博人员，新闻出版人员，律师、公证人员，广播电视 播音人员，工艺美术人员，体育人员，艺术人员及企业政治思想工作人员，共十七个专业技术职务类别。用来反映科技 人力资源情况。

专利 是专利权的简称，是对发明人的发明创造经审查合格 后，由专利局依据专利法授予发明人和设计人对该项发明创 造享有的专有权。包括发明、实用新型和外观设计。反映拥 有自主知识产权的科技和设计成果情况。

普通高等学校 指按照国家规定的设置标准和审批程序批 准举办的，通过全国普通高等学校统一招生考试，招收高中 毕业生为主要培养对象，实施高等教育的全日制大学、独立 设置的学院和高等专科学校、高等职业学校和其他机构。

成人高等学校 指按照国家规定的设置标准和审批程序批 准举办的，通过全国成人高等学校统一招生考试，招收具有 高中毕业或同等学历的在职从业人员为主要培养对象，利用 函授、业余、脱产等多种形式对其实施高等学历教育的学校。 包括职工高等学校、农民高等学校、管理干部学院、教育学 院、独立函授学院、广播电视大学、其他机构等。其他机构 是承担国家成人招生计划任务不计校数的机构。

文化事业机构 指从事专业文化工作和为专业文化工作服务的独立建制的单位。不包括这些单位另外举办独立核算的 其他机构和各部门的业余文化组织。该指标主要反映文化事 业机构发展规模水平。

艺术表演团体 指从事戏曲、音乐、舞蹈、杂技等专业艺术表演，有独立帐户的单位，不包括半工半艺、半农半艺和民间职业剧团。该指标主要反映专业艺术表演团体发展规模水平。

艺术表演观众人数 指售票、包场演出或民族地区免费演出 的艺术表演观众人次数，不包括彩排审查和内部观摩演出的观看人次数。该指标主要反映观看专业艺术表演团体演出的效益规模。

十八、卫生·体育·其他

PUBLIC HEALTH, SPORTS AND OTHERS

本篇内容包括：

1. 医疗卫生事业情况
2. 体育事业
3. 婚姻情况
4. 民政事业
5. 社会保险情况
6. 司法情况
7. 交通事故、火灾事故、职工伤亡事故

卫生技术人员数

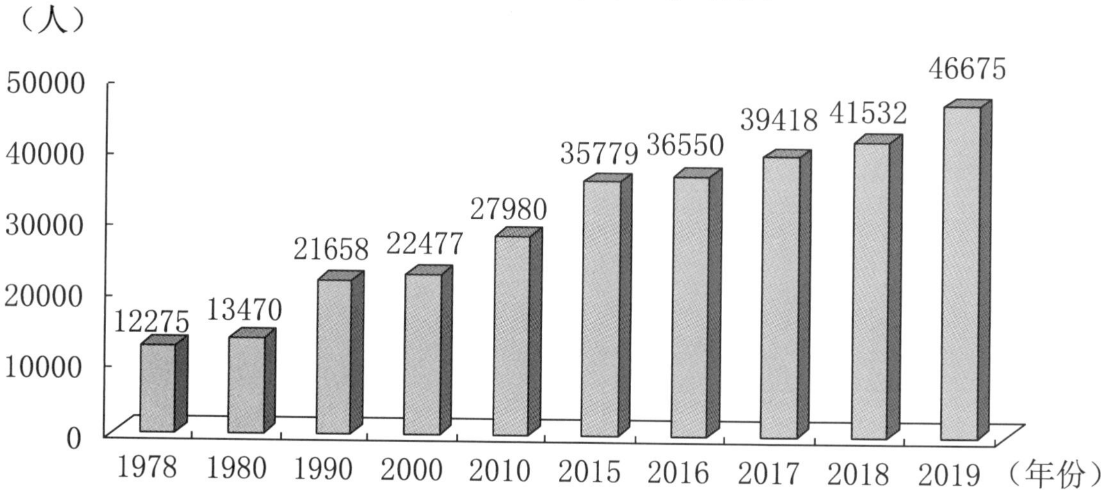

医疗卫生机构病床数

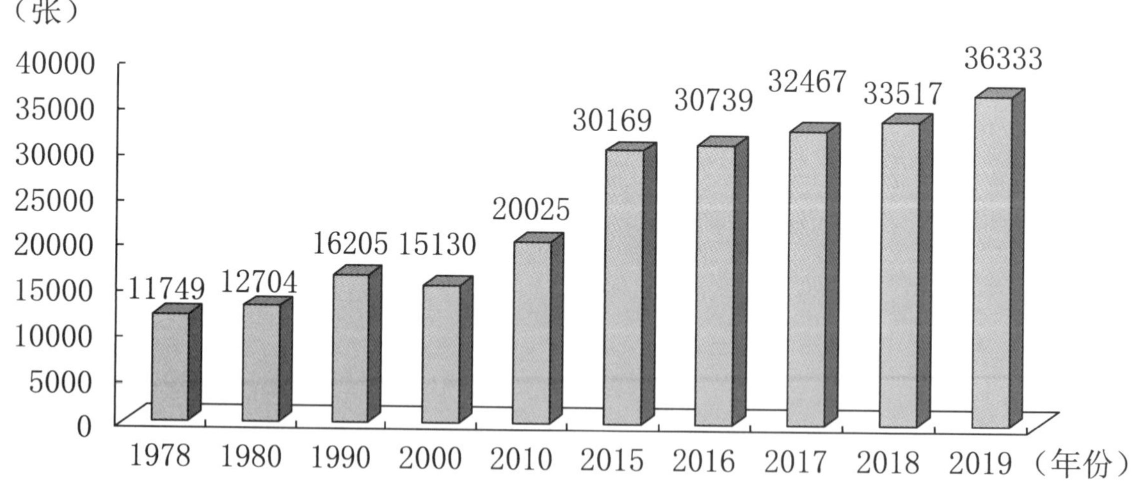

18-1 卫生机构、床位、人员数（2019年）

类 别	机构数(个)	床位数(张)	人员数(人)	#卫生技术人 员	#医 生	注册护士
总 计	**2502**	**36333**	**59045**	**46675**	**16778**	**22188**
一、医 院	138	31082	39255	32917	10870	17136
#综合医院	69	17465	22419	19249	6395	10108
中医医院	12	3558	4288	3661	1380	1643
中西医结合医院	3	1022	1632	1436	506	697
专科医院	52	8888	10822	8517	2573	4660
二、基层医疗卫生机构	2283	3745	13406	9089	4272	3432
#社区卫生服务中心(站)	144	496	2307	2013	771	925
卫生院	94	3152	3327	2734	1079	848
村卫生室	1167		3485	599	507	92
门诊部	308	97	2649	2221	1081	958
诊所、卫生所、医务室	570		1638	1522	834	609
三、专业公共卫生机构	47	1426	4332	3436	1222	1237
#疾病预防控制中心	12		883	712	342	96
专科医病防治院(所、站)	7	346	283	216	92	58
妇幼保健院(所、站)	11	1080	2189	1891	675	913
卫生监督所(所、站)	11		346	248		
其他	6		631	369	113	170
四、其他卫生机构	34	80	2052	1233	414	383

注：本表数据由市卫健委提供。

18-2 体 育 事 业(2019年)

项 目	2019
一、举办综合(单项)运动会次数(次)	80
二、参加运动会人数(百人次)	250
三、等级裁判员发展人数(人)	129
四、等级运动员发展人数(人)	314
五、参加省级及其以上和同等城市比赛次数(次)	93
六、参加比赛人数(人次)	3000
七、获得奖牌数(枚)	704
金牌	331
银牌	232

注：本表数据由市体育局提供。

18-3 市属共青团组织情况

年 份	基层团支部(个)	共青团(人)		专职干部(人)
			#女团员	
2000	5636	113758	47461	1402
2010	5996	127529	51038	1053
2011	6170	137326	54958	926
2012	6385	142657	57091	962
2013	8379	160177	71408	999
2014	8456	166076	73954	1026
2015	6321	171885	70792	85
2016	6319	165268	71264	189
2017	6745	159323		187
2018	7002	155257		224
2019	6371	267778		151

注：本表数据由共青团市委提供。

18-4　妇联系统组织情况

单位：个

项　目	2000	2011	2012	2013	2014	2015	2016	2017	2018	2019
城镇街道基层妇代会	792	446	440	446	497	579	675			
社区妇联								649	705	698
农村基层妇代会	1197	1037	1037	1050	1051	1154	1146	80		
农村妇联								1080	1146	1143
乡镇(街办)妇联(含乡级单位)	137	111	111	122	111	120	133	105	123	125
机关、事业单位妇委会	72	286	341	334	364	375	359	360	360	360

注：本表数据由市妇联提供。

18-5　工 会 组 织 情 况

单位：个、万人

项　目	2000	2011	2012	2013	2014	2015	2016	2017	2018	2019
工会基层组织数(含法人、行政事业单位)	1713	12879	13779	14936	16001	17016	18021	18503	18930	19361
已建工会组织的基层单位职工人数	37.01	78.82	80.92	82.08	85.16	86.18	87.24	91.44	93.97	96.50
已建工会组织的基层单位工会人数	33.01	65.87	67.75	68.90	71.88	72.90	73.96	78.16	80.69	83.22

注：本表数据由市总工会提供。

18-6 历届南昌市人民

项　目	一届 (1954)	二届 (1956)	三届 (1958)	四届 (1960)	五届 (1963)	六届 (1965)	七届 (1968)
代表总数	**233**	**239**	**253**	**307**	**375**	**385**	**724**
代表中							
女代表	52	49	68	77	99		
占代表总数%	22.3	20.5	27	25.1	26.4		
代表中							
少数民族代表							
占代表总数%							

注：1.本表数据由市人大常委会提供。
2.国家政治生活处于不正常的文化大革命时期.1968年2月18日成立了南昌市革命委员会。根据江西省人民代表大会群众组织推举的代表。

18-7 历届南昌市

项　目	一届 (1955)	二届 (1958)	三届 (1959)	四届 (1962)	五届 (1963)	六届 (1965)
委员总数	**129**	**189**	**299**	**288**	**300**	**302**
委员中						
中国共产党代表	22	47	63	81	82	87
占代表总数%	17.05	24.87	21.07	28.13	27.33	28.81
委员中						
少数民族代表	3	3	3	3	4	4
占代表总数%	2.33	1.58	1	1.04	1.33	1.32
委员中						
女性代表	20	29	54	54	58	64
占代表总数%	15.50	15.34	18.06	18.75	19.33	21.19

注：本表数据由市政协提供。

代表大会的代表人数

单位：人

八届 (1982)	九届 (1987)	十届 (1992)	十一届 (1997)	十二届 (2001)	十三届 (2006)	十四届 (2011)	十五届 (2016)
555	**495**	**489**	**434**	**421**	**438**	**433**	**427**
150	102	98	89	90	90	94	105
27	20.6	20	20.5	21.4	20.5	21.7	24.6
		8	7	8	9	7	6
		1.6	1.6	1.9	2.1	1.6	1.4

常务委员会的规定，将革命委员会作为南昌市第七届人民代表大会。七届代表构成为革命委员会成员、人民解放军代表、

政治协商会议的委员人数

单位：人

七届 (1982)	八届 (1987)	九届 (1992)	十届 (1997)	十一届 (2001)	十二届 (2006)	十三届 (2011)	十四届 (2016)
458	**405**	**413**	**403**	**405**	**419**	**427**	**422**
175	171	169	157	149	165	170	184
38.21	42.22	40.92	38.9	36.8	39.4	39.81	43.6
6	8	10	11	6	6	6	5
1.31	1.98	2.42	2.7	1.5	1.43	1.41	1.18
108	100	89	103	119	115	125	139
21.19	24.69	20.09	25.60	29.40	27.4	29.27	32.94

18-8　社会福利事业单位基本情况（2019年）

项　目	院　数 （个）	工作人员 （人）	床　位 （张）	年末在院 人　数 （人）
全市总计	**110**	**1941**	**13220**	**6084**
社会福利院	4	193	563	416
儿童福利机构	2	191	544	369
民办养老服务机构	36	911	6651	2880
农村敬老院	68	646	5462	2419

注：本表数据由市民政局提供。

18-9　城镇社区服务和农村服务网络（2019年）

单位：个

地　区	城镇社区机构数
总　计	**867**
东 湖 区	98
西 湖 区	133
青云谱区	75
青山湖区	176
新 建 区	87
红谷滩区	89
南 昌 县	113
安 义 县	27
进 贤 县	69

注：本表数据由市民政局提供。

18-10 享受国家补助、救济人员情况（2019年）

单位：人、户

项　目	2019
优抚对象	
抚恤、补助优抚对象总金人数	16158
享受定期抚恤金人数	2466
享受定期补助人数	13692
城市居民最低生活保障家庭数	19151
城市居民最低生活保障人数	34085
传统救济情况	
农村居民最低生活保障家庭数	44785
农村居民最低生活保障人数	78389

注：本表数据由市民政局、市退役军人事务局提供。

18-11 婚姻登记情况(2019年)

地　区	结婚登记(对)	#复婚	离婚登记(对)
南昌市	**72112**	**7196**	**16473**
东湖区	6086	772	1710
西湖区	6100	1122	1958
青云谱区	3154	320	875
青山湖区	9184	1234	2446
新建区	11648	914	2209
红谷滩区	4324	498	985
南昌县	17688	1492	3478
安义县	3620	142	727
进贤县	9176	592	1861
湾里管理局	1132	110	224

注：本表数据由市民政局提供。

18-12 婚姻登记情况(2005-2019年)

年　份	结婚(对)	#复婚	离婚(对)
2005	29898	847	7447
2006	43424	286	8607
2007	45201	2153	9329
2008	55610	212	6747
2009	53979	1199	7326
2010	36444	300	7525
2011	50281		8579
2012	53283		10440
2013	78303		15034
2014	106024	6172	13439
2015	92494	6474	13455
2016	82672	6512	14553
2017	82056	6656	14761
2018	77496	6932	15349
2019	72112	7196	16473

注：本表数据由市民政局提供。

18-13 社 会 保 险 情 况

单位：人

项　目	2018	2019
失业保险参保人数	**630947**	**644316**
企　业	472843	475540
国有企业	148005	146563
集体企业	15117	12049
港、澳、台及外资企业	22369	20760
其他企业	287352	296168
事业单位	124664	133072
其他单位	33440	35704
领取失业保险金人数	**6484**	**6921**
基本养老保险参保人数	**1996844**	**2117652**
企　业	1118509	1169830
国有企业	534204	543809
集体企业	128303	136588
其他企业	396054	423358
港、澳、台及外资企业	59948	66075
机关事业单位	145102	146217
其　他	733233	798610

注：本表数据由市人社局提供。

18-14 律师、公证和人民调解基本情况（含省属）

项　　目	2018	2019
一、律师工作		
律师事务所(个)	108	122
律师(人)	1471	1715
#专 职	1311	1578
兼 职	118	137
聘请担任常年法律顾问的单位(处)	2265	3744
刑事诉讼辩护及代理(件)	2105	3964
民事诉讼代理(件)	11522	17587
办理非诉讼法律事务(件)	1380	2505
解答法律咨询(件)	15784	8414
代理法律文书(件)	3942	2101
二、公证工作		
公证处(个)	11	12
公证人员(人)	186	201
#公证员	55	57
助理公证员	97	109
办理公证文书(件)	77879	84651
#经济合同文书	2473	1315
三、人民调解工作		
专职司法助理员(人)	686	2024
人民调解委员会(人)	2008	2097
调解工作人员(人)	9593	10424
调解民间纠纷(件)	14346	14464

注：本表数据由市司法局提供。

18-15 南昌市消协

项　目	2005	2006	2007	2008	2009	2010
一、投诉案件数	**1409**	**1447**	**1151**	**1176**	**1165**	**1025**
按行业分						
家用电器类	342	338	273	229	229	215
家用机械类	108	106	63	80	69	57
日用百货类	510	489	349	347	347	352
房屋及装修建材	129	127	109	94	94	89
服务类		27	12	298	298	267
农用生产资料类	151	248	211	6	6	
其它类	169	112	134	122	122	45
按内容分						
质量	940	905	688	518	513	537
价格		77	57	57	57	34
虚假广告	65	76	79	20	20	16
假冒商品	101	23	14	5	6	
计量	2	15	20	9	9	6
安全	48	32	9	139	139	98
其它	253	319	284	428	431	334
二、当年解决件数	**1372**	**1354**	**1100**	**1101**	**1039**	**989**
解决率(%)	97.4	93.6	94.0	93.6	89.2	96.5
三、消费者免受损失(万元)	**102.4**	**144**	**255.9**	**137**	**180**	**167**

注：本表数据由市市场监督管理局提供。

受理投诉情况

单位：件

2011	2012	2013	2014	2015	2016	2017	2018	2019
1148	**2566**	**2673**	**2700**	**1161**	**1366**	**1977**	**1378**	**1467**
97	597	652	670	344	375	613	368	368
78	178	341	381	50	47	141	96	76
352	852	563	573	90	312	442	312	412
95	195	124	135	120	210	459	221	203
405	405	226	178		172	242	21	31
26	26	182	76	60	21	11	5	9
95	313	585	687	497	229	69	355	368
557	657	686	818	524	597	721	434	550
95	259	384	397	120	105	101	54	63
16	335	206	216	56	71	113	152	178
2	248	152	167	78	92	112	71	83
8	256	168	101	81	61	61	47	55
89	292	386	215	30	61	63	21	24
381	519	691	786	272	379	806	599	514
1090	**2493**	**2593**	**2621**	**1047**	**1256**	**1789**	**1245**	**1341**
95.0	97.0	97.0	97.0	90.1	91.9	90.4	90.3	91.4
180	**210**	**200**	**203**	**136**	**329**	**631**	**463**	**324**

18-16 南昌“12315”受理举报申诉情况

单位:件

项 目	2018	2019
一、受理申诉	26772	24341
#商 品	18658	14474
服 务	8114	9867
二、申诉内容		24341
质 量	3076	4090
价 格		7707
广 告	8855	1926
计 量	71	190
售后服务	3319	2990
其 他	11451	7438
三、挽回损失(万元)		2653

注：本表数据由市市场监督管理局提供。

18-17 社会治安案件（2019年）

单位: 件

项 目	全 市	
		市 区
受 理 数	88540	75182
查 处 数	83542	71471

注：本表数据由市公安局提供。

18-18 交　通　事　故（2019年）

项　　目	合　计	市　区	三　县
一、交通事故次数(次)	414	206	208
二、死亡人数(人)	209	120	89
三、受伤人数(人)	335	132	203
四、经济损失(万元)	143.97	79.86	64.11

注：本表数据由市公安局提供。

18-19 火　灾　事　故（2019年）

项　　目	合　计	市　区	三　县
一、火灾次数(次)	1236	867	369
二、死亡人数(人)	6	3	3
三、受伤人数(人)	3	3	
四、经济损失(万元)	3442.13	2113.36	1328.77

注：本表数据由市消防救援支队提供。

18-20　人民法院一审案件结案情况

单位：件

项　目	2006	2007	2008	2009	2010	2011	2012	2013	2014	2015	2016	2017	2018	2019
合　计	**18524**	**14358**	**13845**	**15363**	**15904**	**16608**	**19668**	**22797**	**25310**	**35162**	**30622**	**42040**	**49712**	**58394**
刑事案件	2397	2806	2536	2476	2811	2920	3836	3729	3736	5440	4812	5476	5708	6015
民事案件	10049	11404	11182	12752	12996	13530	15717	18916	21434	29304	25168	35810	43926	52374
行政案件	90	148	127	135	97	158	115	152	140	418	642	754	78	5

注：1.本表数据由市中级人民法院提供；
　　2.以上数据取自人民法院大数据管理和服务平台。自2017年10月1日起，南昌中院、东湖区、西湖区、青云谱区、湾里区、青山湖区、新建区、经开区、高新区人民法院不再受理行政一审案件，改由铁路运输两级法院受理。

18-21　安 全 事 故 情 况（2019年）

项　目	安全生产事故(起)	死亡人数(人)
全　市	**191**	**152**
工矿商贸	55	62
生产经营性道路交通	136	90

注：本表数据由市应急管理局提供。

主要统计指标解释

卫生机构 包括医疗机构、疾病预防控制中心(防疫站)、采 供血机构、卫生监督及监测(检验)机构、医学科研和在职培 训机构、健康教育所等。

医疗机构 包括医院、社区卫生服务中心(站)、疗养院、卫 生院、门诊部、诊所(卫生所、医务室)、妇幼保健院(所、站)、 专科疾病防治院(所、站)、急救中心(站)和临床检验中心。 医疗机构分为非赢利性医疗机构和赢利性医疗机构。

医院 包括综合医院、中医医院、中西医结合医院、民族医 院、各类专科医院和护理院。

卫生技术人员 指卫生机构中医生、护理人员 、药剂人员、 检验人员等卫生技术人员。

医生 指在医疗、预防保健机构工作且取得《执业医师证书》 的执业医师和执业助理医师。

社会福利事业单位 指集中收养社会孤老、残、幼的机构，包括由民政部门管理的社会福利院、儿童福利院、精神病人 福利院和城镇集体举办的福利院及农村集体举办的敬老院 以及优抚医院和具有收养能力的社区服务中心等。

社会福利事业单位收养人数 包括民政部门管理和城镇、农 村集体举办的社会福利事业单位中收养的老人、少年儿童、 缺乏生活自理能力的残疾人员和精神病人。

律师 指依法取得律师执业证书，担任法律顾问，民事(刑 事、行政)案件代理人、刑事案件辩护人、办理非诉讼业务， 解答法律询问，代写法律事务文书等，为社会提供法律服务的人员。

公证人员 指在公证处工作的人员总称，包括公证处主任、 副主任、公证员、公证员助理(助理公证员)和其他从事辅助性工作的人员。

公证文书 指公证处根据当事人申请，依照事实和法律，按 照法定程序制作的，具有法律效力的司法证明文书。根据公证书用途和使用地，公证书分为国内公证书、国内经济公证书、涉外民事公证书、涉外经济公证书四类。

调解员 指在人民调解委员会担负调解民间纠纷工作的人员，包括调解委员会的委员和调解小组的调解员。

调解民间纠纷 指调解委员会按照法律规定，根据自愿原则，用说服教育的方法调解民间发生的有关民事权利和义务争执的件数，包括调解成功数和调解未成功数。

十九、附　　录

APPENDIX

本篇内容包括：

1. 中华人民共和国 2019 年国民经济和社会发展统计公报
2. 江西省 2019 年国民经济和社会发展统计公报
3. 全国各省（市、区）主要经济指标
4. 全国各省会城市主要经济指标
5. 江西省各设区市主要经济指标

中华人民共和国2019年国民经济和社会发展统计公报[1]

国家统计局

2020年2月28日

2019年，面对国内外风险挑战明显上升的复杂局面，在以习近平同志为核心的党中央坚强领导下，各地区各部门以习近平新时代中国特色社会主义思想为指导，全面贯彻党的十九大和十九届二中、三中、四中全会精神，按照党中央、国务院决策部署，坚持稳中求进工作总基调，坚持新发展理念和推动高质量发展，坚持以供给侧结构性改革为主线，着力深化改革扩大开放，持续打好三大攻坚战，统筹稳增长、促改革、调结构、惠民生、防风险、保稳定，扎实做好稳就业、稳金融、稳外贸、稳外资、稳投资、稳预期工作，经济运行总体平稳，发展水平迈上新台阶，发展质量稳步提升，人民生活福祉持续增进，各项社会事业繁荣发展，生态环境质量总体改善，“十三五”规划主要指标进度符合预期，全面建成小康社会取得新的重大进展。

一、综合

初步核算，全年国内生产总值[2]990865亿元，比上年增长6.1%。其中，第一产业增加值70467亿元，增长3.1%；第二产业增加值386165亿元，增长5.7%；第三产业增加值534233亿元，增长6.9%。第一产业增加值占国内生产总值比重为7.1%，第二产业增加值比重为39.0%，第三产业增加值比重为53.9%。全年最终消费支出对国内生产总值增长的贡献率为57.8%，资本形成总额的贡献率为31.2%，货物和服务净出口的贡献率为11.0%。人均国内生产总值70892元，比上年增长5.7%。国民总收入[3]988458亿元，比上年增长6.2%。全国万元国内生产总值能耗[4]比上年下降2.6%。全员劳动生产率[5]为115009元/人，比上年提高6.2%。

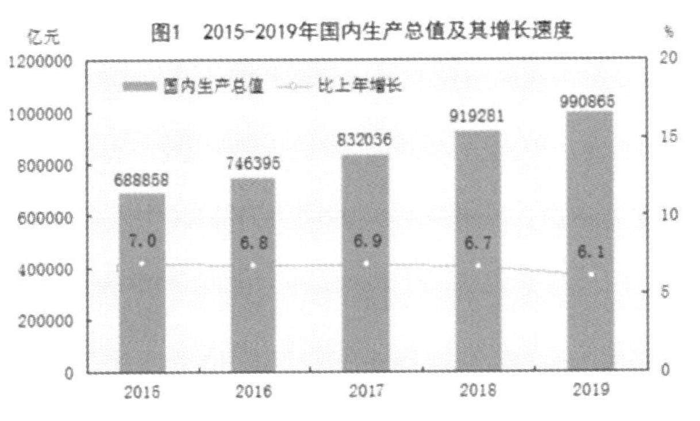

图1 2015-2019年国内生产总值及其增长速度

图2 2015-2019年三次产业增加值占国内生产总值比重[6]

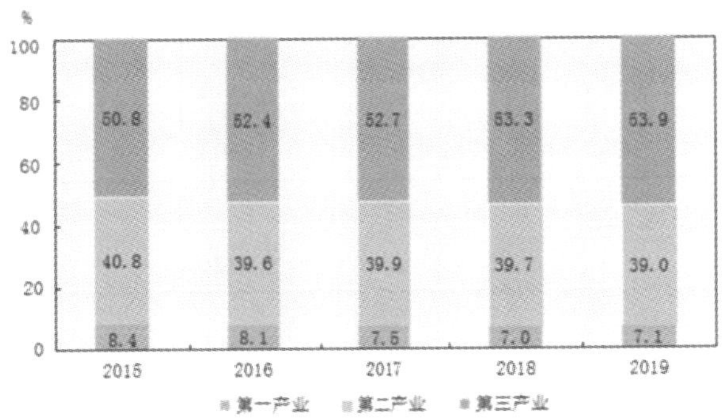

图3 2015-2019年万元国内生产总值能耗降低率[7]

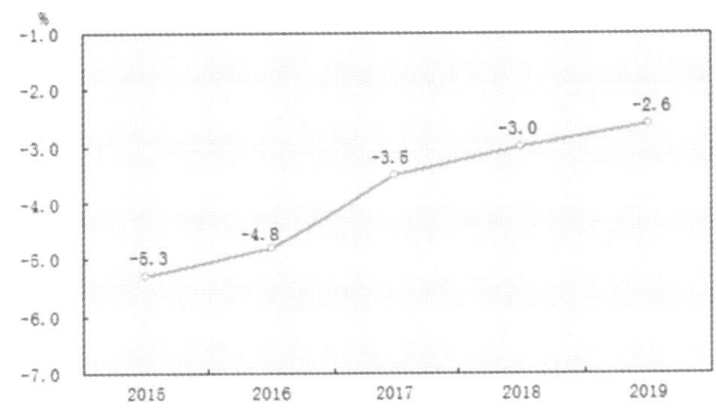

图4 2015-2019年全员劳动生产率[8]

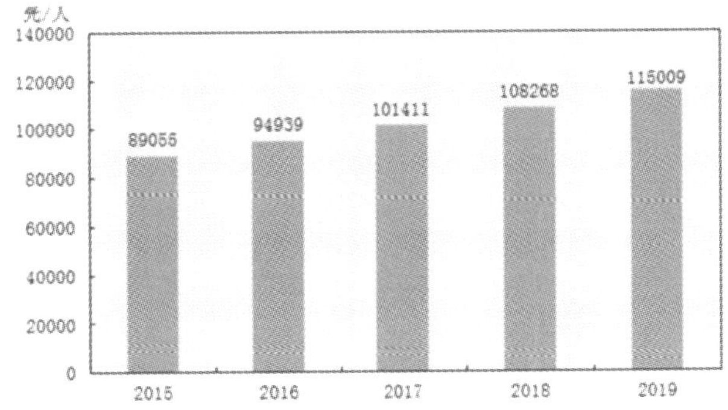

年末全国大陆总人口140005万人，比上年末增加467万人，其中城镇常住人口84843万人，占总人口比重（常住人口城镇化率）为60.60%，比上年末提高1.02个百分点。户籍人口城镇化率为44.38%，比上年末提高1.01个百分点。全年出生人口1465万人，出生率为10.48‰；死亡人口998万人，死亡率为7.14‰；自然增长率为3.34‰。全国人户分离的人口[9]2.80亿人，其中流动人口[10]2.36亿人。

表1 2019年年末人口数及其构成

指标	年末数（万人）	比重（%）
全国总人口	140005	100.0
其中：城镇	84843	60.60
乡村	55162	39.40
其中：男性	71527	51.1
女性	68478	48.9
其中：0-15岁（含不满16周岁）[11]	24977	17.8
16-59岁（含不满60周岁）	89640	64.0
60周岁及以上	25388	18.1
其中：65周岁及以上	17603	12.6

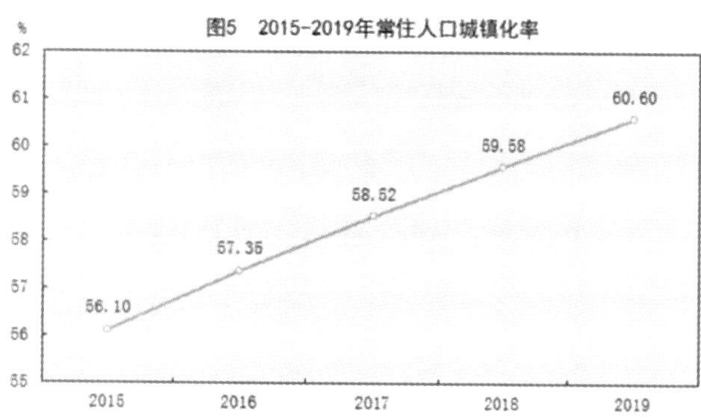

图5 2015-2019年常住人口城镇化率

年末全国就业人员77471万人，其中城镇就业人员44247万人，占全国就业人员比重为57.1%，比上年末上升1.1个百分点。全年城镇新增就业1352万人，比上年少增9万人。年末全国城镇调查失业率为5.2%，城镇登记失业率为3.6%。全国农民工[12]总量29077万人，比上年增长0.8%。其中，外出农民工17425万人，增长0.9%；本地农民工11652万人，增长0.7%。

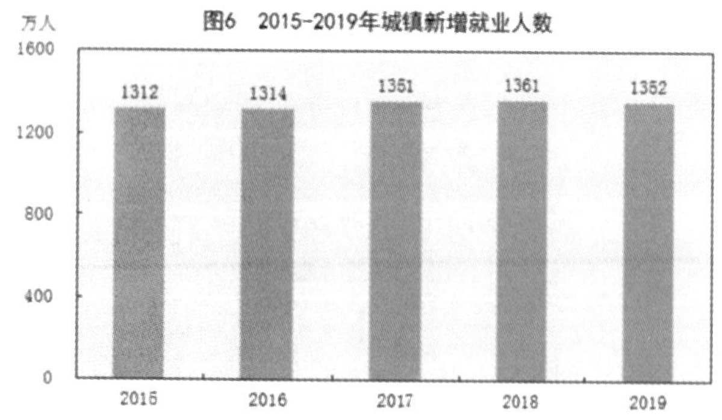

图6 2015-2019年城镇新增就业人数

全年居民消费价格比上年上涨2.9%。工业生产者出厂价格下降0.3%。工业生产者购进价格下降0.7%。固定资产投资价格上涨2.6%。农产品生产者价格[13]上涨14.5%。12月份，70个大中城市新建商品住宅销售价格同比上涨的城市个数为68个，下降的为2个。

图7 2019年居民消费价格月度涨跌幅度

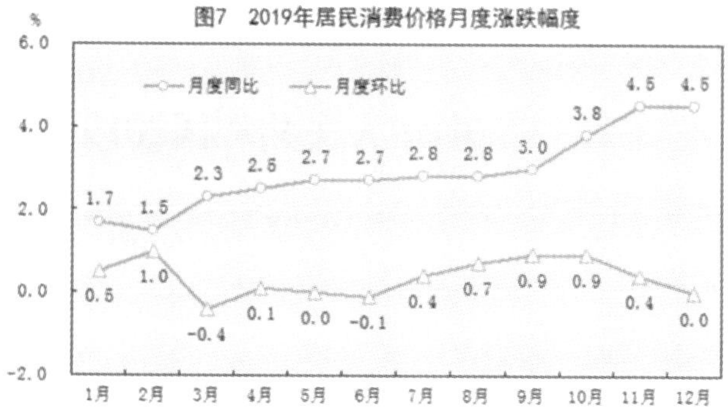

—○— 月度同比 —△— 月度环比

月份	1月	2月	3月	4月	5月	6月	7月	8月	9月	10月	11月	12月
月度同比	1.7	1.5	2.3	2.5	2.7	2.7	2.8	2.8	3.0	3.8	4.5	4.5
月度环比	0.5	1.0	-0.4	0.1	0.0	-0.1	0.4	0.7	0.9	0.9	0.4	0.0

表2 2019年居民消费价格比上年涨跌幅度

单位：%

指标	全国	城市	农村
居民消费价格	2.9	2.8	3.2
其中：食品烟酒	7.0	6.7	7.9
衣着	1.6	1.7	1.2
居住[14]	1.4	1.3	1.5
生活用品及服务	0.9	0.9	0.8
交通和通信	-1.7	-1.8	-1.4
教育文化和娱乐	2.2	2.3	1.9
医疗保健	2.4	2.5	2.1
其他用品和服务	3.4	3.5	3.1

年末国家外汇储备31079亿美元，比上年末增加352亿美元。全年人民币平均汇率为1美元兑6.8985元人民币，比上年贬值4.1%。

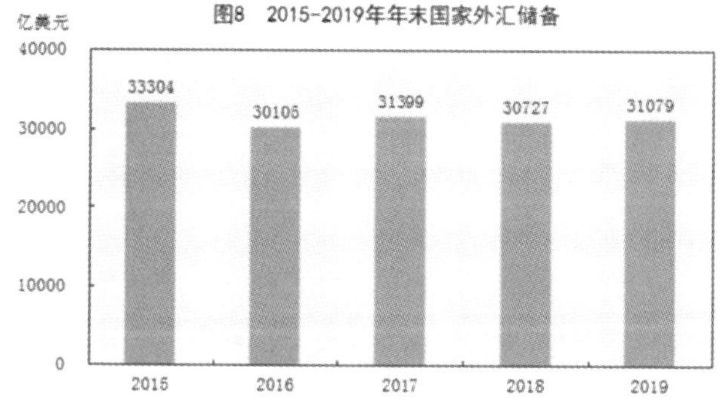

图8 2015-2019年年末国家外汇储备

供给侧结构性改革继续深化。全年全国工业产能利用率[15]为76.6%，比上年提高0.1个百分点。其中，黑色金属冶炼和压延加工业产能利用率为80.0%，提高2.0个百分点；煤炭开采和洗选业产能利用率为70.6%，与上年持平。年末商品房待售面积49821万平方米，比上年末减少2593万平方米。其中，商品住宅待售面积22473万平方米，减少2618万平方米。年末规模以上工业企业资产负债率为56.6%，比上年末下降0.2个百分点[16]。全年教育、生态保护和环境治理业固定资产投资（不含农户）分别比上年增长17.7%和37.2%。“放管服”改革持续深化，微观主体活力不断增强。全年新登记市场主体2377万户，日均新登记企业2万户，年末市场主体总数达1.2亿户。

全年减税降费超过2.3万亿元。

新动能保持较快发展。全年规模以上工业中，战略性新兴产业[17]增加值比上年增长8.4%。高技术制造业[18]增加值增长8.8%，占规模以上工业增加值的比重为14.4%。装备制造业[19]增加值增长6.7%，占规模以上工业增加值的比重为32.5%。全年规模以上服务业[20]中，战略性新兴服务业[21]企业营业收入比上年增长12.7%。全年高技术产业投资[22]比上年增长17.3%，工业技术改造投资[23]增长9.8%。全年服务机器人产量346万套，比上年增长38.9%。全年网上零售额[24]106324亿元，按可比口径计算，比上年增长16.5%。

区域协调发展扎实推进。分区域看[25]，全年东部地区生产总值511161亿元，比上年增长6.2%；中部地区生产总值218738亿元，增长7.3%；西部地区生产总值205185亿元，增长6.7%；东北地区生产总值50249亿元，增长4.5%。全年京津冀地区生产总值84580亿元，比上年增长6.1%；长江经济带地区生产总值457805亿元，增长6.9%；长江三角洲地区生产总值237253亿元，增长6.4%。

脱贫攻坚成效明显。按照每人每年2300元（2010年不变价）的农村贫困标准计算，年末农村贫困人口551万人，比上年末减少1109万人[26]；贫困发生率[27]0.6%，比上年下降1.1个百分点。全年贫困地区[28]农村居民人均可支配收入11567元，比上年增长11.5%，扣除价格因素，实际增长8.0%。

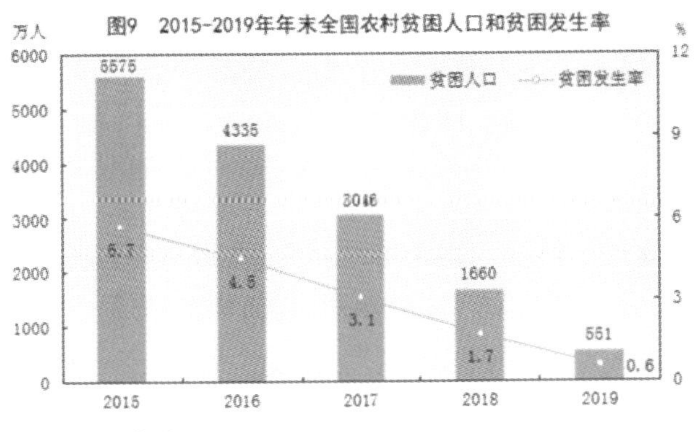

图9 2015-2019年年末全国农村贫困人口和贫困发生率

二、农业

全年粮食种植面积11606万公顷，比上年减少97万公顷。其中，小麦种植面积2373万公顷，减少54万公顷；稻谷种植面积2969万公顷，减少50万公顷；玉米种植面积4128万公顷，减少85万公顷。棉花种植面积334万公顷，减少2万公顷。油料种植面积1293万公顷，增加6万公顷。糖料种植面积162万公顷，减少1万公顷。

全年粮食产量66384万吨，比上年增加594万吨，增产0.9%。其中，夏粮产量14160万吨，增产2.0%；早稻产量2627万吨，减产8.1%；秋粮产量49597万吨，增产1.1%。全年谷物产量61368万吨，比上年增产0.6%。其中，稻谷产量20961万吨，减产1.2%；小麦产量13359万吨，增产1.6%；玉米产量26077万吨，增产1.4%。

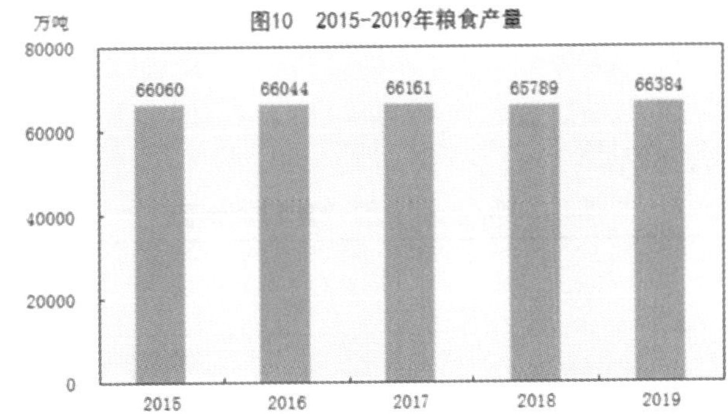

图10 2015-2019年粮食产量

全年棉花产量589万吨，比上年减产3.5%。油料产量3495万吨，增产1.8%。糖料产量12204万吨，增产2.2%。茶叶产量280万吨，增产7.2%。

全年猪牛羊禽肉产量7649万吨，比上年下降10.2%。其中，猪肉产量4255万吨，下降21.3%；牛肉产量667万吨，增长3.6%；羊肉产量488万吨，增长2.6%；禽肉产量2239万吨，增长12.3%。禽蛋产量3309万吨，增长5.8%。牛奶产量3201万吨，增长4.1%。年末生猪存栏31041万头，下降27.5%；生猪出栏54419万头，下降21.6%。

全年水产品产量6450万吨，比上年下降0.1%。其中，养殖水产品产量5050万吨，增长1.0%；捕捞水产品产量1400万吨，下降5.0%。

全年木材产量9028万立方米，比上年增长2.5%。

全年新增耕地灌溉面积27万公顷，新增高效节水灌溉面积146万公顷。

三、工业和建筑业

全年全部工业增加值317109亿元，比上年增长5.7%。规模以上工业增加值增长5.7%。在规模以上工业中，分经济类型看，国有控股企业增加值增长4.8%；股份制企业增长6.8%，外商及港澳台商投资企业增长2.0%；私营企业增长7.7%。分门类看，采矿业增长5.0%，制造业增长6.0%，电力、热力、燃气及水生产和供应业增长7.0%。

图11 2015-2019年全部工业增加值及其增长速度[29]

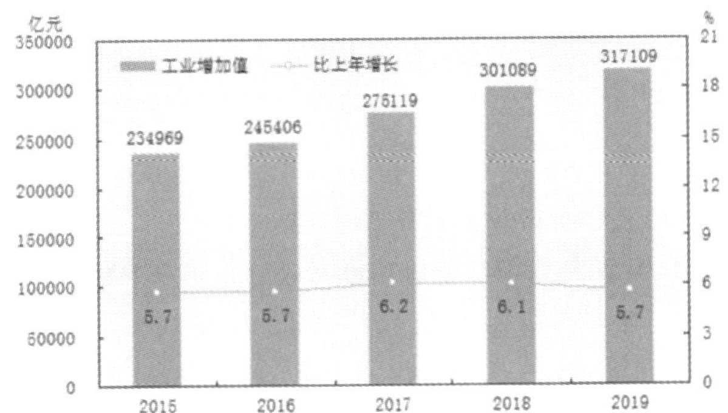

全年规模以上工业中，农副食品加工业增加值比上年增长1.9%，纺织业增长1.3%，化学原料和化学制品制造业增长4.7%，非金属矿物制品业增长8.9%，黑色金

属冶炼和压延加工业增长9.9%，通用设备制造业增长4.3%，专用设备制造业增长6.9%，汽车制造业增长1.8%，电气机械和器材制造业增长10.7%，计算机、通信和其他电子设备制造业增长9.3%，电力、热力生产和供应业增长6.5%。

表3　2019年主要工业产品产量及其增长速度[30]

产品名称	单位	产量	比上年增长（%）
纱	万吨	2892.1	-6.1
布	亿米	575.6	-17.6
化学纤维	万吨	5952.8	9.9
成品糖	万吨	1389.4	15.9
卷烟	亿支	23642.5	1.1
彩色电视机	万台	18999.1	-3.5
其中：液晶电视机	万台	18689.7	-1.5
家用电冰箱	万台	7904.3	6.3
房间空气调节器	万台	21866.2	4.3
一次能源生产总量	亿吨标准煤	39.7	5.1
原煤	亿吨	38.5	4.0
原油	万吨	19101.4	0.9
天然气	亿立方米	1761.7	10.0
发电量	亿千瓦小时	75034.3	4.7
其中：火电[31]	亿千瓦小时	52201.5	2.4
水电	亿千瓦小时	13044.4	5.9
核电	亿千瓦小时	3483.5	18.3
粗钢	万吨	99634.2	7.2
钢材[32]	万吨	120477.4	6.3
十种有色金属	万吨	5866.0	2.2
其中：精炼铜（电解铜）	万吨	978.4	5.5
原铝（电解铝）	万吨	3504.4	-2.2
水泥	亿吨	23.5	4.9
硫酸（折100%）	万吨	8935.7	-1.3
烧碱（折100%）	万吨	3464.4	-0.3
乙烯	万吨	2052.3	10.2
化肥（折100%）	万吨	5731.2	6.1
发电机组（发电设备）	万千瓦	9274.1	-14.9
汽车	万辆	2552.8	-8.3
其中：基本型乘用车（轿车）	万辆	1018.2	-16.4
运动型多用途乘用车（SUV）	万辆	876.0	-3.6
大中型拖拉机	万台	27.8	5.9
集成电路	亿块	2018.2	8.9
程控交换机	万线	790.5	-23.7
移动通信手持机	万台	170100.6	-5.5
微型计算机设备	万台	34163.2	8.2
工业机器人	万台(套)	17.7	-3.1

年末全国发电装机容量201066万千瓦，比上年末增长5.8%。其中[33]，火电装机容量119055万千瓦，增长4.1%；水电装机容量35640万千瓦，增长1.1%；核电装机容量4874万千瓦，增长9.1%；并网风电装机容量21005万千瓦，增长14.0%；并网太阳能发电装机容量20468万千瓦，增长17.4%。

全年规模以上工业企业利润61996亿元，比上年下降3.3%[34]。分经济类型看，国有控股企业利润16356亿元，比上年下降12.0%；股份制企业45284亿元，下降2.9%，外商及港澳台商投资企业15580亿元，下降3.6%；私营企业18182亿元，增长2.2%。分门类看，采矿业利润5275亿元，比上年增长1.7%；制造业51904亿元，下降5.2%；电力、热力、燃气及水生产和供应业4816亿元，增长15.4%。全年规模以上工业企业每百元营业收入中的成本为84.08元，比上年增加0.18元；营业收入利润率为5.86%，下降0.43个百分点。

全年全社会建筑业增加值70904亿元，比上年增长5.6%。全国具有资质等级的总承包和专业承包建筑业企业利润8381亿元，比上年增长5.1%，其中国有控股企业2585亿元，增长14.5%。

图12　2015-2019年建筑业增加值及其增长速度[35]

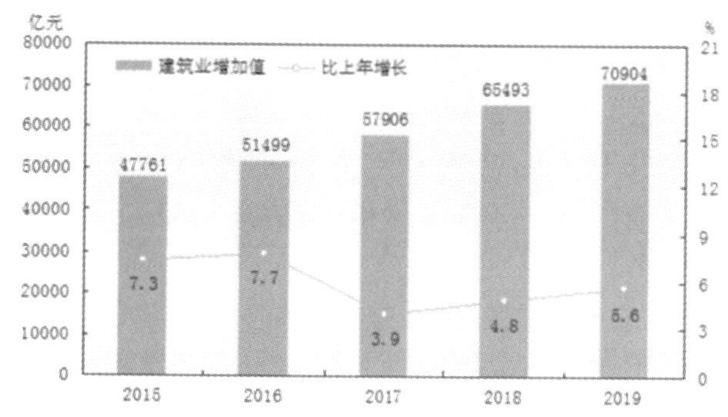

四、服务业

全年批发和零售业增加值95846亿元，比上年增长5.7%；交通运输、仓储和邮政业增加值42802亿元，增长7.1%；住宿和餐饮业增加值18040亿元，增长6.3%；金融业增加值77077亿元，增长7.2%；房地产业增加值69631亿元，增长3.0%；信息传输、软件和信息技术服务业增加值32690亿元，增长18.7%；租赁和商务服务业增加值32933亿元，增长8.7%。全年规模以上服务业企业营业收入比上年增长9.4%，营业利润增长5.4%。

图13　2015-2019年服务业增加值及其增长速度[36]

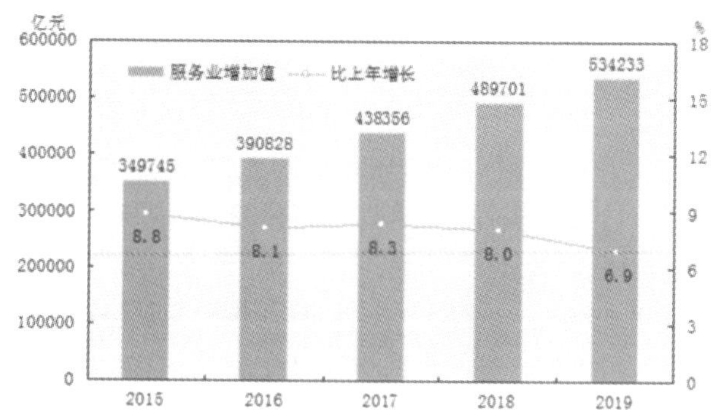

全年货物运输总量471亿吨，货物运输周转量199290亿吨公里。全年港口[37]完成货物吞吐量140亿吨，比上年增长5.7%，其中外贸货物吞吐量43亿吨，增长4.7%。港口集装箱吞吐量26107万标准箱，增长4.4%。

表4 2019年各种运输方式完成货物运输量及其增长速度[38]

指标	单位	绝对数	比上年增长（%）
货物运输总量	亿吨	470.6	—
铁路	亿吨	43.2	7.2
公路	亿吨	343.5	—
水运	亿吨	74.7	6.3
民航	万吨	753.2	2.0
管道	亿吨	9.1	1.8
货物运输周转量	亿吨公里	199289.5	—
铁路	亿吨公里	30074.7	4.4
公路	亿吨公里	59636.4	—
水运	亿吨公里	103963.0	5.0
民航	亿吨公里	263.2	0.3
管道	亿吨公里	5352.2	1.0

全年旅客运输总量176亿人次，比上年下降1.9%[39]。旅客运输周转量35349亿人公里，增长3.3%。

表5 2019年各种运输方式完成旅客运输量及其增长速度

指标	单位	绝对数	比上年增长(%)
旅客运输总量	亿人次	176.0	-1.9
铁路	亿人次	36.6	8.4
公路	亿人次	130.1	-4.8
水运	亿人次	2.7	-2.6
民航	亿人次	6.6	7.9
旅客运输周转量	亿人公里	35349.1	3.3
铁路	亿人公里	14706.6	4.0
公路	亿人公里	8857.1	-4.6
水运	亿人公里	80.2	0.8
民航	亿人公里	11705.1	9.3

年末全国民用汽车保有量26150万辆（包括三轮汽车和低速货车762万辆），比上年末增加2122万辆，其中私人汽车保有量22635万辆，增加1905万辆。民用轿车保有量14644万辆，增加1193万辆，其中私人轿车保有量13701万辆，增加1112万辆。

全年完成邮政行业业务总量[40]16230亿元，比上年增长31.5%。邮政业全年完成邮政函件业务21.7亿件，包裹业务0.2亿件，快递业务量635.2亿件，快递业务收入7498亿元。全年完成电信业务总量[41]106789亿元，比上年增长62.9%。年末全国电话用户总数179238万户，其中移动电话用户160134万户。移动电话普及率上升至114.4部/百人。固定互联网宽带接入用户[42]44928万户，比上年末增加4190万户，其中固定互联网光纤宽带接入用户[43]41740万户，增加4907万户。全年移动互联网用户接入流量1220亿 GB，比上年增长71.6%。全年软件和信息技术服务业[44]完成软件业务收入71768亿元，按可比口径计算，比上年增长15.4%。

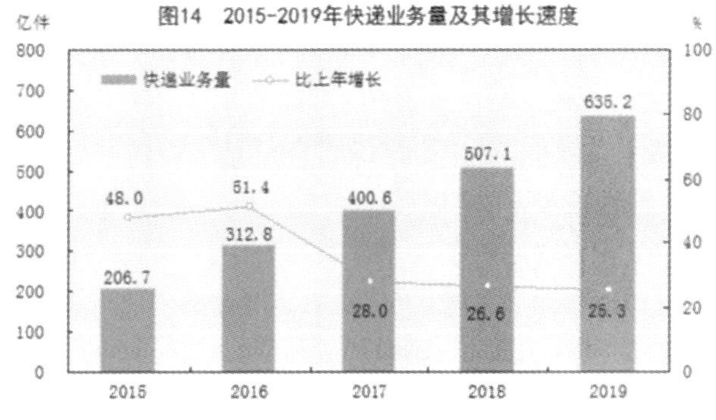

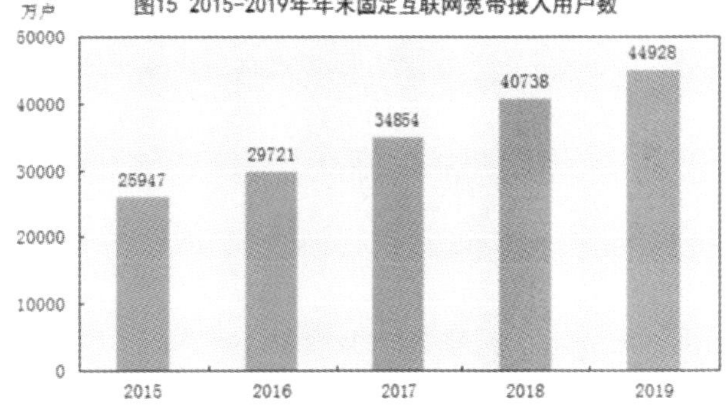

五、国内贸易

全年社会消费品零售总额411649亿元，比上年增长8.0%。按经营地统计，城镇消费品零售额351317亿元，增长7.9%；乡村消费品零售额60332亿元，增长9.0%。按消费类型统计，商品零售额364928亿元，增长7.9%；餐饮收入额46721亿元，增长9.4%。

在限额以上单位商品零售额中，粮油、食品类零售额比上年增长10.2%，饮料类增长10.4%，烟酒类增长7.4%，服装、鞋帽、针纺织品类增长2.9%，化妆品类增长12.6%，金银珠宝类增长0.4%，日用品类增长13.9%，家用电器和音像器材类增长5.6%，中西药品类增长9.0%，文化办公用品类增长3.3%，家具类增长5.1%，通讯器材类增长8.5%，建筑及装潢材料类增长2.8%，石油及制品类增长1.2%，汽车类下降0.8%。

全年实物商品网上零售额85239亿元，按可比口径计算，比上年增长19.5%，占社会消费品零售总额的比重为20.7%，比上年提高2.3个百分点。

六、固定资产投资

全年全社会固定资产投资[45]560874亿元，比上年增长5.1%。其中，固定资产投资（不含农户）551478亿元，增长5.4%。分区域看[46]，东部地区投资比上年增长4.1%，中部地区投资增长9.5%，西部地区投资增长5.6%，东北地区投资下降3.0%。

在固定资产投资（不含农户）中，第一产业投资12633亿元，比上年增长0.6%；第二产业投资163070亿元，增长3.2%；第三产业投资375775亿元，增长6.5%。民间固定资产投资[47]311159亿元，增长4.7%。基础设施投资[48]增长3.8%。六大高耗能行业投资增长4.7%。

图17　2019年三次产业投资占固定资产投资（不含农户）比重

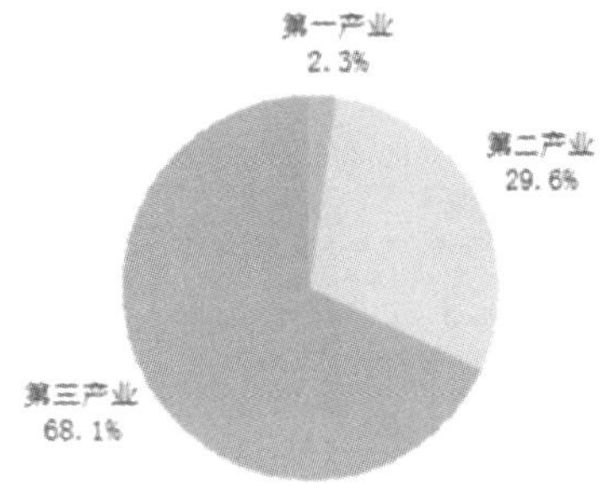

表6　2019年分行业固定资产投资（不含农户）增长速度

行　业	比上年增长(%)
总计	5.4
农、林、牧、渔业	0.7
采矿业	24.1
制造业	3.1
电力、热力、燃气及水生产和供应业	4.5
建筑业	-19.8
批发和零售业	-15.9
交通运输、仓储和邮政业	3.4
住宿和餐饮业	-1.2
信息传输、软件和信息技术服务业	8.6
金融业	10.4
房地产业[49]	9.1
租赁和商务服务业	15.8
科学研究和技术服务业	17.9
水利、环境和公共设施管理业	2.9
居民服务、修理和其他服务业	-9.1
教育	17.7
卫生和社会工作	5.3
文化、体育和娱乐业	13.9
公共管理、社会保障和社会组织	-15.6

表7　2019年固定资产投资新增主要生产与运营能力

指　　标	单位	绝对数
新增220千伏及以上变电设备	万千伏安	23042
新建铁路投产里程	公里	8489
其中：高速铁路[50]	公里	5474
增、新建铁路复线投产里程	公里	6448
电气化铁路投产里程	公里	7919
新改建公路里程	公里	327626
其中：高速公路	公里	8313
港口万吨级码头泊位新增通过能力	万吨/年	12022
新增民用运输机场	个	3
新增光缆线路长度	万公里	434

全年房地产开发投资132194亿元，比上年增长9.9%。其中住宅投资97071亿元，增长13.9%；办公楼投资6163亿元，增长2.8%；商业营业用房投资13226亿元，下降6.7%。

全年全国各类棚户区改造开工316万套，基本建成254万套。全国农村地区建档立卡贫困户危房改造63.8万户[51]。

表8　2019年房地产开发和销售主要指标及其增长速度

指　标	单位	绝对数	比上年增长(%)
投资额	亿元	132194	9.9
其中：住宅	亿元	97071	13.9
房屋施工面积	万平方米	893821	8.7
其中：住宅	万平方米	627673	10.1
房屋新开工面积	万平方米	227154	8.5
其中：住宅	万平方米	167463	9.2
房屋竣工面积	万平方米	95942	2.6
其中：住宅	万平方米	68011	3.0
商品房销售面积	万平方米	171558	-0.1
其中：住宅	万平方米	150144	1.5
本年到位资金	亿元	178609	7.6
其中：国内贷款	亿元	25229	5.1
个人按揭贷款	亿元	27281	15.1

七、对外经济

全年货物进出口总额315505亿元，比上年增长3.4%。其中，出口172342亿元，增长5.0%；进口143162亿元，增长1.6%。货物进出口顺差29180亿元，比上年增加5932亿元。对“一带一路”[52]沿线国家进出口总额92690亿元，比上年增长10.8%。其中，出口52585亿元，增长13.2%；进口40105亿元，增长7.9%。

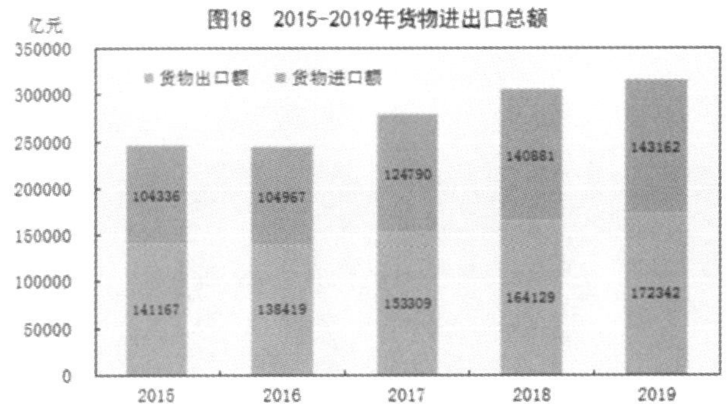

表9 2019年货物进出口总额及其增长速度

指　　标	金额（亿元）	比上年增长(%)
货物进出口总额	315505	3.4
货物出口额	172342	5.0
其中：一般贸易	99546	7.8
加工贸易	50729	-3.7
其中：机电产品	100631	4.4
高新技术产品	50427	2.1
货物进口额	143162	1.6
其中：一般贸易	86599	3.1
加工贸易	28778	-7.4
其中：机电产品	62596	-1.8
高新技术产品	43978	-0.8
货物进出口顺差	29180	—

表10 2019年主要商品出口数量、金额及其增长速度

商品名称	单位	数量	比上年增长(%)	金额(亿元)	比上年增长(%)
钢材	万吨	6429	-7.3	3699	-7.1
纺织纱线、织物及制品	—	—	—	8283	5.5
服装及衣着附件	—	—	—	10447	0.3
鞋类	万吨	451	0.6	3290	6.3
家具及其零件	—	—	—	3730	5.3
箱包及类似容器	万吨	307	-2.9	1878	5.1
玩具	—	—	—	2152	29.6
塑料制品	万吨	1424	8.5	3333	16.2
集成电路	亿个	2187	0.7	7008	25.3
自动数据处理设备及其部件	万台	148430	0.8	11415	0.5
手持或车载无线电话机	万台	99433	-11.1	8611	-7.8
集装箱	万个	242	-29.0	459	-33.0
液晶显示板	万个	150780	-14.2	1475	-3.4
汽车	万辆	122	6.1	1049	8.0

表11 2019年主要商品进口数量、金额及其增长速度

商品名称	单位	数量	比上年增长（%）	金额（亿元）	比上年增长（%）
谷物及谷物粉	万吨	1785	-12.8	358	-7.0
大豆	万吨	8851	0.5	2437	-2.6
食用植物油	万吨	953	51.5	438	39.9
铁矿砂及其精矿	万吨	106895	0.5	6995	39.6
煤及褐煤	万吨	29967	6.3	1605	-1.1
原油	万吨	50572	9.5	16627	4.6
成品油	万吨	3056	-8.7	1175	-11.7
天然气	万吨	9656	6.9	2875	12.8
初级形状的塑料	万吨	3691	12.4	3670	-1.3
纸浆	万吨	2720	9.7	1178	-9.3
钢材	万吨	1230	-6.5	973	-10.2
未锻轧铜及铜材	万吨	498	-6.0	2240	-9.2
集成电路	亿个	4451	6.6	21079	2.4
汽车	万辆	105	-7.6	3332	0.0

表12 2019年对主要国家和地区货物进出口金额、增长速度及其比重

国家和地区	出口额（亿元）	比上年增长(%)	占全部出口比重(%)	进口额（亿元）	比上年增长(%)	占全部进口比重(%)
欧　盟	29564	9.6	17.2	19063	5.5	13.3
东　盟	24797	17.8	14.4	19456	9.8	13.6
美　国	28865	-8.7	16.7	8454	-17.1	5.9
日　本	9875	1.7	5.7	11837	-0.6	8.3
中国香港	19243	-3.6	11.2	626	10.9	0.4
韩　国	7648	6.6	4.4	11960	-11.4	8.4
中国台湾	3799	18.3	2.2	11934	1.9	8.3
巴　西	2453	10.8	1.4	5501	7.4	3.8
俄罗斯	3434	8.5	2.0	4208	7.5	2.9
印　度	5156	2.1	3.0	1239	-0.2	0.9
南　非	1141	6.4	0.7	1784	-0.8	1.2

全年服务进出口[53]总额54153亿元，比上年增长2.8%。其中，服务出口19564亿元，增长8.9%；服务进口34589亿元，下降0.4%。服务进出口逆差15025亿元。

全年外商直接投资（不含银行、证券、保险领域）新设立企业40888家，比上年下降32.5%。实际使用外商直接投资金额9415亿元，增长5.8%，折1381亿美元，增长2.4%。其中“一带一路”沿线国家对华直接投资新设立企业5591家，增长24.8%；对华直接投资金额（含通过部分自由港对华投资）576亿元，增长36.0%，折84亿美元，增长30.6%。全年高技术产业实际使用外资2660亿元，增长25.6%，折391亿美元，增长21.7%。

表13 2019年外商直接投资（不含银行、证券、保险领域）及其增长速度

行业	企业数（家）	比上年增长(%)	实际使用金额（亿元）	比上年增长(%)
总 计	**40888**	**-32.5**	**9415**	**5.8**
其中:农、林、牧、渔业	495	-33.2	38	-27.9
制造业	5396	-12.3	2416	-11.0
电力、热力、燃气及水生产和供应业	295	3.9	239	-17.6
交通运输、仓储和邮政业	591	-21.6	309	-1.6
信息传输、软件和信息技术服务业	4295	-40.5	999	29.4
批发和零售业	13837	-39.5	614	-4.5
房地产业	1050	-0.3	1608	8.0
租赁和商务服务业	5777	-36.5	1499	20.6
居民服务、修理和其他服务业	361	-25.6	37	-0.4

全年对外非金融类直接投资额7630亿元，比上年下降4.3%，折1106亿美元，下降8.2%。其中，对“一带一路”沿线国家非金融类直接投资额150亿美元，下降3.8%。

表14 2019年对外非金融类直接投资额及其增长速度

行业	金额（亿美元）	比上年增长(%)
总 计	**1106.0**	**-8.2**
其中: 农、林、牧、渔业	15.4	-13.0
采矿业	75.2	-18.5
制造业	200.8	6.7
电力、热力、燃气及水生产和供应业	25.2	-20.5
建筑业	85.1	15.6
批发和零售业	125.7	18.6
交通运输、仓储和邮政业	55.5	-4.3
信息传输、软件和信息技术服务业	61.2	-10.5
房地产业	48.2	22.0
租赁和商务服务业	355.6	-20.3

全年对外承包工程完成营业额11928亿元，比上年增长6.6%，折1729亿美元，增长2.3%。其中，对“一带一路”沿线国家完成营业额980亿美元，增长9.7%，占对外承包工程完成营业额比重为56.7%。对外劳务合作派出各类劳务人员49万人。

八、财政金融

全年全国一般公共预算收入190382亿元，比上年增长3.8%。其中税收收入157992亿元，比上年增加1589亿元，增长1.0%。全国一般公共预算支出238874亿元，比上年增长8.1%。

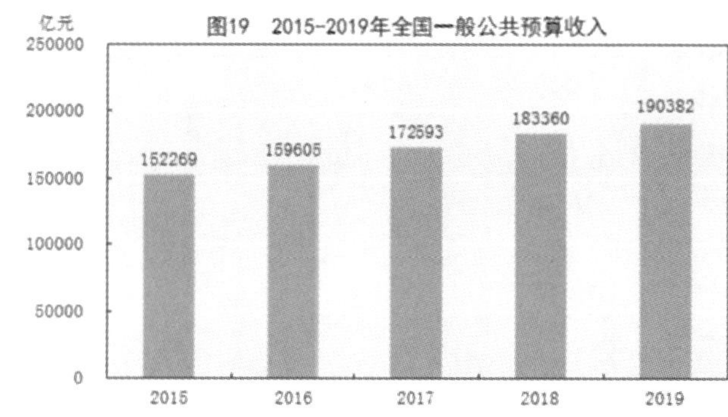

注：图中2015年至2018年数据为全国一般公共预算收入决算数，2019年为执行数。

年末广义货币供应量（M_2）余额198.6万亿元，比上年末增长8.7%；狭义货币供应量（M_1）余额57.6万亿元，增长4.4%；流通中货币（M_0）余额7.7万亿元，增长5.4%。

全年社会融资规模增量[54]25.6万亿元，按可比口径计算，比上年多3.1万亿元；年末社会融资规模存量[55]251.3万亿元，按可比口径计算，比上年末增长10.7%，其中对实体经济发放的人民币贷款余额151.6万亿元，增长12.5%。年末全部金融机构本外币各项存款余额198.2万亿元，比年初增加15.7万亿元，其中人民币各项存款余额192.9万亿元，增加15.4万亿元。全部金融机构本外币各项贷款余额158.6万亿元，增加16.8万亿元，其中人民币各项贷款余额153.1万亿元，增加16.8万亿元。

表15 2019年年末全部金融机构本外币存贷款余额及其增长速度

指标	年末数（亿元）	比上年末增长（%）
各项存款	1981643	8.6
其中：境内住户存款	821296	13.4
其中：人民币	813017	13.5
境内非金融企业存款	621147	5.4
各项贷款	1586021	11.9
其中：境内短期贷款	472380	6.6
境内中长期贷款	971805	13.7

年末主要农村金融机构（农村信用社、农村合作银行、农村商业银行）人民币贷款余额190688亿元，比年初增加20866亿元。全部金融机构人民币消费贷款余额439669亿元，增加61667亿元。其中，个人短期消费贷款余额99226亿元，增加14519亿元；个人中长期消费贷款余额340443亿元，增加47148亿元。

全年沪深交易所A股累计筹资[56]13534亿元，比上年增加2076亿元。首次公开发行A股201只，筹资2490亿元，比上年增加1112亿元，其中科创板股票70只，筹资824亿元；A股再融资（包括公开增发、定向增发、配股、优先股、可转债转股）11044亿元，增加964亿元。全年各类主体通过沪深交易所发行债券（包括公司债、可转债、可交换债、政策性金融债、地方政府债和企业资产支持证券）筹资71987亿元，比上年增加15109亿元。全国中小企业股份转让系统[57]挂牌公司8953家，全年挂牌公司累计股票筹资265亿元。

全年发行公司信用类债券[58]10.71万亿元，比上年增加2.92万亿元。

全年保险公司原保险保费收入[59]42645亿元，比上年增长12.2%。其中，寿险业务原保险保费收入22754亿元，健康险和意外伤害险业务原保险保费收入8241亿元，财产险业务原保险保费收入11649亿元。支付各类赔款及给付12894亿元。其中，寿险业务给付3743亿元，健康险和意外伤害险业务赔款及给付2649亿元，财产险业务赔款6502亿元。

九、居民收入消费和社会保障

全年全国居民人均可支配收入30733元，比上年增长8.9%，扣除价格因素，实际增长5.8%。全国居民人均可支配收入中位数[60]26523元，增长9.0%。按常住地分，城镇居民人均可支配收入42359元，比上年增长7.9%，扣除价格因素，实际增长5.0%。城镇居民人均可支配收入中位数39244元，增长7.8%。农村居民人均可支配收入16021元，比上年增长9.6%，扣除价格因素，实际增长6.2%。农村居民人均可支配收入中位数14389元，增长10.1%。按全国居民五等份收入分组[61]，低收入组人均可支配收入7380元，中间偏下收入组人均可支配收入15777元，中间收入组人均可支配收入25035元，中间偏上收入组人均可支配收入39230元，高收入组人均可支配收入76401元。全国农民工人均月收入3962元，比上年增长6.5%。

全年全国居民人均消费支出21559元，比上年增长8.6%，扣除价格因素，实际增长5.5%。其中，人均服务性消费支出[62]9886元，比上年增长12.6%，占居民人均消费支出的比重为45.9%。按常住地分，城镇居民人均消费支出28063元，增长7.5%，扣除价格因素，实际增长4.6%；农村居民人均消费支出13328元，增长9.9%，扣除价格因素，实际增长6.5%。全国居民恩格尔系数为28.2%，比上年下降0.2个百分点，其中城镇为27.6%，农村为30.0%。

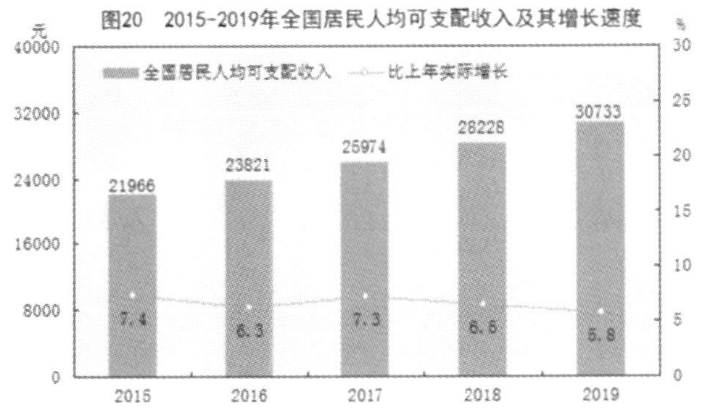

图20 2015-2019年全国居民人均可支配收入及其增长速度

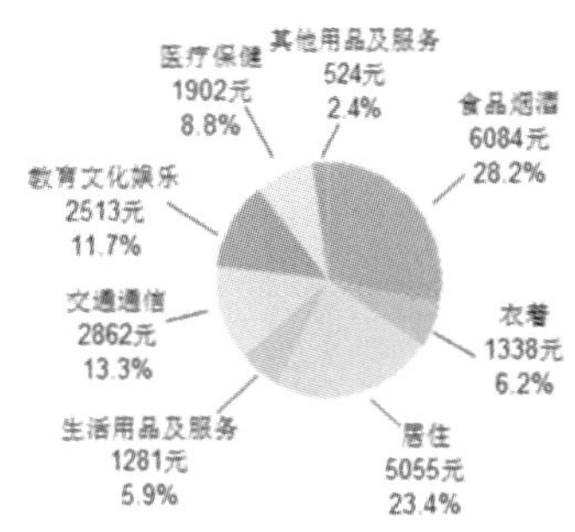

图21 2019年全国居民人均消费支出及其构成

年末全国参加城镇职工基本养老保险人数43482万人，比上年末增加1581万人。参加城乡居民基本养老保险人数53266万人，增加874万人。参加基本医疗保险人数135436万人，增加978万人。其中，参加职工基本医疗保险人数32926万人，增加1245万人；参加城乡居民基本医疗保险人数102510万人。参加失业保险人数20543万人，增加899万人。年末全国领取失业保险金人数228万人。参加工伤保险人数25474万人，增加1600万人，其中参加工伤保险的农民工8616万人，增加530万人。参加生育保险人数21432万人，增加997万人。年末全国共有861万人享受城市最低生活保障，3456万人享受农村最低生活保障，439万人享受农村特困人员[63]救助供养，全年临时救助[64]918万人次。全年资助7782万人参加基本医疗保险，实施门诊和住院救助6180万人次。全年国家抚恤、补军人和其他优抚对象861万人。

年末全国共有各类提供住宿的社会服务机构3.7万个，其中养老机构3.4万个，儿童服务机构663个。社会服务床位[65]790.1万张，其中养老服务床位761.4万张，儿童服务床位9.7万张。年末共有社区服务中心2.6万个，社区服务站16.7万个。

十、科学技术和教育

全年研究与试验发展（R&D）经费支出21737亿元，比上年增长10.5%，与国内生产总值之比为2.19%，其中基础研究经费1209亿元。国家科技重大专项共安排234个课题，国家自然科学基金共资助45192个项目。截至年底，正在运行的国家重点实验室515个，累计建设国家工程研究中心133个，国家工程实验室217个，国家企业技术中心1540家。国家科技成果转化引导基金累计设立21支子基金，资金总规模313亿元。国家级科技企业孵化器[66]1177家，国家备案众创空间[67]1888家。全年境内外专利申请438.0万件，比上年增长1.3%；授予专利权259.2万件，增长5.9%；PCT 专利申请受理量[68]为6.1万件。截至年底，有效专利972.2万件，其中境内有效发明专利186.2万件，每万人口发明专利拥有量13.3件。全年商标申请783.7万件，比上年增长6.3%；商标注册640.6万件，增长27.9%。全年共签订技术合同48.4万项，技术合同成交金额22398亿元，比上年增长26.6%。

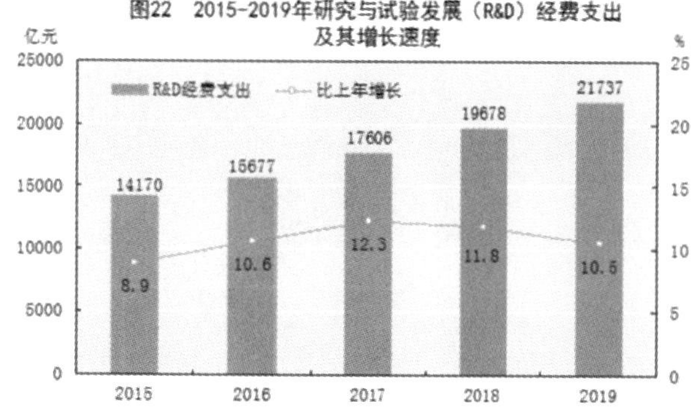

表16 2019年专利申请、授权和有效专利情况

指　　标	专利数（万件）	比上年增长(%)
专利申请数	438.0	1.3
其中：境内专利申请	417.2	1.2
其中：发明专利申请	140.1	-9.2
其中：境内发明专利	123.1	-10.8
专利授权数	259.2	5.9
其中：境内专利授权	245.8	6.0
其中：发明专利授权	45.3	4.8
其中：境内发明专利	35.4	4.3
年末有效专利数	972.2	16.0
其中：境内有效专利	869.2	17.5
其中：有效发明专利	267.1	12.9
其中：境内有效发明专利	186.2	16.3

全年成功完成32次宇航发射。长征五号遥三运载火箭和高分七号卫星成功发射，长征系列运载火箭发射突破300次大关。嫦娥四号探测器世界上首次实现月球背面软着陆和巡视探测。固体运载火箭海上发射圆满完成。北斗三号全球系统核心星座完成部署，雪龙2号首航南极，首艘国产航母正式列装。

年末全国共有国家质检中心835家。全国现有产品质量、体系和服务认证机构596个，累计完成对72万家企业的认证。全年制定、修订国家标准2021项，其中新制定1448项。全年制造业产品质量合格率[69]为93.86%。

全年研究生教育招生91.7万人，在学研究生286.4万人，毕业生64.0万人。普通本专科招生914.9万人，在校生3031.5万人，毕业生758.5万人。中等职业教育[70]招生600.4万人，在校生1576.5万人，毕业生493.4万人。普通高中招生839.5万人，在校生2414.3万人，毕业生789.2万人。初中招生1638.8万人，在校生4827.1万人，毕业生1454.1万人。普通小学招生1869.0万人，在校生10561.2万人，毕业生1647.9万人。特殊教育招生14.4万人，在校生79.5万人，毕业生9.8万人。学前教育在园幼儿4713.9万人。九年义务教育巩固率为94.8%，高中阶段毛入学率为89.5%。

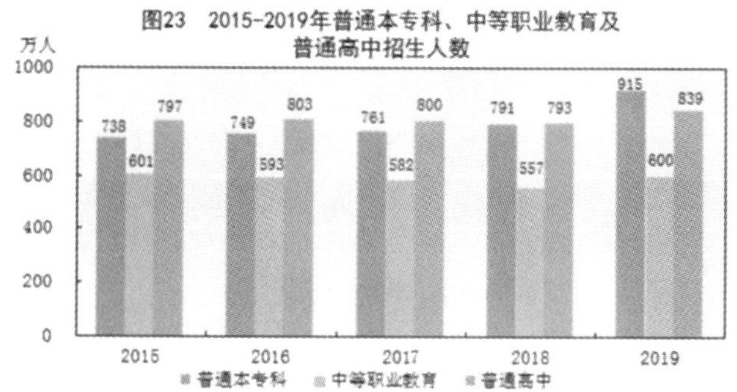

十一、文化旅游、卫生健康和体育

年末全国文化和旅游系统共有艺术表演团体2072个，博物馆3410个。全国共有公共图书馆3189个，总流通[71]87774万人次；文化馆3325个。有线电视实际用户2.12亿户，其中有线数字电视实际用户1.98亿户。年末广播节目综合人口覆盖率为99.1%，电视节目综合人口覆盖率为99.4%。全年生产电视剧254部10646集，电视动画片94659分钟。全年生产故事影片850部，科教、纪录、动画和特种影片[72]187部。出版各类报纸315亿份，各类期刊22亿册，图书102亿册（张），人均图书拥有量[73]7.29册（张）。年末全国共有档案馆4136个，已开放各类档案14341万卷（件）。全年全国规模以上文化及相关产业企业营业收入86624亿元，按可比口径计算，比上年增长7.0%。

全年国内游客60.1亿人次，比上年增长8.4%；国内旅游收入57251亿元，增长11.7%。入境游客14531万人次，增长2.9%。其中，外国人3188万人次，增长4.4%；香港、澳门和台湾同胞11342万人次，增长2.5%。在入境游客中，过夜游客6573万人次，增长4.5%。国际旅游收入1313亿美元，增长3.3%。国内居民出境16921万人次，增长4.5%。其中因私出境16211万人次，增长4.6%；赴港澳台出境10237万人次，增长3.2%。

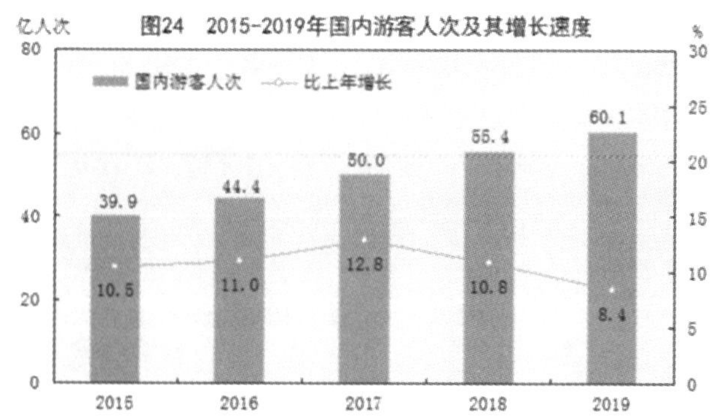

年末全国共有医疗卫生机构101.4万个，其中医院3.4万个，在医院中有公立医院1.2万个，民营医院2.2万个；基层医疗卫生机构96.0万个，其中乡镇卫生院3.6万

个，社区卫生服务中心（站）3.5万个，门诊部（所）26.7万个，村卫生室62.1万个；专业公共卫生机构1.7万个，其中疾病预防控制中心3456个，卫生监督所（中心）3106个。年末卫生技术人员1010万人，其中执业医师和执业助理医师382万人，注册护士443万人。医疗卫生机构床位892万张，其中医院697万张，乡镇卫生院138万张。全年总诊疗人次[74]85.2亿人次，出院人数[75]2.7亿人。

全国共有体育场地[76]316.2万个，体育场地面积[77]25.9亿平方米，人均体育场地面积1.86平方米。全年我国运动员在33个运动大项中获得128个世界冠军，共创16项世界纪录。全年我国残疾人运动员在53项国际赛事中获得350个世界冠军。

十二、资源、环境和应急管理

全年全国国有建设用地供应总量[78]62.4万公顷，比上年下降3.6%。其中，工矿仓储用地14.7万公顷，增长10.3%；房地产用地[79]14.2万公顷，下降1.4%；基础设施用地33.5万公顷，下降9.5%。

全年水资源总量28670亿立方米。全年总用水量5991亿立方米，比上年下降0.4%。其中，生活用水增长1.9%，工业用水下降2.1%，农业用水下降0.5%，生态补水增长0.5%。万元国内生产总值用水量[80]67立方米，比上年下降6.1%。万元工业增加值用水量42立方米，下降7.2%。人均用水量429立方米，比上年下降0.8%。

全年完成造林面积707万公顷，其中人工造林面积365万公顷，占全部造林面积的51.6%。森林抚育面积773万公顷。截至年底，国家级自然保护区474个。新增水土流失治理面积5.4万平方公里。

初步核算，全年能源消费总量[81]48.6亿吨标准煤，比上年增长3.3%。煤炭消费量增长1.0%，原油消费量增长6.8%，天然气消费量增长8.6%，电力消费量增长4.5%。煤炭消费量占能源消费总量的57.7%，比上年下降1.5个百分点；天然气、水电、核电、风电等清洁能源消费量占能源消费总量的23.4%，上升1.3个百分点。重点耗能工业企业单位电石综合能耗下降2.1%，单位合成氨综合能耗下降2.4%，吨钢综合能耗下降1.3%，单位电解铝综合能耗下降2.2%，每千瓦时火力发电标准煤耗下降0.3%。全国万元国内生产总值二氧化碳排放下降4.1%。

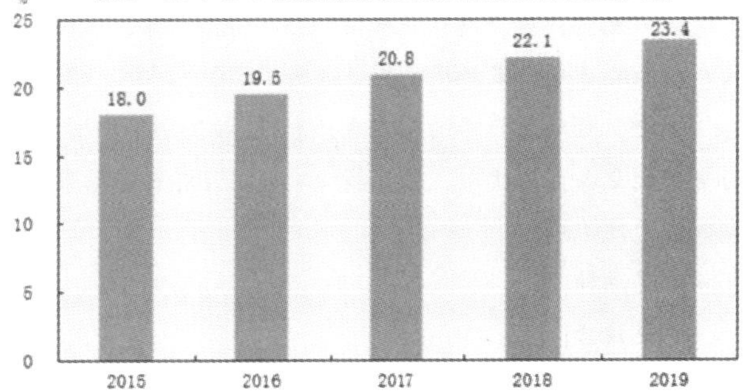

近岸海域1257个海水水质监测点中，达到国家一、二类海水水质标准的监测点占76.6%，三类海水占7.0%，四类、劣四类海水占16.4%。

在监测的337个地级及以上城市中，空气质量达标的城市占46.6%，未达标的城市占53.4%。细颗粒物（$PM_{2.5}$）未达标城市（基于2015年 $PM_{2.5}$年平均浓度未达标的城市）年平均浓度40微克/立方米，比上年下降2.4%。

在开展城市区域声环境监测的322个城市中，声环境质量好的城市占2.5%，较好的占66.8%，一般的占28.9%，较差的占1.9%。

全年平均气温为10.34℃，比上年上升0.25℃。共有5个台风登陆。

全年农作物受灾面积1926万公顷，其中绝收280万公顷。全年因洪涝和地质灾害造成直接经济损失1923亿元，因旱灾造成直接经济损失457亿元，因低温冷冻和雪灾造成直接经济损失28亿元，因海洋灾害造成直接经济损失117亿元。全年大陆地区共发生5.0级以上地震20次，成灾13次，造成直接经济损失约59亿元。全年共发生森林火灾2345起，受灾森林面积1.4万公顷。

全年各类生产安全事故共死亡29519人。工矿商贸企业就业人员10万人生产安全事故死亡人数1.474人，比上年下降4.7%；煤矿百万吨死亡人数0.083人，下降10.8%。道路交通事故万车死亡人数1.80人，下降6.7%。

注释

[1]本公报中数据均为初步统计数。各项统计数据均未包括香港特别行政区、澳门特别行政区和台湾省。部分数据因四舍五入的原因，存在总计与分项合计不等的情况。

[2]国内生产总值、三次产业及相关行业增加值、地区生产总值、人均国内生产总值和国民总收入绝对数按现价计算，增长速度按不变价格计算。根据第四次全国经济普查结果，对国内生产总值、三次产业及相关行业增加值等相关指标的历史数据进行了修订。

[3]国民总收入，原称国民生产总值，是指一个国家或地区所有常住单位在一定时期内所获得的初次分配收入总额，

等于国内生产总值加上来自国外的初次分配收入净额。

[4]万元国内生产总值能耗按2015年价格计算，根据第四次全国经济普查结果对历史数据进行了修订。

[5]全员劳动生产率为国内生产总值(按2015年价格计算)与全部就业人员的比率，根据第四次全国经济普查结果对历史数据进行了修订。

[6]见注释[2]。

[7]见注释[4]。

[8]见注释[5]。

[9]人户分离的人口是指居住地与户口登记地所在的乡镇街道不一致且离开户口登记地半年及以上的人口。

[10]流动人口是指人户分离人口中扣除市辖区内人户分离的人口。市辖区内人户分离的人口是指一个直辖市或地级市所辖区内和区与区之间，居住地和户口登记地不在同一乡镇街道的人口。

[11]2019年年末，0-14岁（含不满15周岁）人口为23492万人，15-59岁（含不满60周岁）人口为91125万人。

[12]年度农民工数量包括年内在本乡镇以外从业6个月及以上的外出农民工和在本乡镇内从事非农产业6个月及以上的本地农民工。

[13]农产品生产者价格是指农产品生产者直接出售其产品时的价格。

[14]居住类价格包括租赁房房租、住房保养维修及管理、水电燃料等价格。

[15]产能利用率是指实际产出与生产能力（均以价值量计量）的比率。企业的实际产出是指企业报告期内的工业总产值；企业的生产能力是指报告期内，在劳动力、原材料、燃料、运输等保证供给的情况下，生产设备（机械）保持正常运行，企业可实现并能长期维持的产品产出。

[16]由于统计调查制度规定的口径调整、统计执法、剔除重复数据、企业改革剥离、第四次全国经济普查核实调整等因素，2019年规模以上工业企业财务指标增速及变化按可比口径计算。

[17]工业战略性新兴产业包括新一代信息技术产业，高端装备制造产业，新材料产业，生物产业，新能源汽车产业，新能源产业，节能环保产业和数字创意产业等八大产业中的工业相关行业。2019年工业战略性新兴产业增加值增速按可比口径计算。

[18]高技术制造业包括医药制造业，航空、航天器及设备制造业，电子及通信设备制造业，计算机及办公设备制造业，医疗仪器设备及仪器仪表制造业，信息化学品制造业。

[19]装备制造业包括金属制品业，通用设备制造业，专用设备制造业，汽车制造业，铁路、船舶、航空航天和其他运输设备制造业，电气机械和器材制造业，计算机、通信和其他电子设备制造业，仪器仪表制造业。

[20]规模以上服务业统计范围包括年营业收入1000万元及以上，或年末从业人员50人及以上的交通运输、仓储和邮政业，信息传输、软件和信息技术服务业，房地产业（不含房地产开发经营），租赁和商务服务业，科学研究和技术服务业，水利、环境和公共设施管理业，教育，卫生和社会工作；年营业收入500万元及以上，或年末从业人员50人及以上的居民服务、修理和其他服务业，文化、体育和娱乐业法人单位。

[21]战略性新兴服务业包括新一代信息技术产业，高端装备制造产业，新材料产业，生物产业，新能源汽车产业，新能源产业，节能环保产业和数字创意产业等八大产业中的服务业相关行业，以及新技术与创新创业等相关服务业。2019年战略性新兴服务业企业营业收入增速按可比口径计算。

[22]高技术产业投资包括医药制造、航空航天器及设备制造等六大类高技术制造业投资和信息服务、电子商务服务等九大类高技术服务业投资。

[23]工业技术改造投资是指工业企业利用新技术、新工艺、新设备、新材料对现有设施、工艺条件及生产服务等进行改造提升，实现内涵式发展的投资活动。

[24]网上零售额是指通过公共网络交易平台（主要从事实物商品交易的网上平台，包括自建网站和第三方平台）实现的商品和服务零售额。

[25]东部地区是指北京、天津、河北、上海、江苏、浙江、福建、山东、广东和海南10省（市）；中部地区是指山西、安徽、江西、河南、湖北和湖南6省；西部地区是指内蒙古、广西、重庆、四川、贵州、云南、西藏、陕西、甘肃、青海、宁夏和新疆12省（区、市）；东北地区是指辽宁、吉林和黑龙江3省。

[26]减贫人口等于当年贫困人口减去上年贫困人口，也相当于当年脱贫人口减去当年返贫人口。

[27]贫困发生率是指贫困人口占目标调查人口的比重。

[28]贫困地区包括集中连片特困地区和片区外的国家扶贫开发工作重点县，原共有832个县。2017年开始将新疆阿克苏地区纳入贫困监测范围。

[29]见注释[2]。

[30]2018年部分产品产量数据根据第四次全国经济普查结果进行了修订，2019年产量增速按可比口径计算。

[31]火电包括燃煤发电量，燃油发电量，燃气发电量，余热、余压、余气发电量，垃圾焚烧发电量，生物质发电量。

[32]钢材产量数据中含企业之间重复加工钢材约25200万吨。

[33]少量发电装机容量（如地热等）公报中未列出。

[34]见注释[16]。

[35]见注释[2]。

[36]见注释[2]。

[37]2019年港口统计范围由规模以上港口调整为全国所有港口，相关指标增速按可比口径计算。

[38]交通运输部根据专项调查，调整2019年公路货物运输

量、公路货物运输周转量统计口径，数据与上年不可比。

[39]旅客运输总量包括铁路、公路、水运、民航营业性旅客运输量，其中公路旅客运输量占70%以上。近年来，随着人们出行方式的变化，居民自驾出行、网络约车及拼车人数增长较快，分流了公路客运量，导致旅客运输总量下降。

[40]邮政行业业务总量按2010年价格计算。

[41]电信业务总量按2015年价格计算。

[42]固定互联网宽带接入用户是指报告期末在电信企业登记注册，通过 xDSL、FTTx+LAN、FTTH/O 以及其他宽带接入方式和普通专线接入公众互联网的用户。

[43]固定互联网光纤宽带接入用户是指报告期末在电信企业登记注册，通过 FTTH 或 FTTO 方式接入公众互联网的用户。

[44]软件和信息技术服务业包括软件开发，集成电路设计，信息系统集成和物联网技术服务，运行维护服务，信息处理和存储支持服务，信息技术咨询服务，数字内容服务和其他信息技术服务等行业。

[45]根据第四次全国经济普查、统计执法检查和统计调查制度规定，对2018年固定资产投资数据进行修订，2019年增速按可比口径计算。

[46]见注释[25]。

[47]民间固定资产投资是指具有集体、私营、个人性质的内资企事业单位以及由其控股（包括绝对控股和相对控股）的企业单位建造或购置固定资产的投资。

[48]基础设施投资包括交通运输、邮政业，电信、广播电视和卫星传输服务业，互联网和相关服务业，水利、环境和公共设施管理业投资。

[49]房地产业投资除房地产开发投资外，还包括建设单位自建房屋以及物业管理、中介服务和其他房地产投资。

[50]高速铁路是指线路最大速度200公里/小时及以上的铁路和200公里/小时以下仅运行动车组列车的铁路。

[51]数据为截至2019年年底全国建档立卡贫困户农村危房改造中央任务开工数。

[52]“一带一路”是指“丝绸之路经济带”和“21世纪海上丝绸之路”。

[53]服务进出口按照《国际收支手册（第六版）》标准统计，增速按可比口径计算。

[54]社会融资规模增量是指一定时期内实体经济从金融体系获得的资金额。2019年，社会融资规模统计口径有所调整。

[55]社会融资规模存量是指一定时期末（月末、季末或年末）实体经济从金融体系获得的资金余额。

[56]沪深交易所股票筹资额按上市日统计，筹资额包括了可转债实际转股金额，2018年、2019年可转债实际转股金额分别为80亿元和995亿元。

[57]全国中小企业股份转让系统又称“新三板”，是2012年经国务院批准的全国性证券交易场所。全年全国中小企业股份转让系统挂牌公司累计筹资不含优先股，股票筹资按发行报告书的披露日统计。

[58]公司信用类债券包括非金融企业债务融资工具、企业债券以及公司债、可转债等。

[59]原保险保费收入是指保险企业确认的原保险合同保费收入。

[60]人均收入中位数是指将所有调查户按人均收入水平从低到高（或从高到低）顺序排列，处于最中间位置调查户的人均收入。

[61]全国居民五等份收入分组是指将所有调查户按人均收入水平从高到低顺序排列，平均分为五个等份，处于最高20%的收入群体为高收入组，依此类推依次为中间偏上收入组、中间收入组、中间偏下收入组、低收入组。

[62]服务性消费支出是指调查户用于本家庭生活方面的各种非商品性服务费用。

[63]农村特困人员是指无劳动能力，无生活来源，无法定赡养、抚养、扶养义务人或者其法定义务人无履行义务能力的农村老年人、残疾人以及未满16周岁的未成年人。

[64]临时救助是国家对遭遇突发事件、意外伤害、重大疾病或其他特殊原因导致基本生活陷入困境，其他社会救助制度暂时无法覆盖或救助之后基本生活暂时仍有严重困难的家庭或个人给予的应急性、过渡性的救助。

[65]社会服务床位数除收养性机构外，还包括救助类机构、社区类机构的床位。

[66]国家级科技企业孵化器是指符合《科技企业孵化器管理办法》规定的，以促进科技成果转化、培育科技企业和企业家精神为宗旨，提供物理空间、共享设施和专业化服务的科技创业服务机构，且经过科技部批准认定的科技企业孵化器。

[67]国家备案众创空间是指符合《发展众创空间工作指引》规定的新型创新创业服务平台，且按照《国家众创空间备案暂行规定》经科技部火炬中心审核备案的众创空间。

[68]PCT 专利申请受理量是指国家知识产权局作为 PCT 专利申请受理局受理的 PCT 专利申请数量。PCT（Patent Cooperation Treaty）即专利合作条约，是专利领域的一项国际合作条约。

[69]制造业产品质量合格率是指以产品质量检验为手段，按照规定的方法、程序和标准实施质量抽样检测，判定为质量合格的样品数占全部抽样样品数的百分比，统计调查样本覆盖制造业的29个行业。

[70]中等职业教育包括普通中专、成人中专、职业高中和技工学校。

[71]总流通人次是指本年度内到图书馆场馆接受图书馆服务的总人次，包括借阅书刊、咨询问题以及参加各类读者活动等。

[72]特种影片是指采用与常规影院放映在技术、设备、节目方面不同的电影展示方式，如巨幕电影、立体电影、立体特效（4D）电影、动感电影、球幕电影等。

[73]人均图书拥有量是指在一年内全国平均每人能拥有的当年出版图书册数。

[74]总诊疗人次指所有诊疗工作的总人次数，包括门诊、急诊、出诊、预约诊疗、单项健康检查、健康咨询指导（不含健康讲座）人次。

[75]出院人数指报告期内所有住院后出院的人数，包括医嘱离院、医嘱转其他医疗机构、非医嘱离院、死亡及其他人数，不含家庭病床撤床人数。

[76]体育场地相关数据来源于第七次全国体育场地普查结果，体育场地普查调查对象不包括军队、铁路系统所属体育场地，数据为截至2018年年底。

[77]体育场地面积指体育训练、比赛、健身场地的有效面积。

[78]国有建设用地供应总量是指报告期内市、县人民政府根据年度土地供应计划依法以出让、划拨、租赁等方式与用地单位或个人签订出让合同或签发划拨决定书、完成交易的国有建设用地总量。

[79]房地产用地是指商服用地和住宅用地的总和。

[80]万元国内生产总值用水量、万元工业增加值用水量按2015年价格计算。

[81]根据第四次全国经济普查结果，对能源消费总量等相关指标历史数据进行了修订。

资料来源:

本公报中户籍人口城镇化率、民用汽车、道路交通事故数据来自公安部；城镇新增就业、登记失业率、社会保障、技工学校数据来自人力资源和社会保障部；外汇储备、汇率数据来自国家外汇管理局；市场主体、质量检验、国家标准制定修订、制造业产品质量合格率数据来自国家市场监督管理总局；减税降费数据来自国家税务总局；水产品产量、新增高效节水灌溉面积数据来自农业农村部；木材产量、造林面积、森林抚育面积、国家级自然保护区数据来自国家林业和草原局；新增耕地灌溉面积、水资源、新增水土流失治理面积数据来自水利部；发电装机容量、新增220千伏及以上变电设备、电力消费量数据来自中国电力企业联合会；港口货物吞吐量、港口集装箱吞吐量、公路运输、水运、新改建公路里程、港口万吨级码头泊位新增通过能力数据来自交通运输部；铁路运输、新建铁路投产里程、增新建铁路复线投产里程、电气化铁路投产里程数据来自中国国家铁路集团有限公司；民航、新增民用运输机场数据来自中国民用航空局；管道数据来自中国石油天然气集团有限公司、中国石油化工集团有限公司、中国海洋石油集团有限公司；邮政业务数据来自国家邮政局；通信业、软件业务收入、新增光缆线路长度等数据来自工业和信息化部；棚户区改造、农村地区建档立卡贫困户危房改造数据来自住房和城乡建设部；货物进出口数据来自海关总署；服务进出口、外商直接投资、对外直接投资、对外承包工程、对外劳务合作等数据来自商务部；财政数据来自财政部；货币金融、公司信用类债券数据来自中国人民银行；境内交易场所筹资数据来自中国证券监督管理委员会；保险业数据来自中国银行保险监督管理委员会；医疗保险、生育保险、资助参加基本医疗保险、实施门诊和住院救助数据来自国家医疗保障局；城乡低保、农村特困人员救助供养、临时救助、社会服务数据来自民政部；优抚对象数据来自退役军人事务部；国家科技重大专项、国家重点实验室、国家科技成果转化引导基金、国家级科技企业孵化器、国家备案众创空间、技术合同等数据来自科学技术部；国家自然科学基金项目数据来自国家自然科学基金委员会；国家工程研究中心、国家工程实验室、国家企业技术中心等数据来自国家发展和改革委员会；专利、商标数据来自国家知识产权局；宇航发射数据来自国家国防科技工业局；教育数据来自教育部；艺术表演团体、博物馆、公共图书馆、文化馆、图书、旅游数据来自文化和旅游部；电视、广播数据来自国家广播电视总局；电影数据来自国家电影局；报纸、期刊数据来自国家新闻出版署；档案数据来自国家档案局；居民出境数据来自国家移民管理局；医疗卫生数据来自国家卫生健康委员会；体育数据来自国家体育总局；残疾人运动员数据来自中国残疾人联合会；国有建设用地供应、海洋灾害造成直接经济损失数据来自自然资源部；万元国内生产总值二氧化碳排放、环境监测等数据来自生态环境部；平均气温、登陆台风数据来自中国气象局；农作物受灾面积、洪涝和地质灾害造成直接经济损失、旱灾造成直接经济损失、低温冷冻和雪灾造成直接经济损失、森林火灾、受灾森林面积、安全生产数据来自应急管理部；地震次数、地震灾害造成直接经济损失数据来自中国地震局；其他数据均来自国家统计局。

江西省2019年国民经济和社会发展统计公报[1]

江西省统计局 国家统计局江西调查总队

2019 年，在省委、省政府坚强领导下，全省上下坚持以习近平新时代中国特色社会主义思想为指导，认真贯彻党的十九大、十九届二中、三中、四中全会精神，全面落实习近平总书记视察江西时重要讲话精神，坚持稳中求进工作总基调，坚持新发展理念，坚持高质量跨越式发展首要战略，坚持以供给侧结构性改革为主线，统筹稳增长、促改革、调结构、优生态、惠民生、防风险、保稳定,扎实做好稳就业、稳金融、稳外贸、稳外资、稳投资、稳预期工作，全省经济总量稳步增加，经济结构持续优化，动力活力持续释放，质量效益持续改善。

一、综合

经国家统计局统一核算，全年全省地区生产总值[2]（GDP）24757.5 亿元，比上年增长 8.0%。其中，第一产业增加值 2057.6 亿元，增长 3.0%；第二产业增加值 10939.8 亿元，增长 8.0%；第三产业增加值 11760.1 亿元，增长 9.0%。三次产业结构[3]为 8.3:44.2:47.5，三次产业对 GDP 增长的贡献率为 3.4%、49.9%和 46.7%。人均国内生产总值 53164 元，按年平均汇率计算，折合 7707 美元，增长 7.4%。

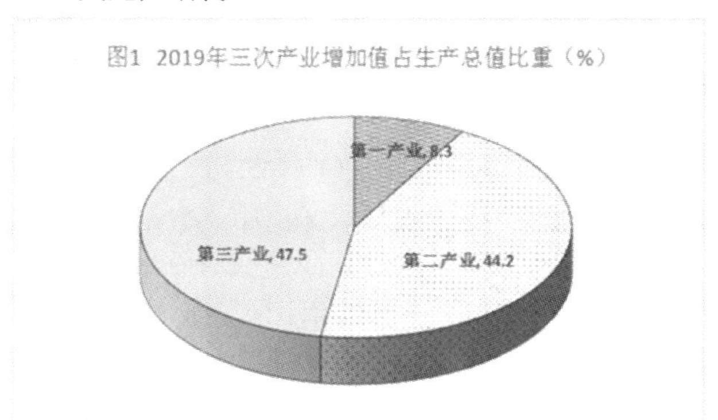

图1 2019年三次产业增加值占生产总值比重（%）

年末全省常住人口 4666.1 万人，比上年末增加 18.6 万人。其中，城镇常住人口 2679.3 万人，占总人口的比重（常住人口城镇化率）为 57.4%，比上年末提高 1.4 个百分点。户籍人口城镇化率为 40.7 %，比上年末提高 0.9 个百分点。全年出生人口 58.6 万人，出生率 12.59‰，比上年下降 0.84 个千分点；死亡人口 28.1 万人，死亡率 6.03‰，下降 0.03 个千分点；自然增长率 6.56‰，下降 0.81 个千分点。

表 1 2019 年年末人口数及构成

指 标	年末数（万人）	比重（%）
常住人口	4666.1	100.0
其中：城镇	2679.3	57.4
乡村	1986.8	42.6
其中：男性	2392.4	51.3
女性	2273.7	48.7
其中：0-15 岁（含不满 16 周岁）	1011.2	21.7
16-59 岁（含不满 60 周岁）	2929.9	62.8
60 周岁及以上	725.1	15.5
其中：65 周岁及以上	512.3	11.0

年末全省就业人员 2632.0 万人。其中，城镇就业人员 1206.6 万人，占全省就业人员比重为 45.8%，比上年末上升 1.6 个百分点。全年城镇登记失业率为 2.9 %，继续控制在 4.5%的目标范围之内。城镇新增就业 54.3 万人，完成全年目标任务的 120.8%；新增转移农村劳动力 62.5 万人，完成全年目标任务的 125.0%；失业人员再就业 18.4 万人，完成全年目标任务的 122.7%；就业困难人员就业 5.1 万人，完成全年目标任务的 128.6%。全年农民外出从业人员 908.6 万人，比上年增长 1.5%。其中，省外 599.0 万人，增长 0.6%；省内 309.6 万人，增长 3.4%。

全年全省财政总收入 4001.5 亿元，比上年增长 5.4%，同比回落 4.7 个百分点。其中，一般公共预算收入 2486.5 亿元，增长 4.8%。税收收入 1746.8 亿元，增长 5.0%。其中，增值税 800.0 亿元，增长 12.2%；企业所得税 244.7 亿元，增长 9.9%；个人所得税 56.6 亿元，下降 36.4%。全年一般公共预算支出 6402.6 亿元，增长 13.0%，增速比上年加快 2.1 个百分点。其中，教育支出 1149.1 亿元，增长 9.0%；社会保障和就业支出 820.1 亿元，增长 7.8%；城乡社区支出 1081.6 亿元，增长 60.0%。

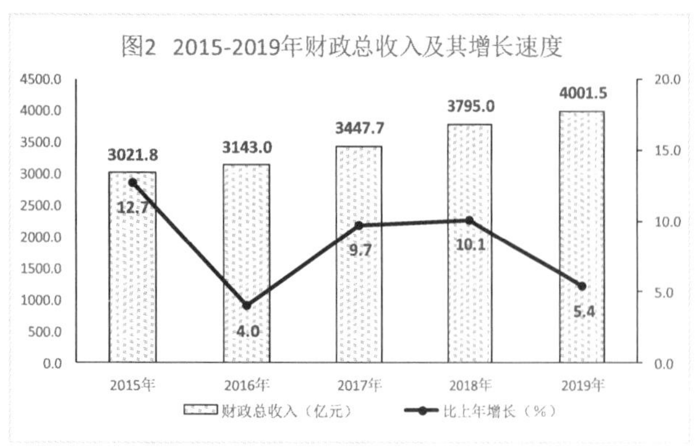

图2 2015-2019年财政总收入及其增长速度

全年全省居民消费价格（CPI）比上年上涨 2.9%，同比提高 0.8 个百分点。其中：城市上涨 2.9%，农村上涨 2.8%。分类别看，八大类商品和服务价格“七涨一降”，食品烟酒类上涨 7.8%，其他用品和服务类上涨 2.9%，教育文化和娱乐类上涨 2.4%，居住类上涨 1.0%，医疗保健类上涨 1.0%，衣着类上涨 0.9%，生活用品及服务类上涨 0.3%；交通和通信类下降 2.2%。全年工业生产者出厂价格（PPI）下降 1.1%；工业生产者购进价格（IPI）下降 1.8%;固定资产投资价格上涨 2.4%；农产品生产者价格上涨 13.2%。

图3 2019年居民消费价格月度同比涨跌幅度(%)

表 2 2019 年居民消费价格分类别涨跌幅度

类别	比上年上涨（%）
居民消费价格指数	2.9
食品烟酒	7.8
其中：粮食	1.0
衣着	0.9
居住	1.0
生活用品及服务	0.3
交通和通信	-2.2
教育文化和娱乐	2.4
医疗保健	1.0
其他用品和服务	2.9

二、农业

全年全省农林牧渔业总产值 3481.3 亿元，比上年增长 3.1%。粮食种植面积 3665.1 千公顷，下降 1.5%。其中，谷物种植面积 3413.2 千公顷，下降 2.2%。油料种植面积 677.1 千公顷，下降 0.4%。其中，油菜籽 482.3 千公顷，下降 0.1%。蔬菜种植面积 644.4 千公顷，增长 1.8%。棉花种植面积 42.7 千公顷，下降 8.5%。甘蔗种植面积 14.0 千公顷，下降 2.7%。

全年全省粮食产量 2157.4 万吨，比上年下降 1.5%。油料产量 120.8 万吨，下降 0.02%。蔬菜及食用菌产量 1581.8 万吨，增长 2.9%。棉花产量 6.6 万吨，下降 8.9%。甘蔗产量 62.4 万吨，下降 3.3%。烟叶产量 2.3 万吨，下降 37.5%。茶叶产量 6.7 万吨，增长 2.2%。园林水果产量 474.3 万吨，增长 0.9%。

全年全省猪牛羊禽肉产量 298.1 万吨，比上年下降 8.0%。其中，猪肉产量 206.8 万吨，下降 16.1%；牛肉产量 13.1 万吨，增长 5.5%；羊肉产量 2.3 万吨，增长 10.0%；禽肉产量 75.9 万吨,增长 20.2%。禽蛋产量 57.2 万吨，增长 21.7%。牛奶产量 7.3 万吨，下降 24.4%。水产品产量 258.8 万吨，增长 1.1%。年末生猪存栏 1006.3 万头，比上年末下降 36.6%；生猪出栏 2546.8 万头，下降 18.5%。

表 3 2019 年主要农产品产量及其增长速度

产品名称	产量（万吨）	比上年增长（%）
粮食	2157.4	-1.5
其中：谷物	2072.2	-1.9
油料	120.8	0.0
其中：油菜籽	68.9	-0.3
蔬菜及食用菌	1581.8	2.9
棉花	6.6	-8.9
甘蔗	62.4	-3.3
烟叶	2.3	-37.5
茶叶	6.7	2.2
园林水果	474.3	0.9
猪牛羊禽肉	298.1	-8.0
水产品	258.8	1.1

三、工业和建筑业

全年全省全部工业增加值 8965.8 亿元，比上年增长 8.4%；规模以上工业[4]增加值增长 8.5%。规模以上工业增加值中，分轻重工业看，轻工业增长 4.3%，重工业增长 10.6%。分经济类型看，国有企业增长 18.8%，集体企业增长 13.8%，股份合作企业增长 2.7%，股份制企业增长 9.0%，外商及港澳台商投资企业增长 4.0%，其他经济类型企业增长 4.4%。高质量发展成效显著。全省 38 个工业大类行业中，26 个大类行业增加值实现增长，增长面为 68.4%，其中 11 个行业实现两位数增长。高新技术产业增加值增长 13.4%，高于全省平均 4.9 个百分点，占规上工业增加值的比重为 36.1%，比上年提高 2.3 个百分点。装备制造业增加值增长 18.2%，高于全省平均 9.7 个百分点，占比为 27.7%，比上年提高 1.4 个百分点。战略性新兴产业增加值增长 11.4%，高于全省平均 2.9 个百分点，占比为 21.2%，比上年提高

4.1 个百分点。高耗能行业增加值增长 6.0%，占比为 38.7%，比上年下降 0.7 个百分点。非公工业贡献突出。非公有制工业增加值增长 9.8%，占规模以上工业增加值的 81.2%，对规模以上工业增长的贡献率为 92.7%。其中，私营企业增长 11.9%，占规模以上工业增加值的 44.0%，对规模以上工业增长的贡献率为 59.7%。

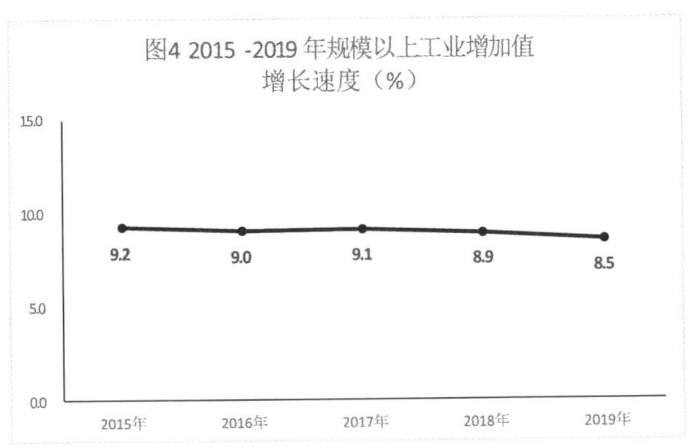

重点监测的 394 种主要工业产品中，有 237 种产量同比实现增长，增长面达 60.2%。其中，化学原料药增长 20.0%，白酒增长 15.8%，铜材增长 15.0%，化学纤维增长 11.9%，瓷质砖增长 11.6%。

表 4　2019 年规模以上工业主要产品产量及其增长速度

产品名称	单位	产量	比上年增长(%)
白酒(折 65 度,商品量)	万千升	13.1	15.8
啤酒	万千升	71.3	-1.8
精制茶	吨	69327.5	-3.8
卷烟	亿支	637.9	0.0
化学纤维	万吨	62.9	11.9
布	万米	103052.4	-14.6
服装	万件	122491.9	4.8
机制纸及纸板	万吨	276.2	11.5
饲料	万吨	1828.0	-7.4
硫酸(折 100%)	万吨	288.7	-8.1
农用氮、磷、钾化学肥料	万吨	29.2	-56.2
化学农药	吨	36828.7	-11.3
化学原料药	吨	77132.0	20.0
水泥	万吨	9625.1	4.3
瓷质砖	万平方米	102091.2	11.6
粗钢	万吨	2524.5	1.0
钢材	万吨	2795.7	4.2
十种有色金属	万吨	186.6	7.9
#精炼铜(电解铜)	万吨	142.4	4.9
铜材	万吨	393.4	15.0
多晶硅	万千克	1185.0	-18.3
单一稀土金属	万千克	1484.6	9.2
中成药	万吨	17.3	10.2
汽车	万辆	49.1	-11.0
家用电冰箱	万台	93.3	3.2
太阳能电池	万千瓦	794.4	8.2
房间空气调节器	万台	631.7	8.4

全年全省规模以上工业企业实现主营业务收入 34590.6 亿元，比上年增长 6.5%；实现利润总额 2158.8 亿元，下降 0.3%；每百元主营业务收入中的成本为 86.5 元，比上年减少 0.13 元。年末规上工业资产负债率为 52.6%，比上年末提高 0.6 个百分点。

年末全省开发区投产工业企业 13014 家，比上年末增加 1323 家；实际开发面积 673.7 平方公里，完成基础设施投入 1505.5 亿元。全年开发区工业增加值增长 9.2%，增速高于规模以上工业 0.7 个百分点；实现出口交货值 1935.8 亿元，增长 11.8%。招商签约资金 8490.2 亿元，下降 0.8%；招商实际到位资金 5794.0 亿元，招商资金实际到位率为 68.2%。实现主营业务收入 28591.4 亿元，增长 7.9%；实现利润总额 1945.1 亿元，增长 3.0%。主营业务收入过百亿的开发区 66 个。其中，主营业务收入超 200 亿元的开发区 48 个，超 500 亿元的开发区 17 个。

全年全省规模以上工业生产原煤 441.2 万吨，比上年下降 4.5%；原煤库存量 13.5 万吨，上升 227.2%。原油加工量 786.6 万吨，增长 2.6%。其中，汽油产量 244.4 万吨，增长 2.6%；煤油产量 70.7 万吨，增长 5.3%；柴油产量 293.8 万吨，增长 1.5%。发电量 1241.9 亿千瓦时，增长 4.0%。其中，火力发电量 1095.0 亿千瓦时，增长 2.4%；水力发电量 80.5 亿千瓦时，上升 20.7%；风力、太阳能、垃圾焚烧等新能源发电量 77.0 亿千瓦时，增长 12.4%。

全年全省总承包和专业承包建筑业总产值完成 7944.8 亿元，比上年增长 13.6%。其中，建筑工程产值完成 6880.9 亿元，增长 14.9%，占建筑业总产值的比重为 86.6%；安装工程产值完成 558.8 亿元，增长 3.3%，占比 7.0%；其他产值完成 505.0 亿元，增长 9.4%，占比 6.4%。资质以上总、专包建筑业企业共 3223 家，比上年增加 472 家。其中，总承包企业 2797 家，增加 460 家；专业承包企业 426 家，增加 12 家。按资质等级划分，资质等级为特、一级总、专包企业 393 家，增加 83 家；二级企业 957 家，增加 89 家；三级及其他企业 1873 家，增加 300 家。

四、固定资产投资

全年全省固定资产投资[4]比上年增长 9.2%。分产业看，第一产业投资下降 22.5%，占全部投资的 1.9%；第二产业投资增长 10.7%，占全部投资的 49.7%；第三产业投资增长 9.5%，占全部投资的 48.4%。分经济类型看，国有投资增长 14.1%，占全部投资的 24.2%；非国有投资增长 7.8%，占全部投资的 75.8%，其中，民间投资增长 9.6%，占全部投资的 68.1%。从投资主要构成看，基础设施投资增长 8.9%，占全部投资的 17.2%；工业投资增长 10.9%，占全部投资的 49.7%，其中，工业技改投资增长 45.6%，占全部投资的 36.3%。

表 5　2019 年分行业固定资产投资增长速度及构成

行　　业	比上年增长(%)	构成（%）(以投资额为100)
总　计	9.2	100
第一产业	-22.5	1.9
第二产业	10.7	49.7
工业	10.9	49.7
采矿业	22.1	0.8
制造业	10.9	45.8
电力、热力、燃气及水生产和供应业	8.5	3.1
建筑业	-51.4	0.0
第三产业	9.5	48.4
批发和零售业	18.3	2.0
交通运输、仓储和邮政业	10.0	4.0
住宿和餐饮业	-1.3	0.5
信息传输、软件和信息技术服务业	43.8	0.6
金融业	-9.8	0.2
房地产业	8.0	18.7
租赁和商务服务业	14.8	2.4
科学研究和技术服务业	-1.8	0.6
水利、环境和公共设施管理业	8.0	13.3
居民服务、修理和其他服务业	86.1	0.3
教育	46.5	1.7
卫生和社会工作业	32.8	1.0
文化、体育和娱乐业	-3.1	1.2
公共管理、社会保障和社会组织	-9.4	1.9

全年全省施工项目 18786 个，比上年增加 4019 个，完成投资增长 10.4%。其中，新开工项目 8833 个，增加 1445 个，完成投资占全部固定资产投资的 24.8%。施工项目中，亿元以上施工项目 6819 个；10 亿元以上施工项目 816 个，增加 71 个；20 亿元以上施工项目 302 个，增加 30 个；50 亿元以上施工项目 59 个，增加 2 个。民生类项目共 1285 个，增加 309 个，完成投资增长 24.2%。其中，教育投资增长 46.5%，增速比上年提高 4.3 个百分点，初等教育和高等教育分别增长 97.4% 和 76.1%；卫生和社会工作投资增长 32.8%，比上年提高 44.0 个百分点，老年人及残疾人养护服务业和孤残儿童收养庇护服务业投资增长均超过 5 倍，医院和专业公共卫生服务业投资分别增长 32.8%和 38.9%。

全年全省房地产开发投资比上年增长 3.0%，其中住宅投资增长 6.1%。商品房销售面积 6458.9 万平方米，增长 4.2%，其中住宅销售面积 5679.0 万平方米，增长 5.4%，增幅分别回落 1.9 和 3.1 个百分点。商品房销售额 4710.4 亿元，增长 11.6%，其中，住宅销售额 4038.0 亿元，增长 14.6%。年末商品房待售面积 818.3 万平方米，比上年末下降 13.9%。其中，住宅待售面积 397.6 万平方米，下降 20.1%。

全年全省棚户区改造开工 29.3 万套，基本建成 16.5 万套。

五、国内贸易

全年全省实现社会消费品零售总额[5]8421.6 亿元，比上年增长 11.3%，同比加快 0.3 个百分点，高于全国平均水平 3.3 个百分点。其中，限额以上消费品零售额[4]3097.1 亿元，增长 10.8%。按经营单位所在地分，城镇消费品零售额 7120.7 亿元，增长 11.3%。其中，城区 4195.4 亿元，增长 13.6%；乡村消费品零售额 1300.9 亿元，增长 11.5%。按消费类型分，商品零售 7326.2 亿元，增长 10.7%；餐饮收入 1095.4 亿元，增长 15.5%。按行业分，零售业实现零售额 6242.1 亿元，增长 10.6%；批发业实现零售额 1083.1 亿元，增长 11.1%；餐饮业实现零售额 997.5 亿元，增长 16.0%；住宿业实现零售额 99.0 亿元，增长 11.1%。

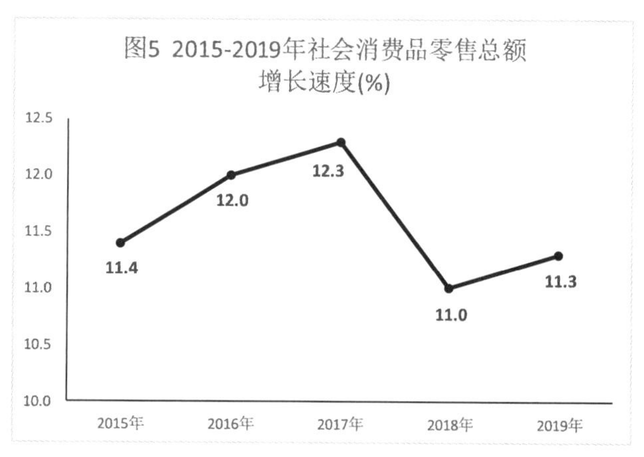

限额以上单位分商品零售额中，吃、穿、用类商品中粮油、食品类受生猪价格上涨影响呈现快速增长，比上年增长 20.7%，高于限额以上单位商品零售额增速 9.9 个百分点，其中肉禽蛋类商品零售额增长 32.4%，同比加快 19.3 个百分点；服装、鞋帽、针纺织品类增长 9.3%；日用品类增长 17.0%。大宗商品汽车类增长 5.8%；石油及制品类增长 8.8%。消费升级类商品中西药品类、化妆品类、建筑及装潢材料类、文化办公用品类商品零售额分别增长 24.6%、23.6%、15.4%和 14.7%。

表 6　2019 年限额以上单位按商品分类零售额及其增长速度

类　别	零售额（亿元）	比上年增长（%）
合　　计	2942.3	11.0
#通过公共网络实现的商品销售	226.0	20.7
粮油、食品类	374.5	20.7
饮料类	45.0	14.9
烟酒类	67.2	16.1
服装、鞋帽、针纺织品类	180.4	9.3
化妆品类	28.9	23.6
金银珠宝类	43.9	14.7
日用品类	105.4	17.0
五金、电料类	15.4	10.8
体育、娱乐用品类	4.2	-1.9
书报杂志类	48.3	13.8
电子出版物及音像制品类	3.6	-10.0
家用电器和音像器材类	144.9	5.8
中西药品类	118.9	24.6
文化办公用品类	33.5	14.7
家具类	54.3	11.2
通讯器材类	30.6	19.6
煤炭及制品类	8.0	17.6
石油及制品类	518.4	8.8
建筑及装潢材料类	58.1	15.4
机电产品及设备类	14.1	-0.8
汽车类	946.6	5.8
棉麻类	0.5	21.7
其他类	97.6	19.2

六、对外经济

全年全省货物贸易进出口总值 3511.9 亿元，比上年增长 11.1%。其中，出口值 2496.5 亿元，增长 12.3%；进口值 1015.5 亿元，增长 8.2%。分贸易方式看，一般贸易出口 2010.1 亿元，增长 3.6%；加工贸易出口 460.5 亿元，增长 76.1%。分重点商品看，机电产品出口 1264.4 亿元，增长 36.4%；高新技术产品出口 709.3 亿元，增长 98.7%。分国别（地区）看，对东盟出口 487.8 亿元，列第一位，增长 20.7%；对欧盟出口 406.4 亿元，列第二位，增长 32.4%，对美国出口 356.1 亿元，列第三位，下降 3.7%；对"一带一路"沿线国家出口 903.5 亿元，增长 15.1%，高于全省平均增幅 2.8 个百分点。

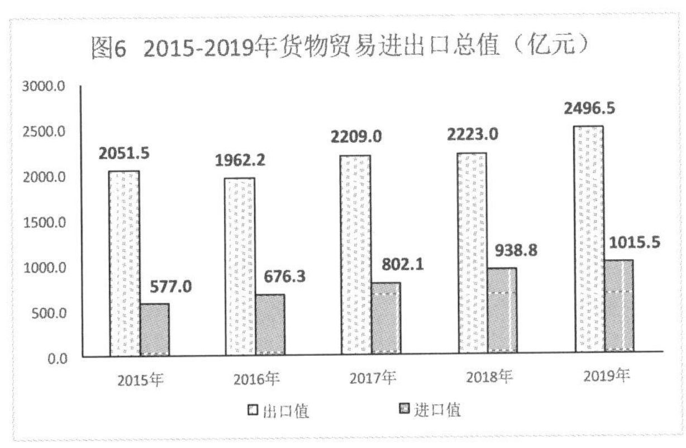

图6　2015-2019年货物贸易进出口总值（亿元）

表 7　2019 年货物贸易进出口总值及其增长速度

指　　标	金额（亿元）	比上年增长(%)
进出口总值	3511.9	11.1
出口值	2496.5	12.3
其中：一般贸易	2010.1	3.6
加工贸易	460.5	76.1
其中：机电产品	1264.4	36.4
高新技术产品	709.3	98.7
进口值	1015.5	8.2
其中：一般贸易	574.9	-2.9
加工贸易	429.5	30.0
其中：机电产品	540.4	34.3
高新技术产品	453.9	51.4

表 8　2019 年对主要国家（地区）出口值及其增长速度

国家（地区）	出口值（亿元）	比上年增长（%）
东　　盟	487.8	20.7
欧　　盟	406.4	32.4
美　　国	356.1	-3.7
中国香港	271.1	31.0
韩　　国	111.2	-6.6
日　　本	105.0	14.5
马来西亚	103.5	21.9
越　　南	94.2	24.0
印　　度	76.7	-3.2
印度尼西亚	65.6	-0.6
中国台湾	36.9	-8.7

全年全省新设外商投资企业 544 家，比上年下降 8.4%；合同金额 108.4 亿美元，增长 22.0%；实际使用外商直接投资金额 135.8 亿美元，增长 8.0%。利用省外项目实际进资 8038.5 亿元，增长 9.4%。

表 9　2019 年分行业实际使用外商直接投资金额及其增长速度

行　　业	金额（亿美元）	比上年增长(%)
总　　计	135.8	8.0
其中：农、林、牧、渔业	6.4	-3.7
制造业	78.0	0.3
电力、热力、燃气及水生产和供应业	3.7	16.7
交通运输、仓储和邮政业	1.4	-54.1
信息传输、软件和信息技术服务业	4.5	263.6
批发和零售业	10.2	60.0
房地产业	17.9	52.6
租赁和商务服务业	7.9	-19.5
科学研究和技术服务业	2.1	5.3

全年新签对外承包工程合同 170 份，比上年增加 40.5%；合同金额 37.5 亿美元，增长 15.8%；完成营业额 44.9 亿美元，增长 0.5%；对外直接投资额 18.5 亿美元，增长 120.9%。对外承包工程和对外劳务合作派出各类劳务人员 5630 人，增长 35.8%。

七、交通运输和邮电通讯

全年全省货物运输量 150860.6 万吨，货物运输周转量 3858.8 亿吨公里[6]。旅客运输量 59703.6 万人，比上年下降 4.4%；旅客运输周转量 984.3 亿人公里，下降 1.0%。

南昌港完成货物吞吐量 3826.6 万吨，增长 32.7%，较上年扩大 44.8 个百分点;完成集装箱吞吐量 18.9 万标准箱，下降 2.2%。九江港完成货物吞吐量 12333.4 万吨，增长 5.5%，较上年扩大 5.8 个百分点;完成集装箱吞吐量 52.1 万标准箱，增长 21.4%。昌北国际机场旅客吞吐量 1363.7 万人次、增长 0.8%；货邮吞吐量 13.0 万吨、增长 42.1%。开行赣欧班列 553 列，增长 173.8%。

表 10　2019 年各种运输方式货物运输量及其增长速度

指　标	单　位	绝对值	比上年增长(%)
货物运输量	万吨	150860.6	-
铁路	万吨	4963.0	-1.6
公路	万吨	135554.0	-
水运	万吨	10330.6	-10.0
空运	万吨	13.0	42.1
货物运输周转量	亿吨公里	3858.8	-
铁路	亿吨公里	563.1	6.2
公路	亿吨公里	3040.3	-
水运	亿吨公里	255.4	7.3

表 11　2019 年各种运输方式旅客运输量及其增长速度

指　标	单　位	绝对值	比上年增长(%)
旅客运输量	万人	59703.6	-4.4
铁路	万人	11728.2	5.4
公路	万人	45932.0	-6.8
水运	万人	197.7	-21.9
空运	万人	1845.7	6.5
旅客运输周转量	亿人公里	984.3	-1.0
铁路	亿人公里	739.7	1.0
公路	亿人公里	244.3	-6.4
水运	亿人公里	0.3	-17.7

年末全省公路通车里程 209131.0 公里，其中，高速公路通车里程 6144.0 公里。铁路营运里程 4534.7 公里。

民用汽车保有量 607.4 万辆，比上年增长 11.6%；民用轿车保有量 345.5 万辆，增长 12.6%，其中私人轿车 331.3 万辆，增长 12.9%。

全年全省邮电业务总量 3068.6 亿元，比上年增长 71.8%。其中，邮政业务总量 230.2 亿元，增长 30.3%；电信业务总量 2838.5 亿元，增长 76.4%[7]。完成邮政函件业务 1684.7 万件，下降 39.0%；包裹业务 43.7 万件，下降 1.8%。快递服务企业业务量 7.8 亿件，增长 25.5%；业务收入 84.3 亿元，增长 25.7%。

年末固定电话用户 457.5 万户，比上年末下降 1.6%。移动电话用户 4157.1 万户，增长 2.8%。其中，4G 移动电话用户 3268.0 万户，增长 10.0%；3G 移动电话用户 51.8 万户，下降 82.4%。固定互联网宽带接入用户 1448.8 万户，增长 9.5%。

八、金融、证券和保险

年末全省金融机构人民币各项存款余额 38952.5 亿元，比上年末增长 11.1%，比年初增加 3875.5 亿元，同比多增 1130.9 亿元。其中，住户存款 19665.9 亿元，比年初增加 2474.2 亿元，同比多增 796.1 亿元；非金融企业存款 11478.0 亿元，比年初增加 1062.3 亿元，同比多增 477.2 亿元。金融机构人民币各项贷款余额 35493.8 亿元，比上年末增长 16.9%，比年初增加 5040.0 亿元，同比多增 395.0 亿元。其中，住户贷款 14372.0 亿元，比年初增加 2134.5 亿元，同比多增 236.5 亿元；非金融机构及机关团体贷款 21048.3 亿元，比年初增加 2896.3 亿元，同比多增 199.2 亿元。

年末全省辖区内共有境内上市公司 43 家，其中，主板公司 25 家，中小板公司 9 家，创业板公司 9 家。辖区内证券公司 2 家，分公司 40 家，证券营业部 318 家，证券交易额 5.5 万亿元；期货公司 1 家，期货营业部 31 家，期货代理成交金额 2.8 万亿元。

全年全省保险公司保费收入 835.2 亿元，比上年增长 10.8%。其中，财产险保费收入 306.9 亿元，增长 13.7%；寿险保费收入 528.3 亿元，增长 9.2%；健康险保费收入 157.9 亿元，增长 38.9%；意外伤害险保费收入 21.5 亿元，增长 17.9%。支付各类赔款及给付 280.8 亿元，增长 6.0%。其中，财产险赔款及给付 171.8 亿元，增长 14.2%；人寿险赔款及给付 39.0 亿元，增长 33.1%；健康险赔款和给付 72.3 亿元,增长 38.5%；意外伤害险赔款和给付 5.8 亿元,增长 9.0%。

九、人民生活和社会保障

全年全省居民人均可支配收入 26262 元，比上年增长 9.1%，增速比上年回落 0.2 个百分点，高于全国平均水平 0.2 个百分点，扣除价格因素，实际增长 6.0%。其中，城镇居民人均可支配收入 36546 元，增长 8.1%，扣除价格因素，实际增长 5.0%；农村居民人均可支配收入 15796 元，增长 9.2%，扣除价格因素，实际增长 6.3%。城乡居民收入比 2.31:1，比上年缩小 0.03。

全年全省居民人均消费支出 17650 元，比上年增长 11.8%。其中，城镇居民人均消费支出 22714 元，增长 9.4%；农村居民人均消费支出 12497 元，增长 14.8%。城、乡居民消费恩格尔系数分别为 29.1%、30.4%，均比上年下降 0.9 个百分点。

年末全省参加城镇职工基本养老保险人数 1096.9 万人，比上年末增加 44.1 万人。参加失业保险人数 289.7 万人，增加 1.7 万人。参加工伤保险人数 539.4 万人，增加 4.8 万人，其中参加工伤保险的农民工 112.8 万人，增加 0.7 万人。城市居民得到政府最低生活保障人数 36.0 万人，城市低保标准 640 元/人月，向城市低保户发放低保金 22.2 亿元，月人均补差 437 元；农村居民得到政府最低生活保障人数 142.2 万人，农村低保标准 385 元/人月，向农村低保户发放低保金 53.3 亿元，月人均补差 296 元。农村五保户集中供养、分散供养标准分别为 505 元/人月、400 元/人月。

全年全省义务教育阶段免除学杂费的学生数 631.5 万人，义务教育阶段补助家庭经济困难寄宿生沽费学生数 30.4 万人，资助普通高中家庭经济困难学生数 27.2 万人，资助考入大学(含民办高校独立学院)家庭经济困难学生数 3.0 万人，资助中等职业教育(不含技工学校)家庭经济困难学生数 38.1 万人。

全年省级扶贫发展资金投入 33.5 亿元。实现 41.1 万贫困人口脱贫，剩余 7 个贫困县(赣县区、宁都县、兴国县、于都县、鄱阳县、修水县、都昌县)全部达到摘帽条件，剩余 387 个贫困村全部退出，贫困发生率降至 0.27%。

年末全省共有提供住宿的社会福利机构 1955 个，床位数 16.5 万张，收养人数 9.3 万人。社区服务机构和设施总数 3837 个，其中社区服务中心 403 个。全年销售社会福利彩票 39.4 亿元，筹集福利彩票公益金 11.1 亿元，直接接受社会捐赠 5.6 亿元。

十、教育和科学技术

全年全省研究生教育招生 1.6 万人，在校生 4.5 万人，毕业生 1.1 万人。普通高等教育招生 38.9 万人，在校生 113.5 万人，毕业生 30.3 万人。成人高等教育招生 8.5 万人，在校生 21.8 万人，毕业生 4.9 万人。中等职业教育招生 14.9 万人，在校生 38.6 万人，毕业生 11.2 万人。普通高中招生 37.7 万人，在校生 105.5 万人，毕业生 32.7 万人。初中学校招生 76.9 万人，在校生 220.1 万人，毕业生 63.6 万人。普通小学招生 65.9 万人，在校生 411.4 万人，毕业生 76.5 万人。民办学校 10187 所，在校学生 189.6 万人。特殊教育在校生 3.8 万人，幼儿园在园幼儿 165.8 万人。学前教育毛入园率 83.7%，小学毛入学率 102.0%，初中阶段毛入学率 113.5%，高中阶段教育毛入学率 91.5%。普通高考录取率 83.0%，高等教育毛入学率 49.0%。

表 12 2019 各类学校招生、在校生和毕业生人数

单位：万人

指 标	招 生 数	在校生数	毕业生数
研究生教育	1.6	4.5	1.1
普通高等教育	38.9	113.5	30.3
成人高等教育	8.5	21.8	4.9
中等职业教育	14.9	38.6	11.2
普通高中	37.7	105.5	32.7
初中学校	76.9	220.1	63.6
普通小学	65.9	411.4	76.5

全年全省研究与试验发展(R&D)经费支出占 GDP 的比重为 1.6%，比上年提高 0.19 个百分点。年末共有国家工程（技术）研究中心 8 个，省工程（技术）研究中心 382 个；国家级重点实验室 5 个，省级重点实验室 200 个。全年受理专利申请 91474 件，授权专利 59140 件；签订技术合同 2799 项，技术市场合同成交金额 148.6 亿元，其中，技术廾发合同成交额 49.8 亿元，技术转让合同成交额 19.2 亿元。

年末全省共有产品质量检测机构 72 个，其中国家产品质量监督检验中心 11 个，法定计量技术机构 310 个。全年强制检定计量器具 116 万台（件），开展产品质量监督抽查 5782 批次。累计获得 3C 证书的企业 890 家，获得 3C 证书 6656 张。累计发放自愿性产品认证证书 6507 张，发放省级工业产品生产许可证 649 张。测绘部门为经济社会发展提供各种基本比例尺地形图 2443 张，测绘基准成果 4533 点，遥感影像成果 29638 万平方公里。

十一、文化旅游、卫生健康和体育

年末全省共有艺术表演团体 83 个，文化馆 118 个，公共图书馆 114 个，博物馆 143 个。广播电视台 94 座，中、短波转播发射台 24 座。有线广播电视实际用户 552.6 万户，其中，数字电视实际用户 531.8 万户。年末广播综合人口覆盖率 98.6%，电视综合人口覆盖率 99.1%。全年出版各种图书、期刊、报纸 9265 种，出版各类图书 25095 万册、期刊 7874 万册、报纸 77985 万份。

全年全省接待国内旅游者 79078.3 万人次，比上年增长 15.7%；国内旅游收入 9596.7 亿元，增长 18.5%。接待入境旅游者 197.2 万人次，增长 2.8%；国际旅游外汇收入 8.7 亿美元，增长 16.1%。

年末全省共有各类医疗卫生机构（含村卫生室）37029 个。其中，医院、卫生院 2403 个，妇幼保健院（所、站）112 个，专科疾病防治院（所、站）106 个，疾病预防控制中心 136 个，卫生监督所（中心）111 个。卫生技术人员 26.8 万人。其中，执业医师和执业助理医师 9.6 万人，注册护士 12.0 万人。医院、卫生院床位数 24.7 万张，其中，乡镇卫生院床位数 5.7 万张。

年末全省共有青少年俱乐部 131 个，青少年户外活动营地 4 个；国家级体育传统项目学校 15 所，省级体育传统项目学校 237 所，省级单项体育后备人才基地 37 个。全年新建村级农民体育健身工程 348 个，乡镇农民体育健身工程 23 个。在国际和国内的重大比赛中共获得 177 枚金牌、174 枚银牌和 221 枚铜牌。

十二、自然资源、生态环境和应急管理

全年全省 $PM_{2.5}$ 浓度为 35 微克/立方米，比上年下降 7.9%，平均浓度达国家二级标准。全年优良天数比例为 89.7%，比上年上升 1.4 个百分点,优良天数增加 5 天。空气中的 SO_2、PM_{10}、NO_2 浓度均达到国家二级标准，分别下降 23.5%、7.8%和 4.0%。景德镇、赣州、上饶、抚州、吉安、南昌、新余 7 个设区市空气质量达国家二级标准。

全年全省地表水断面水质优良比例为 92.4%，比上年上升 1.7 个百分点，劣 V 类水断面比例为 0。其中，国家考核断面水质优良率 93.3%，上升 1.3 个百分点，高于全国平均水平 18.4 个百分点。全省 10 条主要河流中，信江、抚河、修河、饶河、长江九江段、袁水、东江、环鄱阳湖区河流水质优良比例 100%，赣江、萍水河水质优良比例分别为 98.3%、90.9%。

全年全省完成造林面积 104.7 万亩，改造低产低效林 177.9 万亩，森林覆盖率稳定在 63.1%。共建立自然保护区 190 处，其中，国家级 16 处、省级 38 处、市县级 136 处。自然保护区面积 109.0 万公顷，占全省国土面积的 6.6%。

全省全年平均降水量 1726.5 毫米，较常年偏多 3.1%，位列历史第 21 高位。平均气温 18.9℃，较常年偏高 0.9℃，与 2013 年、2016 年、2017 年并列历史第 2 高位。平均日照时数 1615.9 小时，较常年偏少 15.9 小时，位列历史第 39 高位。

全年全省规模以上工业综合能源消费量 5615.0 万吨标准煤，增长 3.2%；万元规模以上工业增加值能耗[8]下降 4.9%。

全年全省共发生生产安全事故 2093 起，比上年减少 67 起，其中，道路运输业事故 1778 起，工矿商贸事故 243 起，铁路运输业事故 38 起。生产安全事故死亡人数 1316 人，比上年减少 17 人，其中，道路运输业事故死亡 976 人，工矿商贸事故死亡 270 人，铁路运输业事故死亡 30 人。亿元生产总值生产安全事故死亡人数 0.05 人。全年未发生重大以上事故。发生较大事故 29 起，死亡 99 人，同比增加 12 起、增加 41 人；建筑施工领域事故死亡人数上升明显，同比增加 20 人，上升 17.9%。

注释：

1.本公报中数据均为初步统计数。部分数据合计数或相对数由于单位取舍不同而产生的计算误差，均未作机械调整。

2.地区生产总值、各产业增加值和人均生产总值绝对数按现价计算，增长速度按不变价格计算。根据第四次全国经济普查结果，对国内生产总值、三次产业及相关行业增加值等相关指标的历史数据进行了修订。

3.三次产业划分依据国家统计局 2018 年修订的《三次产业划分规定》（国统字〔2012〕108 号），行业划分执行《国民经济行业分类》（GB/T4754−2017）。

4.规模以上工业统计范围为年主营业务收入 2000 万元及以上的工业企业。固定资产投资（不含农户）统计范围为计划总投资 500 万元及以上项目和房地产开发投资。限额以上批发和零售业、住宿和餐饮业统计范围为年主营业务收入 2000 万元及以上的批发业企业，年主营业务收入 500 万元及以上的零售业企业，年主营业务收入 200 万元及以上的住宿业、餐饮业企业。

5.社会消费品零售总额为 2019 年统计快报数据。

6.交通运输部根据专项调查，调整 2019 年公路货物运输量、公路货物运输周转量统计口径，数据与上年不可比。

7.邮政行业业务总量执行 2010 年不变价标准，电信企业的电信业务总量执行 2015 年不变价标准。

8.万元规模以上工业增加值能耗按 2015 年不变价格计算。

资料来源：

本公报中户籍人口城镇化率、民用汽车、道路交通事故数据来自省公安厅；城镇新增就业、登记失业率、社会保障数据来自省人力资源和社会保障厅；财政数据来自省财政厅；水产品产量数据来自省农业农村厅；保障性住房数据来自省住房和城乡建设厅；外贸数据来自南昌海关；利用外资和省外资金、对外承包工程数据来自省商务厅；铁路客货运输量、周转量数据来自中国铁路南昌局集团有限公司；公路、水路客货运输量、周转量数据来自省交通运输厅；机场旅客吞吐量数据来自省机场集团公司；电信业务量、移动电话用户数、固定电话用户数来自省通信管理局；邮政业务量、快递业务量数据来自省邮政管理局；存贷款数据来自人民银行南昌中心支行；证券、期货数据来自江西证监局；保险数据来自江西银保监局；教育数据来自省教育厅；科技数据来自省科技厅；专利数据来自省知识产权局；质量检测、行业标准数据来自省市场监督管理局；艺术表演团体、博物馆、公共图书馆、文化馆、旅游数据来自省文化和旅游厅；广播、电视数据来自省广播电视局；报纸、期刊、图书数据来自省委宣传部；测绘数据来自省自然资源厅；卫生数据来自省卫生健康委；体育数据来自省体育局；城乡低保、社会福利、社区服务、社会捐赠数据来省自省民政厅；扶贫数据来自省扶贫办；造林、森林覆盖率数据来自省林业局；空气和地表水质量、污染物排放、自然保护区数据来自省生态环境厅；降水量、平均气温、日照时数数据来自省气象局；安全生产数据来自省应急管理厅；其他数据来自省统计局和国家统计局江西调查总队。

19-1 各省(市、区)按三次产业分法人单位数（2019年）

单位：个

地区	法人单位	第一产业	第二产业	第三产业
全国	**21787273**	**1224**	**4626235**	**17159814**
北京	988483	43	60550	927890
天津	291151	2	58229	232920
河北	1150955	55	315838	835062
山西	462193	36	73378	388779
内蒙古	297176	66	50137	246973
辽宁	600313	29	130808	469476
吉林	187449	31	33009	154409
黑龙江	256191	150	43301	212740
上海	440696	8	64674	376014
江苏	2053630	30	633703	1419897
浙江	1545153	110	480460	1064583
安徽	813279	64	180608	632607
福建	702826	19	155460	547347
江西	**454387**	**24**	**100611**	**353752**
山东	1801301	17	439203	1362081
河南	1279238	31	223621	1055586
湖北	853168	13	156392	696763
湖南	622764	12	103144	519608
广东	3126550	54	696146	2430350
广西	490277	75	66474	423728
海南	100096	12	13667	86417
重庆	512470	127	77501	434842
四川	761937	38	119589	642310
贵州	348149	15	71833	276301
云南	453286	63	70658	382565
西藏	47215		12191	35024
陕西	532220	20	103742	428458
甘肃	229632	10	31121	198501
青海	72869	18	10840	62011
宁夏	68817	15	11792	57010
新疆	243402	37	37555	205810

19-2 各省(市、区)生产总值(2019年)

地　区	地　区 生产总值 (亿元)	第一产业	第二产业	第三产业	地区生产 总值指数 (上年=100)	人均地区 生产总值 (元)	人均地区生 产总值指数 (上年=100)
全　国	**990865**	**70467**	**386165**	**534233**	**106.1**	**70892**	**105.7**
北　京	35371	114	5715	29543	106.1	164220	106.5
天　津	14104	185	4969	8950	104.8	90371	104.6
河　北	35105	3518	13597	17989	106.8	46348	106.2
山　西	17027	825	7453	8749	106.2	45724	105.8
内蒙古	17213	1863	6819	8530	105.2	67852	105.0
辽　宁	24909	2178	9531	13200	105.5	57191	105.7
吉　林	11727	1287	4135	6305	103.0	43475	103.5
黑龙江	13613	3182	3615	6815	104.2	36183	104.7
上　海	38155	104	10299	27752	106.0	157279	105.7
江　苏	99632	4296	44271	51065	106.1	123607	105.8
浙　江	62352	2097	26567	33688	106.8	107624	105.0
安　徽	37114	2916	15338	18860	107.5	58496	106.5
福　建	42395	2596	20582	19217	107.6	107139	106.7
江　西	**24758**	**2058**	**10940**	**11760**	**108.0**	**53164**	**107.4**
山　东	71068	5116	28311	37640	105.5	70653	105.2
河　南	54259	4635	23606	26018	107.0	56388	106.5
湖　北	45828	3809	19099	22921	107.5	77387	107.2
湖　南	39752	3647	14947	21158	107.6	57540	107.1
广　东	107671	4351	43546	59773	106.2	94172	104.5
广　西	21237	3388	7077	10772	106.0	42964	105.1
海　南	5309	1080	1099	3130	105.8	56507	104.7
重　庆	23606	1551	9497	12558	106.3	75828	105.4
四　川	46616	4807	17365	24443	107.5	55774	107.0
贵　州	16769	2281	6058	8430	108.3	46433	107.6
云　南	23224	3038	7962	12225	108.1	47944	107.4
西　藏	1698	138	636	924	108.1	48902	106.0
陕　西	25793	1991	11981	11821	106.0	66649	105.4
甘　肃	8718	1050	2862	4805	106.2	32995	105.7
青　海	2966	302	1160	1504	106.3	48981	105.4
宁　夏	3748	280	1585	1884	106.5	54217	105.5
新　疆	13597	1782	4796	7020	106.2	54280	104.5

注：本表绝对量按当年价格计算，指数按不变价格计算。

19-3 各省(市、区)年末总人口

单位：万人

地　区	2013	2014	2015	2016	2017	2018	2019
全　国	**136072**	**136782**	**137462**	**138271**	**139008**	**139538**	**140005**
北　京	2115	2152	2171	2173	2171	2154	2154
天　津	1472	1517	1547	1562	1557	1560	1562
河　北	7333	7384	7425	7470	7520	7556	7592
山　西	3630	3648	3664	3682	3702	3718	3729
内蒙古	2498	2505	2511	2520	2529	2534	2540
辽　宁	4390	4391	4382	4378	4369	4359	4352
吉　林	2751	2752	2753	2733	2717	2704	2691
黑龙江	3835	3833	3812	3799	3789	3773	3751
上　海	2415	2426	2415	2420	2418	2424	2428
江　苏	7939	7960	7976	7999	8029	8051	8070
浙　江	5498	5508	5539	5590	5657	5737	5850
安　徽	6030	6083	6144	6196	6255	6324	6366
福　建	3774	3806	3839	3874	3911	3941	3973
江　西	**4522**	**4542**	**4566**	**4592**	**4622**	**4648**	**4666**
山　东	9733	9789	9847	9947	10006	10047	10070
河　南	9413	9436	9480	9532	9559	9605	9640
湖　北	5799	5816	5852	5885	5902	5917	5927
湖　南	6691	6737	6783	6822	6860	6899	6918
广　东	10644	10724	10849	10999	11169	11346	11521
广　西	4719	4754	4796	4838	4885	4926	4960
海　南	895	903	911	917	926	934	945
重　庆	2970	2991	3017	3048	3075	3102	3124
四　川	8107	8140	8204	8262	8302	8341	8375
贵　州	3502	3508	3530	3555	3580	3600	3623
云　南	4687	4714	4742	4771	4801	4830	4858
西　藏	312	318	324	331	337	344	351
陕　西	3764	3775	3793	3813	3835	3864	3876
甘　肃	2582	2591	2600	2610	2626	2637	2647
青　海	578	583	588	593	598	603	608
宁　夏	654	662	668	675	682	688	695
新　疆	2264	2298	2360	2398	2445	2487	2523

注：本表数据根据年度人口抽样调查推算。全国数据包括中国人民解放军现役军人数，但不包括香港、澳门特别行政区和台湾地区数据；分省数据中未包括中国人民解放军现役军人数。

19-4 各省(市、区)年末城镇人口比重

单位：%

地　区	2013	2014	2015	2016	2017	2018	2019
全　国	**53.73**	**54.77**	**56.10**	**57.35**	**58.52**	**59.58**	**60.60**
北　京	86.30	86.35	86.50	86.50	86.50	86.50	86.60
天　津	82.01	82.27	82.64	82.93	82.93	83.15	83.48
河　北	48.12	49.33	51.33	53.32	55.01	56.43	57.62
山　西	52.56	53.79	55.03	56.21	57.34	58.41	59.55
内蒙古	58.71	59.51	60.30	61.19	62.02	62.71	63.37
辽　宁	66.45	67.05	67.35	67.37	67.49	68.10	68.11
吉　林	54.20	54.81	55.31	55.97	56.65	57.53	58.27
黑龙江	57.40	58.01	58.80	59.20	59.40	60.10	60.90
上　海	89.60	89.60	87.60	87.90	87.70	88.10	88.30
江　苏	64.11	65.21	66.52	67.72	68.76	69.61	70.61
浙　江	64.00	64.87	65.80	67.00	68.00	68.90	70.00
安　徽	47.86	49.15	50.50	51.99	53.49	54.69	55.81
福　建	60.77	61.80	62.60	63.60	64.80	65.82	66.50
江　西	**48.87**	**50.22**	**51.62**	**53.10**	**54.60**	**56.02**	**57.42**
山　东	53.75	55.01	57.01	59.02	60.58	61.18	61.51
河　南	43.80	45.20	46.85	48.50	50.16	51.71	53.21
湖　北	54.51	55.67	56.85	58.10	59.30	60.30	61.00
湖　南	47.96	49.28	50.89	52.75	54.62	56.02	57.22
广　东	67.76	68.00	68.71	69.20	69.85	70.70	71.40
广　西	44.81	46.01	47.06	48.08	49.21	50.22	51.09
海　南	52.74	53.76	55.12	56.78	58.04	59.06	59.23
重　庆	58.34	59.60	60.94	62.60	64.08	65.50	66.80
四　川	44.90	46.30	47.69	49.21	50.79	52.29	53.79
贵　州	37.83	40.01	42.01	44.15	46.02	47.52	49.02
云　南	40.48	41.73	43.33	45.03	46.69	47.81	48.91
西　藏	23.71	25.75	27.74	29.56	30.89	31.14	31.54
陕　西	51.31	52.57	53.92	55.34	56.79	58.13	59.43
甘　肃	40.13	41.68	43.19	44.69	46.39	47.69	48.49
青　海	48.51	49.78	50.30	51.63	53.07	54.47	55.52
宁　夏	52.01	53.61	55.23	56.29	57.98	58.88	59.86
新　疆	44.47	46.07	47.23	48.35	49.38	50.91	51.87

注：本表数据根据年度人口抽样调查推算。

19-5 各省(市、区)固定资产投资(不含农户)增长速度

单位：%

地　区	2016	2017	2018	2019
全　国	**8.1**	**7.2**	**5.9**	**5.4**
北　京	5.9	5.3	-5.4	-2.5
天　津	8.0	0.5	-4.9	13.1
河　北	8.4	5.3	5.7	6.5
山　西	0.8	6.3	5.7	9.3
内蒙古	10.1	-7.2	-28.3	6.7
辽　宁	-63.5	0.1	3.9	0.3
吉　林	10.1	1.4	1.4	-16.2
黑龙江	5.5	6.2	-4.7	6.3
上　海	6.3	7.2	5.2	5.1
江　苏	7.5	7.5	5.5	5.1
浙　江	10.9	8.6	7.2	10.0
安　徽	11.7	11.0	11.8	9.2
福　建	9.3	13.9	11.5	5.9
江　西	**14.0**	**12.3**	**11.1**	**9.2**
山　东	10.5	7.3	3.8	-8.2
河　南	13.7	10.4	8.1	8.0
湖　北	13.1	11.0	10.9	10.7
湖　南	13.8	13.1	10.0	10.1
广　东	10.0	13.5	10.7	11.1
广　西	12.8	12.8	10.7	9.6
海　南	11.7	10.1	-12.5	-9.2
重　庆	12.1	9.5	7.0	5.6
四　川	13.1	10.6	10.2	8.6
贵　州	21.1	20.1	15.8	0.9
云　南	19.8	18.0	11.6	8.5
西　藏	23.2	23.8	9.9	-2.2
陕　西	12.3	14.6	10.4	2.5
甘　肃	10.5	-40.3	-3.9	6.6
青　海	9.9	10.5	7.3	5.0
宁　夏	8.2	3.0	-18.2	-10.3
新　疆	-5.1	20.0	-25.2	2.5

19-6 各省(市、区)建筑业总产值和房屋建筑面积 (2019年)

地　区	总 产 值 (亿元)	施工面积 (万平方米)	#新开工面积	竣工面积 (万平方米)	#住　宅
全　国	**248445.8**	**1441644.8**	**515089.1**	**402410.9**	**271059.8**
北　京	11999.4	80556.8	22647.8	10932.1	6518.1
天　津	4096.5	15616.9	4576.2	2371.7	1404.5
河　北	5848.0	34994.7	12471.5	8939.3	6326.0
山　西	4653.3	16990.3	5872.9	3836.4	2660.3
内 蒙 古	1086.1	5785.4	2759.7	1459.9	1082.3
辽　宁	3554.6	15312.8	5907.9	4335.0	3041.7
吉　林	1863.1	7987.5	3562.3	2935.2	2120.2
黑 龙 江	1181.4	3430.2	1661.0	1301.4	998.5
上　海	7812.7	50918.9	13762.5	9232.0	4201.3
江　苏	33103.6	255297.7	85958.7	77899.5	57633.1
浙　江	20390.2	182718.5	57586.4	43545.6	24748.2
安　徽	8503.3	48611.4	17351.4	15706.7	11165.7
福　建	13164.4	76606.3	23872.1	17810.5	11752.6
江　西	**7944.8**	**33897.5**	**16291.3**	**14869.3**	**9467.7**
山　东	14269.3	83686.1	34323.1	21925.7	15172.6
河　南	12701.0	64256.1	25870.7	20736.2	14217.5
湖　北	16979.6	92042.2	38058.6	33907.9	22135.8
湖　南	10800.6	65247.3	26437.3	21041.9	14633.6
广　东	16633.4	84392.3	26469.3	22174.0	16017.8
广　西	5407.3	29487.8	10627.3	8685.7	5336.0
海　南	366.0	2309.5	682.5	485.0	271.0
重　庆	8223.0	36557.8	15132.5	13618.3	9892.3
四　川	14668.2	61743.0	28906.0	20341.0	14772.3
贵　州	3714.9	15929.5	5665.5	4131.0	2718.5
云　南	6122.1	19766.7	8993.6	6805.4	4235.5
西　藏	220.3	348.2	175.5	242.7	175.8
陕　西	7883.9	35276.5	10081.0	6769.8	4389.5
甘　肃	1916.4	10689.9	4234.7	2686.7	1833.6
青　海	460.7	904.6	354.7	396.3	239.8
宁　夏	601.4	2251.2	1123.6	679.1	376.8
新　疆	2276.7	8031.4	3671.5	2609.7	1521.3

19-7 各省(市、区)房地产开发企业投资、土地购置面积和成交价款(2019年)

地　区	房地产开发投资(亿元)	#住　宅	#办公楼	#商业营业用房	#其　它	土地购置面积(万平方米)	土地成交价款(亿元)
全　国	**132194.3**	**97070.7**	**6162.6**	**13225.9**	**15735.1**	**25822.3**	**14709.3**
北　京	3838.4	2039.8	379.9	259.3	1159.5	144.0	427.1
天　津	2727.8	2200.0	58.1	169.0	300.7	548.9	503.3
河　北	4347.1	3455.7	141.4	335.7	414.2	1047.3	349.1
山　西	1656.5	1296.5	45.3	138.4	176.3	566.4	270.8
内蒙古	1041.9	782.1	14.2	128.7	117.0	447.5	117.6
辽　宁	2834.0	2188.4	49.5	325.5	270.6	825.5	347.0
吉　林	1315.5	971.0	48.5	164.0	132.0	494.9	130.0
黑龙江	958.0	687.8	13.1	147.4	109.6	311.9	116.5
上　海	4231.4	2318.1	689.4	457.2	766.7	144.8	243.3
江　苏	12009.3	9462.0	402.4	1069.2	1075.9	1734.6	1695.0
浙　江	10683.0	7727.1	419.9	783.8	1752.2	1686.5	1860.5
安　徽	6670.5	5248.1	157.2	767.7	497.5	3094.5	1350.3
福　建	5673.1	4076.3	272.7	450.0	874.1	1031.7	779.3
江　西	**2239.1**	**1687.2**	**68.6**	**323.4**	**159.9**	**562.6**	**220.6**
山　东	8614.9	6672.2	360.8	779.9	802.0	2813.0	1221.4
河　南	7464.6	6055.4	256.4	658.6	494.2	858.1	458.2
湖　北	5111.7	3954.7	233.0	497.5	426.5	784.9	419.5
湖　南	4445.5	3197.3	166.4	600.3	481.4	1476.0	435.8
广　东	15852.2	10852.8	1315.0	1473.2	2211.2	1240.3	1427.0
广　西	3814.4	2924.2	105.2	322.0	463.0	1186.9	507.7
海　南	1336.2	1034.9	34.4	135.9	131.0	44.4	16.0
重　庆	4439.3	3246.8	112.9	529.5	550.2	641.6	342.4
四　川	6573.2	4665.3	274.8	899.4	733.8	1056.7	553.1
贵　州	2990.8	2078.4	94.6	451.4	366.4	534.3	207.8
云　南	4151.4	3029.0	150.1	498.3	474.0	869.2	348.2
西　藏	129.6	96.9	3.9	18.6	10.1	37.7	10.2
陕　西	3903.6	2957.1	214.9	355.4	376.3	485.1	157.0
甘　肃	1257.8	865.9	25.2	176.0	190.7	144.4	43.2
青　海	406.3	294.1	11.1	60.2	40.9	165.7	28.7
宁　夏	403.1	281.7	6.9	61.9	52.5	220.8	30.9
新　疆	1074.0	724.1	36.9	188.3	124.8	621.7	91.9

19-8 各省(市、区)房地产开发企业房屋施工、竣工面积（2019年）

单位：万平方米

地　区	房屋施工面积	#住　宅	#新开工面积	#住　宅	房屋竣工面积	#住　宅
全　国	**893820.9**	**627673.4**	**227153.6**	**167463.4**	**95941.5**	**68011.1**
北　京	12515.0	5640.1	2073.2	1003.7	1343.3	583.2
天　津	11453.4	8156.9	2544.8	1973.8	1655.5	1186.7
河　北	29853.0	23023.4	9452.7	7404.4	2680.0	2042.7
山　西	19548.5	14323.8	4879.1	3771.7	2739.2	1985.3
内蒙古	15889.1	10808.3	3706.1	2783.9	950.6	689.7
辽　宁	23787.5	17429.6	4142.5	3191.0	1817.6	1374.3
吉　林	12403.7	8614.0	2947.0	2169.8	1222.2	893.3
黑龙江	11441.2	8216.4	2446.1	1775.6	1204.1	940.9
上　海	14803.0	7446.4	3063.4	1572.9	2669.7	1453.3
江　苏	65686.8	49010.9	16227.5	12478.4	9369.1	6968.9
浙　江	49604.6	31175.9	12730.9	8345.9	5738.8	3551.1
安　徽	43591.2	31953.7	11117.5	8704.5	5673.9	4250.8
福　建	34140.2	22457.0	6398.4	4615.0	2882.3	1813.9
江　西	**23557.0**	**17661.4**	**5862.6**	**4666.6**	**2230.8**	**1670.2**
山　东	75767.4	55942.0	22658.9	17096.9	10179.2	7734.7
河　南	57567.1	43971.3	15836.5	12607.6	6571.2	5162.7
湖　北	33825.1	25540.8	8708.9	6849.4	2558.6	2019.3
湖　南	40045.1	29252.7	11933.2	9052.8	3975.2	2969.3
广　东	86824.9	59664.4	18437.4	12904.9	9955.5	6578.2
广　西	29807.0	22061.2	8218.5	6534.0	2037.9	1516.0
海　南	9221.6	6686.5	1219.6	828.4	1302.3	1099.9
重　庆	27986.6	18466.1	6725.4	4593.2	5069.2	3400.1
四　川	49113.8	32152.0	15325.5	10294.7	4580.0	2940.1
贵　州	27775.1	18426.5	7239.9	5235.8	954.8	634.5
云　南	26314.1	17531.7	8018.5	5695.4	1844.5	1225.4
西　藏	764.2	549.8	416.9	334.0	18.9	8.1
陕　西	27728.4	20154.6	6431.2	4873.5	1782.1	1281.7
甘　肃	10977.3	7473.3	3307.3	2406.6	674.1	470.5
青　海	2922.4	1931.2	865.9	640.4	133.3	86.3
宁　夏	5936.6	3789.3	1185.7	883.9	1011.0	718.1
新　疆	12970.3	8162.3	3032.7	2174.5	1116.7	762.0

19-9 各省(市、区)房地产开发企业商品房销售面积、销售额和待售面积(2019年)

地 区	商品房销售面积(万平方米)	#住 宅	商品房销售额(亿元)	#住 宅	商品房待售面积(万平方米)	#住 宅
全 国	**171557.9**	**150144.3**	**159725.1**	**139440.0**	**49820.7**	**22472.8**
北 京	938.9	789.0	3371.0	3032.4	2489.5	893.1
天 津	1478.7	1382.6	2274.1	2132.5	657.8	313.6
河 北	5282.7	4770.4	4138.6	3714.6	996.1	648.9
山 西	2366.1	2169.3	1631.8	1452.4	966.3	571.1
内蒙古	2008.2	1803.5	1243.9	1104.1	1068.7	599.1
辽 宁	3696.3	3412.5	3049.1	2814.9	2909.3	1877.1
吉 林	2122.3	1874.0	1581.5	1373.5	1077.6	587.0
黑龙江	1684.5	1461.1	1268.2	1070.0	1505.8	841.6
上 海	1696.3	1353.7	5203.8	4457.2	2360.5	734.9
江 苏	13972.9	12545.0	16259.6	14894.8	4612.1	2131.3
浙 江	9378.3	7804.0	14352.1	12723.1	2266.1	706.0
安 徽	9229.4	8323.9	6823.5	6126.7	1531.7	650.3
福 建	6456.1	5073.7	6938.8	5685.3	1862.0	532.5
江 西	**6458.9**	**5679.0**	**4710.4**	**4038.0**	**818.3**	**397.6**
山 东	12727.3	11429.0	10271.2	9287.1	2433.8	1284.3
河 南	14277.6	12981.6	9010.0	8016.9	2529.4	1694.0
湖 北	8602.0	7967.1	7751.8	6903.7	1417.9	724.3
湖 南	9103.5	8073.2	5578.0	4721.4	1410.7	654.8
广 东	13846.5	11872.6	19748.2	16758.0	5716.4	2666.4
广 西	6711.8	6076.9	4366.2	3913.4	1269.0	702.4
海 南	829.3	721.6	1275.8	1090.6	589.6	415.6
重 庆	6104.7	5149.1	5129.4	4457.8	1959.1	356.6
四 川	12978.6	10451.1	9666.7	7869.0	2021.2	361.0
贵 州	5323.3	4612.1	3183.6	2527.4	571.6	178.8
云 南	4835.4	4064.5	3846.2	3255.8	1089.5	422.1
西 藏	127.7	110.5	96.8	81.2	38.5	14.8
陕 西	4401.1	3818.3	3960.2	3359.2	650.3	280.7
甘 肃	1705.3	1569.2	1019.3	907.1	704.1	375.7
青 海	480.5	406.7	367.3	295.6	120.2	53.7
宁 夏	1009.5	887.3	573.9	498.5	957.6	344.5
新 疆	1724.2	1511.7	1034.3	877.9	1219.9	458.9

19-10 各省(市、区)社会消费品零售总额

单位：亿元

地　区	2014	2015	2016	2017	2018	2019
全　国	**271896**	**300931**	**332316**	**366262**	**380987**	**411649**
北　京	9638	10338	11005	11575	11748	12270
天　津	4739	5257	5636	5730	5533	5516
河　北	11820	12991	14365	15908	16537	17934
山　西	5718	6034	6481	6918	7339	7909
内蒙古	5658	6108	6701	7160	7311	7611
辽　宁	11857	12787	13414	13807	14143	15009
吉　林	6081	6652	7310	7856	7520	7777
黑龙江	7015	7640	8403	9099	9317	9898
上　海	9303	10132	10947	11830	12669	13497
江　苏	23458	25877	28707	31737	33230	35291
浙　江	17835	19785	21971	24309	25008	27176
安　徽	7957	8908	10000	11193	12100	13378
福　建	9347	10506	11675	13013	14317	15750
江　西	**5293**	**5926**	**6635**	**7448**	**7566**	**8422**
山　东	25112	27761	30646	33649	33605	35771
河　南	14005	15740	17618	19667	20595	22733
湖　北	12449	14003	15649	17394	18334	20224
湖　南	10723	12024	13437	14855	15638	17240
广　东	28471	31518	34739	38200	39501	42664
广　西	5773	6348	7027	7813	8292	8873
海　南	1225	1325	1454	1619	1717	1808
重　庆	5711	6424	7271	8068	7977	8667
四　川	12393	13878	15602	17481	18255	20144
贵　州	2937	3283	3709	4154	3971	4174
云　南	4633	5103	5723	6423	6826	7539
西　藏	365	409	459	523	598	649
陕　西	5919	6578	7368	8236	8938	9599
甘　肃	2668	2907	3184	3427	3428	3692
青　海	621	691	767	839	836	881
宁　夏	737	790	850	930	936	984
新　疆	2436	2606	2826	3045	3187	3362

19-11 各省(市、区)网上零售额（2019年）

地　区	网上零售额（亿元）	比上年增长（%）	其中：实物网上零售额（亿元）	比上年增长（%）
全　国	**106324**	**16.5**	**85239**	**19.5**
北　京	8676	18.6	6504	24.5
天　津	2239	72.2	1932	95.8
河　北	2403	19.4	2108	25.5
山　西	564	6.5	304	20.1
内蒙古	441	19.0	196	29.2
辽　宁	1426	22.2	1094	24.7
吉　林	525	15.0	287	31.6
黑龙江	669	19.5	370	31.8
上　海	10419	16.8	8425	16.4
江　苏	9896	6.9	8361	8.7
浙　江	16316	12.4	12815	14.8
安　徽	2401	18.4	1973	20.7
福　建	4894	19.1	4298	22.7
江　西	**1588**	**29.5**	**1374**	**38.6**
山　东	4109	15.8	3445	19.6
河　南	2256	19.4	1750	27.6
湖　北	2860	10.1	2384	17.7
湖　南	1840	10.8	1352	26.8
广　东	22828	19.1	19819	19.3
广　西	820	10.4	444	16.9
海　南	373	0.6	99	-14.0
重　庆	1082	5.0	683	22.1
四　川	3318	22.5	2558	25.2
贵　州	478	5.2	245	6.6
云　南	822	30.5	442	30.4
西　藏	53	26.6	26	45.1
陕　西	1043	3.9	723	3.6
甘　肃	331	14.3	114	32.3
青　海	67	27.6	29	43.5
宁　夏	105	22.5	43	11.5
新　疆	202	26.5	158	33.4

19-12 各省(市、区)货物进出口总额

地 区	亿元人民币			亿美元		
	2017	2018	2019	2017	2018	2019
全 国	**278101**	**305008**	**315505**	**41072**	**46224**	**45761**
北 京	21944	27186	28669	3240	4125	4162
天 津	7645	8080	7346	1129	1226	1066
河 北	3379	3553	4002	499	539	580
山 西	1163	1369	1447	172	208	210
内蒙古	941	1035	1096	139	157	159
辽 宁	6749	7558	7256	996	1146	1053
吉 林	1255	1363	1303	185	207	189
黑龙江	1282	1750	1866	190	264	271
上 海	32243	34012	34053	4762	5157	4939
江 苏	39997	43793	43384	5908	6639	6295
浙 江	25605	28512	30839	3779	4324	4472
安 徽	3657	4142	4738	540	628	687
福 建	11590	12346	13310	1710	1874	1931
江 西	**3011**	**3162**	**3513**	**443**	**482**	**509**
山 东	17923	19303	20422	2646	2924	2963
河 南	5234	5512	5714	776	828	825
湖 北	3136	3486	3945	463	528	571
湖 南	2434	3076	4343	360	465	629
广 东	68169	71602	71457	10067	10845	10362
广 西	3912	4104	4695	579	623	682
海 南	703	848	906	104	127	132
重 庆	4508	5221	5793	666	790	840
四 川	4605	5947	6767	681	899	981
贵 州	551	501	454	82	76	66
云 南	1582	1971	2324	235	299	337
西 藏	59	48	49	9	7	7
陕 西	2719	3513	3516	402	533	510
甘 肃	326	395	380	48	60	55
青 海	44	48	37	7	7	5
宁 夏	342	249	241	50	38	35
新 疆	1392	1325	1641	206	200	237

19-13 各省(市、区)货物进口额

地区	亿元人民币			亿美元		
	2017	2018	2019	2017	2018	2019
全国	**104967**	**124790**	**140874**	**15879**	**18438**	**21356**
北京	15219	17977	22302	2303	2655	3382
天津	3859	4693	4870	584	694	737
河北	1064	1253	1309	161	185	199
山西	445	473	559	67	70	85
内蒙古	478	610	656	72	90	99
辽宁	2873	3708	4331	435	547	656
吉林	940	956	1037	143	141	157
黑龙江	762	929	1454	115	137	220
上海	16564	19125	20343	2504	2826	3085
江苏	12570	15409	17145	1902	2278	2600
浙江	4541	6166	7337	687	911	1113
安徽	1056	1584	1764	160	234	268
福建	3511	4477	4739	531	661	720
江西	**676**	**802**	**941**	**102**	**119**	**143**
山东	6429	7962	8733	973	1175	1323
河南	1880	2062	1934	284	306	291
湖北	882	1073	1234	133	159	187
湖南	566	868	1053	86	129	160
广东	23577	25976	28900	3567	3838	4380
广西	1635	2013	1931	247	298	295
海南	609	407	551	92	60	83
重庆	1464	1625	1827	221	240	277
四川	1414	2066	2613	214	306	395
贵州	63	160	163	10	24	25
云南	557	808	1125	84	120	171
西藏	20	29	19	3	4	3
陕西	931	1060	1435	141	157	217
甘肃	184	211	249	28	31	38
青海	11	16	15	2	2	2
宁夏	50	94	69	8	14	10
新疆	136	198	237	21	29	36

19-14 各省(市、区)货物出口额

地区	亿元人民币			亿美元		
	2017	2018	2019	2017	2018	2019
全 国	**153311**	**164128**	**172342**	**22634**	**24867**	**24990**
北 京	3967	4872	5169	586	741	750
天 津	2952	3208	3018	436	488	438
河 北	2126	2242	2371	314	340	344
山 西	690	810	807	102	123	117
内蒙古	331	378	377	49	57	55
辽 宁	3041	3214	3131	449	488	455
吉 林	299	326	324	44	49	47
黑龙江	353	294	350	52	44	51
上 海	13118	13665	13725	1936	2071	1990
江 苏	24589	26653	27212	3630	4040	3948
浙 江	19439	21175	23075	2868	3210	3346
安 徽	2073	2386	2786	306	362	404
福 建	7113	7613	8281	1049	1155	1202
江 西	**2209**	**2223**	**2497**	**325**	**339**	**362**
山 东	9961	10568	11131	1470	1601	1615
河 南	3172	3579	3757	470	538	542
湖 北	2063	2252	2486	305	341	360
湖 南	1565	2025	3077	232	305	445
广 东	42193	42707	43396	6229	6465	6292
广 西	1899	2176	2598	281	328	377
海 南	296	298	344	44	45	50
重 庆	2883	3394	3713	426	514	538
四 川	2538	3333	3893	376	504	564
贵 州	391	338	327	58	51	47
云 南	775	848	1037	115	128	150
西 藏	29	29	37	4	4	5
陕 西	1659	2079	1873	245	316	272
甘 肃	115	146	131	17	22	19
青 海	29	31	20	4	5	3
宁 夏	248	180	149	37	27	22
新 疆	1194	1089	1250	176	164	180

19-15 各省(市、区)电力消费量

单位：亿千瓦小时

地　区	2013	2014	2015	2016	2017	2018	2019
北　京	913.1	937.1	952.7	1020.3	1066.9	1142.4	1166.4
天　津	774.5	794.4	800.6	807.9	805.6	855.1	878.4
河　北	3251.2	3314.1	3175.7	3264.5	3441.7	3665.7	3856.1
山　西	1832.3	1822.6	1737.2	1797.2	1990.6	2160.5	2261.9
内蒙古	2181.9	2416.7	2542.9	2605.0	2891.9	3353.4	3653.0
辽　宁	2008.5	2038.7	1984.9	2037.4	2135.5	2302.4	2401.5
吉　林	653.8	667.8	652.0	667.6	703.0	750.6	780.4
黑龙江	845.2	859.4	869.0	896.6	928.6	973.9	995.6
上　海	1410.6	1369.0	1405.5	1486.0	1526.8	1566.7	1568.6
江　苏	4956.6	5012.5	5114.7	5458.9	5807.9	6128.3	6264.4
浙　江	3453.1	3506.4	3553.9	3873.2	4192.6	4532.8	4706.2
安　徽	1528.1	1585.2	1639.8	1795.0	1921.5	2135.1	2300.7
福　建	1700.7	1855.8	1851.9	1968.6	2112.7	2313.8	2402.3
江　西	**947.1**	**1018.5**	**1087.3**	**1182.5**	**1294.0**	**1428.8**	**1535.7**
山　东	4083.1	4223.5	5117.0	5390.7	5430.2	6083.9	6218.7
河　南	2899.2	2919.6	2879.6	2989.2	3166.2	3417.7	3364.2
湖　北	1629.8	1656.5	1665.2	1763.1	1869.0	2071.4	2214.3
湖　南	1423.1	1430.9	1447.6	1495.7	1581.5	1745.2	1864.3
广　东	4830.1	5235.2	5310.7	5610.1	5959.0	6323.4	6695.9
广　西	1237.7	1308.0	1334.3	1359.6	1444.9	1703.0	1907.2
海　南	232.0	251.9	272.4	287.3	305.0	326.8	354.6
重　庆	813.3	867.2	875.4	924.9	996.5	1118.8	1160.2
四　川	1949.0	2014.8	1992.4	2101.0	2205.2	2459.5	2635.8
贵　州	1126.3	1173.7	1174.2	1241.8	1384.9	1482.1	1540.7
云　南	1459.8	1529.4	1438.6	1410.5	1538.1	1679.1	1812.0
西　藏	30.7	34.0	40.5	49.2	58.2	69.0	77.6
陕　西	1152.2	1226.0	1221.7	1357.1	1494.7	1594.2	1682.8
甘　肃	1073.2	1095.5	1098.7	1065.2	1164.4	1289.5	1288.0
青　海	676.3	723.2	658.0	637.5	687.0	738.3	716.5
宁　夏	811.2	848.8	878.3	886.9	978.3	1064.8	1083.9
新　疆	1539.8	1900.2	2160.3	2316.5	2542.8	2686.5	2867.6

19-16 各省(市、区)一般预算收入

单位：亿元

地 区	2014	2015	2016	2017	2018	2019
地方合计	**75877**	**83002**	**87239**	**91469**	**97903**	**101077**
北 京	4027	4724	5081	5431	5786	5817
天 津	2390	2667	2724	2310	2106	2410
河 北	2447	2649	2850	3234	3514	3743
山 西	1821	1642	1557	1867	2293	2348
内蒙古	1844	1964	2016	1703	1858	2060
辽 宁	3193	2127	2200	2393	2616	2652
吉 林	1203	1229	1264	1211	1241	1117
黑龙江	1301	1166	1148	1243	1283	1263
上 海	4586	5520	6406	6642	7108	7165
江 苏	7233	8029	8121	8172	8630	8802
浙 江	4122	4810	5302	5804	6598	7048
安 徽	2218	2454	2673	2812	3049	3183
福 建	2362	2544	2655	2809	3007	3053
江 西	**1882**	**2166**	**2151**	**2247**	**2373**	**2487**
山 东	5027	5529	5860	6099	6485	6527
河 南	2739	3016	3153	3407	3766	4042
湖 北	2567	3006	3102	3248	3307	3388
湖 南	2263	2515	2698	2758	2861	3007
广 东	8065	9367	10390	11320	12105	12651
广 西	1422	1515	1556	1615	1681	1812
海 南	555	628	638	674	753	814
重 庆	1922	2155	2228	2252	2266	2135
四 川	3061	3355	3389	3578	3911	4071
贵 州	1367	1503	1561	1614	1727	1767
云 南	1698	1808	1812	1886	1994	2074
西 藏	124	137	156	186	230	222
陕 西	1890	2060	1834	2007	2243	2288
甘 肃	673	744	787	816	871	850
青 海	252	267	239	246	273	282
宁 夏	340	373	388	418	437	424
新 疆	1282	1331	1299	1467	1531	1578

注：本表数据为地方财政本级收入。

19-17 各省(市、区)一般公共预算支出

单位：亿元

地　区	2014	2015	2016	2017	2018	2019
地方合计	**129215**	**150336**	**160351**	**173228**	**188196**	**203759**
北　京	4525	5738	6407	6825	7471	7408
天　津	2885	3232	3699	3283	3103	3509
河　北	4677	5632	6050	6639	7726	8314
山　西	3085	3423	3429	3756	4284	4713
内蒙古	3880	4253	4513	4530	4831	5098
辽　宁	5080	4482	4577	4879	5338	5761
吉　林	2913	3217	3586	3726	3790	3933
黑龙江	3434	4021	4227	4641	4677	5012
上　海	4923	6192	6919	7548	8352	8179
江　苏	8472	9688	9982	10621	11657	12574
浙　江	5160	6646	6974	7530	8630	10053
安　徽	4664	5239	5523	6204	6572	7391
福　建	3307	4002	4275	4684	4833	5097
江　西	**3883**	**4413**	**4617**	**5111**	**5668**	**6403**
山　东	7177	8250	8755	9258	10101	10737
河　南	6029	6799	7454	8216	9218	10176
湖　北	4934	6133	6423	6801	7258	7968
湖　南	5017	5729	6339	6869	7480	8092
广　东	9153	12828	13446	15037	15729	17314
广　西	3480	4066	4442	4909	5311	5849
海　南	1100	1239	1376	1444	1691	1859
重　庆	3304	3792	4002	4336	4541	4848
四　川	6797	7498	8009	8695	9708	10350
贵　州	3543	3939	4262	4613	5030	5921
云　南	4438	4713	5019	5713	6075	6770
西　藏	1186	1381	1588	1682	1971	2181
陕　西	3963	4376	4389	4833	5302	5722
甘　肃	2541	2958	3150	3304	3772	3957
青　海	1347	1515	1525	1530	1647	1864
宁　夏	1000	1138	1255	1373	1419	1438
新　疆	3318	3805	4138	4637	5012	5269

注：本表数据为地方财政本级支出。

19-18 各省(市、区)各类价格指数 (2019年)

(上年=100)

地区	居民消费价格指数	农业生产资料价格指数	农产品生产者价格指数	固定资产投资价格指数
全国	**102.9**	**102.3**	**114.5**	**102.6**
北京	102.3		109.9	102.1
天津	102.7		108.8	101.7
河北	103.0	102.8	107.1	103.0
山西	102.7	101.8	115.2	104.0
内蒙古	102.4	101.2	105.6	101.7
辽宁	102.4	101.8	107.6	103.1
吉林	103.0	100.8	108.7	102.6
黑龙江	102.8	102.7	106.2	100.8
上海	102.5		105.6	101.4
江苏	103.1	103.1	109.3	101.3
浙江	102.9	103.0	109.9	102.1
安徽	102.7	101.3	109.3	102.3
福建	102.6	101.9	106.9	101.5
江西	**102.9**	**104.7**	**113.2**	**102.4**
山东	103.2	104.9	112.2	102.8
河南	103.0	101.5	119.9	103.2
湖北	103.1	100.8	110.1	104.0
湖南	102.9	103.4	118.0	101.7
广东	103.4	103.6	107.3	104.2
广西	103.7	101.9	115.5	102.4
海南	103.4	100.0	109.2	103.3
重庆	102.7		112.1	103.4
四川	103.2	103.3	115.6	101.6
贵州	102.4	103.3	116.2	102.3
云南	102.5	101.0	109.6	102.3
西藏	102.3	100.0		
陕西	102.9	100.5	107.7	102.6
甘肃	102.3	102.6	109.9	102.6
青海	102.5	103.3	109.6	102.5
宁夏	102.1	101.1	106.4	102.0
新疆	101.9	101.2	99.6	102.8

19-19　各省(市、区)全体居民人均可支配收入

单位：元

地　区	2014	2015	2016	2017	2018	2019
全国总计	**20167**	**21966**	**23821**	**25974**	**28228**	**30733**
北　京	44489	48458	52530	57230	62361	67756
天　津	28832	31291	34074	37022	39506	42404
河　北	16647	18118	19725	21484	23446	25665
山　西	16538	17854	19049	20420	21990	23828
内蒙古	20559	22310	24127	26212	28376	30555
辽　宁	22820	24576	26040	27835	29701	31820
吉　林	17520	18684	19967	21368	22798	24563
黑龙江	17404	18593	19838	21206	22726	24254
上　海	45966	49867	54305	58988	64183	69442
江　苏	27173	29539	32070	35024	38096	41400
浙　江	32658	35537	38529	42046	45840	49899
安　徽	16796	18363	19998	21863	23984	26415
福　建	23331	25404	27608	30048	32644	35616
江　西	**16734**	**18437**	**20110**	**22031**	**24080**	**26262**
山　东	20864	22703	24685	26930	29205	31597
河　南	15695	17125	18443	20170	21964	23903
湖　北	18283	20026	21787	23757	25815	28319
湖　南	17622	19317	21115	23103	25241	27680
广　东	25685	27859	30296	33003	35810	39014
广　西	15557	16873	18305	19905	21485	23328
海　南	17476	18979	20653	22553	24579	26679
重　庆	18352	20110	22034	24153	26386	28920
四　川	15749	17221	18808	20580	22461	24703
贵　州	12371	13697	15121	16704	18430	20397
云　南	13772	15223	16720	18348	20084	22082
西　藏	10730	12254	13639	15457	17286	19501
陕　西	15837	17395	18874	20635	22528	24666
甘　肃	12185	13467	14670	16011	17488	19139
青　海	14374	15813	17302	19001	20757	22618
宁　夏	15907	17329	18832	20562	22400	24412
新　疆	15097	16859	18355	19975	21500	23103

19-20 各省(市、区)全体居民人均消费性支出

单位：元

地　区	2014	2015	2016	2017	2018	2019
全国总计	**14491**	**15712**	**17111**	**18322**	**19853**	**21559**
北　京	31103	33803	35416	37425	39843	43038
天　津	22343	24162	26129	27841	29903	31854
河　北	11932	13031	14247	15437	16722	17987
山　西	10864	11729	12683	13664	14810	15863
内蒙古	16258	17179	18072	18946	19665	20743
辽　宁	16068	17200	19853	20463	21398	22203
吉　林	13026	13764	14773	15632	17200	18075
黑龙江	12769	13403	14446	15577	16994	18111
上　海	33065	34784	37458	39792	43351	45605
江　苏	19164	20556	22130	23469	25007	26697
浙　江	22552	24117	25527	27079	29471	32026
安　徽	11727	12840	14712	15752	17045	19137
福　建	17644	18850	20167	21249	22996	25314
江　西	**11089**	**12403**	**13259**	**14459**	**15792**	**17650**
山　东	13329	14578	15926	17281	18780	20427
河　南	11000	11835	12712	13730	15169	16332
湖　北	12928	14316	15889	16938	19538	21567
湖　南	13289	14267	15750	17160	18808	20479
广　东	19205	20976	23448	24820	26054	28995
广　西	10274	11401	12295	13424	14935	16418
海　南	12471	13575	14275	15403	17528	19555
重　庆	13811	15140	16385	17898	19248	20774
四　川	12368	13632	14839	16180	17664	19338
贵　州	9303	10414	11932	12970	13798	14780
云　南	9870	11005	11769	12658	14250	15780
西　藏	7317	8246	9319	10320	11520	13029
陕　西	12204	13087	13943	14900	16160	17465
甘　肃	9875	10951	12254	13120	14624	15879
青　海	12605	13611	14775	15503	16557	17545
宁　夏	12485	13816	14965	15350	16715	18297
新　疆	11904	12867	14066	15087	16189	17397

19-21 各省(市、区)城镇居民人均可支配收入

单位：元

地区	2014	2015	2016	2017	2018	2019
全国总计	**28844**	**31195**	**33616**	**36396**	**39251**	**42359**
北京	48532	52859	57275	62406	67990	73849
天津	31506	34101	37110	40278	42976	46119
河北	24141	26152	28249	30548	32977	35738
山西	24069	25828	27352	29132	31035	33262
内蒙古	28350	30594	32975	35670	38305	40782
辽宁	29082	31126	32876	34993	37342	39777
吉林	23218	24901	26530	28319	30172	32299
黑龙江	22609	24203	25736	27446	29191	30945
上海	48841	52962	57692	62596	68034	73615
江苏	34346	37173	40152	43622	47200	51056
浙江	40393	43714	47237	51261	55574	60182
安徽	24839	26936	29156	31640	34393	37540
福建	30722	33275	36014	39001	42121	45620
江西	**24309**	**26500**	**28673**	**31198**	**33819**	**36546**
山东	29222	31545	34012	36789	39549	42329
河南	23672	25576	27233	29558	31874	34201
湖北	24852	27051	29386	31889	34455	37601
湖南	26570	28838	31284	33948	36698	39842
广东	32148	34757	37684	40975	44341	48118
广西	24669	26416	28324	30502	32436	34745
海南	24487	26356	28453	30817	33349	36017
重庆	25147	27239	29610	32193	34889	37939
四川	24234	26205	28335	30727	33216	36154
贵州	22548	24580	26743	29080	31592	34404
云南	24299	26373	28611	30996	33488	36238
西藏	22016	25457	27802	30671	33797	37410
陕西	24366	26420	28440	30810	33319	36098
甘肃	21804	23767	25693	27763	29957	32323
青海	22307	24542	26757	29169	31515	33830
宁夏	23285	25186	27153	29472	31895	34328
新疆	23214	26275	28463	30775	32764	34664

19-22 各省(市、区)城镇居民人均消费性支出

单位：元

地　区	2014	2015	2016	2017	2018	2019
全国总计	**19968**	**21392**	**23079**	**24445**	**26112**	**28063**
北　京	33717	36642	38256	40346	42926	46358
天　津	24290	26230	28345	30284	32655	34811
河　北	16204	17587	19106	20600	22127	23483
山　西	14637	15819	16993	18404	19790	21159
内蒙古	20885	21876	22744	23638	24437	25383
辽　宁	20520	21557	24996	25379	26448	27355
吉　林	17156	17973	19166	20051	22394	23394
黑龙江	16467	17152	18145	19270	21035	22165
上　海	35182	36946	39857	42304	46015	48272
江　苏	23476	24966	26433	27726	29462	31329
浙　江	27242	28661	30068	31924	34598	37508
安　徽	16107	17234	19606	20740	21523	23782
福　建	22204	23520	25006	25980	28145	30946
江　西	**15142**	**16732**	**17696**	**19244**	**20760**	**22714**
山　东	18323	19854	21495	23072	24798	26731
河　南	16184	17154	18088	19422	20989	21972
湖　北	16681	18192	20040	21276	23996	26422
湖　南	18335	19501	21420	23163	25064	26924
广　东	23612	25673	28613	30198	30924	34424
广　西	15045	16321	17268	18349	20159	21591
海　南	17514	18448	19015	20372	22971	25317
重　庆	18279	19742	21031	22759	24154	25785
四　川	17760	19277	20660	21991	23484	25367
贵　州	15255	16914	19202	20348	20788	21402
云　南	16268	17675	18622	19560	21626	23455
西　藏	15669	17022	19440	21088	23029	25637
陕　西	17546	18464	19369	20388	21966	23514
甘　肃	15942	17451	19539	20659	22606	24454
青　海	17493	19201	20853	21473	22998	23799
宁　夏	17216	18984	20364	20219	21977	24161
新　疆	17685	19415	21229	22797	24191	25594

19-23 各省(市、区)农村居民人均可支配收入

单位：元

地 区	2014	2015	2016	2017	2018	2019
全国总计	**10489**	**11422**	**12363**	**13432**	**14617**	**16021**
北 京	18867	20569	22310	24240	26490	28928
天 津	17014	18482	20076	21754	23065	24804
河 北	10186	11051	11919	12881	14031	15373
山 西	8809	9454	10082	10788	11750	12902
内蒙古	9976	10776	11609	12584	13803	15283
辽 宁	11191	12057	12881	13747	14656	16108
吉 林	10780	11326	12123	12950	13748	14936
黑龙江	10453	11095	11832	12665	13804	14982
上 海	21192	23205	25520	27825	30375	33195
江 苏	14958	16257	17606	19158	20845	22675
浙 江	19373	21125	22866	24956	27302	29876
安 徽	9916	10821	11720	12758	13996	15416
福 建	12650	13793	14999	16335	17821	19568
江 西	**10117**	**11139**	**12138**	**13242**	**14460**	**15796**
山 东	11882	12930	13954	15118	16297	17775
河 南	9966	10853	11697	12719	13831	15164
湖 北	10849	11844	12725	13812	14978	16391
湖 南	10060	10993	11930	12936	14093	15395
广 东	12246	13360	14512	15780	17168	18818
广 西	8683	9467	10359	11325	12435	13676
海 南	9913	10858	11843	12902	13989	15113
重 庆	9490	10505	11549	12638	13781	15133
四 川	9348	10247	11203	12227	13331	14670
贵 州	6671	7387	8090	8869	9716	10756
云 南	7456	8242	9020	9862	10768	11902
西 藏	7359	8244	9094	10330	11450	12951
陕 西	7932	8689	9396	10265	11213	12326
甘 肃	6277	6936	7457	8076	8804	9629
青 海	7283	7933	8664	9462	10393	11499
宁 夏	8410	9119	9852	10738	11708	12858
新 疆	8724	9425	10183	11045	11975	13122

19-24 各省(市、区)农村居民人均消费性支出

单位：元

地　区	2014	2015	2016	2017	2018	2019
全国总计	**8383**	**9223**	**10130**	**10955**	**12124**	**13328**
北　京	14535	15811	17329	18810	20195	21881
天　津	13739	14739	15912	16386	16863	17843
河　北	8248	9023	9798	10536	11383	12372
山　西	6992	7421	8029	8424	9172	9728
内蒙古	9972	10637	11463	12184	12661	13816
辽　宁	7801	8873	9953	10787	11455	12030
吉　林	8140	8783	9521	10279	10826	11457
黑龙江	7830	8391	9424	10524	11417	12495
上　海	14820	16152	17071	18090	19965	22449
江　苏	11820	12883	14428	15612	16567	17716
浙　江	14498	16108	17359	18093	19707	21352
安　徽	7981	8975	10287	11106	12748	14546
福　建	11056	11961	12911	14003	14943	16281
江　西	**7548**	**8486**	**9128**	**9870**	**10885**	**12497**
山　东	7962	8748	9519	10342	11270	12309
河　南	7277	7887	8587	9212	10392	11546
湖　北	8681	9803	10938	11633	13946	15328
湖　南	9025	9691	10630	11534	12721	13969
广　东	10043	11103	12415	13200	15411	16949
广　西	6675	7582	8351	9437	10617	12045
海　南	7029	8210	8921	9599	10956	12418
重　庆	7983	8938	9954	10936	11977	13112
四　川	8301	9251	10192	11397	12723	14056
贵　州	5970	6645	7533	8299	9170	10222
云　南	6030	6830	7331	8027	9123	10260
西　藏	4822	5580	6070	6691	7452	8418
陕　西	7252	7901	8568	9306	10071	10935
甘　肃	6148	6830	7487	8030	9065	9694
青　海	8235	8566	9222	9903	10352	11343
宁　夏	7676	8415	9138	9982	10790	11465
新　疆	7365	7698	8277	8713	9421	10318

19-25 各省(市、区)农林牧渔业总产值及增长速度（2019年）

地 区	农林牧渔业总产值（亿元）	#农 业	林 业	牧 业	渔 业	农林牧渔业总产值比上年增长（%）
全 国	**123968**	**66066**	**5776**	**33064**	**12572**	**2.8**
北 京	282	102	116	49	5	-6.3
天 津	414	203	25	100	71	0.6
河 北	6061	3115	231	2035	213	1.9
山 西	1627	937	101	479	7	2.0
内蒙古	3176	1606	101	1390	28	2.1
辽 宁	4368	1912	117	1480	670	3.0
吉 林	2443	1014	68	1240	40	2.3
黑龙江	5930	3774	194	1672	123	2.5
上 海	285	146	18	48	55	-7.3
江 苏	7503	3829	162	1213	1741	0.7
浙 江	3355	1595	185	395	1081	1.8
安 徽	5162	2365	351	1629	521	2.3
福 建	4637	1775	417	914	1362	3.6
江 西	**3481**	**1624**	**343**	**889**	**477**	**3.0**
山 东	9672	4914	198	2412	1397	0.8
河 南	8542	5409	141	2316	118	3.0
湖 北	6682	3258	258	1521	1153	3.5
湖 南	6405	3052	431	2003	442	3.2
广 东	7176	3530	408	1404	1525	3.5
广 西	5499	3102	411	1190	539	4.8
海 南	1689	820	106	301	391	2.6
重 庆	2338	1397	113	680	105	2.8
四 川	7889	4395	372	2648	263	2.6
贵 州	3889	2536	275	830	58	5.9
云 南	4936	2680	396	1601	105	5.6
西 藏	213	95	4	108	0	7.7
陕 西	3537	2446	106	757	31	4.3
甘 肃	1888	1306	38	396	2	5.8
青 海	454	181	11	251	4	4.6
宁 夏	585	331	11	198	17	3.1
新 疆	3851	2616	66	915	28	3.5

注：本表绝对数按当年价格计算，增长速度按可比价格计算。

19-26 各省(市、区)农村贫困人口（2010年标准）

单位：万人

地　区	2013	2014	2015	2016	2017	2018	2019
全　国	**8249**	**7017**	**5575**	**4335**	**3046**	**1660**	**551**
北　京	.	.	.	.	.	.	.
天　津	.	.	.	.	.	.	.
河　北	366	320	241	188	124	63	.
山　西	299	269	223	186	133	74	16
内蒙古	114	98	76	53	37	14	.
辽　宁	126	117	86	59	39	24	.
吉　林	89	81	69	57	41	26	9
黑龙江	111	96	86	69	50	27	.
上　海	.	.	.	.	.	.	.
江　苏	95	61	.	.	.	.	.
浙　江	72	45	.	.	.	.	.
安　徽	440	371	309	237	158	67	.
福　建	73	50	36	23	.	.	.
江　西	**328**	**276**	**208**	**155**	**107**	**63**	**.**
山　东	264	231	172	140	60	.	.
河　南	639	565	463	371	277	168	51
湖　北	323	271	216	176	114	67	.
湖　南	640	532	434	343	232	105	42
广　东	115	82	47		.	.	.
广　西	634	540	452	341	246	140	51
海　南	60	50	41	32	23	7	.
重　庆	139	119	88	45	21	13	.
四　川	602	509	400	306	212	98	52
贵　州	745	623	507	402	295	173	53
云　南	661	574	471	373	279	179	66
西　藏	72	61	48	34	20	13	4
陕　西	410	350	288	226	169	83	17
甘　肃	496	417	325	262	200	121	46
青　海	63	52	42	31	23	10	5
宁　夏	51	45	37	30	19	9	4
新　疆	222	212	180	147	113	64	20

注：“.”表示数值较小，统计上不显著。

19-27 各省(市、区)规模以上工业企业主要经济指标(一) (2019年)

单位：亿元

地　区	主营业务收入	主营业务成本	销售费用	管理费用	财务费用	利润总额
全　国	**1057824.9**	**889442.1**	**31177.6**	**52275.2**	**11443.1**	**61995.5**
北　京	22856.4	18874.8	1235.0	1241.9	237.2	1683.5
天　津	18717.6	15884.5	427.7	852.0	134.5	1212.0
河　北	40416.9	35203.5	902.4	1456.7	543.5	2013.1
山　西	21123.5	17142.5	662.9	1140.8	710.5	1184.0
内蒙古	16233.1	13001.6	431.2	620.1	430.5	1431.7
辽　宁	30365.5	25783.3	817.1	1296.6	428.7	1332.0
吉　林	14024.4	11538.0	587.0	749.9	126.2	740.5
黑龙江	9916.6	8150.6	318.7	540.1	139.5	389.1
上　海	38841.0	31312.3	1489.8	2722.9	77.3	2874.5
江　苏	118768.3	100600.0	3638.4	6346.7	922.8	6733.8
浙　江	74962.5	62649.5	2312.8	4508.9	753.7	4759.5
安　徽	37042.2	31600.0	972.1	1689.6	381.2	2159.6
福　建	56921.8	49145.3	1300.1	2071.6	379.2	3815.1
江　西	**34851.5**	**30156.0**	**709.8**	**1350.6**	**235.3**	**2158.8**
山　东	84541.9	73322.6	2177.6	3439.2	1154.1	3669.4
河　南	48544.5	41987.7	1007.4	1665.2	673.0	2762.4
湖　北	45212.9	37950.4	1394.5	2072.7	411.5	2867.8
湖　南	37310.8	30558.3	1192.2	2407.7	352.5	1870.8
广　东	146517.7	122278.5	5076.4	9385.1	725.9	8915.3
广　西	17433.4	15134.7	388.4	607.8	188.5	777.7
海　南	2280.7	1769.0	132.0	89.6	38.0	171.6
重　庆	20793.9	17729.1	616.5	993.7	178.7	1102.8
四　川	43811.1	36334.4	1481.7	1880.3	533.7	2900.0
贵　州	9292.1	6982.0	324.7	433.3	207.3	867.2
云　南	14612.6	11428.7	395.1	556.5	318.7	879.9
西　藏	288.3	233.5	9.5	28.9	9.4	5.2
陕　西	24526.8	19642.8	619.1	1036.4	361.2	2167.0
甘　肃	9151.8	7953.7	146.0	275.9	199.4	251.8
青　海	2339.3	1914.7	55.9	113.4	117.4	-541.9
宁　夏	4824.9	4027.7	85.4	205.4	166.8	218.1
新　疆	11301.0	9152.3	270.1	495.9	306.7	623.4

注：本表为快报数据。

19-28 各省(市、区)规模以上工业企业主要经济指标(二)(2019年)

单位：亿元

地　区	亏损企业亏损总额	流动资产合　计	应收账款	存货	产成品	资产总计	负债合计
全　国	**9414.6**	**587317.3**	**174019.8**	**117780.2**	**43283.8**	**1191375.3**	**673949.8**
北　京	328.3	19049.6	5154.2	2727.2	995.9	52444.2	22273.5
天　津	234.7	10565.5	3091.8	2137.8	718.2	21563.0	12596.9
河　北	264.9	21645.5	5895.5	4375.6	1545.1	46788.1	28114.0
山　西	345.2	17015.9	3513.9	2184.8	821.5	41434.5	29550.5
内蒙古	279.1	10850.6	2499.2	1625.7	583.3	31314.0	19093.3
辽　宁	425.9	19380.6	5257.1	4410.4	1381.2	38850.8	24563.6
吉　林	275.1	8040.3	2048.4	1756.4	775.8	16710.4	9926.3
黑龙江	188.3	7170.6	1611.6	1402.4	426.4	16396.8	9610.8
上　海	263.9	25415.0	8638.9	4965.9	1603.7	44031.5	20770.7
江　苏	998.2	69481.8	25504.0	14359.8	5559.4	120515.1	63786.6
浙　江	479.5	46665.5	16196.2	9504.7	3863.4	84743.5	46706.6
安　徽	236.2	19246.2	6827.7	3720.1	1469.4	38104.2	21536.5
福　建	206.9	19803.8	5439.1	4477.4	1771.0	38755.6	19705.4
江　西	**106.2**	**13028.9**	**3493.0**	**2843.3**	**1061.0**	**26200.8**	**13771.9**
山　东	618.7	53271.9	12873.0	11022.4	4287.5	99292.1	63392.9
河　南	380.7	23625.4	6183.8	4417.7	1486.1	50712.0	28864.1
湖　北	255.8	19703.2	6018.6	4126.9	1599.9	42224.4	21810.0
湖　南	197.9	13147.2	4267.9	2994.3	1055.8	28705.2	14569.7
广　东	940.5	83743.5	26927.6	17051.1	6352.2	137930.4	77910.9
广　西	155.9	9189.8	2388.1	2008.0	756.4	18371.6	11704.5
海　南	21.0	1439.9	328.4	233.9	71.5	3285.1	1722.4
重　庆	239.9	9749.2	3512.6	1761.9	697.0	20188.0	11461.1
四　川	244.0	20251.0	5970.4	4015.3	1466.7	47022.1	26220.0
贵　州	181.0	6896.6	1319.7	1375.8	304.2	15521.8	9515.9
云　南	174.4	7946.9	1610.6	2331.0	571.1	21063.0	12147.2
西　藏	32.0	444.8	57.8	35.3	9.7	1692.6	888.7
陕　西	168.3	13231.4	3249.5	2342.0	950.5	35183.3	18937.5
甘　肃	131.4	4316.8	1048.8	1150.9	363.8	12153.0	7622.8
青　海	692.5	2097.4	599.2	335.7	112.4	6671.5	4857.3
宁　夏	78.9	3665.7	838.9	761.8	193.0	10682.7	6518.8
新　疆	269.3	7236.8	1654.4	1324.6	430.7	22824.1	13799.1

19-29 各省(市、区)货运量和货物周转量（2019年）

地区	货运量(万吨)	#铁路	公路	水运	货物周转量(万吨公里)	#铁路	公路	水运
全国	**4706493**	**431773**	**3435480**	**747225**	**199287**	**30075**	**59636**	**103963**
北京	22808	484	22325		1089	814	276	
天津	50093	9888	31250	8955	2662	517	599	1546
河北	242445	26823	211461	4160	13563	4937	8027	599
山西	192192	91321	100847	24	5466	2775	2692	
内蒙古	182702	71828	110874		4587	2632	1955	
辽宁	178253	21199	144556	12498	8921	1232	2663	5027
吉林	43193	5962	37217	14	1803	540	1263	
黑龙江	50475	12073	37623	780	1615	814	795	6
上海	121124	487	50656	69981	30325	15	839	29471
江苏	261711	6463	164578	90670	9944	330	3235	6379
浙江	289011	4450	177683	106878	12392	236	2082	10074
安徽	368248	7997	235269	124982	10246	754	3268	6225
福建	134419	4840	87317	42263	8292	194	962	7136
江西	**150950**	**5065**	**135554**	**10331**	**3860**	**565**	**3040**	**255**
山东	309410	25527	266124	17758	10166	1524	6746	1896
河南	219024	10905	190883	17235	8659	2146	5300	1212
湖北	188133	5480	143549	39105	6132	939	2268	2926
湖南	189740	4554	165096	20090	2594	855	1317	422
广东	358288	10172	239744	108371	27373	301	2564	24508
广西	183036	8405	142751	31881	3989	753	1471	1765
海南	18456	1133	6770	10552	1648	17	41	1590
重庆	112970	1911	89965	21094	3614	208	953	2453
四川	177283	7718	162668	6896	2711	878	1528	306
贵州	83402	5523	76205	1674	1235	642	548	45
云南	122727	4886	117145	696	1552	519	1015	17
西藏	4025	55	3969		154	40	114	
陕西	154749	44751	109801	197	3482	1750	1731	1
甘肃	63610	5366	58228	16	2496	1517	980	
青海	14945	3223	11722		398	272	126	
宁夏	42511	8151	34360		651	214	437	
新疆	84423	15133	69290		1948	1146	802	

注：不分地区合计中包括管道运输企业、民航运输企业、中国远洋海运集团有限公司下属海外公司完成量。货运量和货物周转量的全国总计等于分省数与不分地区数据之和。

19-30 各省(市、区)入境旅游情况

地 区	入境游客（万人次）			外汇收入（万美元）		
	2017	2018	2019	2017	2018	2019
北 京	392.56	400.41	376.90	512981	551639	519247
天 津	79.21	58.96	56.10	375147	110985	118254
河 北	91.01	98.86	97.08	57869	64667	74023
山 西	67.00	71.35	76.22	35014	37798	40995
内蒙古	184.83	188.08	195.83	124556	127210	134009
辽 宁	278.85	287.70	294.14	177806	173958	173903
吉 林	148.43	143.75	136.58	76579	68585	61496
黑龙江	103.88	109.16	110.69	47958	53706	64593
上 海	719.33	742.04	734.69	669865	726139	824351
江 苏	370.10	400.85	399.46	419472	464836	474356
浙 江	589.06	456.76	467.11	358644	259579	266824
安 徽	351.09	370.75	379.74	288078	318757	338769
福 建	691.74	513.55	566.03	758803	282821	339845
江 西	**174.69**	**191.78**	**197.17**	**62992**	**74538**	**86538**
山 东	440.52	422.00	404.22	317404	329282	341314
河 南	155.89	167.25	180.35	66155	72323	94696
湖 北	368.14	405.11	450.02	210474	237969	265416
湖 南	322.28	365.08	466.95	129537	152041	225087
广 东	3654.52	3748.06	3731.39	1996040	2051174	2052131
广 西	512.44	562.33	623.96	239563	277773	351128
海 南	111.95	126.36	143.59	68102	77052	97237
重 庆	224.85	279.98	297.11	194759	218989	252483
四 川	336.17	369.82	414.78	144654	151165	202379
贵 州	32.40	39.69	47.18	28327	31763	34503
云 南	667.69	706.08	739.02	355033	441800	514736
西 藏	34.35	47.62	54.19	19751	24709	27907
陕 西	383.74	437.14	465.72	270440	312666	336765
甘 肃	7.88	10.01	19.82	2086	2830	5905
青 海	7.02	6.92	7.31	3829	3613	3336
宁 夏	6.53	8.82	12.66	3763	5587	6932
新 疆	77.41	99.30	34.67	81081	94637	45400

19-31　各省会城市地区生产总值（2019年）

地区	绝对值 (亿 元)	位次	比上年 增长(%)	位次
中　部				
南　昌	5596.18	16	8.0	2
合　肥	9409.40	9	7.6	6
长　沙	11574.22	7	8.1	1
郑　州	11589.70	6	6.5	17
武　汉	16223.21	3	7.4	9
太　原	4028.51	20	6.6	16
东　部				
石家庄	5809.90	15	6.7	15
南　京	14030.15	5	7.8	4
杭　州	15373.00	4	6.8	13
福　州	9392.30	10	7.9	3
济　南	9443.40	8	7.0	11
广　州	23628.60	1	6.8	13
海　口	1671.93	24	7.5	7
东　北				
沈　阳	6470.30	13	4.2	25
长　春	5904.10	14	3.0	26
哈尔滨	5249.43	17	4.4	24
西　部				
呼和浩特	2791.46	23	5.5	22
成　都	17012.65	2	7.8	4
贵　阳	4039.60	19	7.4	9
昆　明	6475.88	12	6.5	17
西　安	9321.19	11	7.0	11
兰　州	2837.36	22	6.0	21
西　宁			7.5	7
银　川			6.3	20
南　宁	4506.56	18	5.0	23
乌鲁木齐	3413.26	21	6.5	17
拉　萨				

注：本表数据为快报数。

19-31 续表1（2019年）

地区	第一产业增加值			
	绝对值(亿元)	位次	比上年增长(%)	位次
中部				
南昌	212.89	17	2.9	12
合肥	291.90	11	1.7	20
长沙	359.69	7	3.2	10
郑州	140.90	19	-4.9	26
武汉	378.99	6	3.0	11
太原	42.48	23	2.1	15
东部				
石家庄	449.50	5	1.6	21
南京	289.82	12	0.7	24
杭州	326.00	10	1.9	19
福州	526.47	3	3.8	8
济南	343.10	9	1.3	22
广州	251.37	16	3.9	7
海口	71.18	21	-1.4	25
东北				
沈阳	284.00	13	3.8	8
长春	348.10	8	2.1	15
哈尔滨	569.54	2	2.6	13
西部				
呼和浩特	114.21	20	1.2	23
成都	612.18	1	2.5	14
贵阳	161.34	18	5.6	1
昆明	270.29	15	5.5	2
西安	279.13	14	4.3	5
兰州	51.68	22	5.5	2
西宁			4.2	6
银川			2.0	18
南宁	507.27	4	5.3	4
乌鲁木齐	27.69	24	2.1	15
拉萨				

19-31 续表2（2019年）

地　区	第二产业增加值			
	绝对值(亿元)	位次	比上年增长(%)	位次
中　部				
南　昌	2653.82	12	8.0	2
合　肥	3415.30	9	7.7	6
长　沙	4439.32	7	8.0	2
郑　州	4617.00	6	6.2	12
武　汉	5988.88	2	6.5	10
太　原	1518.64	17	5.9	14
东　部				
石家庄	1831.70	16	2.1	24
南　京	5040.86	4	6.7	9
杭　州	4875.00	5	5.0	17
福　州	3830.99	8	7.8	4
济　南	3265.20	10	7.8	4
广　州	6454.00	1	5.5	15
海　口	276.00	24	3.6	20
东　北				
沈　阳	2178.60	14	2.4	22
长　春	2495.40	13	5.3	16
哈尔滨	1127.34	19	3.1	21
西　部				
呼和浩特	823.84	23	2.2	23
成　都	5244.62	3	7.0	8
贵　阳	1496.67	18	8.2	1
昆　明	2078.75	15	4.6	18
西　安	3167.44	11	7.6	7
兰　州	945.38	21	1.9	25
西　宁			6.1	13
银　川			6.4	11
南　宁	1044.97	20	4.4	19
乌鲁木齐	906.14	22	1.1	26
拉　萨				

19-31 续表3（2019年）

地区	第三产业增加值			
	绝对值(亿元)	位次	比上年增长(%)	位次
中部				
南昌	2729.47	18	8.4	6
合肥	5702.20	10	7.8	13
长沙	6775.21	7	8.4	6
郑州	6831.80	6	7.1	17
武汉	9855.34	4	8.2	11
太原	2467.39	20	7.1	18
东部				
石家庄	3528.70	15	9.8	1
南京	8699.47	5	8.6	4
杭州	10172.00	3	8.0	12
福州	5034.84	11	8.3	10
济南	5835.10	9	7.0	19
广州	16923.23	1	7.5	15
海口	1324.75	24	8.8	3
东北				
沈阳	4007.60	13	5.2	23
长春	3060.60	16	1.0	26
哈尔滨	3552.55	14	5.2	23
西部				
呼和浩特	1853.41	22	7.3	16
成都	11155.86	2	8.6	4
贵阳	2381.59	21	7.0	19
昆明	4126.84	12	7.7	14
西安	5874.62	8	6.8	21
兰州	1840.30	23	8.4	6
西宁			9.3	2
银川			6.5	22
南宁	2954.32	17	5.2	23
乌鲁木齐	2479.43	19	8.4	6
拉萨				

19-32 各省会城市规模以上工业增加值（2019年）

地　区	比上年增长(%)	位次
中　部		
南　昌	8.5	4
合　肥	8.6	3
长　沙	9.1	1
郑　州	6.1	11
武　汉	4.4	17
太　原	4.5	16
东　部		
石家庄	1.3	24
南　京	7.0	6
杭　州	5.1	13
福　州	8.7	2
济　南	4.2	18
广　州	5.1	13
海　口	3.2	19
东　北		
沈　阳	2.8	20
长　春	6.2	10
哈尔滨		
西　部		
呼和浩特	2.3	21
成　都	7.8	5
贵　阳	6.3	9
昆　明	4.8	15
西　安	6.9	7
兰　州	2.0	22
西　宁	6.5	8
银　川	6.0	12
南　宁	1.0	25
乌鲁木齐	1.7	23
拉　萨		

19-33 各省会城市固定资产投资（2019年）

地　　区	比上年增长(%)	位次
中　　部		
南　　昌	10.2	5
合　　肥	9.0	11
长　　沙	10.1	7
郑　　州	2.8	16
武　　汉	9.8	10
太　　原	10.2	5
东　　部		
石 家 庄	6.2	14
南　　京	8.0	13
杭　　州	11.6	4
福　　州	9.0	11
济　　南	12.6	3
广　　州	16.5	1
海　　口	-15.4	24
东　　北		
沈　　阳	13.2	2
长　　春	-19.0	25
哈 尔 滨		
西　　部		
呼和浩特	5.2	15
成　　都	10.0	8
贵　　阳	1.5	20
昆　　明	2.8	16
西　　安	1.1	21
兰　　州	-4.7	22
西　　宁	2.6	18
银　　川	-6.2	23
南　　宁	9.9	9
乌鲁木齐	2.0	19
拉　　萨		

19-34 各省会城市社会消费品零售总额（2019年）

地区	绝对值（亿 元）	位次	比上年增长(%)	位次
中　　部				
南　　昌	2369.33	17	11.2	1
合　　肥	3234.51	11	8.7	10
长　　沙	5247.03	5	10.1	3
郑　　州	4671.52	8	9.5	7
武　　汉	7449.64	2	8.9	8
太　　原	1952.81	19	7.8	13
东　　部				
石 家 庄	3545.40	10	8.3	11
南　　京	6135.74	4	5.2	19
杭　　州	6215.00	3	8.8	9
福　　州	5120.26	7	9.6	6
济　　南	5162.20	6	8.1	12
广　　州			7.8	13
海　　口	785.58	24	4.7	21
东　　北				
沈　　阳	4479.60	9	10.6	2
长　　春			3.9	23
哈 尔 滨				
西　　部				
呼和浩特	1646.53	20	2.7	24
成　　都	7478.40	1	9.9	4
贵　　阳	1380.41	23	6.2	16
昆　　明	3056.57	12	9.7	5
西　　安			6.0	18
兰　　州	1454.94	21	7.6	15
西　　宁	592.59	25	5.0	20
银　　川			6.2	16
南　　宁	2307.41	18	4.2	22
乌鲁木齐	1389.19	22	2.6	25
拉　　萨				

注：1.在总量排位上南昌位次考虑空缺城市指标数据；增速排位为现有数据排位；
　　2.本表数据为快报数。

19-35　各省会城市地方一般公共预算收入（2019年）

地区	绝对值（亿 元）	位次	比上年增长(%)	位次
中　部				
南　昌	476.08	15	3.1	15
合　肥	745.99	9	4.7	12
长　沙	950.23	7	8.0	4
郑　州	1222.53	6	6.1	10
武　汉	1564.12	4	2.3	18
太　原	386.62	19	3.6	14
东　部				
石家庄	569.10	14	9.5	1
南　京	1580.03	3	7.5	7
杭　州	1966.00	1	7.7	6
福　州	668.08	12	-1.8	23
济　南	874.20	8	7.2	8
广　州	1697.21	2	4.0	13
海　口	185.34	23	9.1	3
东　北				
沈　阳	730.30	10	1.3	20
长　春	420.00	17	-12.1	25
哈尔滨				
西　部				
呼和浩特	203.12	22	-0.8	22
成　都	1483.00	5	7.9	5
贵　阳	417.26	18	1.4	19
昆　明	630.03	13	5.8	11
西　安	702.55	11	2.6	17
兰　州	233.23	21	-0.1	21
西　宁	101.79	25	9.5	1
银　川	154.70	24	-10.7	24
南　宁	370.93	20	6.3	9
乌鲁木齐	472.46	16	3.1	15
拉　萨				

19-36 各省会城市实际利用外资（2019年）

地　区	绝对值 (亿美元)	位次	比上年 增长(%)	位次
中　部				
南　昌	37.72	10	8.1	10
合　肥	33.92	11	5.0	13
长　沙	63.74	3	10.3	9
郑　州	44.05	5	4.6	14
武　汉			12.6	7
太　原	0.97	17	1025.8	1
东　部				
石家庄				
南　京	41.01	6	6.4	12
杭　州	61.30	4	14.0	5
福　州				
济　南	22.40	12	23.8	3
广　州	71.43	2	8.1	10
海　口	6.72	15	164.0	2
东　北				
沈　阳	16.50	14	15.3	4
长　春	3.30	16		
哈尔滨				
西　部				
呼和浩特				
成　都	80.40	1	11.8	8
贵　阳	17.80	13	13.0	6
昆　明				
西　安				
兰　州				
西　宁				
银　川				
南　宁				
乌鲁木齐				
拉　萨				

注：在总量排位上南昌位次考虑空缺城市指标数据；增速排位为现有数据排位。

19-37 各省会城市海关出口值（2019年）

地　区	绝对值(亿元)	位次	比上年增长(%)	位次
中　部				
南　昌	645.78	13	43.0	2
合　肥	1392.45	9	15.7	8
长　沙	1396.43	8	69.9	1
郑　州	2678.25	5	3.9	15
武　汉	1362.30	10	7.1	12
太　原	651.72	12	-1.7	17
东　部				
石家庄	655.10	11	14.6	9
南　京	3006.85	4	20.2	6
杭　州	3613.00	2	5.7	13
福　州	1804.09	6	9.1	11
济　南	622.50	14	5.2	14
广　州	5257.98	1	-6.2	21
海　口	86.33	23	28.4	3
东　北				
沈　阳	315.90	17	-7.7	23
长　春	148.60	20	-2.6	19
哈尔滨	119.89	21	16.2	7
西　部				
呼和浩特	63.50	25	13.6	10
成　都	3309.80	3	20.6	5
贵　阳	210.19	19	26.7	4
昆　明	248.10	18	-1.7	17
西　安	1730.21	7	-11.6	24
兰　州	71.87	24	-4.9	20
西　宁	14.61	26	-28.1	26
银　川	104.40	22	-18.1	25
南　宁	363.91	15	2.5	16
乌鲁木齐	334.36	16	-7.5	22
拉　萨				

19-38　各省会城市城镇居民人均可支配收入（2019年）

地　　区	绝对值（元）	位次	比上年增长(%)	位次
中　　部				
南　　昌	44136	13	8.1	10
合　　肥	45404	12	9.5	1
长　　沙	55211	4	8.7	6
郑　　州	42087	15	7.8	15
武　　汉	51706	6	9.2	2
太　　原	36362	24	8.0	12
东　　部				
石 家 庄	38550	18	8.4	9
南　　京	64372	3	8.5	7
杭　　州	66068	1	8.0	12
福　　州	47920	8	7.8	15
济　　南	51913	5	7.3	20
广　　州	65052	2	8.5	7
海　　口	38977	17	7.9	14
东　　北				
沈　　阳	46786	9	6.2	24
长　　春	37844	22	7.0	21
哈 尔 滨				
西　　部				
呼和浩特	49397	7	6.1	25
成　　都	45878	11	8.9	3
贵　　阳	38240	19	8.9	3
昆　　明	46289	10	7.7	17
西　　安	41850	16	8.1	10
兰　　州	38095	21	8.8	5
西　　宁	34846	25	7.4	18
银　　川	38217	20	7.4	18
南　　宁	37675	23	6.8	22
乌鲁木齐	42667	14	6.4	23
拉　　萨				

19-39 各省会城市农村居民人均可支配收入（2019年）

地　　区	绝对值(元)	位次	比上年增长(%)	位次
中　　部				
南　　昌	19498	11	9.1	18
合　　肥	22462	8	10.2	4
长　　沙	32329	2	8.8	21
郑　　州	23536	7	8.7	22
武　　汉	24776	5	9.4	12
太　　原	18377	14	9.0	20
东　　部				
石 家 庄	15853	19	9.2	16
南　　京	27636	4	9.4	12
杭　　州	36255	1	9.2	16
福　　州	21320	10	9.8	8
济　　南	19454	12	9.1	18
广　　州	28868	3	10.9	1
海　　口	16116	18	8.3	24
东　　北				
沈　　阳	18124	15	9.6	11
长　　春	15455	20	8.6	23
哈 尔 滨				
西　　部				
呼和浩特	18974	13	10.4	2
成　　都	24357	6	10.0	6
贵　　阳	17275	16	10.4	2
昆　　明	16356	17	9.8	8
西　　安	14588	23	9.8	8
兰　　州	13605	24	10.0	6
西　　宁	12577	25	9.4	12
银　　川	15282	21	7.9	25
南　　宁	15047	22	10.2	4
乌鲁木齐	21448	9	9.3	15
拉　　萨				

19-40　各省会城市金融机构本外币存、贷款余额（2019年末）

地　区	存款余额绝对值（亿元）	位次	贷款余额绝对值（亿元）	位次
中　部				
南　昌	12096.80	17	14047.32	15
合　肥	16417.25	11	15854.83	11
长　沙	21048.45	8	21248.71	8
郑　州	24461.23	6	26476.78	6
武　汉	28658.90	5	32114.31	5
太　原	13117.20	13	14063.12	13
东　部				
石家庄	15051.70	12	11406.70	18
南　京	35536.08	4	33585.88	4
杭　州	45287.00	2	42245.00	2
福　州	1547.91	24	2000.54	23
济　南	18646.10	10	18768.70	9
广　州	59131.20	1	47103.31	1
海　口	4949.36	22	6220.53	21
东　北				
沈　阳	18869.50	9	16811.90	10
长　春	12681.90	14	13096.40	17
哈尔滨				
西　部				
呼和浩特	5918.89	21	8599.35	19
成　都	39828.00	3	36464.00	3
贵　阳	11979.46	18	14141.31	12
昆　明				
西　安	23340.84	7	22436.65	7
兰　州				
西　宁				
银　川	4027.40	23	5359.54	22
南　宁	10718.32	19	13964.35	16
乌鲁木齐	8927.50	20	7817.82	20
拉　萨				

注：表中南昌位次考虑空缺城市指标数据。

19-41 副省级(非省会)城市主要经济指标（2019年）

指 标	深 圳	大 连	宁 波	厦 门	青 岛
地区生产总值(亿元)	26927.09	7001.70	11985.10	5995.04	11741.31
比上年增长(%)	6.7	6.5	6.8	7.9	6.5
规模以上工业增加值比上年增长(%)	4.7	16.1	6.4	8.6	0.6
固定资产投资比上年增长(%)	18.8	-19.8	8.1	9.0	21.6
社会消费品零售总额(亿元)	6582.85		4473.70	1731.85	5234.20
比上年增长(%)	6.7	1.8	7.7	12.2	8.1
海关出口值(亿元)	16708.95	1914.80	5969.60	3528.71	3411.90
比上年增长(%)	2.7	1.2	7.6	5.7	7.4
实际利用外资(亿美元)	78.09	8.70	23.60		58.40
比上年增长(%)	0.2	-67.5	19.7		0.7
地方一般公共预算收入(亿元)	3773.21	692.80	1468.50	768.32	1241.70
比上年增长(%)	6.5	-1.6	6.4	1.8	0.8
规模以上工业总产值(亿元)	36869.17				
比上年增长(%)	3.5				
城镇居民人均可支配收入(元)	62522	46468	64886	59018	54484
比上年增长(%)	8.7	6.7	7.9	8.5	7.2
居民消费价格指数(以上年为100)	103.4	102.4	103.0	103.0	103.3

19-42　全省各设区市常住人口（2019年）

单位：万人

地　区	常住人口
全　　省	**4666.13**
南 昌 市	560.06
景德镇市	168.05
萍 乡 市	194.13
九 江 市	492.03
新 余 市	119.34
鹰 潭 市	118.16
赣 州 市	870.80
吉 安 市	495.97
宜 春 市	558.26
抚 州 市	406.03
上 饶 市	683.30

19-43　全省各设区市地区生产总值（2019年）

单位：亿元

地　区	地　区生产总值	第一产业	第二产业	第三产业
全　　省	**24757.50**	**2057.56**	**10939.83**	**11760.11**
南 昌 市	5596.18	212.89	2653.82	2729.47
景德镇市	926.11	61.31	409.56	455.23
萍 乡 市	930.02	68.05	413.89	448.08
九 江 市	3121.05	212.05	1509.81	1399.19
新 余 市	971.58	62.73	453.32	455.53
鹰 潭 市	941.26	64.71	496.51	380.04
赣 州 市	3474.34	376.32	1368.19	1729.83
吉 安 市	2085.41	214.34	945.43	925.64
宜 春 市	2687.57	296.54	1136.61	1254.42
抚 州 市	1510.92	215.20	573.88	721.85
上 饶 市	2513.07	273.42	978.82	1260.84

注：本表数据为快报数。

19-44 全省各设区市规模以上工业增加值（2019年）

地　区	比上年增长(%)
全　省	**8.5**
南 昌 市	8.5
景德镇市	8.3
萍 乡 市	8.7
九 江 市	8.4
新 余 市	8.1
鹰 潭 市	8.6
赣 州 市	8.7
吉 安 市	8.9
宜 春 市	8.4
抚 州 市	8.8
上 饶 市	8.6

19-45 全省各设区市规模以上服务业主要指标（2019年）

地　区	企业数(户)	营业收入(亿元)
全　省	**4335**	**2597.28**
南 昌 市	911	841.05
景德镇市	133	74.53
萍 乡 市	105	52.51
九 江 市	385	234.26
新 余 市	95	42.55
鹰 潭 市	162	105.19
赣 州 市	596	327.15
吉 安 市	552	237.15
宜 春 市	466	195.26
抚 州 市	336	177.51
上 饶 市	591	309.50

注：本表数据为快报数。

19-46 全省各设区市社会消费品零售总额（2019年）

单位：亿元

地　　区	社会消费品零售总额	比上年增长(%)
全　　省	**8421.64**	**11.3**
南 昌 市	2369.33	11.2
景德镇市	379.33	11.4
萍 乡 市	428.13	11.3
九 江 市	838.98	11.6
新 余 市	305.78	11.5
鹰 潭 市	244.31	10.7
赣 州 市	1005.87	11.6
吉 安 市	576.48	12.1
宜 春 市	752.76	11.4
抚 州 市	607.53	11.7
上 饶 市	913.14	10.6

注：本表数据为快报数。

19-47 全省各设区市固定资产投资（2019年）

(500万元及以上项目)

地　　区	比上年增长(%)
全　　省	**9.2**
南 昌 市	10.2
景德镇市	10.4
萍 乡 市	9.7
九 江 市	8.7
新 余 市	10.0
鹰 潭 市	8.8
赣 州 市	10.5
吉 安 市	8.9
宜 春 市	9.5
抚 州 市	9.2
上 饶 市	9.4

19-48　全省各设区市财政收入（2019年）

单位：亿元

地　区	财政总收入	#地方一般公共预算收入
全　省	**4001.49**	**2486.51**
南 昌 市	902.98	476.08
景德镇市	139.42	99.69
萍 乡 市	172.57	105.02
九 江 市	541.59	283.87
新 余 市	152.35	77.96
鹰 潭 市	149.01	87.90
赣 州 市	485.52	280.37
吉 安 市	300.95	177.92
宜 春 市	408.99	246.16
抚 州 市	213.04	129.24
上 饶 市	373.60	232.41

19-49　全省各设区市实际利用外资（2019年）

（省口径）

地　区	实际利用外资（亿美元）	比上年增长（%）
全　省	**135.79**	**8.0**
南 昌 市	37.72	8.1
景德镇市	2.37	6.1
萍 乡 市	4.26	6.2
九 江 市	23.47	8.0
新 余 市	5.09	7.2
鹰 潭 市	3.41	8.0
赣 州 市	20.12	9.1
吉 安 市	12.66	8.0
宜 春 市	9.08	7.4
抚 州 市	4.12	7.0
上 饶 市	13.49	8.0

19-50 全省各设区市海关进出口总值（2019年）

单位：亿元

地　区	进出口总值	#出口
全　省	**3511.91**	**2496.45**
南昌市	1061.77	645.78
景德镇市	64.30	63.22
萍乡市	117.64	116.30
九江市	349.71	291.18
新余市	149.25	75.47
鹰潭市	298.01	81.37
赣州市	399.38	339.53
吉安市	490.84	353.86
宜春市	208.25	190.89
抚州市	152.40	139.87
上饶市	220.35	198.97

19-51 全省各设区市居民消费价格指数（2019年）

（上年=100）

地　区	居民消费价格指数
全　省	**102.9**
南昌市	102.8
景德镇市	102.9
萍乡市	103.0
九江市	102.5
新余市	103.0
鹰潭市	102.8
赣州市	102.5
吉安市	102.4
宜春市	102.9
抚州市	102.6
上饶市	102.4

19-52 全省各设区市城镇居民人均可支配收入（2019年）

单位：元

地　区	城镇居民人均可支配收入	比上年增长(%)
全　省	**36546**	**8.1**
南 昌 市	44136	8.1
景德镇市	40143	8.0
萍 乡 市	38502	7.7
九 江 市	38076	8.0
新 余 市	40610	8.0
鹰 潭 市	37151	8.4
赣 州 市	34826	8.3
吉 安 市	37543	8.2
宜 春 市	34831	8.0
抚 州 市	34518	8.0
上 饶 市	37456	8.1

19-53 全省各设区市农村居民人均可支配收入（2019年）

单位：元

地　区	农村居民人均可支配收入	比上年增长(%)
全　省	**15796**	**9.2**
南 昌 市	19498	9.1
景德镇市	17985	8.9
萍 乡 市	19536	8.5
九 江 市	15772	8.9
新 余 市	19481	8.3
鹰 潭 市	17668	9.4
赣 州 市	11941	10.8
吉 安 市	15227	10.2
宜 春 市	16362	9.3
抚 州 市	16081	8.9
上 饶 市	14670	9.9